`<html>`
`<script`

`language=`

Fundamentos de JavaScript

Acerca del autor

Jason J. Manger es un consultor de
Internet especializado en soluciones para
el World Wide Web que radica en el
Reino Unido. Es autor de cuatro libros y
dos discos compactos.

Fundamentos de JavaScript

Jason J. Manger

Traducción:

Saúl Flores Soto
Licenciado en Letras Inglesas
Universidad Nacional Autónoma de México

Revisión técnica y traducción de programas:

José Francisco Becerril Caballero
Ingeniero en Computación
Universidad Nacional Autónoma de México

McGRAW-HILL

MÉXICO • BUENOS AIRES • CARACAS • GUATEMALA • LISBOA • MADRID • NUEVA YORK
SAN JUAN • SANTAFÉ DE BOGOTÁ • SANTIAGO • SÃO PAULO
AUCKLAND • LONDRES • MILÁN • MONTREAL • NUEVA DELHI
SAN FRANCISCO • SINGAPUR • ST. LOUIS
SIDNEY • TORONTO

Gerente de producto: **Luz María Avila Beltrán**
Supervisor editorial: **Sergio G. López Hernández**
Supervisor de producción: **Margarito Flores Rosas**
Supervisor de diseño de portada: **Dolores Parrales Monroy**

Manger

FUNDAMENTOS DE JAVASCRIPT

Prohibida la reproducción total o parcial de esta obra,
por cualquier medio, sin autorización escrita del editor.

DERECHOS RESERVADOS © 1997, respecto a la primera edición en español por
McGRAW-HILL INTERAMERICANA EDITORES, S.A. de C.V.
Una división de The McGraw-Hill Companies
Cedro No. 512, Col. Atlampa,
06450 México, D.F.
Miembro de la Cámara Nacional de la Industria Editorial Mexicana, Reg. Núm. 00736

ISBN 970-10-1763-3

Translated from the First English Edition of
JAVASCRIPT ESSENTIALS
Copyright © MCMXCVI, by McGraw-Hill Company Inc., U.S.A.

ISBN 0-07-882231-3

1234567890   L.I. -97   9086543217

Impreso en México   Printed in Mexico

Esta obra se terminó de
imprimir en Septiembre de 1997 en
Litográfica Ingramex
Centeno Núm. 162-1
Col. Granjas Esmeralda
Delegación Iztapalapa
C.P. 09810 México, D.F.

Se tiraron 7200 ejemplares

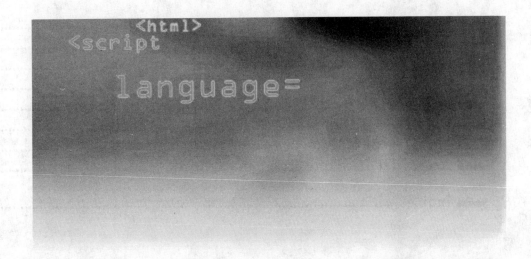

Contenido

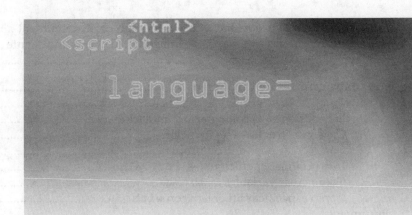

Índice de contenido

Prefacio

Introducción a las tecnologías de Java

Las tecnologías relacionadas con Java han tomado Internet por sorpresa y con justa razón, ya que han introducido el primer contenido ejecutable al World Wide Web. *Contenido ejecutable* es una frase que se aplica a los documentos de HTML que contienen programas insertados y que se ejecutan *dentro* del documento de hipertexto. Java fue la primera tecnología en llevar dicho contenido al Web para permitir que programas pequeños de Java, conocidos como *applets*, se insertaran dentro de una página del lenguaje para marcar hipertexto, HTML. JavaScript arribó a la escena después de que Java había ocupado el primer sitio, a finales del cuarto trimestre de 1995, aunque ya estaba incorporado al cliente Navigator de Netscape versión 2.0 un prototipo bajo la forma del lenguaje de guiones llamado LiveScript. LiveScript ya era parte del servidor LiveWire de Netscape y su propósito era servir como lenguaje de guiones para analizar la información guardada en el servidor, así como ayudar en las tareas administrativas cotidianas. Netscape abandonó el nombre de LiveScript y comenzó a colaborar con Sun MicroSystems, los desarrolladores del lenguaje de programación Java, en un lenguaje nuevo denominado JavaScript.

JavaScript es el más importante de los muchos lenguajes de guiones que están en desarrollo hoy en día. JavaScript, aunque ya está disponible dentro de un producto basado en servidor, es una tecnología basada en cliente, que está incorporada en el muy empleado navegador de Netscape llamado Navigator (el cliente web *de facto*) que, de acuerdo a Dataquest, lo utiliza alrededor del 84 por ciento de los usuarios del World

Wide Web (cifra que ahora se estima representa un número de usuarios de Internet que va de 10 a 20 millones).

"Elaboración de guiones" frente a "programación"

Muchas personas pueden decir que JavaScript no es un lenguaje de programación, sino un lenguaje *para elaborar guiones*. La elaboración de guiones y la programación están muy relacionadas. Los conceptos que las definen aún se traslapan, no obstante que sus propósitos son completamente distintos. La elaboración de guiones a menudo se considera como "programación reducida" (es decir, programar herramientas para tareas sencillas y repetitivas) aunque, de hecho, estos "guiones" forman la médula de muchas soluciones basadas en Internet. Al igual que Java, los programas de JavaScript se compilan en una representación interna (conocida como "código de bytes") que después ejecuta el software intérprete. Navigator 3.0 cuenta con un intérprete de JavaScript incorporado como estándar, por lo que se permite la examinación y ejecución de código fuente de JavaScript.

El debate entre los lenguajes "interpretados" y "compilados" no constituye la principal diferencia entre Java y JavaScript. En realidad, no existe tal cosa como lenguaje interpretado o compilado, ya que casi todos los lenguajes de programación se compilan, se interpretan o se hacen en ellos ambas cosas. Los programas de Java pasan por un proceso de compilación manual por parte del usuario y se transforman en un formato de código de bytes de arquitectura neutral que puede ser interpretado por un navegador que reconozca a Java, por ejemplo, Navigator, Hot Java y ahora Internet Explorer de Microsoft. Por lo tanto, los applets de Java pueden *migrarse* hacia cualquier punto de Internet donde esté instalado un navegador específico, de tal suerte que las principales plataformas de sistemas operativos ahora pueden contar con esta opción. JavaScript es muy similar en este aspecto, pues también se compila en un formato de código de bytes antes de que lo ejecute el navegador (sin embargo, los usuarios no tiene que compilar manualmente el código antes de ejecutarlo, ya que Navigator lo hace automáticamente al interpretar el código literal). Los programas de JavaScript pueden migrarse hacia cualquier sitio donde esté instalado un navegador que reconozca JavaScript, por lo que el contenido del programa habrá de ejecutarse.

JavaScript: ¿Java "dietético"?

Java y JavaScript comparten muy poco, aunque tienen algunas similitudes en sintaxis y creación de objetos. La descripción de JavaScript como Java "dietético" no es exacta. Algunos de lo objetos y constructores de Java se han compartido con JavaScript, pero Netscape en realidad ve a JavaScript como los cimientos para construir aplicaciones de HTML que permitan que las características de Java y de HTML estén más integradas entre sí. Navigator 3.0 ahora tiene utilerías concretas que permiten que los programas de JavaScript se comuniquen con los applets de Java que estén ejecutándose dentro de la aplicación en uso, por lo que es posible hacer referencia a variables y funciones definidas dentro de clases de Java definidas públicamente. Este sistema, conocido como LiveConnect, se aborda en el capítulo 11.

Para quien desarrolla en HTML, JavaScript representa un excelente avance hacia la construcción de sistemas de HTML que *interactúan* con el usuario. En la integración con el lado cliente es donde JavaScript resulta pródigo. No se trata de que sea un lenguaje de programación completo, como es el caso de Java y C++, sino más bien una expresión para el HTML, de manera que se facilite la interacción con el navegador subyacente. Con JavaScript, las etiquetas estándares de HTML se han enriquecido y tienen la habilidad de interactuar con los objetos y propiedades de JavaScript. Conceptos como el de "evento" y "manejadores de evento" se integran gradualmente a HTML, por lo que permiten que se maneje por evento. Sin embargo, lo más importante de todo es que JavaScript es contenido ejecutable *real* (es decir, aplicaciones que están insertadas físicamente dentro de los documentos de HTML, a diferencia de los applets de Java, que residen externamente del documento de HTML que los llama).

El acierto de Netscape consistió en darse cuenta rápidamente de que Java tenía un gran potencial de aceptación, de ahí la inclusión rápida de una Java Virtual Machine (Máquina virtual de Java, el software que interpreta los programas de Java) en Navigator 2.0, el cliente *de facto* para el Web. La integración de la *máquina virtual de Java* en Navigator 2.0 y 3.0 significa que la mayoría de los usuarios del Web ya está empleando un sistema compatible con Java. Al momento de escribirse este libro, Netscape 2.0 y 3.0 son los únicos clientes comerciales del Web que soportan por completo tanto a JavaScript como a Java. Hot Java de Sun fue el primer navegador en soportar Java, y se espera que más compañías cuenten con licencias para ambas tecnologías en un futuro cercano. Microsoft, IBM y Oracle han solicitado licencias de Java. JavaScript quizá siga este patrón ahora que Sun Mycrosystems y Netscape están desarrollando conjuntamente el lenguaje como un estándar abierto. Internet Explorer de Microsoft ahora soporta a JavaScript, excepto por algunas funciones, pero las soportará en versiones posteriores.

Netscape también se dio cuenta de que la comunidad de desarrollo del Web, sobre todo los muchos miles de autores de HTML, requerían de algo más parecido a la programación en HTML; es decir, una parada intermedia entre HTML y Java. Después de todo, Java proporciona muy pocas características para que un applet pueda comunicarse con el navegador, algo que JavaScript resuelve directamente y que los usuarios necesitan en las aplicaciones.

¿Para qué sirve JavaScript realmente?

Todos los eventos generados por Navigator, por ejemplo, el hacer clic en un botón y la navegación por páginas, se pueden detectar y modificar mediante una aplicación de JavaScript. Estos eventos son importantes, pues permiten que el programa y el navegador mantengan una interfaz entre sí más completa. Por ejemplo, una aplicación de JavaScript puede detectar cuando un usuario abandona una página y, en consecuencia, llamar a una respuesta adecuada. El seleccionar un elemento de una lista o el someter una forma son cosas que se pueden detectar. Por otra parte, JavaScript también es muy eficiente en el manejo de tareas de mantenimiento, como la validación de formas, la manipulación de cadenas y la generación de HTML dinámico. *HTML dinámico* es el proceso para crear contenido de HTML dentro de una aplicación de JavaScript, y es una de las características más importantes que ofrece JavaScript. Casi todas las aplicaciones de HTML que usted habrá de escribir tarde o temprano generarán HTML dinámico con el fin de controlar la apariencia de un documento de hipertexto. Una aplicación de HTML/JavaScript puede controlar su propia apariencia de acuerdo con las condiciones especificadas previamente por el autor; por ejemplo, un sitio del Web podría cambiar de apariencia sin necesidad de que el autor vuelva a cambiar a diario todas la etiquetas de HTML.

He aquí algunos usos más para JavaScript:

◆   Generación de HTML *"al vuelo"* desde un programa de JavaScript

◆   Validación de campos en una forma de HTML antes de enviarlos a un servidor

◆   Obtención de entrada *local* del usuario para controlar acciones de JavaScript, con el fin de permitir que el usuario tenga oportunidad de llamar a opciones distintas dentro del navegador

◆   Mostrar al usuario mensajes dentro de ventanas, por ejemplo, advertencias e indicadores de entrada, por poner dos casos

◆   Creación de documentos de navegación avanzada que empleen marcos y ventanas

◆   Detección y posibilidad de interacción entre applets de Java y aplicaciones auxiliares *(plug-ins)* de Netscape

JavaScript logra que la frase "programación con HTML" sea más aceptable y menos desdeñable. El autor espera que esta obra le sea de utilidad en su trabajo. Hágale saber los resultados.

Jason Manger

Won@batpuddy.mew.co.uk

Agosto de 1996

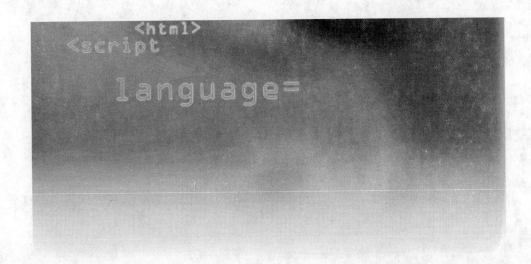

Agradecimientos

Quiero agradecer a todas las personas de Osborne/McGraw-Hill por su esforzado trabajo en este, mi primer proyecto estadounidense. En especial, quiero expresar mi agradecimiento a Scott Rogers, por firmar el contrato, y a Megg Bonar, mi editor, por estar conmigo en todo. Gracias también a Mark Karmendy, Cynthia Douglas, Heidi Poulin y Cindy Brown por su valiosa ayuda.

En McGraw-Hill Europa mi agradecimiento a Fred Perkins y Maria Catt por coordinar este proyecto interdivisional.

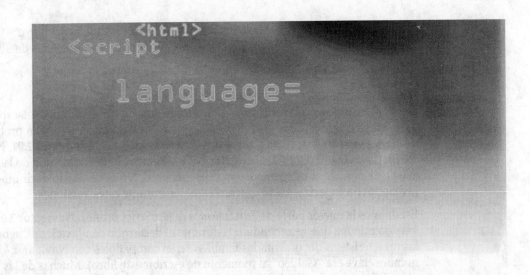

Introducción

Detalles de la lectura

Esta obra está dirigida principalmente a quienes desean crear documentos con el lenguaje para marcar hipertexto, **HTML**. En muchos sentidos, podemos considerar que JavaScript es una extensión de ese lenguaje, pues lo enriquece con características nuevas, por ejemplo, con objetos y eventos. Sin embargo, también es un libro para los **usuarios de Navigator de Netscape**. JavaScript es una tecnología basada en cliente, incorporada a Navigator desde la versión 2.0. Los programadores novatos quizá también descubran que JavaScript es un peldaño hacia el lenguaje de programación Java, que es más avanzado. Un prerrequisito esencial para usar este libro es contar con cierta experiencia en HTML, ya que JavaScript extiende muchas de sus características. Usted no puede usar JavaScript si carece de conocimientos sobre HTML. No obstante, aunque *Fundamentos de JavaScript* no es una guía para HTML, le pondrá en contacto con bastante código escrito en ese lenguaje conforme presentemos distintos conceptos y ejemplos.

Esta obra no está estructurada como un "JavaScript de la A a la Z" sino como un libro semiavanzado de JavaScript/HTML. Cada parte del HTML (marcos, formas o formularios, ligas, etcétera) se explica y posteriormente se examina con más detalle a fin de mostrarle cómo puede aplicar JavaScript a estas áreas individuales. Cada capítulo contiene descripciones profundas, consejos y ejemplos. En este libro se pone énfasis en el código fuente, cuyo análisis es, con mucho, la mejor manera de aprender los fundamentos de cualquier lenguaje; por ello, durante la elaboración de esta obra y con el fin de beneficiarlo a usted, hemos codificado multitud de ejemplos. Como complemento, incluimos descripciones rigurosas y explicaciones detalladas de cada concepto.

Información sobre la versión del software

JavaScript funciona con las versiones de 16 y 32 bits de Navigator de Netscape, versión 2.0 y más recientes. Todos los ejemplos de JavaScript en este libro se han probado con múltiples versiones de Navigator, entre las que se incluyen: **Navigator 2.01, Navigator 3.0 PR1, Navigator 3.0 PR2, Navigator beta 4, beta 5** y **beta 6,** cada una de las cuales estaba disponible al momento de escribir este libro. No es necesario decir que JavaScript ha experimentado muchos cambios durante estas versiones.

Escribimos la mayor parte de *Fundamentos de JavaScript* usando **Navigator 3.0.** Es la versión mínima que recomendamos durante el desarrollo con JavaScript, si bien todas las características documentadas también serán compatibles con Navigator 4.0 (cuyo nombre clave era "Galileo" al momento de escribir este libro). Muchas de las características de JavaScript que funcionan bajo Navigator 3.0 no son compatibles con versiones anteriores a Navigator 2.0. Entre las características nuevas que figuran en **Navigator 3.0** están:

◆ Características de creación de objetos, constructores de objetos y elaboración de prototipo de objetos

◆ Características de interacción entre Java y JavaScript

◆ Detección y manejo de aplicaciones auxiliares *(plug-ins)*

◆ Manipulación y asignación del foco de atención a las ventanas

◆ Eventos de imagen y manejadores de eventos

◆ Elementos de forma

◆ Características de tipo de datos e interrogación de objetos

◆ Características de números aleatorios

◆ Asignación dinámica de manejador de evento

◆ Actualización dinámica de botones y objetos de selección

◆ Cargado de programas autónomos de JavaScript a partir de distintos URLs

Lo que aprenderá...

Fundamentos de JavaScript es una guía práctica para integrar JavaScript a los documentos de HTML y para construir aplicaciones "identificadoras del cliente". Con esta obra usted aprenderá a:

◆ Programar en JavaScript

◆ Desarrollar documentos de HTML interactivos y dinámicos

♦ Integrar constructores de HTML, por ejemplo, formas y ligas, con programas de JavaScript

♦ Desarrollar aplicaciones que usen características recientes de Navigator, por ejemplo, documentos con marcos

♦ Usar el mecanismo de galleta *(cookie)* de JavaScript para crear objetos persistentes y emplear JavaScript para controlar los auxiliares

♦ Interactuar entre programas de Java y de JavaScript

Al usar esta obra, usted también aprenderá mucho sobre HTML, la *lingua franca* del World Wide Web. He aquí una panorámica rápida del libro, capítulo por capítulo: en el **capítulo 1** explicamos cómo integrar los programas de JavaScript en los documentos de HTML mediante la nueva etiqueta de contenedor <script>. Este capítulo muestra cómo puede usar el contenedor <script> dentro de las secciones de encabezado y cuerpo de un documento de HTML y describe los problemas de compatibilidad con versiones anteriores de otros navegadores, además de las soluciones respectivas. En el **capítulo 2** examinamos la integración de JavaScript con las ligas de HTML y las modificaciones aplicadas a la etiqueta <a href>. También abordamos con todo detalle los objetos anchor y link. Asimismo, analizamos las ligas de JavaScript y la creación de anclas. El **capítulo 3** es una guía para usar las instrucciones de JavaScript, incluyendo las de control de flujo e iteración, por ejemplo, for y while, además de las instrucciones condicionales (como if y ?). En el **capítulo 4** examinamos el modelo de objetos de JavaScript y describimos la amplia gama de objetos, incluyendo los internos, los reflejados de HTML y objetos del navegador. El **capítulo 5** describe los sistemas de evento de JavaScript. Los eventos pueden anexarse a objetos de HTML, por ejemplo, a botones, ligas, marcos y cronómetros, y cada área se aborda mediante varios ejemplos. En el **capítulo 6** vemos cómo puede crear los objetos de JavaScript definidos por el usuario, haciendo hincapié en los constructores nuevos de Navigator 3.0, como Array() y Object(). En el **capítulo 7** estudiamos la integración entre JavaScript y las formas (también conocidas como formularios) de HTML. Las formas son el mecanismo principal para que el usuario proporcione información dentro de un documento de hipertexto, y JavaScript sirve para varias tareas de validación y manipulación de formas. En este capítulo veremos cada elemento de las formas (botón, campo de texto, casillas de verificación, etcétera) y cómo JavaScript los refleja en objetos. En el **capítulo 8** describimos cómo puede crear aplicaciones en ventanas, con lo que se permite que varios documentos se actualicen y manipulen. Asimismo, analizamos la validación, apertura y cierre de ventanas, además de describir la nueva propiedad opener de Navigator, que hace más sencillo el manejo de las ventanas padre-hija. En el **capítulo 9** abordamos las características nuevas de los documentos con marcos de Netscape y examinamos cómo los guiones (scripts) de JavaScript pueden manipular los documentos con varios marcos a fin de crear controles de navegación sofisticados y aplicaciones de varios documentos. También describimos con detalle la creación dinámica de marcos y el alcance de las variables, además de proporcionar ejemplos para ilustrar cada concepto.

En el **capítulo 10** examinamos los eventos de cronometraje de JavaScript y cómo puede utilizarlos para crear aplicaciones, por ejemplo, relojes de tiempo real, así como otras aplicaciones dependientes del tiempo. El **capítulo 11** sirve para ver cómo Navigator 3.0 permite que los programas de Java y JavaScript se comuniquen entre sí, y presenta la nueva propiedad document.applets, que sirve para este propósito. El **capítulo 12** le muestra cómo puede usar JavaScript para manipular aplicaciones auxiliares (_plug-ins_). Los auxiliares son similares a las "aplicaciones de ayuda" (_helpers_), pero se ejecutan dentro del navegador, como si fuesen un applet de Java. Ahora existen docenas de auxiliares, por lo que las páginas de HTML pueden trabajar con complejos formatos de datos, incluyendo hojas de cálculo, de procesadores de palabras y muchos otros archivos de audio/video. Finalmente, en el **capítulo 13** estudiamos el mecanismo de galletas (_cookies_) del lado cliente integrado a Navigator, además de la propiedad document.cookie de JavaScript, la cual facilita el almacenamiento de información localmente en el disco.

Además, esta obra incluye varios apéndices exhaustivos que comprenden preguntas y respuestas, recursos de JavaScript en Internet, referencia a propiedades de objeto y API de JavaScript, referencias de sitios en Internet relacionados con JavaScript, programas de este lenguaje listos para insertarse en documentos de HTML (para Navigator 3.0), referencia a URLs, referencia a códigos de color, guía de auxiliares, referencia de mensajes de error, referencia de imágenes GIF internas de Navigator y mucho más.

Busque el icono del consejo. Cada vez que lo vea encontrará un consejo, recapitulación rápida o simplemente un tip general acerca de un concepto de JavaScript o de Navigator.

Qué software y hardware necesita

Para desarrollar programas en JavaScript necesita el siguiente software:

♦ Una copia del navegador **Navigator de Netscape**, versión **3.0** o superior

♦ Un **editor de texto ASCII**, por ejemplo, el Bloc de notas (Notepad) de Windows 95, para crear aplicaciones de HTML/JavaScript

♦ Para fines de conexión a Internet, Winsock de 32 bit (software TCP/IP) y una cuenta con un proveedor de servicios de Internet

Este libro se basa en **Windows 95 de Microsoft** y Navigator de Netscape, y todas las pantallas que aparecen se han tomado en este entorno. La plataforma bajo la que usted ejecute Navigator no es de importancia crucial, dado que las características de Javascript son, esencialmente, las mismas, sin importar el sistema operativo subyacente. Los programas de JavaScript están insertados dentro de documentos de HTML y deben almacenarse como "sólo texto", esto es, en el formato ASCII (para editar tales archivos debe usar un editor de sólo texto).

CONSEJO: Windows 95 tiene incorporado como estándar un paquete TCP/IP de 32 bits (Acceso telefónico a redes), por lo que le permite ocupar Navigator en Internet para ver documentos de HTML, etcétera. La instalación de este software no se realiza automáticamente durante la instalación de Windows 95, así que debe leer la siguiente sección. Puede instalar ese Winsock después de instalar Navigator, pero entonces ya no podrá registrarse en Internet si no cuenta con este software u otro equivalente, por ejemplo, el paquete Trumpet Winsock de TCP/IP de 32 bits (shareware). Si usted ya cuenta con una conexión a Internet, consulte `http://www.trumpet.com.au`.

Navigator 3.0 es una aplicación exigente, pero corre muy bien en las computadoras modestas. Sin embargo, el poder de la memoria y de la UPC ayudan grandemente a la velocidad del proceso de desarrollo. Cabe decir que las máquinas Pentium ejecutarán los programas de JavaScript y los applets de Java en tiempos mucho mejores. Este libro y todos los ejemplos de código se escribieron y probaron en una PC 486 DX a 33 MHZ, con 4 megabytes de memoria RAM y la velocidad adecuada. Ahora bien, esta especificación de máquina debe considerarse el mínimo necesario, ya que Windows 95 requiere idealmente de 8 megabytes de memoria RAM para trabajar con eficacia.

Cómo instalar el Winsock de Windows 95

Para poder usar Navigator con una conexión a Internet, su computadora necesita *hablar* un lenguaje llamado IP, o *Protocolo Internet*. Para lograrlo, debe instalar un software conocido como "paquete TCP/IP" (TCP/IP es el conjunto de protocolos fundamental que usan *todas* las computadoras conectadas a Internet). Windows 95 viene con un paquete TCP/IP de 32 bits estándar y puede instalarlo si lo desea. La versión de 32 bits de Navigator no se comunica con un paquete TCP/IP de 16 bits, por lo que es necesario que usted adquiera el de 32 bits.

Cómo instalar Navigator 3.0

Navigator 3.0 viene con un archivo de autoinstalación. Una vez que lo descargue de Internet, debe hacer una copia de respaldo y colocar posteriormente el archivo en un directorio, por ejemplo, `C:\TEMPO`. Después debe ejecutarlo tecleando su nombre en la línea de comandos, dentro de un shell de DOS u, opcionalmente, haciendo clic en el botón Inicio de Windows 95 y eligiendo el comando Ejecutar, para después teclear el nombre del archivo. Usted tal vez quiera asegurar de antemano que este archivo se haya colocado en un directorio independiente. Después, el programa de instalación descomprime algunos archivos, los cuales se instalarán en el directorio que usted indique, por ejemplo, `\NETSCAPE3.0`.

CONSEJO: puede instalar varias copias de Navigator en una sola computadora, pero debe elegir una sola ubicación en el directorio para cada una. No olvide usar el menú Opciones / Preferencias generales de Navigator para elegir archivos de configuración independientes, además de las especificaciones de caché. Quizás usted quiera emplear un solo archivo de marcadores, ya que podrá aplicarlo a todas las versiones de Navigator que tenga instaladas. Los archivos de marcadores son compatibles en toda la familia de Navigator (sin embargo, no es conveniente ejecutar varias versiones de Navigator si modifica los marcadores, ya que se sabe que ocasiona problemas de corrupción).

Al final del proceso de instalación, se creará una carpeta nueva de grupo para Navigator y se colocará un icono de acceso directo en el escritorio para iniciar Navigator. Entonces puede borrar los archivos del directorio temporal que usó para la instalación (el programa de instalación no hará esto automáticamente). Tal vez usted quiera hacer un respaldo del archivo original de Navigator en caso de que accidentalmente se borre uno de los archivos de ese navegador; de lo contrario, tendría que volver a instalar el software desde el principio.

Cómo obtener Navigator de Netscape. Primordialmente, JavaScript es una tecnología del lado cliente y está incorpordo al navegador de Netscape, Navigator. Las versiones 2.0 y superiores de Navigator soportan Java y JavaScript. Al momento de escribir este libro, Navigator 3.0 es la versión más actualizada. Navigator reside principalmente en el servidor FTP de Netscape, localizado en el URL:

```
ftp://ftp.netscape.com
```

aunque ahora también está disponible en muchos otros sitios-espejo, esparcidos en todo Internet. En el apéndice C encontrará una lista de ellos. El directorio en donde reside el programa comúnmente se denomina /pub. Busque en el directorio windows las versiones de Navigator para Windows de Microsoft. Puede usar cualquier cliente FTP para bajar este archivo; incluso puede usar el URL ftp:// en la versión actual de Navigator. Windows 95 cuenta con un cliente FTP dedicado (FTP.EXE) que se instala junto con el módulo Acceso telefónico a redes. Para usar esta función, debe tener previamente instalado Winsock (paquete TCP/IP) de 32 bits de Microsoft. Navigator se vende como un producto comercial; consulte la página inicial de Netscape en el Web, en:

```
http://home.es.netscape.com/es/
```

para ver más detalles, pero hay versiones de prueba gratuitas para los usuarios, sin costo adicional (para fines de evaluación). Por favor, lea los detalles de la licencia que viene junto con Navigator; es necesario que usted esté de acuerdo con ésta antes de usar el programa.

Cómo usar el cliente FTP de Microsoft

Si usted cuenta con un paquete TCP/IP de 32 bits, por ejemplo el de Windows 95, puede ocupar el programa `ftp.exe` para registrarse en un servidor y obtener Navigator. Cuando inicie al programa `ftp.exe`, use el comando `open` junto con el nombre del sitio FTP con que desee establecer contacto; por ejemplo, `ftp.netscape.com`. Opcionalmente, puede especificar el nombre de la dirección del servidor FTP directamente, después del comando `ftp` en el indicador de DOS. Una vez que la conexión se haya establecido, el servidor remoto de FTP le pedirá un nombre de usuario (*username*) y después una contraseña (*password*) para conectarlo. Los sitios FTP públicos, o sitios de FTP anónimo, como se les conoce comúnmente, aceptan el nombre de usuario `anonymous` (y a veces `ftp`) para que usted pueda tener acceso al servidor, sólo que será un acceso limitado, con el fin de obtener archivos disponibles a todo el público, como es el caso de Navigator. Aunque, claro, el servidor de Netscape contiene una gran riqueza de información. Cuando el servidor le solicite una contraseña, simplemente teclee su dirección de correo electrónico, en la forma `usuario@anfitrión`.

CONSEJO: si no tiene una dirección de correo electrónico simplemente use una dirección ficticia, por ejemplo, `jose@anfitrion.com`. Entonces se garantizará el acceso al servidor. El correo electrónico es estándar en la mayoría de los proveedores de Internet, así que si todavía no tiene usted una cuenta de Internet ¡vaya a suscribirse ahora! Es posible utilizar Navigator sin estar conectado a Internet, pero se verá limitado severamente en lo que pueda hacer, en términos de acceso a aplicaciones y documentos en red, entre otras cosas. Sin una conexión a Internet, tendrá que adquirir una aplicación nula WinSock (busque el archivo `MOZOCK.DLL` en la red; descárguelo y después cámbiele el nombre por `WINSOCK.DLL`. Finalmente, colóquelo en el directorio principal de Navigator).

Ahora debe desplazarse hacia el directorio correcto y descargar Navigator, pero asegúrese de activar primero el modo *binario*. Si está usando Navigator para descargar archivos, el modo binario se llamará automáticamente. El comando `binary` se debe usar con los clientes FTP manejados por comandos. Los archivos binarios no son archivos de texto, como las imágenes y programas. Después de esto viene el comando `get` (obtener) junto con el nombre del archivo que usted quiere descargar. Cuando el archivo se haya transferido a su computadora, el indicador `ftp>` volverá a aparecer. Ahora usted simplemente deberá teclear **quit** (salir) para finalizar la sesión con FTP.

Consejo: cada versión de Navigator está almacenada en un directorio diferente, de acuerdo con la plataforma bajo la cual corra; por ejemplo, la versión para Windows 95 reside en el subdirectorio `windows`.

Se necesitan aproximadamente 45 minutos para descargar Navigator 3.0 vía módem tipo V34/VFAST, a una velocidad de conexión de 26-28 Kbps con transferencia continua de datos (dependiendo de cuán ocupado esté el servidor FTP en ese momento). Los sitios-espejo proporcionan una respuesta mejor si están localizados cerca del proveedor de Internet de usted. El servidor FTP de Netscape generalmente está ocupado en la mañana, entre las 9:00 A.M. y las 12:00 P.M. PST (hora legal del Pacífico), aunque, a decir verdad, ¡pareciera estar siempre ocupado en estos días!

Conforme se liberen nuevas versiones de Navigator al público, se usarán nuevos nombres de archivo para identificar a cada sistema reciente. La mejor opción consiste en usar el "localizador de sitio-espejo" de Netscape para ubicar la versión más actualizada, la cual se encuentra en el URL:

`http://home.netscape.com/comprod/mirror/index.html`

Esta página le preguntará desde qué país está llamando, detalles de la plataforma (tipo de computadora y sistema operativo), así como la versión (e idioma) que usted quiera descargar de Navigator. El sitio FTP más cercano del que tenga noticia se desplegará, junto con una liga hacia el servidor FTP que tenga el archivo. Haga clic en la liga adecuada para descargar el archivo requerido. Ha llegado la hora de prepararse una taza de café, o dos, y de sentarse a leer la introducción y averiguar qué otras delicias le esperan en *Fundamentos de JavaScript* ; -)

¿Tiene problemas para entrar al servidor FTP de Netscape?

Quiere decir que hay más personas como usted. Los servidores FTP y web de Netscape pueden estar *muy* ocupados durante las horas de gran tráfico. Después de todo, se trata de uno de los sitios más populares dentro de todo Internet. Por esta razón, usted tal vez tendrá que seguir intentando la conexión, en caso de que la capacidad máxima de usuarios se haya rebasado. Es por ello que vale la pena establecer contacto con un *sitio-espejo*. Los sitios-espejo son sistemas de duplicados de archivos que existen en las computadoras de todo el mundo. Por ejemplo, un usuario en el Reino Unido estaría cometiendo un error si intentara conectarse a uno de los servidores FTP de Netscape, cuando todo lo que tiene que hacer es establecer contacto con el espejo principal de Netscape en el Reino Unido, en `sunsite.doc.ic.ac.uk`. Dado que este sitio geográficamente está más cerca, los tiempos de respuesta deben ser *mucho* más rápidos.

CONSEJO: haga una prueba con las máquinas `ftp1` a `ftp20` (por ejemplo, `ftp20.netscape.com`). Pueden ofrecer tiempos de respuesta más veloces. No olvide que los sitios-espejo generalmente son más rápidos.

Después de instalar Navigator, debe ejecutarlo con el icono adecuado (la instalación de Windows 95 crea una nueva ventana de grupo por usted) y entrar al menú Opciones | Preferencias generales para proporcionar detalles tales como su dirección de correo electrónico y los servidores de noticias y correo. Si pretende usar Navigator para enviar y recibir noticias y/o mensajes por correo electrónico vía USENET, debe proporcionar detalles de los servidores de noticias y de correo electrónico de su proveedor de servicios de Internet.

Cómo instalar Navigator de Netscape

Tan pronto como haya descargado una copia de Navigator, cópiela en un directorio temporal, por ejemplo, `c:\tempo` (asegúrese de que este directorio esté vacío, de no estarlo, cree otro) y después haga un respaldo en un disco. Luego ejecute el programa tecleando el nombre del archivo que haya descargado; por ejemplo, el archivo de Navigator 3.1 en español se denomina `G32e31.01.exe`, así que puede ejecutar un shell de DOS y teclear esto dentro, o hacer clic en el botón Inicio de Windows 95 y teclear el nombre, por ejemplo, `\tempo\G32e31.EXE` en este ejemplo. Es claro que estos nombres habrán cambiado para cuando usted obtenga Navigator (simplemente cámbielos según corresponda).

Entonces se ejecutará el programa de instalación de Navigator y el primer cuadro de diálogo que verá le solicitará que confirme la instalación, como se muestra aquí:

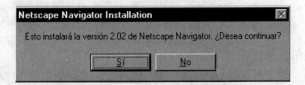

Después de hacer clic en Sí para continuar, Navigator descomprimirá varios archivos y correrá un programa que instala el navegador en sí. Windows 95 ahora lleva un registro de todos los programas instalados, por lo que permite desinstalarlos rápidamente en una etapa posterior. Después de la descompresión, aparece la primera pantalla con un cuadro de diálogo, como se muestra en la ilustración siguiente.

Haga clic en el botón SIGUIENTE para continuar con la instalación. Conforme ésta se vaya realizando, usted contará con la opción de cambiar las especificaciones que previamente se hayan empleado (al menos hasta que comience el proceso real de copiado de archivos). Puede cancelar la instalación con el botón CANCELAR, que para tal fin se proporciona. Después de hacer clic en SIGUIENTE, el programa de instalación necesita saber la carpeta donde quiere instalar esta versión nueva de Navigator, como se muestra aquí:

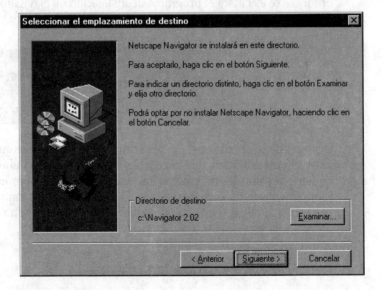

La ubicación del directorio previo se mostrará en pantalla y usted puede aceptarla haciendo clic en el botón SIGUIENTE, en cuyo caso el sistema antiguo se sobrescribirá, o puede elegir EXAMINAR para seleccionar un directorio nuevo. En el ejemplo, usted instalará esta versión en un directorio nuevo denominado \netscape2.01 (digamos que está instalando Navigator 2.01), así que haga clic en EXAMINAR para abrir el siguiente cuadro de diálogo:

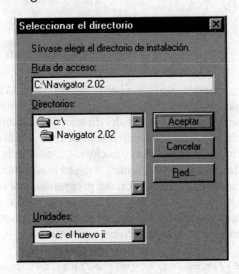

En vez de navegar por la lista de directorios en la ventana inferior, rápidamente teclee el nombre del directorio donde desea instalar Navigator. Use la parte superior de la ventana. En este ejemplo, teclee c:\netscape2.01. Si el directorio que usted haya tecleado no existe, el sistema primero le pregunta si desea crearlo. Finalmente, haga clic en ACEPTAR para guardar los cambios y después haga clic en botón SIGUIENTE para continuar el proceso de instalación. La instalación entonces empezará a copiar los archivos descomprimidos en el directorio nuevo que usted previamente haya seleccionado, como se muestra aquí:

Mientras los archivos se copian, el programa de instalación muestra una barra de avance. Cuando la barra del porcentaje principal llegue al 95%, el sistema creará una carpeta (o ventana) nueva para el programa de Netscape y los iconos de Navigator y del archivo LÉAME que acompaña al programa. Las carpetas, al crearse, se parecen a lo que se muestra a continuación:

El proceso de instalación habrá concluido. Si lo desea, cierre la carpeta, ya que la instalación habrá creado un icono en el escritorio para iniciar Navigator. No olvide borrar todos los archivos del directorio *temporal* desde el cual ejecutó el programa de instalación. Puede hacerlo desde de DOS con el comando del `c:\tempo\*.*`, donde `c:\tempo` es el directorio desde donde ejecutó el programa de instalación. Finalmente, se le preguntará si desea o no conectarse al sitio de Netscape para continuar la configuración del programa. Para conectarse a este sitio necesita acceso a Internet, además de un paquete TCP/IP bien configurado. Haga clic en Sí para correr la versión nueva de Navigator y para que aparezca un acuerdo de licencia. Netscape entonces intentará conectarse a este sitio:

```
http://home.netscape.com/home/setup.html
```

donde usted aprenderá los detalles de configuración de Navigator. Dependiendo de cómo esté configurado el software TCP/IP, Navigator intentará conectarse a un sitio de Internet por módem. El módulo Acceso telefónico a redes de Windows 95 le solicitará a usted tales detalles automáticamente (cuando esté configurado adecuadamente, claro está). Si desea encontrar más información acerca del programa TCP/IP de Windows 95, visite el URL:

```
http://www.windows95.com
```

Acerca del disco que viene con este libro

El disco que viene con el libro contiene todos los ejemplos de código fuente que aparecen en los capítulos (así como en algunos de los apéndices). También incluye archivos de soporte, por ejemplo, imágenes. Cada uno de los programas de *Fundamentos de JavaScript* están numerados. Este número corresponde a un archivo almacenado en el disco, por ejemplo, el programa 10-01 es el primer programa del capítulo 10 y está almacenado como `10-01.htm` en el disco. Si necesita más detalles acerca del disco, incluido un índice, consulte el apéndice J.

¿A dónde puede recurrir de necesitar más ayuda?

Acuda a la página inicial del autor en:

```
http://www.mcgraw-hill.co.uk/JJM/index.html
```

o sea bienvenido a la dirección de correo electrónico en:

```
wombat@spuddy.mew.co.uk
```

en caso de que desee charlar. En el apéndice C se listan algunos recursos útiles basados en Internet y el Web donde puede obtener todo tipo de información acerca de temas relacionados con JavaScript.

CAPÍTULO 1

Integración de
JavaScript con HTML

Una de las ventajas de JavaScript es que usted puede tomar
un documento de HTML y hacerlo compatible con él con
sólo hacerle algunos pequeños cambios. De hecho, no
necesita ningún otro programa para usar JavaScript, ya que
se trata de un lenguaje incorporado al navegador de
Netscape, Navigator. En este capítulo aprenderá a:

♦ Usar el contenedor `<script>` para insertar programas de JavaScript dentro de una página web.

♦ Ocultar código de JavaScript de navegadores que no entiendan este lenguaje.

♦ Manejar los mensajes de error y cuadros de alerta.

♦ Probar sus programas dentro de Netscape Navigator (o, simplemente, "dentro del navegador")

Etiquetas `<script>` y `<noscript>`

La mayoría de los programas de JavaScript viajan por Internet dentro de los documentos solicitados por los usuarios. No es posible determinar que un documento de HTML contiene un programa de JavaScript hasta que se carga en el navegador. Para que Navigator detecte si tal programa existe se han introducido dos nuevas etiquetas (contenedores)* de HTML, denominadas `<script>`, la primera, y `<noscript>`, la segunda; ambas permiten a los autores de HTML detectar si JavaScript *no* está activado o disponible.

El contenedor `<script>..</script>` es similar al contenedor `<applet>..</applet>`, que sirve para cargar un applet (un programa) de Java en la página de hipertexto en uso, excepto que con `<script>` el código del programa en sí puede colocarse dentro del contenedor; es decir, no *necesariamente* tiene que llegar separadamente por la red.

CONSEJO: las versiones anteriores de Netscape Navigator (esto es, versión 2.0) no permiten que los guiones (*scripts*) lleguen desde un servidor. No obstante, Navigator 3.0 soluciona este problema con el atributo `src`, que permite al usuario especificar un URL donde resida un guión específico, así como el nombre del guión que usted quiera cargar y ejecutar. Para ver más información, consulte la descripción de la sintaxis que aparece más adelante en este capítulo.

El contenedor `<noscript>..</noscript>` se introdujo con Navigator versión beta 5. Si usted no tiene activado el soporte de JavaScript, puede activarlo fácilmente eligiendo Preferencias de la red / Lenguajes, del menú Opciones de Navigator; si su navegador no reconoce el contenedor `<script>..</script>`, podrá ver todo el texto de HTML que se encuentre entre las etiquetas `<noscript>` y `</noscript>`.

---

* Etiqueta (contenedor). En la literatura relacionada con la creación de documentos de HTML, a las etiquetas que constituyen ese lenguaje también se les denomina *contenedores,* pues *encierran* (contienen) una acción que debe tomarse; por ejemplo, las etiquetas o contenedores `<head>` y `</head>` indican que el texto *contenido* entre ellas es un título. De la misma forma, las dos etiquetas mencionadas aquí, `<script>` y `<noscript>`, implican una acción. Cuando se habla de *contenedores* se hace referencia a este tipo de etiquetas. (N. del R. T.)

El tema del soporte en cierta versión de un navegador es complejo. En realidad, `<noscript>` no sirve en absoluto para quien usa Netscape Navigator versión 1.*x*, ya que esta versión no reconoce esa etiqueta. Navigator 1.*x* simplemente despliega todo el texto que hay dentro del contenedor `<noscript>..</noscript>`, puesto que ignora las etiquetas. Sin embargo, Navigator 3.0 no muestra el texto dentro de las etiquetas porque soporta JavaScript, a menos que usted desactive temporalmente el soporte seleccionando las opciones indicadas arriba.

Dónde pueden aparecer guiones dentro de un documento de HTML

Los guiones (*scripts*) pueden aparecer casi en *cualquier parte* dentro de un documento de HTML, pero no coloque juntas etiquetas y declaraciones de este lenguaje de modo indiscriminado. Recuerde *encapsular* (encerrar) el código de JavaScript dentro del contenedor `<script>..</script>` de HTML. La única excepción ocurre cuando el código de JavaScript se incluye en un manejador de eventos. El capítulo 5 analiza los manejadores de evento; por ahora, baste decir que permiten que se intercepten y procesen eventos del navegador, como hacer clic en un botón, llenar formas, cargar páginas, etcétera, según corresponda.

Cuando Navigator encuentra una etiqueta `<script>`, *analiza* el contenido, línea por línea, hasta que localiza la etiqueta `</script>`. En esta etapa, el programa de JavaScript se somete a una búsqueda de errores y se compila en un formato listo para ejecutarse en la computadora, muy a la manera de Java; sólo que, en este caso, los programas se compilan *localmente* dentro de Navigator. Esto también sucede cuando se jala un guión la red. Si se descubren errores en esta etapa, Navigator despliega una serie de cuadros de alerta en la pantalla para destacar cada error; para continuar debe darse por enterado de cada cuadro de diálogo (haciendo clic en el botón ACEPTAR).

La parte central del guión de JavaScript se debe colocar entre el contenedor `<head>..</head>` de los documentos, ya que esta es una de las primeras etiquetas que lee Navigator. En teoría, es posible colocar un guión en cualquier parte dentro de un documento de HTML. Sin embargo, es recomendable colocarlo antes del contenedor `<body>..</body>` —por ejemplo, en el encabezado—, de tal manera que las funciones de JavaScript se carguen en la memoria tan pronto como Navigator lea el documento. A algunos autores les gusta colocar sus contenedores de JavaScript al final de un programa; la decisión es suya. Las declaraciones de funciones de JavaScript son buenas candidatas para colocarse en el encabezado de un documento; no obstante, los guiones "al vuelo" que generan HTML en partes específicas de un documento pueden colocarse exactamente como sea necesario.

La sintaxis de la etiqueta `<script>` propia del HTML que entiende Navigator de Netscape es la siguiente:

```
<script [language="JavaScript"]
        [src=URL]>
```

```
[Declaraciones_de_JavaScript...]
</script>
```

donde `language` se pone opcionalmente en "`JavaScript`". Observe que el uso de mayúsculas y minúsculas no importa, al igual con todas las etiquetas de HTML, y que `src` especifica el URL de un guión que usted quiere cargar desde la red. Si especifica el atributo `src`, puede dejar vacía la parte [`Declaraciones_de_JavaScript...`], ya que el guión se cargará desde el URL especificado. Cuando no se usa `src`, Navigator supone que el código del programa está contenido entre las etiquetas `<script>` y `</script>`. Las declaraciones de JavaScript se presentan posteriormente, en el capítulo 3.

Cómo cargar aplicaciones locales de JavaScript

Para insertar código de JavaScript dentro de un documento de HTML, simplemente use la etiqueta `<script>` sin el atributo `src`. Por ejemplo, este documento de HTML muestra un pequeño mensaje de bienvenida al momento de ser cargado:

```
<html>
<!--
  Programa 1-1
-->
<head>
<script language="JavaScript">
alert("¡Bienvenido a la página mística de Susana!");
</script>
</head>
</html>
```

`alert()` es uno de los muchos métodos de JavaScript; en este caso, despliega en pantalla un mensaje al estilo de ventana de alerta (un signo de admiración aparece junto al mensaje). Los *mensajes estilo alerta* o *alertas* sirven para llamar la atención; asimismo, proporcionan un botón ACEPTAR, donde debe hacer clic antes de continuar. El código independiente se ejecutará de inmediato, aunque usted puede definir *funciones* que contengan una serie de declaraciones y que sólo se invoquen cuando se haga referencia a una de ellas dentro del programa. Más adelante aprenderá todo sobre las funciones de JavaScript.

Cómo cargar aplicaciones remotas de JavaScript

Las aplicaciones remotas de JavaScript se almacenan como archivos independientes en el servidor. El atributo `src` especifica un URL que identifica al servidor y la ubicación del guión que usted quiere cargar. Por ejemplo, usted podría cargar un guión desde un servidor remoto empleando el siguiente programa:

```
<!--
  Programa 1-2
```

```
-->
<script src="http://www.oro.net/usuarios/de17/bienvenido.js">
</script>
```

que especifica que el guión denominado `bienvenido.js` se descargará desde el
servidor `www.oro.net`, en el directorio `/usuarios/de17`; luego se compilará y
ejecutará dentro de Navigator. La etiqueta `<script>` es una etiqueta de contenedor,
que debe terminar con la etiqueta `</script>`, aunque no se hayan incluido
declaraciones dentro del cuerpo del guión en este ejemplo.

CONSEJO: cuando use el atributo `src` en la etiqueta `<script>`, debe nombrar
los guiones con la extensión `.js` (que significa Java**S**cript), pues esta extensión de
nombre de archivo ya está soportada (como si fuera del tipo multimedia *Internet Mail
Extension-Extensión,* MIME) dentro del navegador. Cuando cree el guión externamente,
asegúrese de que el archivo esté guardado como archivo de texto sin atributos
especiales, por ejemplo, como ASCII.

En algunas ocasiones, es posible utilizar herramientas auxiliares (en inglés llamadas
includes), que son como las bibliotecas de C, disponibles en el servidor, las cuales permiten
la incorporación de código de HTML/JavaScript directamente en un documento. Sin
embargo, la disponibilidad de tales recursos depende del administrador (las
herramientas auxiliares, o *includes*, en el servidor tienden a aminorar el desempeño
de éste y se desactivan por tal razón). Para mayor información vaya al URL:

```
http//hoohoo.ncsa.uiuc.edu/docs/tutorials/includes.html
```

que brinda información de varios servidores, incluidos los servidores de NCSA y
NetSite de Netscape, muy populares. El uso del atributo `src` puede ser útil para la
confidencialidad del código fuente, pero como éste debe estar disponible desde el
servidor donde se encuentre almacenado, también estará a la vista de los usuarios
que simplemente visiten el directorio en el servidor donde resida físicamente el guión.

CONSEJO: cuando incluya código desde un servidor mediante el atributo `src`,
asegúrese de excluir las etiquetas `<script>` y `</script>` dentro del archivo que
contiene al programa, esto es, sólo coloque el código literal de JavaScript dentro del
archivo, no cualquier etiqueta de HTML.

El atributo `language` siempre es obligatorio, *a menos* que el atributo `src` esté
presente. `src` es una parte opcional de la etiqueta y, si lo pone, indica el URL que
carga un guión. El URL puede especificar un guión local que resida en el mismo
directorio que el archivo de HTML en uso, por ejemplo,

```
<script src="mi_guion.js">
```

o que se encuentre en otro servidor de Internet, como dijimos con anterioridad. Los atributos `src` y `language` pueden estar juntos, si bien es cierto que `language` puede omitirse si `src` no está presente (cuando el guión reside dentro del documento de HTML en uso).

Cómo crear HTML "al vuelo"

Al utilizar varias etiquetas de contenedor `<script>` dentro del documento de hipertexto, puede generar HTML *"al vuelo"*. A este proceso se le conoce como creación dinámica de HTML; sirve para alterar la estructura y apariencia de las páginas web, de acuerdo con eventos externos, por ejemplo, horas, fechas y requerimientos de usuario. Al emplear esta técnica, es posible modificar la apariencia diaria de un sitio en el Web. Un gran número de aplicaciones contenidas en este libro emplean la creación dinámica de HTML.

Cómo asegurar la compatibilidad con versiones anteriores usando comentarios de HTML

El número de navegadores sigue creciendo a paso acelerado, lo cual, a su vez, dificulta el trabajo de crear páginas compatibles con HTML para múltiples navegadores. Todos los navegadores ignoran las etiquetas que no pueden reconocer. Por ejemplo, Navigator 1.2 ignora las etiquetas de contenedor `<script>` y `<frameset>`, pues se introdujeron con Netscape Navigator versión 2.0. Debido a que las etiquetas `<script>` contienen código de JavaScript en bruto y el código mismo no está contenido dentro de etiquetas, el texto del programa aparecerá letra por letra en la pantalla. Para solucionar este problema, Navigator 2.0 y 3.0 permiten la interpretación de código de JavaScript *dentro* de una declaración de comentario de HTML. Los comentarios de HTML son etiquetas de contenedor que inician con `<!--`, terminan con `-->` y pueden abarcar varias líneas. Por ejemplo, un comentario de HTML de una sola línea puede verse así:

```
<!--Derechos reservados (c) Juan Pueblo 1996-->
```

mientras un comentario que abarque varias líneas puede lucir así:

```
<!--
 Derechos reservados (c)
 Juan Pueblo
-->
```

Como ya han descubierto muchos usuarios, un problema importante de los comentarios es que puede "romperlos" internamente un programa de JavaScript , ya que usa combinaciones de caracteres que se parecen a una etiqueta de comentario final.

Por ejemplo, las secuencias de caracteres ">" y "--" se emplean dentro del código de programa de JavaScript: la primera se genera por ser un operador de mayor que (y dentro de etiquetas de HTML); la segunda se usa como operador matemático de decremento.

El uso de tales secuencias dentro de un programa aumenta el riesgo de mostrar el código de JavaScript que está dentro del contenedor `<script>..</script>` y que usted intenta ocultar del desplegado en pantalla.

Puesto que el comentario final realmente aparecerá *dentro* de la parte del código de JavaScript, usted debe usar una secuencia " // " en frente de " --> ", donde " // " es un comentario de JavaScript. A diferencia del guión anterior de JavaScript que mostró un mensaje de bienvenida, este debe modificarse, de tal manera que se convierta en:

```
<!--
  Programa 1-3
-->
<script language="JavaScript">
<!--
  alert("¡Bienvenido a la página mística de Susana!");
//-->
</script>
<noscript>
<img src="bienvenido.gif" hspace=4>¡Bienvenido a la página
mística de Susana en Internet!
</noscript>
```

Observe que las etiquetas `<script>` y `</script>` *no* se deben comentar. Los navegadores que no son de Netscape ignorarán el guión. JavaScript alerta a las versiones de Navigator que interpretarán el código gracias a que reconocen la etiqueta `<script>`. Este documento recién modificado, por lo tanto, es *compatible* con versiones anteriores de Navigator, ya que asegura que el código de JavaScript no se coloque, literalmente, dentro del navegador, pues se vería muy extraño.

CONSEJO: evite colocar comentarios unos dentro de otros, ya que Navigator puede llegar a confundirse, por lo que emitirá un error. La colocación de dichos elementos, unos dentro de otros, se denomina "anidación" y sólo ciertas características pueden usar esta técnica, sobre todo los ciclos (declaraciones de iteración).

Por otra parte, observe cómo se ha usado el contenedor `<noscript>..<noscript>` para desplegar una imagen y un pequeño mensaje de bienvenida, en vez del mensaje `alert()` (este texto alternativo se mostrará cuando JavaScript haya sido desactivado o cuando no esté disponible).

Consejos para ocultar el código de JavaScript en navegadores diferentes a Navigator

Ocultar el código de JavaScript de otros navegadores siempre ha sido un tema controvertido y ha ocasionado muchas guerras en Internet. Casi todos, si no es que todos, los problemas de los comentarios "rotos" se deben a que un programa de JavaScript usa una de las combinaciones (secuencias) de caracteres encontradas en las etiquetas de cierre de comentarios de HTML (`-->`). El tan esperado atributo `src` de la etiqueta `<script>` resolverá estos problemas; pero mientras surge, hay algunas otras formas de resolverlo. Desde luego, también existe la posibilidad de que algunas personas no quieran usar el atributo `src`. Mucha gente ha sugerido que esta característica vuelve más complicado al guión, ya que entonces usted debe ocuparse de registrar los documentos de HTML *y* los archivos de código fuente por separado, en vez de colocar el guión y el código de HTML dentro de un mismo archivo.

De ser posible, trate de no usar los caracteres "`>`" literales dentro del código de JavaScript, ya que *rompen* el comentario a la mitad. El picoparéntesis que apunta a la derecha (o *chevron*) se usa en JavaScript como el operador mayor que; también se usa en las etiquetas de HTML y puede, en ocasiones, escribirse dinámicamente en el navegador. El uso de "`>`" como operador de mayor que puede evitarse invirtiéndolo. Por ejemplo, en vez de codificar:

```
if (miVar1 > miVar2) {
    ...
}
```

usted podría escribir:

```
if (miVar2 < miVar1) {
    ...
}
```

Otro método implica usar un *código de escape hexadecimal* (HEX-ESCAPE). Los códigos de escape hexadecimal toman la forma `\`x*nn*, donde *nn* representa un valor hexadecimal de un carácter de ASCII; por ejemplo, el signo "`>`" sería `\x3e`, pues `3e` en hexadecimal es `62` en decimal, y `62` en ASCII es el signo "`>`". Cuando usted escribe algo de HTML dinámico, por ejemplo:

```
document.write("<hr>¡Bienvenido a mi página!<hr>");
```

bien podría, en su lugar, escribir:

```
document.write("<hr\x3e¡Bienvenido a mi página!<hr\x3e");
```

JavaScript también proporciona el método `unescape()`, que acepta un argumento hexadecimal y que después genera como salida el carácter equivalente en ASCII. También podría usar un código como este:

```
_lt = unescape("%3c");
_gt = unescape("%3e");
document.write(_lt+"hr"+_gt+"¡Bienvenido a mi página!"+_lt+"hr"+_gt);
```

que removería *todos* los picoparéntesis del código fuente. De cualquier forma, seguirían apareciendo dentro del documento de HTML correctamente, por lo que no se perderían efectos. La remoción de los caracteres "<" y ">" puede ser un poco drástica, ya que el carácter ">" casi siempre es el inculpado en estos casos.

Algunos navegadores también rompen un comentario cuando entran en contacto con dos guiones seguidos, por ejemplo "--", debido principalmente a que también se usan como etiqueta de cierre de HTML ("-->"). Puesto que "--" también es un operador de decremento en JavaScript, usted debe encontrar alternativas a tales declaraciones; por ejemplo:

```
miVar --;
```

para usar, en su lugar:

```
miVar -= 1;
```

con lo que logrará el mismo resultado.

Cómo usar la evaluación de expresiones de JavaScript dentro de las etiquetas con variables como atributos

Navigator 3.0 ahora puede evaluar las expresiones de JavaScript *dentro* de las etiquetas de HTML con valores fijos o variables como atributos, con lo que permite que los valores se construyan "al vuelo", al tiempo que un documento se lee en Navigator, en vez de tener código inalterable. La sintaxis:

```
&{expresión};
```

se usa para este tipo de evaluación en línea, donde expresión es la expresión (operación) de JavaScript que usted quiere evaluar. Por ejemplo, en vez de codificar una etiqueta de contenedor de HTML <table> con un ancho fijo, como:

```
<table width="100%">
```

podría escribir, en su lugar:

```
<table width="&{10 * 10};%">
```

Por sí sola, esta etiqueta no tiene gran significado, ya que el resultado es una tabla con un ancho fijo igual al tamaño del navegador, esto es, al 100%. Sin embargo, estas evaluaciones en línea también pueden hacer referencia a objetos de JavaScript, como a variables, así que sería posible que a un elemento se le asignara un valor con base en algunos cálculos previos. Por ejemplo, he aquí una tabla que recibe su valor de ancho (50%) a partir de una variable de JavaScript, anchoTab:

```
<script>
<!--
  var anchoTab = 50;
//-->
</script>
<table border align="middle" width="&{ anchoTab };%">
<tr><td>¡Hola!</td></tr>
</table>
```

El uso de este tipo de evaluación de atributos en línea solamente está disponible cuando se asignan valores a los atributos, como fue el caso del atributo width en el ejemplo anterior. La evaluación en línea puede ser una herramienta muy poderosa, pues permite que los elementos de HTML se mantengan "variables", es decir, el autor nos los establece como de código inalterable. Los valores de atributo, por lo tanto, pueden distribuirse con base en condiciones específicas, predefinidas. Por ejemplo, he aquí un programa de JavaScript que selecciona un nuevo tipo de fuente dependiendo del día de la semana:

```
<!--
  Programa 1-4
-->
<html>
<head>
<script language="JavaScript">
<!--
var FechaHoy    = new Date();
var DiaDeHoy    = FechaHoy.getDay();
var TiposDeLetra = new Array("Albertus Medium",
                            "Times",
                            "Helvetica",
                            "Courier",
                            "Albertus Extra Bold",
                            "Script",
                            "Times");
//-->
</script>
</head>
<body>
<font size="+1" face="&{ TiposDeLetra[DiaDeHoy] };">
Veamos este texto al que se le asignado dinámicamente un tipo de
letra, usando el nuevo atributo <b>face</b> de la etiqueta
<b>&lt;font&gt;</b> (presentado por primera vez en Netscape
Navigator 3.0).</font>
</body>
</html>
```

El atributo `face` se introdujo con Navigator 3.0 y permite que se especifique una fuente (un tipo de letra). Puede ver qué fuentes soporta Navigator seleccionando el menú Opciones y examinando la pantalla de Preferencias generales / Fuentes. En nuestro programa, el arreglo `TiposDeLetra` almacena los nombres de siete fuentes, una para cada día de la semana. La etiqueta `<font>` usa la expresión de evaluación en línea cuando asigna un valor al atributo face, de tal manera que en domingo, por ejemplo, la fuente seleccionada sea "`Albertus Medium`" (el método `getDay()` de JavaScript devuelve 0 para el domingo, 1 para el lunes y así sucesivamente). Al especificar la expresión `TiposDeLetra[DiaDeHoy]` dentro de la evaluación en línea, el valor de `DiaDeHoy` indiza al arreglo `TiposDeLetra` y devuelve un nombre de fuente como cadena, la cual se sustituye como el valor de la etiqueta `<font face>`. Quizá no conozca los arreglos y las declaraciones, por ello se abordan con detalle en capítulos subsecuentes.

Uso de contenedores `<noframes>` por razones de compatibilidad con versiones anteriores

Uno de los problemas serios para los usuarios de navegadores que no sean de Netscape (versiones 2.0 y 3.0) es la generación de un mecanismo que les indique la necesidad de actualizarse para ver los programas de JavaScript. Por fortuna, Navigator 1.1 y superiores reconocen el contenedor `<noframes>..</noframes>`, que se usa dentro de documentos que utilizan marcos *(frames)* para generar cierto texto de HTML que indique a los usuarios la carencia de un navegador compatible con documentos basados en marcos. Al insertar un poco de texto formateado con HTML dentro del contenedor `<noframes>`, usted puede trabajar con gente que use una versión anterior de Navigator. Por ejemplo:

```
<!--
  Programa 1-5
-->
<html>
<head>
<script language="JavaScript">
<!--
// ... código cualquiera...
//-->
</script>
</head>
<noframes>
<hr> Este documento contiene elementos de JavaScript que sólo
pueden usarse en Netscape Navigator 2.0 o 3.0. ¡Por favor,
actualice su navegador y vuelva a visitarnos!<hr>
</noframes>
</html>
```

El código anterior tiene una etiqueta `<noframes>` que genera un mensaje sencillo cada vez que el usuario entra a esta página con la versión 1.*x* de Netscape. Así, se les notifica a los usuarios que deben actualizarse a Netscape 2.0 o 3.0 y que, por lo tanto, deben visitar la página después. La gente que use Netscape 2.0 no verá este mensaje, por supuesto, ya que tienen un navegador compatible con marcos y las etiquetas serán ignoradas. Navigator también tiene un objeto `navigator`, que puede probar la versión específica del navegador que se está usando. Sin embargo, el navegador debe soportar JavaScript para poder usar esta característica. Comúnmente, tales pruebas se reservan para plataformas distintas a Navigator *en sí*.

CONSEJO: Navigator 3.0 tiene la opción Deshabilitar JavaScript en la pantalla Opciones / Preferencias de la red / Lenguajes. Esta opción hará que Navigator ignore toda etiqueta `<script>` que se encuentre dentro de un documento de HTML.

Cómo probar sus programas de JavaScript con Navigator

Para probar sus programas de JavaScript, simplemente cargue en Navigator el archivo de HTML que contenga el guión; siga una de estas vías:

◆ Use Archivo / Abrir en Navigator y elija el archivo que desea cargar

◆ Use un URL con el indicador `file:` de Navigator para abrir un archivo local directamente. Siga estas instrucciones:

Para abrir un archivo local directamente, sólo teclee:

◆ `File:///unidad|/directorio/nombre_de_archivo`

◆ `File:/unidad|/directorio/nombre_de_archivo`

ya que los dos son equivalentes. Por ejemplo:

```
file:///c|/JS/Scripts/wombat.html
```

carga el archivo de HTML denominado `wombat.html` del directorio `C:\JS\Scripts`. Las diagonales "\" y "/" se pueden usar indistintamente como separadores de nivel de directorio; sin embargo, la parte `file:///unidad|` del URL se debe dejar intacta (en cada sintaxis). Navigator lee entonces el archivo de HTML y usted observará que el mensaje de la barra de estado cambia a *Leyendo el archivo...* mientras éste está cargándose.

En caso de detectarse errores, aparecerán en pantalla, dentro de una pequeña ventana, en la esquina superior izquierda. Observe el número de línea del mensaje en tales casos para que pueda localizar y corregir el error con rapidez. Si el archivo que usted requiere existe dentro del directorio *actual*, simplemente haga clic en el cuadro de texto Dirección:, teclee el nombre del archivo y después oprima INTRO.

CONSEJO: todos los errores que existan en un guión de JavaScript aparecen en un cuadro de diálogo cuando el navegador lee el guión. Todos los errores causan la terminación del programa, esto es, un error *fatal*. Observe que JavaScript no tiene *advertencias* como tales. Casi todos los errores hacen que se detenga la ejecución del programa en el punto mismo donde ocurre el error.

Cuando quede satisfecho con su guión de JavaScript, puede cargarlo a un servidor web mediante un cliente adecuado para transferir archivos. En teoría, usted puede probar el programa sin tener que cargarlo en un servidor web. Asegúrese de cambiar todos los `file:` del URL a `http://` (documentos en red), etcétera. Finalmente, dado que la mayoría de las aplicaciones de JavaScript están insertadas dentro de documentos de HTML, no existe hoy día una forma de ocultar el código fuente de los ojos de usuarios que carguen su aplicación. `src`, el nuevo atributo de la etiqueta `<script>`, permite que los guiones existan de manera independiente de los documentos de HTML que los llaman, por lo que usted podrá configurar el servidor web que tenga para negar el acceso a ciertos directorios donde resida el código fuente de los guiones. Sin embargo, estas características dependen del servidor. Navigator compila internamente todos los programas de JavaScript; no obstante, ahora está disponible un compilador independiente, que forma parte de un producto para servidores web, LiveWire, de Netscape (véase `http://home.netscape.com` para mayores detalles).

CONSEJO: cuando pruebe y vuelva a probar programas, debe cargar nuevamente el documento para ver si tienen efecto los cambios. Navigator tiene una memoria caché que, en ocasiones, produce problemas debido a que los cambios no se reflejan cuando usted intenta ver un documento modificado. Para resolver este problema, en vez de solamente hacer clic en el botón Volver a cargar, primero oprima la tecla MAYÚSCULAS y después haga clic en el botón Volver a cargar de la barra de herramientas. Con esto volverá a cargar todo y se ignorará el caché interno. Al hacer clic en el cuadro de texto Dirección: y al oprimir INTRO en el URL, que en realidad cargó la aplicación actual, usted también puede lograr el mismo efecto, sólo que la técnica de usar MAYÚSCULAS-CLIC es más confiable.

Cómo enfrentar los errores y mensajes de alerta de JavaScript

Navigator emite un *mensaje de alerta* cada vez que encuentra un error dentro de un guión. Los guiones se leen en la memoria antes de ser ejecutados a fin de detectarles errores. Entre los ejemplos de errores se encuentran los errores de sintaxis, donde el formato de una declaración específica es incorrecta. Si JavaScript no puede encontrar un archivo al que usted haya hecho referencia o si no puede encontrar una variable referenciada, también se genera un error. Cuando se detecta, Navigator proporciona un cuadro de diálogo pequeño con los siguientes elementos de información:

♦ URL del archivo donde reside el guión

♦ Una descripción del error

♦ El número de línea (aproximado) donde se encuentra el error

Para quitar una alerta, simplemente haga clic en el botón ACEPTAR. En caso de ocurrir varios errores, se desplegarán varias alertas. Entonces Navigator podrá cargar el cuerpo del documento de hipertexto. Sin embargo, si se ha atrapado un error pero de todas maneras usted trata de usar la aplicación, ésta funcionará incorrectamente a menos que elimine dicho error. Las descripciones de mensaje de error de JavaScript pueden ser difíciles de entender debido a que a menudo se expresan en nomenclatura de programación. Una vez que usted se familiarice con los distintos mensajes de error (consulte el apéndice I), rápidamente aprenderá a encontrarlos y corregirlos La figura 1-1 ilustra un mensaje de error típico, que muestra qué sucede cuando se omite una llave "{" en una declaración de función. He aquí el programa que causó el error que se mostró en tal figura:

```
<!--
  Programa 1-6
-->
<script language="JavaScript">
function UnError()
  // Hay una " { "  de más. a continuación...
  alert("Esta función va a generar un error");
}
</script>
```

Al colocar una llave "{" después del nombre de función `UnError()`, usted puede resolver este error.

CONSEJO: los cuadros de alerta tienen la costumbre horrible de "apilarse" unos sobre otros cuando se detectan varios errores dentro de un guión. Las versiones recientes de Navigator *colocan en mosaico* estos mensajes de alerta, por lo que es necesario cerrar cada cuadro en el orden inverso en que aparecieron, lo cual no es difícil, ya que se colocan unos sobre otros y basta con hacer clic en cada botón ACEPTAR para que todas las ventanas desaparezcan.

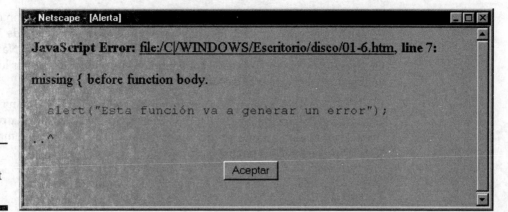

Netscape - [Alerta]

JavaScript Error: <u>file:/C|/WINDOWS/Escritorio/disco/01-6.htm</u>, **line 7:**

missing { before function body.

```
  alert("Esta función va a generar un error");
..^
```

Aceptar

Alerta típica
de JavaScript
Figura 1-1.

NOTA: no se recomienda mover las ventanas, ya que su orden será confuso. Deben cerrarse en el orden inverso en que aparecieron.

Resumen

◆ Coloque todo el código de JavaScript dentro de un contenedor `<script>..</script>`. No mezcle indiscriminadamente el código de JavaScript y el texto de HTML. Use el contenedor `<noscript>..</noscript>` para encapsular el texto con formato de HTML que desee desplegar cuando el usuario haya desactivado JavaScript, o cuando el usuario tenga un navegador que no detecte este lenguaje.

◆ Coloque etiquetas `<script>` en cualquier sitio del documento, ya sea en la parte `<head>` o `<body>` (título o cuerpo) de un documento. Al incorporar guiones dentro del cuerpo, usted puede generar texto de HTML dinámicamente, de manera directa en el documento empleando la función `document.write()`.

◆ Siga este procedimiento en caso de ocurrir un error en su aplicación y de que aparezca un cuadro de alerta de JavaScript. Lea el mensaje; después, haga clic en el botón ACEPTAR para cerrar la ventana. Si aparece más de una ventana, significa que usted tiene varios errores. Haga clic en el botón ACEPTAR de cada ventana, de tal manera que regrese a Navigator. Usted no puede entrar a Navigator sino hasta que todas las ventanas de este tipo se hayan cerrado.

- ♦ Cerciórese de encerrar todo el código dentro de un contenedor de comentario de HTML, por ejemplo, usando las etiquetas "`<!--`" y "`-->`", a fin de asegurar que el código de un programa de JavaScript no aparezca en la pantalla. Navigator 3.0 y superiores pueden interpretar el contenido de tales comentarios, por lo que el código de todas formas se ejecuta.

- ♦ Use el contenedor `<noframes>` para colocar código de HTML en navegadores que no sean del tipo de JavaScript. Así, los usuarios de Navigator 1.*x* pueden llegar a observar un mensaje que les dice que deben usar un navegador compatible con JavaScript para ver sus páginas.

CAPÍTULO 2

Cómo usar ligas y anclas con JavaScript

Las *hiperligas* son la piedra angular del Web; permiten que la gente vaya de un documento a otro con sólo hacer un clic con el ratón. En HTML, una hiperliga, o simplemente *liga,* se crea usando la etiqueta (el contenedor) `<a href=URL>..</a>`, donde URL es la dirección del recurso del Web que usted quiere que sea el destino de la liga. Este recurso *destino* (una página web o cualquier otro recurso válido; por ejemplo, Gopher, noticias o servidor FTP) se carga entonces en Navigator. Observe que las etiquetas se reflejan como objetos en JavaScript; cada vez que rastrea una etiqueta `<a href>`, Navigator trata la liga a la que hace referencia como un *objeto*. A los objetos se tiene acceso mediante sus *propiedades* (también llamadas *funciones*); por ejemplo, mediante la propiedad `links` (ligas), que se describe posteriormente en este capítulo.

En este capítulo usted aprenderá a:

♦ Crear ligas y anclas en HTML

♦ Usar JavaScript para hacer referencia y crear ligas y anclas

♦ Usar distintos URL con JavaScript para tener acceso a diferentes recursos de Internet

♦ Crear ligas y anclas en HTML

♦ Apuntar anclas a marcos dentro de un documento construido a base de éstos

♦ Usar mapas de imágenes con JavaScript, en el extremo cliente, para posibilitar la navegación avanzada mediante ligas

JavaScript puede tener acceso a las ligas y anclas que usted crea mediante una serie de propiedades estándar: `links` y `anchors` (ligas y anclas). Asimismo, JavaScript proporciona una serie de métodos que manipulan estos valores, permitiendo que las ligas y anclas se creen *dinámicamente*, es decir, sin necesidad de usar etiquetas nativas de HTML.

Propiedad `links`

Cuando se carga un documento de HTML en Navigator, se rastrea cada etiqueta `<a href>` y su atributo `href` (URL destino) se coloca en la *propiedad* `links`. Esta propiedad se estructura como un arreglo y cada liga se almacena en orden ascendente dentro de éste. La sintaxis completa de la etiqueta de hiperliga `<a href>` es

```
<a href="URL_A_CARGAR"
    [onClick="Comandos_de_JavaScript"]
    [onMouseOver="Comandos_de_JavaScript"]
    [target="Nombre_de_marco"]>Texto_de_liga
</a>
```

donde URL_A_CARGAR es el URL (*Uniform Resource Locator* o Localizador Uniforme de Recursos) del recurso que usted quiere cargar en Navigator; por ejemplo, otro documento de HTML. El atributo `onClick` es un manejador de eventos de JavaScript que intercepta la acción del usuario de oprimir el botón del ratón (hacer clic) en la liga actual y permite que se ejecute un comando de JavaScript o se invoque una función. `onMouseOver` es otro manejador de eventos que se llama cuando el usuario coloca el puntero del ratón sobre la liga.

CONSEJO: para aprender más acerca del evento `onMouseOver`, con ejemplos de código, consulte el capítulo 5.

El atributo `target` se usa dentro de un documento de HTML compuesto a base de marcos. Los documentos hechos a base de marcos se componen de múltiples regiones en el navegador que pueden contener documentos independientes; pueden definirse múltiples marcos en un documento. El argumento `Nombre_de_marco` representa el nombre de un marco creado usando la etiqueta `<frame name=Nombre_de_marco>` de HTML de Netscape. Consulte el capítulo 9 si necesita una descripción detallada de los documentos con marcos y su integración a los programas de JavaScript. Analice el documento de hipertexto siguiente, que tiene tres ligas insertadas dentro del contenedor `<body>`:

```
<!--
  Programa 2-1
-->
<html>
<head>
<script language="JavaScript">
<!--
var TextoLiga = "";
function MostrarLigas() {
  var item = 1;
  TextoLiga = "Índice de ligas:\n" +
             "_____\n";
  for (n=0; n < document.links.length; n++) {
      TextoLiga += item + ". " + document.links[n] + "\n";
      item ++;
  }
  alert(TextoLiga);
}
//-->
</script>
<title>Introducción al Web</title>
</head>
<body><basefont size=4>
<font size="+1">I</font>ntroducción
<font size="+1">A</font>1
<font size="+1">W</font>eb<hr>
El <a href="ttp://www.cern.ch">World Wide Web</a> es esa parte
de <a href="internet.htm">Internet</a> que se distribuye solamente
por documentos de hipertexto. El hipertexto es una forma de
incorporar contenido multimedia con los documentos, con la
característica de crear ligas, conocidas como
<a href="hl.htm">hiperligas,</a> a otros documentos.<p>
```

```
<form><input type="button"
            value="Índice instantáneo"
            onClick="MostrarLigas()"></form>
</body>
</html>
```

Las ligas del documento anterior se cargan en el arreglo `links`; JavaScript puede entrar a ellas al hacer referencia a la posición adecuada dentro del arreglo. En el ejemplo, se coloca un botón en la parte inferior de la página mediante el manejador de eventos `onClick` de JavaScript para que llame a la función `showLinks()`.

La función `showLinks()` construye una lista de las ligas contenidas en la página empleando un ciclo `for` que examina el arreglo `links` y que crea una cadena de texto para cada entrada. La cadena se despliega entonces mediante la función `alert()` de JavaScript. Consulte el capítulo 3 si desea conocer más acerca de las declaraciones de JavaScript; por ejemplo, sobre el constructor de ciclos `for`. Observe el uso de los códigos "\n" en el guión de programa. Señalan el sitio donde se hace un salto de línea, por lo que la cadena se divide en varias líneas; en este caso, en una por cada entrada. La figura 2-1 ilustra el ejemplo anterior en acción y muestra el índice de las ligas generado por el programa.

CONSEJO: cuando haga referencia a una función de JavaScript, por ejemplo `links`, precédala con el objeto del cual ésta se deriva, esto es, el objeto `document`, en este caso. Consulte el apéndice B si desea una lista de las funciones y los objetos a los que pertenecen.

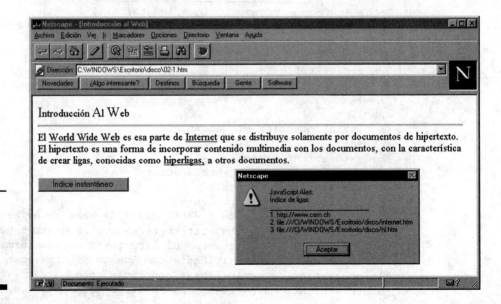

El ejemplo actual como se ve en Navigator
Figura 2-1.

Propiedad Anchors

Las *anclas* son los destinos (o lugares) de las ligas. Hacen referencia a una parte en específica de un documento (almacenado local o remotamente) y se crean mediante la etiqueta `<a name=...>`. Las anclas dependen por completo de las ligas, aunque no sucede lo mismo a la inversa.

La sintaxis para la hiperliga `<a name>` es

```
<a name="Nombre_de_ancla"
   [href="URL_a_cargar"]>
Texto_del_ancla
</a>
```

Debe hacer referencia a las anclas almacenadas en documentos remotos mediante la etiqueta `<a href>`, de la siguiente forma:

```
<a href="documento.htm#Nombre_de_ancla">
Texto_de_liga
</a>
```

donde `Nombre_de_ancla` es el nombre del ancla a la que se hace referencia y documento es el nombre del documento de HTML donde reside el ancla. En esta forma de la etiqueta `<a href>`, el ancla reside *fuera* del documento en uso; es decir, el archivo `documento.htm` debe cargarse primero en Navigator y después se hará referencia al ancla.

NOTA: el carácter (`#`) siempre es un signo inequívoco de que se está haciendo referencia a un ancla. Navigator incluso posee una propiedad `hash` que simula una etiqueta `<a href="Nombre_de_ancla">` (más información al respecto posteriormente en esta sección).

Las anclas únicamente funcionan con documentos de hipertexto y se definen con el contenedor `<a name=Nombre_de_ancla>..</a>`. Las anclas son particularmente útiles para crear índices que permiten a una liga `<a href>` apuntar hacia una parte específica del texto, ya sea en el documento en uso o en un documento remoto (en red). Examine el ancla definida remotamente y a la que se hace referencia en esta liga:

```
<a href="http://www.unservidor.com/archivo1.htm#seccion6">Sección 6</a>
```

Definiría una liga con el texto seleccionable "Sección 6". Cuando el usuario haga clic en esta liga, el archivo denominado `archivo1.htm` se cargará en Navigator desde el servidor en la computadora anfitrión `www.unservidor.com` y el documento se moverá hasta el ancla denominada `seccion6`, esto es, a la parte del archivo donde está definida la etiqueta `<a name="seccion6">`. Quizá la sección de que se habla esté estructurada como sigue:

```
<a name="seccion6">
<h2>SECCIÓN 6 - EL ENSORDECEDOR MURMULLO DE LAS HOJAS</h2>
</a>
Bienvenido a la sección 6, que narra el extraño caso del
ensordecedor murmullo de las hojas...
```

En el caso de anclas locales, la etiqueta `<a href>` se usa de esta forma

```
<a href="#Nombre_del_ancla">
Texto_de_liga
</a>
```

Observe que se omite cualquier documento de hipertexto que deba cargarse en esta ocasión, pues se supone que reside donde está definida el ancla. Las ligas que no especifican un ancla mediante el carácter # simplemente cargan un documento completo y dejan al usuario al principio, que es la posición predefinida.

Cómo desplazarse a un ancla con JavaScript

Usted puede hacer que Navigator salte a un ancla dentro de un documento, sólo asigne el nombre del ancla (como dijimos en la etiqueta `<a name=...>`) a la propiedad `document.hash`. Por ejemplo, si usted tuviera esta ancla definida dentro de un documento denominado `libro.htm`:

```
<a name="capitulo2">
CAPÍTULO 2 - INTRODUCCIÓN A LAS LIGAS<hr>
</a>
```

y asignara el valor `"capitulo2"` a la propiedad `document.hash` mediante esta instrucción de JavaScript

```
document.hash = "capitulo2";
```

haría que el Navigator cargara el URL:

```
http://www.unservidor.com/1.libro.htm#capitulo2
```

suponiendo que el archivo `libro.htm` reside en el directorio raíz (de nivel superior) del servidor web denominado `www.unservidor.com`, el cual le colocaría a usted

en esa ancla dentro del documento. Si ésta no existiera, usted se quedaría en la parte
superior del documento.

Cómo validar un ancla

Usted puede *validar* un ancla antes de hacer referencia a ella, aunque el procedimiento
no es tan sencillo como pudiera parecer. La propiedad `document.anchors` es un
arreglo de anclas definidas dentro del documento en uso, aunque no pueda acceder
a los elementos individuales, lo cuales, al ser accedidos, devolverían un valor `null`.
En vez de hacer eso, usted debe nombrar las anclas numéricamente y considerando
su origen; por ejemplo, `<a name = "0">`, `<a name = "1">` y así
sucesivamente, para después revisar el valor de la propiedad
`document.anchors.length` y ver si el ancla que usted ha solicitado es menor
que o igual a este número. De no ser así, el ancla no existe y se emitirá entonces el
mensaje de error correspondiente. Analice el siguiente código de JavaScript:

```
<!--
  Programa 2-2
-->
<html>
<head>
<script language="JavaScript">
<!--
function VerificarLiga(LaLiga) {
 if (parseInt(LaLiga) > document.anchors.length)
    alert("Lo siento, esta ancla no está definida");
else
    location.hash = LaLiga;
}
//-->
</script>
</head>
<body>
<form>
<input type="button"
       value="Capítulo  1"
       onClick="VerificarLiga('0')">
<input type="button"
       value="Capítulo 2"
       onClick="VerificarLiga('1')">
</form>
<a name="0">CAPÍTULO 1</a>
<!--
  Poner algo más de texto aquí...
-->
<a name="1">CAPÍTULO 2</a>
<!--
```

```
    Poner algo más de texto aquí...
-->
</body>
</html>
```

El cuerpo del documento principal se ha abreviado en este ejemplo, pero sí se han puesto las anclas. Cuando usted hace clic en un botón, el evento `onClick` llama a la función `VerificarLiga()` y le pasa el nombre del ancla, por ejemplo, "0" en el caso de la primera. El valor numérico de esta ancla (observe el uso de `parseInt()` en este caso) se confronta con el valor de la liga; si el número de esta última es mayor, se genera un mensaje de error. De no ser así, se asigna el valor de la liga a la propiedad `hash` y Navigator lo lleva a usted a la entrada apropiada `<a name>` dentro del documento. Para probar este programa, asegúrese de tener suficiente espacio entre las anclas, de tal forma que pueda notar visiblemente el movimiento de cada una. Para probar la inexistencia de un ancla, intente renombrar alguna de las etiquetas `<a name>`, así como el argumento para la función `VerificarLiga()`. Por ejemplo, renombrando:

```
<a name="1">CAPÍTULO 2</a>
```

por:

```
<a name="3">CAPÍTULO 3</a>
```

y renombrando al segundo botón por:

```
<input type="button"
       value="Capítulo 3"
       onClick="VerificarLiga('3')">
```

le haría ver entonces un mensaje de alerta indicando la inexistencia del ancla.

Cómo crear ligas con el método `link()`

JavaScript proporciona el método `link()` para crear hiperligas. Su sintaxis es esta:

```
Texto_de_liga.link(Nombre_de_URL)
```

donde `Texto_de_liga` es una cadena de caracteres que representa el texto donde el usuario debe hacer clic para activar la liga; y `Nombre_de_URL` es el URL del recurso que se cargará al activar la liga. Puede usar el método `document.write()` de JavaScript para escribir ligas dinámicamente en el documento de hipertexto actual. Por ejemplo, examine la siguiente función de JavaScript, que crea una liga dentro del cuerpo de un documento de hipertexto y la mezcla con las etiquetas de HTML restantes:

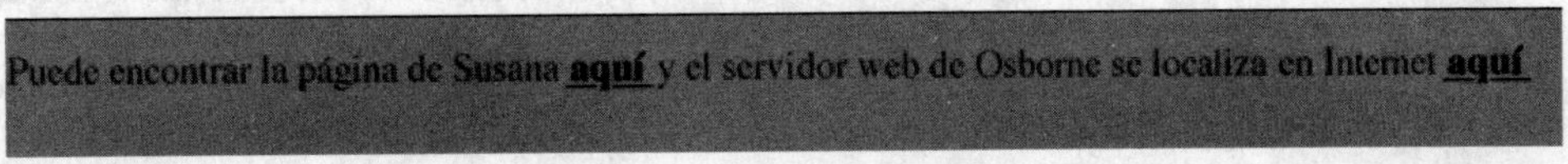

Las dos ligas
creadas en el
ejemplo
anterior
Figura 2-2.

Puede encontrar la página de Susana **aquí** y el servidor web de Osborne se localiza en Internet **aquí**

```
<!--
  Programa 2-3
-->
<html>
<body>
<basefont size=4>
Puede encontrar la página de Susana
<script language="JavaScript">
<!--
var TextoLiga = "aquí";
var URL = "http://www.oro.net/usuarios/de17/indice.htm";
document.write(TextoLiga.link(URL));
//-->
</script>
y el servidor web de Osborne se localiza en Internet
<a href="http://www.osborne.com">aquí; </a>
</body>
</html>
```

El contenedor `<script>` puede aparecer en cualquier parte dentro de un documento de HTML, incluso entre partes del texto formateadas con HTML. La figura 2-2 muestra la salida de este ejemplo. Usted nunca se hubiera enterado que la primera liga se generó dinámicamente.

El uso de hiperligas creadas dinámicamente es muy útil, ya que usted puede crear ligas que cambien de acuerdo con condiciones especificadas con anterioridad, por ejemplo, fechas y horas. El ejemplo siguiente crea una serie de ligas que dependen del día de la semana:

```
<!--
  Programa 2-4
-->
<html>
<body>
<basefont size=4>
<img src="internal-gopher-menu"> Oprimir
<script language="JavaScript">
<!--
var FechaDeHoy = new Date();
var dia        = FechaDeHoy.getDay();
```

```
var TextoLiga  = "aquí";
var UnURL= "";
if (día == 0) { UnURL="http://www.unanfitrion.com/días/domingo.htm"; }
if (día == 1) { UnURL="http://www.unanfitrion.com/días/lunes.htm"; }
if (día == 2) { UnURL="http://www.unanfitrion.com/días/martes.htm"; }
if (día == 3) { UnURL="http://www.unanfitrion.com/días/miércoles.htm"; }
if (día == 4) { UnURL="http://www.unanfitrion.com/días/jueves.htm"; }
if (día == 5) { UnURL="http://www.unanfitrion.com/días/viernes.htm"; }
if (día == 6) { UnURL="http://www.unanfitrion.com/días/sábado.htm"; }
document.write(TextoLiga.link(UnURL));
//-->
</script>
 para leer las noticias de hoy.<p>
</body>
</html>
```

En este ejemplo, se ha creado un nuevo objeto `Date` y se le ha asignado a la variable `FechaDeHoy`. El método `getDay()` se aplica a este valor para extraer un número de día. Este método devuelve 0 en el caso del lunes, 1 para el martes y así sucesivamente. Este valor se usa en una serie de instrucciones `if` para seleccionar el URL que usted desea ocupar para la liga, la cual se escribe por completo usando el método `document.write()`. De nuevo, observe cómo el guión se inserta dentro del cuerpo del documento. Usted podría colocarlo todo en una función de JavaScript, para después llamarla desde el guión (simplemente para separar el código de HTML del código de JavaScript), aunque el resultado final sea el mismo.

Cómo crear anclas con el método `anchor()`

Además del método `link()`, JavaScript proporciona el método `anchor()`, que sirve para crear anclas dinámicamente dentro de un documento de hipertexto. La sintaxis de este método es

```
TextoAncla.anchor(Nombre_de_ancla)
```

donde `TextoAncla` es el texto que debe encapsularse en el contenedor `<a name>..</a>`, y `Nombre_de_ancla` es el nombre del ancla. Por ejemplo, examine el siguiente extracto de código:

```
var miAncla = "El ensordecedor murmullo de las hojas";
document.open();
document.writeln(miAncla.anchor("seccion6"));
document.close();
```

Este código crearía programáticamente un ancla igual que la del siguiente código de
HTML

```
<a name="seccion6">El ensordecedor murmullo de las hojas</a>
```

Cómo usar el URL `javascript:` con una hiperliga `<a href>`

El URL `javascript:` permite que se evalúe una instrucción o expresión de
JavaScript. Al usar este URL dentro de una liga `<a href>` es posible llamar
funciones o declaraciones de JavaScript y lanzar programáticamente las hiperligas.
Examine el siguiente guión:

```
<!--
  Programa 2-5
-->
<html>
<head>
<script language="JavaScript">
<!--
  function MiFuncion() {
    alert("¡Hola, mundo!");
  }
//-->
</script>
</head>
<body>
<a href="javascript:MiFuncion()">Haga clic aquí</a>
</body>
</html>
```

Observe cómo el atributo `href` lanza una función de JavaScript en este caso. Otra
forma de llamar a una función consiste en usar el método alternativo

```
<a href="#" onClick="MiFuncion()">Otra forma</a>
```

que remplaza al atributo `href` con un signo de número (`#`) y que usa el manejador
de eventos `onClick` para lanzar la función. Ambos métodos son equivalentes dentro
de Navigator. Usted no necesariamente estaría llamando a una función de JavaScript;
en realidad podría cargar un recurso y llamar a una función al mismo tiempo, por
ejemplo, utilizando este código de HTML:

```
<a href="archivo.htm" onClick="MiFuncion()">Haga clic aquí</a>
```

que cargaría al documento denominado `archivo.htm` cuando se hiciera clic en la liga y, al mismo tiempo, lanzaría la función `MiFuncion()` definida por el usuario. Los usos para este tipo de liga son numerosos. Por ejemplo, usted podría cargar dos marcos al mismo tiempo; uno dinámicamente y el otro desde un archivo externo, o combinaciones de ambos, quizás. El siguiente guión crea un documento con dos marcos horizontales de igual tamaño. El superior (`MarcoSuperior`) simplemente carga un archivo externo desde la red, mientras el inferior se actualiza dinámicamente.

```
<!--
  Programa 2-6
-->
<html>
<head>
<script language="JavaScript">
<!--
function MiFuncion() {
  parent.frames[1].document.open();
  parent.frames[1].document.write("Este texto " +
                     "automáticamente " +
                     "se carga en el marco.");
  parent.frames[1].document.close();
}
var MarcoSuperior = "<a href='http://www.osborne.com' " +
                     "onClick='parent.MiFuncion()'>Haga clic aquí</a>";
var MarcoInferior = "";  // Marco vacio
//-->
</script>
</head>
<frameset rows="50%,*">
<frame src="javascript:parent.MarcoSuperior">
<frame src="javascript:parent.MarcoInferior">
</frameset>
</html>
```

Asegúrese de usar los métodos `open()` y `close()`, ya que, de lo contrario, el contenido del marco superior podría no mostrarse. Si necesita cargar un archivo local desde su disco duro, use el URL del archivo local de la forma: `file:///Letra_de_unidad%7c/directorio/Nombre_de_archivo`. O escriba la expresión concatenada "`<base href="+Posicion+">`" en el mismo marco donde coloque la liga `<a href>` (donde `Posición` representa al objeto `location` de JavaScript, o el URL del marco). Observe que Navigator pierde el rastro del archivo si no emplea cualquiera de estos dos métodos. Por ejemplo, he aquí el mismo guión, sólo que esta vez empleando la etiqueta `<base href>`. Note que ahora se ha quitado del archivo el prefijo del URL:

```
<!--
  Programa 2-7
-->
<html>
<head>
<script language="JavaScript">
<!--
function MiFuncion() {
  parent.frames[1].document.open();
  parent.frames[1].document.write("Este es un texto "+
                    "cargado nuevamente en el marco.");
  parent.frames[1].document.close();
}
var MarcoSuperior = "<base href="+location+">" +
                    "<a href='archivo.htm' " +
                    "onClick='parent.MiFuncion()'>Haga clic aquí</a>";
var MarcoInferior = "";
//-->
</script>
</head>
<frameset rows="50%,*">
<frame src="javascript:parent.MarcoSuperior">
<frame src="javascript:parent.MarcoInferior">
</frameset>
</html>
```

Consulte el capítulo 9 si desea más información acerca de los documentos con marcos.

Cómo manipular la propiedad `link` usando el objeto document

Existen varios otros objetos document relacionados con las ligas y que pueden cambiarse dentro de un programa de JavaScript. Entre ellos se incluyen los colores de las ligas empleados por Navigator; por ejemplo, `linkColor` y `vlinkColor`. Todas estas propiedades pueden configurarse en cualquier momento con sólo asignarles un valor. Los valores en este caso incluyen verbos con código de color de Netscape, digamos, `Black` o tripletas RGB (`#RRGGBB`) especificadas en formato hexadecimal (`0-FF`), donde `RR` es rojo, `GG` verde y `BB` azul. El apéndice G tiene más información acerca de los códigos de color.

La propiedad `aLinkColor` describe el color de la liga activa. Las *ligas activas* son hiperligas en las que se ha hecho clic. El color retorna al establecido en `linkColor` una vez que usted deja de oprimir el botón del ratón. El atributo `linkColor` es el color prestablecido para una liga (azul es el color predefinido en Navigator). `vlinkColor` especifica el color de una *liga visitada*, es decir, una liga en la que ya se hizo clic, ya sea en la sesión actual o en una anterior, misma que está almacenada en el archivo NETSCAPE.HST. Por ejemplo, usted podría cambiar el color de cada liga en una página empleando esta sencilla declaración de JavaScript

```
document.linkColor = "Yellow";
```

donde Yellow (amarillo) es el código de color para la tripleta RGB "#FFFF00", esto es, 100% de rojo, 100% de verde y 0% de azul. La declaración equivalente sería

```
document.linkColor = "#FFFF00";
```

Observe que la declaración anterior sólo es compatible con Netscape 2.*x* y 3.*x*. Ambos esquemas de codificación funcionan en Netscape 2.*x*, pero los verbos de código de color no son compatibles con Netscape 1.*x*. La habilidad para cambiar los colores de la liga permite que un sitio cambie de apariencia sin necesidad de modificar docenas, quizá cientos de archivos de HTML. Examine el siguiente documento de JavaScript/HTML, que cambia el color de la liga activa de acuerdo con el día de la semana:

```
<!--
  Programa 2-8
-->
<html>
<head>
<script language="JavaScript">
<!--
function CambiaColoresDeLiga() {
  var FechaDeHoy= new Date();
  var DiaDeHoy = FechaDeHoy.getDay();
  var TextoLiga = "¡Hey, aquí!";
  var elUrl      = "";
  if (DiaDeHoy == 0) { document.linkColor = "Yellow" }   // Domingo
  if (DiaDeHoy == 1) { document.linkColor = "Aqua"   }   // Lunes
  if (DiaDeHoy == 2) { document.linkColor = "White"  }   // Martes
  if (DiaDeHoy == 3) { document.linkColor = "Red"    }   // Miércoles
  if (DiaDeHoy == 4) { document.linkColor = "Blue"   }   // Jueves
  if (DiaDeHoy == 5) { document.linkColor = "Green"  }   // Viernes
  if (DiaDeHoy == 6) { document.linkColor = "Black"  }   // Sábado
}
CambiaColoresDeLiga();
//-->
</script>
</head>
<body>
<basefont size=4>
Si hoy es domingo, entonces <a href="esto.htm">esta</a> liga aparece
en color <font color="Yellow">amarillo</font>.
```

```
</body>
</html>
```

La parte principal es, en esencia, la misma que en el ejemplo previo, donde se cambió el nombre de la liga, sólo que, en este caso, se asigna un valor distinto a la propiedad `document.linkColor`. Observe el uso de la etiqueta `<font color=...>`, que es nueva para Navigator 2.0, además de cómo se llama automáticamente a la función `changeLinkColors()`, esto es, usted *no* tiene la opción de decidir si debe llamar o no a la función, ya que los colores se ponen de modo automático.

Cómo usar las hiperligas con mapas de imágenes en el extremo cliente

Un *mapa de imagen* es un dibujo que se fragmenta en una serie de regiones, conocidas como *sitios clave (hot-spots)*, cada uno de los cuales puede estar asociada con un URL diferente. Hasta la aparición de Netscape 2.0, las imágenes-mapa, como también se les conoce, eran una utilería que se encontraba en el servidor y que era posible utilizar; sin embargo, ahora pueden usarse directamente en el extremo cliente ocupando el nuevo contenedor HTML `<map>..</map>`. La sintaxis de la etiqueta `<map>` es la siguiente:

```
<map name="Nombre_de_mapa">
<area shape="poly" | "rect" | "circle" coords="lista_de_coordenadas,.."
      href="Archivo_o_URL">
</map>
```

Cada una de las etiquetas `<area>` identifica una región clave dentro de la imagen y, al hacer clic en ella, lanzará un URL único (vía el atributo `href`). Usando el URL `javascript:`, usted puede lanzar una expresión de JavaScript o una llamada de función. Las regiones clave se basan pares ordenados `x,y` (que comienza en `00,00`, en el caso de la esquina superior izquierda de una imagen).

Los *polígonos* (`poly`) son figuras con varios lados, como los triángulos, y se usan mucho en formas complejas, como la imagen de un país y sus fronteras. Las regiones de formas más simples pueden especificarse con las funciones `rect` (rectángulo) y `circle` (círculo). Las coordenadas rectangulares se basan en los pixeles de la esquina superior izquierda e inferior derecha del rectángulo, mientras los círculos se miden por su radio, es decir, la distancia del centro del círculo a su perímetro. El formato de cada coordenada es importante; por ejemplo, he aquí una definición sencilla de polígono:

```
<map name="miMapa">
<area shape="poly" coords="2,1 109,1 194,1 4,191 2,1"
      href="http://www.unservidor.com/arhivo1.htm">
</map>
```

Observe que los polígonos se especifican simplemente con puntos iniciales y finales, que determinan los extremos de una línea; en esencia, son grupos de líneas que se forman para hacer una región cerrada. Los rectángulos son, con mucho, las formas más simples, ya que usted sólo debe conocer dos coordenadas; las coordenadas x, y de la esquina superior izquierda, y las coordenadas x, y de la esquina inferior derecha. Por ejemplo:

```
<map name="miMapa">
<area shape="rect" coords="146,145 247,228"
    href="http://www.unservidor.com/archivo2.htm">
</map>
```

De ser posible, intente que las coordenadas iniciales y finales concuerden, de tal modo que se forme una región cerrada, como en el ejemplo anterior. Los círculos toman la forma:

```
<map name="miMapa">
<area shape="circle" coords="248,82 196,66"
    href="http://www.unservidor.com/archivo3.htm">
</map>
```

donde el perímetro se conforma con el primer conjunto de coordenadas. Usted necesita la ayuda de un programa para determinar las coordenadas de los pixeles, ya que el proceso puede ser complejo. Puede:

◆ Usar un editor de imágenes-mapa dedicado, por ejemplo mapedit (consulte el apéndice C para localizar este programa) a fin de crear todas las regiones y generar un archivo de coordenadas (*file-map*) que después se pueda incorporar a la aplicación de JavaScript; o

◆ Usar un editor de imágenes que muestre las coordenadas de los pixeles; por ejemplo el programa Paint de Windows 95, etcétera. Usted debe convertir la imagen al formato GIF o JPEG posteriormente. Entre el shareware relacionado con este aspecto puede considerar Lview y GifEdit.

Para asociar una imagen con una especificación <map>, la etiqueta <img src> ha sido modificada para que acepte el atributo usemap. El antiguo atributo ismap aún se conserva, pero se usa con sistemas que empleen las utilerías de imágenes-mapa del servidor web. Por ejemplo, usted podría tener esta etiqueta de HTML:

```
<img src="Archivo_o_URL" usemap="#Nombre_de_mapa">
```

donde Nombre_de_mapa es el nombre mencionado en el atributo name de la anterior etiqueta <map>. He aquí todo el guión. Como puede ver, entre más detallada esté una región clave, mayor es el número de coordenadas que se necesita. Puede acortar el número de coordenadas de los polígonos si en lugar de éstos emplea rectángulos. Los rectángulos incluso pueden colocarse dentro de la imagen para mostrar exactamente dónde debe hacerse clic.

```
<!--
  Programa 2-9
-->
<html>
<head>
<title>McGRAW-HILL: Ventas en Europa y el equipo de publicidad</title>
<script language="JavaScript">
<!--
  var MarcoMapa =
    "<base href="+ location + ">" +
    "<body bgcolor='Black' background='back1.gif' text='White'>" +
    "<map name='Europa'>" +
    "<area shape='poly' coords='51,8 63,10 61,19 77,21 68,36 " +
    "95,70 103,73 107,80 101,85 101,91 98,93 88,98 80,97 61,102 " +
    "66,105 63,105 52,103 49,106 45,107 42,107 53,96 55,92 59,91 " +
    "47,90 46,86 46,83 29,84 16,93 1,87 2,77 10,67 6,61 9,51 " +
    "17,54 23,44 36,43 44,44 41,42 43,36 30,37 34,20 34,12 41,5 " +
    "47,5 51,6' href='javascript:parent.ReinoUnido()'>" +
    "<area shape='poly' coords='149,154 144,156 151,160 146,163 " +
    "146,168 152,172 166,170 172,172 175,177 183,185 184,191 " +
    "191,195 196,198 198,202 203,206 206,205 208,207 211,211 " +
    "216,212 216,218 215,223 205,224 198,225 188,228 183,236 " +
    "221,235 223,231 229,230 233,224 234,218 234,216 231,214 " +
    "235,213 239,213 243,209 240,201 231,198 228,198 228,194 " +
    "218,191 214,193 208,187 207,180 206,175 199,167 198,160 " +
    "203,159 203,150 185,140 175,142 168,148 164,154 161,150 " +
    "154,151 151,154' href='javascript:parent.Italia()'>" +
    "<area shape='poly' coords='164,47 164,55 166,62 159,63' " +
    "152,63 151,77 150,82 146,85 144,92 146,98 146,99 142,103 " +
    "141,107 145,109 147,114 142,116 149,118 156,119 156,123 " +
    "155,130 158,135 164,136 170,137 179,136 184,136 186,138 " +
    "193,138 196,135 198,128 197,118 192,113 188,107 188,103 " +
    "194,101 198,100 205,97 211,94 215,89 212,82 209,78 " +
    "204,75 204,66 206,59 205,55 201,54 190,56 184,57 183,58 " +
    "181,58 178,56 171,51 170,48 163,48' " +
    "href='javascript:parent.PaisesBajos()'>" +
    "<area shape='poly' coords='141,65 139,73 134,74 135,69 '" +
    "132,68 125,76 125,85 126,88 122,90 118,91 114,92 125,95 " +
    "126,101 133,105 136,109 141,110 137,104 142,98 142,93 " +
    "142,82 149,77 149,66 139,65' " +
    "href='javascript:parent.PaisesBajos()'>" +
    "<area shape='poly' coords='174,22 177,31 179,34 177,37 " +
    "174,39 169,44 171,47 161,45 161,37 161,34 161,30 165,30 " +
    "169,28 172,25 176,20' " +
    "href='javascript:parent.PaisesBajos()'>" +
```

```
"<area shape='poly' coords='108,95 103,97 103,109 100,109' " +
"89,111 88,116 80,115 74,111 73,111 73,118 65,120 56,118 " +
"52,121 50,126 55,136 57,137 58,138 63,142 71,143 73,148 " +
"75,150 75,157 75,163 74,170 74,175 76,180 91,186 102,186 " +
"108,189 119,191 122,183 126,178 127,178 137,181 141,181 " +
"150,177 153,173 141,169 142,158 140,155 147,150 147,139 " +
"159,138 151,133 152,122 138,118 138,111 131,111 128,107 " +
"123,104 122,98 115,96 109,95 107,95' " +
"href='javascript:parent.Francia()'>" +
"<area shape='poly' coords='287,0 258,21 255,33 248,49 " +
"240,46 230,46 219,52 212,57 211,59 209,59 208,72 216,82 " +
"219,92  198,103 191,106 203,122 198,136 194,141 207,149 " +
"220,148 230,153 246,157 252,153 259,153 264,152 264,158 " +
"276,171 277,174 276,182 281,193 296,194 299,196 300,197 " +
"311,192 312,195 323,198 330,199 339,199 346,200 345,0 " +
"'285,0 286,0' href='javascript:parent.EEuropa()'>" +
"<area shape='default'href='javascript:parent.Default()'>" +
"</map>" +
"<basefont size=5>" +
"<img align='right' hspace=10 border=1 src='Europa.gif' " +
"usemap='#Europa'><br>" +
"<img align='left' src='compass.gif'> McGRAW-HILL " +
"Ventas en Europa y publicidad<p><br clear='left'> " +
"<basefont size=3>" +
"<dl><dd><img width=11 src='bullet.gif'> Por favor, haga clic " +
"con el ratón en un país.<p> " +
"<dd><img width=11 src='bullet.gif'> Y una lista de " +
"representantes para " +
"esta región aparecerá en el marco inferior.</dl><br> ";
"unction Alemania() {
    parent.frames[1].location.hash="int";
}
function PaisesBajos() {
  parent.frames[1].location.hash="bajos";
}
function Francia() {
    parent.frames[1].location.hash="int";
}
function ReinoUnido() {
    parent.frames[1].location.hash="ru";
}
function Espana() {
    parent.frames[1].location.hash="int";
}
```

```
                    function Italia() {
                        parent.frames[1].location.hash="int";
                    }
                    function EEuropa() {
                        parent.frames[1].location.hash="int";
                    }
                    function Default() {
                        parent.frames[1].location.hash="arriba";
                    }
            //-->
            </script>
            </head>
            <frameset rows="40%,*">
            <frame src="javascript:parent.MarcoMapa">
            <frame src="Europa2.htm">
            </frameset>
            </html>
```

La figura 2-3 muestra al conocido programa `Mapedit` en acción, junto con el archivo de imagen `europa.gif` empleado en este ejemplo. `Mapedit` escribe un archivo `.map` en el disco una vez que usted asigna todas las coordenadas de la imagen. Luego, este archivo puede leerse en un editor ASCII e incorporarse a un programa de JavaScript.

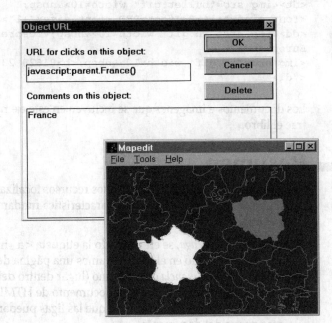

El programa
Mapedit en
acción, junto
con el
archivo de
imagen
Europa.gif
Figura 2-3.

Conforme pase el puntero del ratón por algún país, la barra de estado de Navigator mostrará la función que habrá de llamarse. Observe la etiqueta `<area shape= 'default'>`. Una forma denominada `default` se hará cargo de los clic del ratón en regiones no definidas dentro de la imagen. En este caso, dicho clic llamará a la función `Default()`, la cual asignará el valor `"arriba"` a la propiedad `hash`. En la parte superior del archivo `europa2.htm` se define la etiqueta `<a name='arriba'>`, que lo lleva al comienzo del documento.

El archivo cargado en el marco inferior, `europa2.htm`, tiene formato de HTML con una serie de etiquetas `<a name>` que se pueden direccionar mediante las distintas funciones mostradas en el guión anterior, utilizando la propiedad `location.hash`. De esta manera, usted puede desplazarse hacia una parte específica del documento, dependiendo del país donde haga clic. Por ejemplo, esta entrada se extrajo del archivo del Reino Unido. La etiqueta `<a name="ru">` identifica tal entrada:

```
<a name="ru">
<font size="+1">R</font>eino
<font size="+1">U</font>nido y
<font size="+1">R</font>epública de
<font size="+1">I</font>rlanda<br>
<img src="linea.gif" width="60%" height=2><br>
</a>
<dl>
<dt><img src="bullet.gif" width=10> 
<font size="+1">F</font>RED <font size="+1">P</font>ERKINS
<dd><img src="rb.gif" width=10> Vicepresidente de Grupo,
Europa<br>
<img src="rb.gif" width=10> <b>01628 23431</b>
</dl>
```

Los documentos e imágenes que se incluyen en este ejemplo vienen en el disco que trae el libro.

Resumen

Las ligas permiten desplazarse hacia los recursos localizados en el World Wide Web, sin importar las distancias. Son una característica fundamental de la navegación por documentos de HTML.

♦ Una liga, o *hiperliga*, se crea usando la etiqueta `<a href>` de HTML; permite que un recurso basado en el Web, digamos una página de hipertexto, pueda cargarse en Navigator. Un *ancla* es el destino (lugar dentro del documento) de una liga y sólo puede existir dentro de un documento de HTML. Las anclas se colocan en puntos estratégicos, de tal forma que las ligas puedan llevarlo rápidamente hacia esas partes del documento.

♦ Cada etiqueta de liga `<a href>` se refleja en el arreglo `links[]` de JavaScript, como las anclas `<a name>` se reflejan en el arreglo `anchors[]`.

♦ Las anclas y las ligas se crean utilizando etiquetas de HTML. Se crean "dinámicamente" mediante estos métodos equivalentes de JavaScript: `anchor()` y `link()`

Puede usar la propiedad `hash` del objeto `location` para desplazarse hacia un ancla específica, esto es, hacia una etiqueta `<a name>` definida dentro de una ventana determinada, de tal manera que se simule así una etiqueta de liga `<a href>`. La propiedad `hash` también puede emplearse para *validar* una ancla antes de seleccionarla.

♦ Las imágenes-mapa definidas en el cliente pueden usarse con el URL `javascript:` para llamar una función o expresión de JavaScript. Al especificar un URL basado en JavaScript dentro del atributo `href` de una etiqueta `<area>`, usted puede desencadenar una acción dependiendo de las coordenadas `x, y` seleccionadas. Use un editor de mapas, `Mapedit` por poner un caso, para crear las coordenadas del imagen-mapa; después, incorpórelas a la parte del código de JavaScript o de HTML del documento.

language=

CAPÍTULO 3

Cómo usar instrucciones de JavaScript

El lenguaje JavaScript es compacto y proporciona al desarrollador casi una docena de instrucciones, las cuales son los bloques constructores de un guión de JavaScript; proporcionan toda una gama de ventajas, desde colocar anotaciones en los programas hasta probar expresiones condicionales complejas. Las instrucciones se combinan con varias otras características de JavaScript, por ejemplo, variables, objetos y propiedades, para conjuntar una aplicación funcional. Este capítulo resume cada instrucción del lenguaje JavaScript. Usted aprenderá a:

- ◆ Usar instrucciones de JavaScript en sus aplicaciones destinadas al Web
- ◆ Estructurar adecuadamente sus programas de JavaScript
- ◆ Usar instrucciones iterativas y condicionales para controlar la aplicación
- ◆ Crear funciones definidas por el usuario

Instrucciones de JavaScript

Los programas de JavaScript pueden construirse con *bloques de código* o con simples instrucciones. Los bloques de código son grupos de instrucciones encerradas entre llaves { y }. En caso de ocupar una sola línea, cada instrucción puede llevar un signo de punto y coma delimitador (;) para indicar que ha terminado, como se ilustra en los ejemplos de este capítulo. Cada instrucción posee su propia sintaxis, que muestra qué valores se usan aceptablemente dentro de la instrucción, además de indicar cuáles son obligatorios y opcionales (de haberlos). En este capítulo, un valor expresado como [valor] es opcional; de no aparecer así, significa que es obligatorio.

CONSEJO: JavaScript es un lenguaje que diferencia las letras mayúsculas y minúsculas. Asegúrese de que todos los nombres de instrucciones y funciones se citen correctamente. De no ser así, ocurrirá un error durante la compilación.

Instrucciones de comentario y anotación

Sintaxis:

```
// Comentarios
/* Comentarios */
```

Los comentarios son anotaciones creadas por el programador que pueden colocarse en cualquier parte de un programa de JavaScript. Su propósito es puramente documental, aunque pueden emplearse para retirar áreas de un programa durante la fase de prueba (sin quitar físicamente el código real). Por lo general, los comentarios dan información sobre el autor y los derechos reservados del programa, además de explicar su funcionamiento. Su uso se alienta continuamente. JavaScript soporta dos formas de poner comentarios en los programas: // y /* Comentarios */. La primera se utiliza en comentarios de una sola línea; la segunda en comentarios de varias líneas, donde Comentarios representa el texto del comentario. Por ejemplo:

```
/*
Este es un comentario de JavaScript que ocupa tres líneas
*/
```

```
// Este es un comentario de JavaScript que ocupa una línea
```

Ciclos y estructuras de iteración

JavaScript posee cierto número de estructuras para realizar la *iteración*, es decir, para repetir una serie de instrucciones (o *ciclos*, por decirlo en terminología de programación más conocida). Esta sección describe los ciclos for, for..in, while y las instrucciones break y continue.

El ciclo *for*
Sintaxis:

```
for ([expresion_inicial;] [condicion;] [expresion_de_actualizacion]) {
    Instruccion(es)...
}
```

La estructura for permite poner en marcha la iteración de instrucciones en JavaScript. Es una de las tres estructuras de ciclos de este lenguaje; las otras son while y for..in. El ciclo for sirve para iterar por una o por varias líneas de código. Si es necesario iterar por varias instrucciones (un *bloque de código*), las llaves { y } deben encapsularlas a todas. Una sola instrucción puede colocarse sin llave alguna. Los tres parámetros de la instrucción for son opcionales y sirven para controlar la ejecución del ciclo. Si se utilizan todos, un signo de punto y coma (;) debe separar cada parte, según especificamos en la descripción de la sintaxis anterior.

Para iniciar el ciclo, por lo común se usa una condición inicial (expresion_inicial) a fin de inicializar una variable de conteo numérico, empleada para llevar un registro del avance del ciclo; condicion sirve para establecer el alcance del ciclo, sobre todo la condición bajo la cual se ejecutan las instrucciones en el ciclo, y también es opcional. En caso de omitirse ambas, esto se evalúa como condición verdadera. La condicion se evalúa a cada iteración del ciclo. El control pasa a la siguiente instrucción cuando la condición del ciclo se satisface. Por último, expresion_de_actualizacion sirve, primordialmente, para actualizar el contador del ciclo, lo cual controla la vida de éste, ya que la condición del ciclo casi siempre depende del valor que adquiera la expresion_de_actualizacion.

CONSEJO: puede usar la instrucción continue (que se explica más adelante en esta sección) para brincar de manera directa hacia expresion_de_actualizacion dentro del ciclo en curso, ignorando todos los comentarios posteriores dentro del cuerpo del ciclo.

Por ejemplo, un ciclo podría escribir texto formateado con HTML en la ventana de Navigator empleando el método `writeln()` de JavaScript, de la siguiente manera:

```
<!--
  Programa 3-1
-->
<html>
<head>
<script language="JavaScript">
<!--
function ProbarCiclo() {
  var Cadena1 = '<hr align="center" width=';
  document.open();
  for (var tamanio = 5; tamanio <= 100; tamanio+=5)
     document.writeln(Cadena1 + tamanio + '"%">');
document.close();
}
//-->
</script>
</head>
<body>
<form>
<input type="button"
       value="Prueba del ciclo"
       onClick="ProbarCiclo ()"
</form>
</body>
</html>
```

En este ejemplo, el programa escribe una serie de etiquetas de HTML de línea horizontal (`<hr>`) cuyo tamaño se incrementa del 5% al 100% en aumentos de 5 (`tamanio+=5`), hasta hacer un total de 20 iteraciones. La variable `Cadena1` almacena a la etiqueta de HTML y se actualiza dentro del ciclo para incluir un nuevo valor de ancho mediante la variable `tamanio`. El resultado de cada iteración es un valor nuevo para `Cadena1`, el cual contiene una serie de etiquetas `<hr>` cuyo ancho va incrementándose. Cuando la variable `tamanio` llega a `100` el ciclo termina. Debido a que solamente se incluye una instrucción en el ciclo, no se necesitan llaves que encierren el bloque de código. El cuerpo del documento de HTML contiene un botón que llama a la función `ProbarCiclo()`. La instrucción `function` se describe más adelante en esta sección. `onClick` es un manejador de eventos de JavaScript, por lo que este botón llama a la función denominada `ProbarCiclo` cuando el usuario hace clic en él. Los métodos relacionados con manejo de eventos, `onClick` por poner un caso, se describen con más detalle en el capítulo 5.

El ciclo `for..in`

Sintaxis:

```
for (indice in NombreDeObjeto) {
    instrucciones
}
```

Otra variante del ciclo `for` es el ciclo `for..in`, que se usa para iterar por las propiedades dentro de un objeto y que se identifica con la variable `NombreDeObjeto`. La variable de índice, `indice`, almacena el valor actual que se haya devuelto.

CONSEJO: una propiedad es un valor que pertenece a un objeto. Muchos objetos de JavaScript tienen una serie de propiedades a cuyos valores puede acceder y cambiar; por ejemplo, la ventana donde usted ve todos los documentos de HTML es un objeto, cuyo nombre en JavaScript es, lógicamente, `window`. Otro ejemplo es el objeto `document`, cuyas propiedades son todas las etiquetas en el documento de HTML, como son las ligas, anclas y formas.

Veamos un guión sencillo que muestra cada una de las propiedades de los objetos documento y ventana:

```
<!--
Programa 3-2
-->
<html>
<head>
<script language="JavaScript">
<!--
function MostrarResultados(obj, nombre) {
  document.writeln("<table cellpadding=5 border=1>" +
                   "<tr><td align=middle>" +
                   "<b><font size=-1>" +
                   nombre +
                   "</font></b></td></tr>");
    for (i in obj) {
        document.writeln("<td><font size=-1>" +
                   i +
                   "</font></td>")
        document.writeln("</table><p>");
    }
}
```

```
MostrarResultados(document, "documento");
MostrarResultados(window, "ventana");
//-->
</script>
</head>
</html>
```

La función definida por el usuario `MostrarResultados()` se ejecuta automáticamente en este guión, puesto que se llama sin intervención del usuario. Observe cómo la instrucción `for..in` itera escudriñando las propiedades de un objeto y cómo el resultado se coloca posteriormente en una estructura de tabla de HTML, desplegada dentro del navegador. La función definida por el usuario `MostrarResultados()` acepta dos argumentos. En primer lugar, el objeto requerido y, en segundo, una cadena descriptiva empleada como título dentro de la tabla de HTML, que es la salida de tal objeto. La figura 3-1 muestra la salida de este guión.

CONSEJO: además de usar los objetos estándar de JavaScript, usted puede crear los suyos para incorporarlos en ciclos `for..in`.

En el capítulo 4 se aborda este tema en mayor detalle.

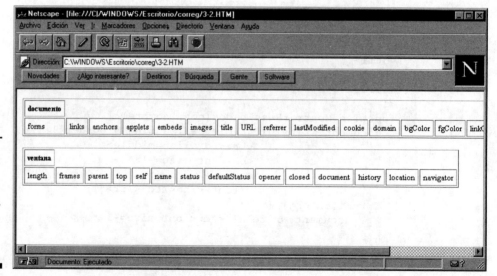

La salida de
la función
Mostrar
Resultados(),
vista en
Navigator
Figura 3-1.

El ciclo **while**

Sintaxis:

```
while (Condicion_del_ciclo) {
     instrucciones
}
```

La instrucción while es el tercer constructor de iteraciones de JavaScript; los otros son for y for..in, respectivamente. Con esta forma de ciclo usted puede ejecutar una o más instrucciones de JavaScript *mientras* (*while*, en inglés) la Condicion_del_ciclo se cumple. Si un bloque de código se ejecuta dentro del cuerpo del ciclo, debe ir entre llaves { y }.

Examine el siguiente guión, que emplea un ciclo while para instrumentar una sencilla tabla de multiplicación. La responsabilidad de crear la tabla se le deja a la función TablaDeMultiplicar(). El ciclo while itera 12 veces y el valor de la variable EsteCiclo es menor o igual a 12. Finalmente, la tabla se convierte en salida con algunas sencillas etiquetas de formato de HTML, usando la función estándar write() de JavaScript. El método prompt() constituye una forma de obtener entrada del usuario desde el teclado; se proporciona con el fin de permitir la entrada de un número para que se genere la tabla:

```
<!--
  Programa 3-3
-->
<html>
<head>
<script language="JavaScript">
<!--
function TablaDeMultiplicar(número) {
  var EsteCiclo = 1;
  document.writeln("Tabla de multiplicar del número  <b>" +
                número + "</b><hr><pre>");
  while (EsteCiclo <= 12) {
        document.writeln(EsteCiclo + " x " +
        número + " = " + (EsteCiclo * número));
        EsteCiclo++;
  }
  document.writeln("</pre>");
}
TablaDeMultiplicar(prompt("Teclee un número",10));
```

```
//-->
</script>
</head>
</html>
```

Otra manera de escribir este programa con un ciclo `for` en vez de la instrucción `while`, podría ser:

```
for (var EsteCiclo=1; EsteCiclo <= 12; EsteCiclo ++){
    ...
}
```

La variable `EsteCiclo` toma los valores del 1 al 12 en este ejemplo.

Cómo romper un ciclo: break
Sintaxis:

```
break;
```

La instrucción `break` sirve para detener un ciclo, por ejemplo un ciclo `for` o `while`, terminándolo en el punto donde se llegue a dicha instrucción, de manera que el control pase a la siguiente instrucción que venga justo después del ciclo que se va a detener. Por ejemplo, examine este programa de JavaScript:

```
<!--
  Programa 3-4
-->
<html>
<script language="JavaScript">
<!--
function CicloDePrueba() {
    var indice = 1;
    while (indice <= 12) {
            if (indice == 6)
                break;
            indice++;
    }
    // La instrucción break nos trae aquí.
}
CicloDePrueba();
//-->
</script>
</html>
```

En este ejemplo, la variable `indice` se inicializa en 1 y se establece un ciclo `while` para iterar mientras el valor de `indice` sea menor que o igual a 12 (`indice<=12`). Sin embargo, la instrucción `if` revisa si `indice` es igual a 6 (`indice==6`); de ser así, la instrucción `break` termina el ciclo `while` en este punto. El resultado es que el ciclo `while` siempre termina después de seis iteraciones del ciclo; como resultado, la variable `indice` nunca llega a 12. Cuando se llega a la instrucción `break`, el control pasa a la siguiente instrucción que esté fuera del alcance del ciclo en curso, como lo indica el comentario en el guión. La variable `indice` se incrementa (`++`) para asegurar que aumente en uno su tamaño a cada iteración del ciclo. A diferencia de la instrucción `for`, la instrucción `while` debe tomar todas las variables de condición de ciclo en el cuerpo del ciclo.

Cómo continuar un ciclo: `continue`
Sintaxis:

```
continue;
```

La instrucción `continue` sirve para terminar la ejecución de un bloque de instrucciones dentro de un ciclo `for`, `for..in` o `while`, para después continuarla en la siguiente iteración. En contraste con la instrucción `break`, que sirve para salir del ciclo, `continue` no lo termina. En un ciclo `while`, la instrucción `continue` hace que el ciclo se reinicie (no significa que restablece las condiciones iniciales sino que evalúa la condición que lo controla), de tal forma que se vaya nuevamente a la condición del ciclo; a su vez, en un ciclo `for` (y `for..in`) el salto conduce a la `expresion_de_actualizacion`.

Cómo crear una función propia
Sintaxis:

```
function Nombre_de_funcion(argumentos, ...) {
        instrucciones
}
```

Una *función* es un bloque de una o más `instrucciones` de JavaScript que ejecuta una tarea específica, para después, opcionalmente, devolver un valor. Funciones y procedimientos son lo mismo en JavaScript: los *procedimientos* son bloques de código que se ejecutan, de manera que su resultado se despliegue; las funciones son bloques de código que efectúan cierto procesamiento y que devuelven un valor específico. Las llaves { y } definen el *alcance* de la función, es decir, las instrucciones que componen el cuerpo de ésta. Las funciones también pueden aceptar *argumentos*, que son valores que se les pasan y que pueden tomarse de valores almacenados o creados en cualquier punto de la aplicación, por ejemplo, una propiedad de un objeto de JavaScript o a partir de entrada directa del usuario. Las funciones con múltiples argumentos los separan con una coma (,) como se muestra en la descripción de sintaxis anterior.

NOTA: las funciones no se pueden *anidar* unas dentro de otras.

Cuando Navigator encuentra una función, la coloca en memoria. La función no se ejecuta hasta que se le referencia explícitamente en una *llamada de función*. Una llamada de función se parece a esto:

```
Nombre_de_funcion(parametros, ...)
```

donde `Nombre_de_funcion` es, justamente, el nombre de la función que invocamos, y `parametros` es una lista de uno o más argumentos (valores) que se le pasan a la función.

CONSEJO: se recomienda que coloque los programas de JavaScript en el contenedor `<head>..</head>` del documento de hipertexto, pues así asegura que todas las funciones se coloquen en memoria tan pronto como Navigator cargue el documento. Evite emitir instrucciones *fuera* del alcance de una función. En vez de eso, trate de usar uno de los atributos de manejo de eventos de JavaScript (consulte el capítulo 5), o permita que el usuario llame a la función mediante un botón de forma, por decir algo, poniendo la etiqueta `<input type=button>`.

Si una función necesita devolver un valor específico, debe usar la instrucción (opcional) `return` con el valor, o expresión, que usted quiere que se devuelva. Por ejemplo, esta función crea una línea horizontal de un alto y ancho específicos sin necesidad de usar etiquetas de HTML directamente:

```
<!--
  Programa 3-5
-->
<html>
<head>
<script language="JavaScript">
<!--
function ReglaHorizontal(ancho, alto) {
   // Dibuja una regla horizontal. Nota: no use open() o close()
   // si no quiere abrir un nuevo documento
   document.writeln("<hr align=left width=" +
                    ancho + "height=" + alto + ">");
```

```
}
//-->
</script>
</head>
<body>
<h3>
Fundamentos de JavaScript <script> ReglaHorizontal("75%","4")< script>
</h3>
</body>
</html>
```

La función `ReglaHorizontal()` acepta dos argumentos de cadena, ancho y
alto, que representan los valores respectivos que van a pasarse a la etiqueta
`<hr width=ancho height=alto>`. Por ejemplo, si esta función se colocara
ahora dentro de un documento de HTML completo, la función
`ReglaHorizontal()` podría llamarse cuando se necesitara una línea horizontal:

```
<!--
  Programa 3-6
-->
<html>
<head>
<script language="JavaScript">
<!--
function ReglaHorizontal(ancho, alto) {
    document.open();
    document.write("<hr align=left width=" +
                   ancho + "altura=" + alto +">");
    document.close();
}
//-->
</script>
</head>
<body>
<h3>
Fundamentos de JavaScript <script>ReglaHorizontal("75%","4")</script>
</h3>
</body>
</html>
```

CONSEJO: cuando inserte guiones dentro del *cuerpo* de un documento de HTML,
no olvide quitar los comentarios al código. A Navigator, al igual que a la mayoría de
navegadores, no le gustan los comentarios anidados, así que evítelos hasta donde sea
posible. Un conjunto de comentarios es suficiente para ocultar el código de JavaScript.
Consulte el capítulo 1 si desea más detalles acerca de los comentarios.

La alineación de la línea horizontal se ha codificado inalterablemente como `"left"` en los dos últimos ejemplos, pero usted puede modificarla para que la alineación se pase como un argumento. Recuerde que la etiqueta `<script>` debe encapsular todas las llamadas de función dentro del cuerpo de un documento de HTML, y que las funciones deben encerrarse también, ya que son código de JavaScript, no de HTML.

CONSEJO: las funciones son útiles para escribir rutinas que pueden volverse a usar en varias aplicaciones.

Cómo devolver valores de una función: `return`
Sintaxis:

```
return valor;
return ( valor );
```

La instrucción `return` se usa dentro de una `función` (dentro de la instrucción `function`) para devolver un valor específico. La sintaxis con llaves es opcional y casi siempre se usa cuando se devuelve una expresión y no un valor. El uso de la instrucción `return` es opcional dentro de las funciones de JavaScript, pues no todas las funciones deben devolver un valor.

Por ejemplo, usted podría hacer que la función `CalcularAnios()` devolviera el número de horas en un cierto número de años; para hacerlo, tendría que especificar este número como el argumento de la función `Anios`.

```
function CalcularAnios(Anios) {
    horasEnAnios = 24 * 365;
    return(horasEnAnios);
}
```

La llamada de función `CalcularAnios(1)` devolvería `8760`. También puede devolver una expresión; por ejemplo:

```
return(horasEnAnios * 60);
```

devolvería el número de minutos en ese año.

CONSEJO: si usted alguna vez necesita dejar una función en un punto específico, sin usar ninguna instrucción compleja `if`, simplemente ejecute una instrucción `return`. Usted volverá a la instrucción que aparezca justo después de la instrucción que haya llamado a la función.

Devolver un solo valor es un lugar común, aunque una instrucción `return` también puede devolver un valor de un arreglo (una variable multidimensional); por ejemplo:

```
function devolverArreglo() {
  var miArreglo = new Object();
 miArreglo [1] = "JavaScript";
 miArreglo [2] = "Java";
  return(miArreglo);
}
```

Cómo acceder a argumentos de una función usando el arreglo `arguments[]`

Navigator 3.0 cuenta ahora con el arreglo de argumentos (`arguments`), que contiene una lista de parámetros que se pasan a la función en curso, de tal forma que `arguments[0]`, por ejemplo, sería el primer argumento y así sucesivamente. El número total de argumentos se puede obtener con la función `arguments.length`. Así, para una definición de función como:

```
function mostrarDatos("europa") {
  ...
}
```

el parámetro "europa" (un objeto de tipo cadena en este caso) se almacenaría en el arreglo `arguments[0]`. Veamos un pequeño extracto de código que imprime todos los argumentos que se pasan a una función:

```
function MostrarArgumentos() {
  ListaDeArgumentos = "";
  for (var n=0; n <= arguments.length; n++) {
    ListaDeArgumentos += n + ". " + arguments[n] + "\n";
  }
  alert(ListaDeArgumentos);
}
```

Veamos ahora un ejemplo más grande que incorpora la función `MostrarArgumentos()`. Observe cómo se llama a la función con sólo dos parámetros y cómo el programa almacena el valor `null` (nulo) para el parámetro

vacío. La función `MostrarArgumentos()` construye una cadena de argumentos y
después los despliega mediante el método `alert()`:

```
<¡--
   Programa 3-7
-->
<html>
<script>
<!--
function MostrarArgumentos(a, b, c) {
   var ListaDeArgumentos = "";
   for (var n=0; n <= arguments.length; n++) {
      ListaDeArgumentos += n + ". " + arguments[n] + "\n";
   }
   alert(ListaDeArgumentos);
}
MostrarArgumentos("java", "script")
//-->
</script>
</html>
```

Instrucciones condicionales: `if...else`

Sintaxis:

```
if (condicion) {
   instrucciones1
} [ else { instrucciones2 } ]
```

`if...else` es una instrucción condicional que permite que se ejecute una o más
instrucciones de JavaScript, dependiendo de una condición definida por el usuario.
Cuando es verdadera la parte `condicion` de la instrucción `if`, ejecuta las
instrucciones de JavaScript en el bloque de código `instrucciones1`. Un bloque de
código debe encerrarse entre las llaves `{y}`, pero las instrucciones individuales no.
La parte opcional `else` de la instrucción `if` permite que el bloque de código
identificado por `instrucciones2` se ejecute en caso de que sea falsa la condición
de la instrucción principal `if`; por ejemplo, cuando la `condicion` no se satisfaga.
También puede *anidar* instrucciones `if` una dentro de la otra. Por ejemplo:

```
<!--
   Programa 3-8
-->
<html>
<head>
<script language="JavaScript">
<!--
```

```
Hoy      = new Date();
minutos = Hoy.getMinutes();
if (minutos >=0 && minutos <= 30)
   document.write("<body text=White bgcolor=Blue>");
 else
   document.write("<body text=White bgcolor=Black>");
//-->
</script>
Este es el cuerpo del documento.<p>
</body>
</html>
```

La instrucción ?

JavaScript también soporta esta instrucción de prueba de condición:

```
? (expresion) ExporesionSiEsVerdadera : ExpresionSiEsFalsa
```

donde `expresion` es una expresión de JavaScript que evalúa si es cierto o falso, y donde `ExpresionSiEsVerdadera` y `ExpresionSiEsFalsa` son una o más de las instrucciones de JavaScript que se llaman, dependiendo del resultado de la expresión: `ExpresionSiEsVerdadera` si es una expresión verdadera y `ExpresionSiEsFalsa` si no lo es, respectivamente. Imagine que esta instrucción es como una abreviatura de `if..else`. Por ejemplo, el siguiente guión podría alterar el color del fondo de un documento con base en el número de segundos de la hora en curso:

```
<!--
  Programa 3-9
-->
<html>
<head>
<script language="JavaScript">
<!--
  var Hoy         = new Date();
  var segundos    = Hoy.getSeconds();
  var ColorDeFondo = (segundos >=0 && segundos <=30) ?
                  "Blue" : "Black";
  document.write("<body text=White bgcolor=" +
                ColorDeFondo +
                ">");
//-->
</script>
</head>
El cuerpo del texto va aquí;.<p>
</body>
</html>
```

El valor "Blue" (azul) se coloca en la variable ColorDeFondo si la variable segundos está entre 0 y 30; por ejemplo, en caso de una salida true para la expresión (segundos>=0 && segundos<=30). De no ser así, se usa el valor "Black" (negro) (la salida false). La variable ColorDeFondo entonces se concatena en una cadena que especifica el color del fondo dentro de la etiqueta de HTML <body>, que luego se escribe en el navegador y que éste interpreta según corresponda.

El siguiente ejemplo emplea ? para ejecutar una instrucción de JavaScript, en vez de asignar un valor a una variable, como hizo el programa previo:

```
<!--
   Programa 3-10
-->
<html>
<head>
<script language="JavaScript">
<!--
   var Hoy = new Date();
   var segundos  = Hoy.getSeconds();
   (segundos >=0 && segundos <=30) ?
       document.write("<body text=White bgcolor=Blue>") :
       document.write("<body text=White bgcolor=Black>");
//-->
</script>
</head>
El cuerpo de nuestro texto va aquí;.<p>
</body>
</html>
```

simplemente llama a un método document.write() con base en el valor de la variable segundos, por lo que permite que las instrucciones de JavaScript se ejecuten directamente.

Instrucciones ? anidadas

Usted también puede *anidar* instrucciones ? una dentro de otra a fin de incorporar más condiciones de prueba. Por ejemplo, examine el siguiente guión, que es una extensión del anterior y que revisa más valores. En vez de usar varias instrucciones ?, todas las pruebas se han combinado en una sola instrucción ? de JavaScript:

```
<!--
   Programa 3-11
-->
<html>
<head>
```

```
<script language="JavaScript">
<!--
  var Hoy = new Date();
  var segundos  = Hoy.getSeconds();
  (segundos >=0 && segundos <=30) ?
      document.write("<body text=white bgcolor=Blue>") :
          (segundos >=31 && segundos <=50) ?
              document.write("<body text=White bgcolor=Black>") :
              document.write("<body text=White bgcolor=Beige>");
//-->
</script>
</head>
Este es el cuerpo del texto.<p>
</body>
</html>
```

Este guión primero revisa si el valor de la variable `segundos` está entre 0 y 30; de ser así, el color del se cambia a `Blue`; si es mayor a 30, entonces el guión vuelve a revisar para ver si el valor se halla entre 31 y 50. Si esta expresión genera una salida `true`, el color del fondo se cambia a `Black`; de no ser así, se cambia a `Beige`. Como puede apreciar, la parte de la expresión falsa se ha remplazado con una instrucción ? anidada.

CONSEJO: la instrucción ? se ejecuta rápidamente dentro de JavaScript y es un mejor sustituto a la instrucción `if...else` en muchos casos. Úsela cada vez que sea posible, en especial cuando asigne valores a variables que dependan de una condición preespecificada.

Cómo crear variables

Puede crear variables empleando la instrucción `var` o asignando directamente un valor a una variable mediante el operador de asignación (`=`).

Instrucción *var*
Sintaxis:

```
var NombreDeVariable [= valor|expresion]
```

La instrucción `var` crea una variable nueva, identificada mediante `NombreDeVariable`. El *alcance* de la variable recién creada será local o global, dependiendo del sitio donde cree la variable. El programador puede asignar un valor literal o una expresión a la variable creada. De hecho, usted puede omitir la instrucción `var` por completo cuando cree una variable nueva. Sin embargo, en este caso debe asignarle un valor a ésta.

Por ejemplo, en el siguiente guión, la variable `MiVariable` se define dos veces con dos valores independientes: uno dentro del alcance de la función `FuncionDePrueba()`, y el otro fuera de la función. Para ver los valores de ambas variables se han usado dos métodos `alert()`. Observe la inclusión de la instrucción `this` (descrita al final de esta sección), que hace referencia al objeto `MiVariable` definido dentro de la función *current*:

```
<!--
  Programa 3-12
-->
<html>
<head>
<script language="JavaScript">
<!--
var MiVariable = "Afuera";
function FuncionDePrueba() {
  var MiVariable = "Adentro";
  alert("this.MiVariable: " + this.MiVariable);
  alert("MiVariable: " + MiVariable);
}
FuncionDePrueba();
//-->
</script>
</head>
</html>
```

Cuando el documento precedente se carga en Navigator, el primer cuadro de alerta muestra el valor "Afuera" mientras el segundo despliega el valor "Adentro", según lo esperado. Sin embargo, si la instrucción `this` se omite en la segunda instrucción de alerta, usted descubrirá que se muestran dos valores "Adentro". Esto se debe a que el alcance de la función actual invalida todas las variables definidas fuera del cuerpo de la función; por lo tanto, observará el valor *local* de la variable `MiVariable`. La instrucción `this` no puede utilizarse fuera de una llamada de función.

El *alcance* de las variables creadas con `var` (y por asignación directa) depende de dónde se ubique la instrucción. Si `var` se usa fuera de una función, la variable estará accesible a toda la aplicación; sin embargo, las variables creadas *dentro* de las funciones sólo están disponibles dentro de la función, esto es, son de carácter *local*, no *global*. Por ejemplo:

```
<!--
  Programa 3-13
-->
```

```
<html>
<head>
<script language="JavaScript">
<!--
function FucionDePrueba() {
  var VariableLocal = "Hola";
}
alert(VariableLocal);
//-->
</script>
</head>
</html>
```

daría por resultado el error "VariableLocal is not defined"
(VariableLocal no está definida), ya que se ha hecho referencia a VariableLocal
fuera del alcance de la función FuncionDePrueba(), que fue donde la variable se
definió originalmente.

Cómo hacer referencia a la variable actual: this
Sintaxis:

```
this[.propiedad]
```

this es más una propiedad interna que una instrucción. El valor de this contiene el
'objeto' actual y puede tener propiedades estándar, por ejemplo, name (nombre),
length (longitud) y value (valor), aplicadas según corresponda. La instrucción
this no puede emplearse fuera del alcance de una función o de la referencia de
llamada de función. Cuando se omite el argumento propiedad, el objeto actual se
pasa literalmente; sin embargo, usted debe aplicar una propiedad válida para poder
generar un resultado.

La instrucción this también es útil cuando quiere "evitar la ambigüedad" en un
objeto *enlazándolo* dentro del alcance del objeto actual, de manera que el código se
vuelva más compacto.

 CONSEJO: la instrucción this *no* puede utilizarse fuera del alcance de una función
o llamada de función de JavaScript.

Por ejemplo, usted podría llamar una función definida por el usuario desde dentro de
un manejador de eventos OnChange usando this para pasar el valor actual del
objeto:

```
<!--
  Programa 3-14
-->
<html>
<head>
<script language="JavaScript">
<!--
function EnviarDatos(arg) {
  alert("El campo " + arg.name +
      " ha cambiado.");
}
//-->
</script>
</head>
<body>
<form>
<table>
<tr>
 <td>Nombre:</td
<td><input name="nombrePers" type="text"
          onChange="EnviarDatos(this)"></td>
</tr>
<tr>
  <td>Correo electrónico:</td>
  <td><input name="Correoelectrónico" type="text"></td>
</tr>
</table>
</form>
</body>
</html>
```

Cuando el usuario cambia el contenido del campo nombre (y este campo pierde
atención), se llama a la función EnviarDatos() con el argumento this. El valor
de this en esta etapa es la etiqueta actual <input>. Entonces usted debe aplicar una
propiedad al valor a fin de extraer la información que necesite. En este ejemplo, la
propiedad name ha sido extraída. Aunque, desde luego, usted podría haber pasado el
argumento this.name. Para ver el contenido del campo de texto, podría usar
this.value. Sin la instrucción this, la función EnviarDatos() se debe
modificar de la manera siguiente:

```
function EnviarDatos(arg) }
       alert("La " +
       document.forms[0].nombrePers.name +
       " variable ha cambiado.");
}
```

que ahora hace referencia directamente a `nombrePers` del campo de texto nombre, y que está un poco más confuso, pues usted debe formar una jerarquía de objetos para obtener el campo requerido. Esta expresión se extendería más si usted necesitase hacer referencia a una ventana específica.

Veamos otro ejemplo que usa la propiedad `form` (que hace referencia al objeto actual `form`) para desplegar todos los elementos de la forma definidos dentro ella:

```html
<!--
  Programa 3-15
-->
<html>
<head>
<script language="JavaScript">
<!--
function VerElementos(f)  {
  var ListaDeElementos = "";
  for (var num=0; num < f.elements.length; num++) {
      ListaDeElementos += num +
                       ". " +
                       f.elements[num] +
                       "\n";
  }
  alert(ListaDeElementos);
}
//-->
</script>
</head>
<body>
<form>
<table>
<tr>
<td>Nombre:</td>
<td><input name="Nombre"
  type="text">
</tr>
 <tr>
 <td>Correo electrónico:</td>
<td><input name="Correoelectrónico"
  type="text"></td>
</tr>
</table>
<input type="button"
       value="Ver elementos"
 onClick="VerElementos(this.form)">
</form>
</body>
</html>
```

Este guión itera por el arreglo `elements` y extrae cada elemento de la forma para agregarlo a una cadena que entonces recibe formato y se despliega al usuario en un cuadro `alert()`. Observe ahora cómo se ha pasado todo el objeto forma a la función `VerElementos()`.

Cómo especificar un objeto con `with`

Sintaxis:

```
with (Nombre_de_objeto) {
    instrucciones
}
```

La instrucción `with` hace que el objeto identificado por `Nombre_de_objeto` sea el objeto predefinido para las instrucciones de JavaScript en los bloque de código identificados por `instrucciones`. Es útil emplear `with`, ya que puede acortar la cantidad de código que usted debe escribir. Por ejemplo, use la instrucción `with` con el objeto `Math` de JavaScript, de la manera siguiente:

```
with (Math) {
    document.writeln(PI);
}
```

que le permite eliminar el uso del prefijo `Math` cuando haga referencia a las constantes del objeto `Math`, por ejemplo, `PI`. O podría usar la instrucción `with` con el objeto `document`:

```
with (parent.frames[1].document) {
    writeln("Un <b>texto formateado</b> con HTML");
    write("<hr>");
}
```

con lo que se evita poner los métodos `writeln()` con el documento destino. En este caso, se trata de un documento con marcos. El capítulo 9 presenta una descripción detallada de documentos con marcos en Navigator.

▬▬▬ Resumen

Las instrucciones sirven para construir la estructura de una aplicación de JavaScript; controlan la prueba de las condiciones y el procesamiento iterativo.

◆ Las instrucciones de ciclo de JavaScript permiten que las instrucciones se ejecuten iterativamente. Entre ellas se incluyen el ciclo `for`, que sirve para la iteración en general; `for..in`, para iterar por las propiedades de un objeto; y `while`, que permite que una serie de instrucciones se ejecuten cuando una condición específica se mantiene verdadera. Use la instrucción `break` para romper un ciclo; use `continue` para reiniciar la iteración desde el punto actual de la ejecución.

♦ Las instrucciones condicionales de JavaScript incluyen las instrucciones `if..else` y `?`; la última es una notación abreviada de la instrucción `if..else`. Las instrucciones condicionales incorporan *opciones* a las aplicaciones que usted cree con JavaScript y permiten determinar el flujo de control dentro de un programa, quizás en condiciones programáticas, o incluso la entrada del usuario desde una forma de HTML, etcétera.

♦ Las variables se crean usando la instrucción `var` de JavaScript; se les puede asignar opcionalmente un valor. Usted puede omitir `var` y asignar una variable directamente. Este último método se usa, por lo común, cuando se necesita sobreescribir el contenido de una variable; el primer método se usa cuando se crea por vez primera una variable.

♦ Las funciones definidas por el usuario se crean empleando la instrucción `function` de JavaScript. Las funciones permiten que las instrucciones de JavaScript se agrupen entre sí para después ejecutarse como y cuando sea necesario. A las funciones se les pueden pasar argumentos, los cuales se ejecutan según corresponda. Para llamar una función se especifica su nombre junto con todos los argumentos, y se usa la sintaxis `NombreDeFuncion` `(ListaDeArgumentos)`, donde `ListaDeArgumentos` es una lista de argumentos separados por comas. De igual manera, una función sin argumento alguno se llama mediante una lista de argumentos vacía; por ejemplo, `NombreDeFuncion()`. Las funciones pueden devolver uno o más valores si se especifica una instrucción `return` (la cual es opcional). JavaScript también proporciona el arreglo `arguments[]`, que es un reflejo de cada argumento que se haya pasado a la función actual. Todos los parámetros faltantes se almacenan como valores `null`.

♦ Las anotaciones de código se crean usando los mecanismos de comentario de JavaScript. Hay dos formas de comentarios: el comentario de una sola línea `//` y el comentario con contenedor para varias líneas `/* comentario … */`. No olvide que las etiquetas de contenedor de comentario `<!--` y `-->` no son válidas *dentro* del contenedor `<script>..</script>`.

Al hacerse referencia a un objeto, puede usar la instrucción `with` para especificar un grupo de instrucciones que manipulan el *mismo* objeto. Esta técnica es una notación abreviada que evita que el programador coloque el nombre de un objeto como prefijo de una propiedad.

CAPÍTULO 4

Objetos, métodos y propiedades de JavaScript

El lenguaje JavaScript se basa en un modelo de datos orientado a objetos; los objetos operan a ciertos niveles. Los documentos de HTML o, mejor dicho, las etiquetas de que se componen, se *reflejan* como una serie de objetos a los que puede acceder y manipular con una aplicación de JavaScript. Además, JavaScript tiene sus propios objetos internos, algunos de los cuales representan tipos de datos primitivos, por ejemplo, cadenas.

También hay objetos de carácter general que pueden emplearse para crear estructuras, como arreglos, etcétera. En este capítulo aprenderá:

♦ Qué son los *métodos* y las *propiedades* de los objetos

♦ Cómo se estructura la jerarquía de objetos en Javascript

♦ Qué objetos se crean automáticamente y cuáles no

♦ Cómo manipular objetos internos, por ejemplo, cadenas y fechas

El modelo de objetos de JavaScript

Piense en términos de objetos durante todos los programas en HTML y JavaScript que cree. Gran parte del lenguaje HTML que el navegador entiende se ha modificado para incluir características adicionales, que hacen que JavaScript esté basado, en mayor medida, en el modelo de objetos. Aunque JavaScript no es un lenguaje orientado a objetos pletórico de características, como Java, por poner un caso, sí comparte muchas características orientadas a objetos. Las principales familias de objetos en el navegador se dividen en tres grupos:

♦ Objetos del navegador (Navigator)

♦ Objetos internos o incorporados

♦ Objetos reflejados de HTML

Los objetos del navegador *dependen de éste*, por ejemplo, la ventana, la ubicación y los detalles de historia. Entre los objetos internos se incluyen los de tipos de datos primitivos, como cadenas, constantes matemáticas y formatos internos (por ejemplo, fechas).

Los objetos reflejados de HTML se relacionan con las etiquetas de HTML que componen al documento actual; incluyen elementos tales como las ligas y las formas.

Métodos de un objeto

Los objetos tienen *métodos* asociados con ellos que permiten manipular y cuestionar al propio objeto; en algunos casos, incluso es posible cambiar sus valores. Por ejemplo, en JavaScript una cadena de texto puede tratarse como un objeto y convertirse a minúsculas con el método `toLowerCase()`. Usted también puede escribir sus propios métodos.

CONSEJO: cuando use un método de objeto, asegúrese de antecederle con el nombre del objeto al que pertenece, por ejemplo, `document.write()`, en vez de usar solamente `write()`; esto último generará un error. Las descripciones de sintaxis de cada objeto que se muestran en este capítulo le enseñarán qué sintaxis debe utilizar. Algunos métodos no requieren el uso de prefijos, lo cual sucede cuando usted trabaja con el objeto `window` de jerarquía superior.

Propiedades de un objeto

Otro término empleado en el contexto del ambiente orientado a objetos es *propiedad*. Una propiedad es un valor que pertenece a un objeto. Todos los objetos estándar de JavaScript tienen tales propiedades; por ejemplo, el objeto `document` tiene una propiedad denominada `bgColor`, que es un reflejo (el equivalente) del atributo `bgcolor` de la etiqueta `<body>` (el color del fondo de la página, en este caso). Usted hace referencia a las propiedades colocando un punto (`.`) después del nombre del objeto, seguido por el nombre de la propiedad. Las propiedades disponibles para un objeto dependen de cuál es el objeto al que se hace referencia. También se les pueden asignar propiedades a los objetos definidos por el usuario.

CONSEJO: algunas propiedades se denominan *de sólo lectura* porque no se pueden cambiar asignándoles un valor nuevo. En tales casos, usted sólo puede acceder, es decir, leer valores desde estas propiedades. Entre las propiedades que *pueden* cambiarse tenemos los colores del documento, por poner un caso, `document.bgColor`, y el URL actual, por ejemplo, `window.location`, etcétera. Estas últimas propiedades se conocen como propiedades de *lectura/escritura*.

Objetos del navegador

El navegador soporta una amplia gama de objetos. Los *objetos de HTML* son objetos que reflejan valores de etiquetas de HTML, como anclas y ligas, y objetos de formas, como campos de texto y botones de radio. Los objetos de "jerarquía superior" u *objetos del navegador* son los reflejados a partir del entorno del mismo navegador, por ejemplo, objetos tales como la ventana, su ubicación y la historia. Algunos objetos del navegador se crean "automáticamente", según se documenta en la siguiente tabla:

Nombre del objeto	Descripción
`window` (ventana)	El objeto de nivel superior en la jerarquía de objetos de JavaScript. Un documento con marcos también tiene su propio objeto tipo ventana.
`document` (documento)	El objeto `document` contiene propiedades que se relacionan con el documento de HTML en uso, como sus colores, el nombre de cada forma, etcétera. En JavaScript, la mayoría de las etiquetas de HTML se reflejan mediante las propiedades del documento.
`location` (ubicación)	Un objeto que contiene propiedades relacionadas con la ubicación del documento en uso, por ejemplo, el URL.
`navigator` (navegador)	Detalles sobre la versión actual de Navigator.

Nombre del objeto	Descripción
`history` `(historia)`	El objeto de historia contiene detalles de todos los URL que el usuario ha visitado en la sesión actual con el navegador. El menú Ir a de este último contiene detalles de los URL visitados en la sesión y es un reflejo de la propiedad `history`.

A continuación analizaremos cada uno de los objetos que se muestran en la tabla con más detalle.

Objeto `window`

El objeto `window` hace referencia a la ventana principal del navegador, que es el objeto de jerarquía superior en JavaScript, debido, principalmente, a que cada documento debe existir dentro de una ventana. Debido a que desde la versión 2.0 Navigator de Netscape soporta varias ventanas en documentos construidos con marcos (usando el contenedor `<frameset>`), la ventana a que usted hace referencia se vuelve ambigua. Por tal motivo, debe usar el objeto `parent`, junto con la propiedad `frames`, para hacer referencia a la ventana que necesite. Los marcos y las ventanas son lo mismo en JavaScript. Por ejemplo, `parent.frames[0]` hace referencia al primer marco dentro del navegador. Siempre se presupone que existe una ventana, aunque también se puedan abrir y hacer referencia a ventanas autónomas mediante el método `window.open()`, como se detalla en el capítulo 8.

Para usar los métodos de un objeto tipo `window`, use cualquiera de las siguientes sintaxis:

♦ `window.NombreDePropiedad`

♦ `window.NombreDelMetodo (parametros)`

♦ `self.NombreDePropiedad`

♦ `self.NombreDelMetodo (parametros)`

♦ `top.NombreDePropiedad`

♦ `top.NombreDelMetodo (parametros)`

♦ `parent.NombreDePropiedad`

♦ `parent.NombreDelMetodo (parametros)`

♦ `VariableTipowindow.NombreDePropiedad`

♦ `VariableTipowindow.NombreDelMetodo (parametros)`

♦ `NombreDePropiedad`

♦ `NombreDelMetodo (parametros)`

donde `VariableTipowindow` es una variable que hace referencia a un objeto tipo `window`, como vimos anteriormente en la primera descripción de sintaxis. La propiedad `self` es un sinónimo que hace referencia a la ventana "en uso" (dentro de un documento con marcos), mientras el sinónimo `top` hace referencia a la ventana de nivel superior del navegador, además de ser análoga a sí misma cuando se hace referencia a la ventana actual. La propiedad `parent` también puede mencionarse, ya que los objetos tipo *marco* y `window` se tratan de modo idéntico.

NOTA: las propiedades `parent` y `top` hacen referencia a cosas distintas. Ambas pueden ocuparse en vez de un nombre de marco, dependiendo de *dónde* resida este último. La propiedad `parent` hace referencia al documento de marco *actual*; `top` a la ventana de más arriba, la cual puede contener un marco o un marco *anidado*. Los marcos anidados se abordan con mayor detalle en el capítulo 9 y pueden requerir del uso específico de la propiedad `top`.

Propiedades

El objeto `window` tiene las siguientes propiedades:

◆ `defaultStatus`: copia el mensaje de texto predefinido, que se despliega dentro de la barra de estado del navegador

◆ `frames`: arreglo que contiene los marcos de un documento definido con `<frameset>`

◆ `length`: número de marcos en el documento ligado a éstos

◆ `name`: copia del título de la ventana actual, tal como se especifica en el argumento `NombreDeVentana` que se pasó al método `open()` (véase su sintaxis)

◆ `parent`: sinónimo que se refiere tanto al argumento `NombreDeVentana`, como a un marco dentro del documento `<frameset>`. No olvide que los objetos tipo marco son iguales que los objetos tipo `window`

◆ `self`: sinónimo que hace referencia a la ventana actual

◆ `status`: mensaje transitorio en la barra de estado del navegador

◆ `top`: sinónimo que hace referencia a la ventana *principal* del navegador

◆ `window`: sinónimo que hace referencia a la ventana actual

Métodos

Puede usar el método `alert()` para desplegar un mensaje de texto; `close()` cierra una ventana; `confirm()` permite que se introduzcan opciones de sí/no (y devuelve un valor tipo booleano (`verdadero`/`falso`); `open()` abre una ventana nueva; `prompt()` solicita algo al usuario; `setTimeout()` anexa un evento de caducidad a una ventana; y `clearTimeout()` elimina un evento de caducidad que se haya establecido con `setTimeout()`.

Manejadores de evento

Un objeto tipo ventana no tiene un manejador de eventos sino hasta que se carga en él un documento. Los documentos tienen los atributos de manejo de evento `onLoad` y `onUnLoad`, al igual que los documentos ligados a marcos, definidos en el contenedor `<body>`.

Ejemplos

Para crear una ventana que mida 400 x 400 pixeles y cargarla con la página inicial del servidor web de Osborne, se podría usar esta instrucción de JavaScript:

```
miVentana = open("http://www.osborne.com",
        "miVentana",
        "width=400,height=400");
```

Para cerrar la ventana, usted usaría:

```
miVentana.close();
```

Esta instrucción también se podría usar desde un guión de cualquier otra ventana para cerrar la ventana `MiVentana`.

Consejo: consulte el capítulo 8, donde se describen los métodos `open()`, `close()`, `focus()` y `blur()`, en caso de que desee saber más acerca de la manipulación de los objetos `window`.

Objeto `document`

El objeto `document` es un reflejo de todo el documento de hipertexto o, más bien, de la parte `<body>..</body>` del documento. Los documentos se anidan dentro de ventanas en el navegador, esto es, el documento se enlaza a una ventana. Todos los objetos de HTML dentro de un documento de hipertexto (que se describe posteriormente) son propiedades del objeto `document`, ya que residen dentro del documento en sí. Por ejemplo, en JavaScript es posible hacer referencia a la primera forma dentro de un documento como `document.forms[0]`, mientras a la primera forma dentro del segundo marco se puede hacer referencia como `parent.frames[0].document.forms[0]` y así sucesivamente.

El objeto `document` es útil, pues proporciona métodos que permiten que se escriban dinámicamente documentos de HTML en el navegador. Un documento se crea en HTML empleando el contenedor `<body>..</body>`. Si no lo emplea, muchas de las propiedades de este objeto no estarán disponibles. Sin embargo, usted puede establecer un gran número de propiedades asignándoles valores directamente.

Sintaxis:

```
<body background="ImagenDeFondoOURL"
      bgcolor="ColorDeFondo"
      text="ColorDePrimerPlano"
      link="ColorDeLigaSinSeguir"
      alink="ColorDeLigaActivada"
      vlink="ColorDeLigaAccedida"
      [onLoad="ManejadorDeTexto"]
      [onUnload="ManejadorDeTexto"]>
</body>
```

Donde `ImagenDeFondoOURL` especifica una imagen que se coloca en mosaico en el navegador como fondo y que puede tener el formato GIF o JPEG. *Mosaico* significa un archivo de imagen que se reproduce en toda la ventana del programa, de tal forma que quede reproducida como mosaico. Los colores de los elementos de un documento (del texto, del fondo y de las ligas) se seleccionan mediante los atributos `alink`, `bgcolor`, `link`, `text`, y `vlink`, cada uno de los cuales puede expresarse de una de las siguientes formas:

◆ Tripletas de rojo-verde-azul de la forma `"#RRGGBB"` o `"RRGGBB"`, donde `RR` es rojo (del inglés *red*), `GG` es verde (del inglés *green*) y `BB` es azul (del inglés *blue*). Cada tripleta se especifica en notación hexadecimal, que va de `0-FF`, donde `FF` es el color de más alta intensidad; por ejemplo, `"0000FF"` es azul

◆ El nombre del color, por ejemplo, `"Blue"` (nota: únicamente en Navigator 2.0 y versiones más recientes). El apéndice G contiene una lista de los códigos de color soportados por Navigator de Netscape

Para usar las propiedades y métodos del objeto `document` emplee la siguiente sintaxis:

◆ `document.NombreDePropiedad`

◆ `document.NombreDelMetodo(parametros)`

Propiedades

El objeto `document` tiene una extensa gama de propiedades, debido principalmente a que debe reflejar cada etiqueta de HTML dentro del documento en uso:

◆ `alinkColor`: refleja el atributo `alink` de la etiqueta `<body>`

◆ `anchors`: un arreglo que refleja todas las anclas dentro del documento

◆ `bgColor`: refleja el atributo `bgcolor` (color del fondo) de la etiqueta `<body>`

◆ `cookie`: especifica una "galleta" (una pieza pequeña de información, almacenada en el disco)

◆ `fgColor`: refleja el atributo `text` de la etiqueta `<body>`

- ◆ `forms`: arreglo que contiene cada declaración de formas del documento actual

- ◆ `images`: arreglo de imágenes en el documento actual, por ejemplo, las etiquetas `<img>`, lo cual es algo nuevo en Navigator 3.0

- ◆ `lastModified`: refleja la fecha en la que se modificó el documento actual por última vez

- ◆ `linkColor`: refleja el atributo `link` (color predefinido de la liga)

- ◆ `links`: arreglo que refleja (contiene) cada liga del documento actual

- ◆ `location`: refleja el URL del documento actual

- ◆ `referrer`: refleja el URL del documento que pasó el control al documento actual (o el documento *que hizo la llamada al documento actual*)

- ◆ `title`: refleja el contenido del contenedor `<title>..</title>`

- ◆ `vlinkColor`: refleja el atributo `vlink` (color de liga visitada) del contenedor `<body>`

Las ligas visitadas (los URL) se almacenan en el archivo `NETSCAPE.HST`.

Métodos

El método `clear()` sirve para limpiar el documento actual. Observe que este método no funciona adecuadamente en Navigator, pero con `open()` y `close()` en sucesión se limpiará la ventana. Para escribir información en el navegador, se proporcionan los métodos `write()` y `writeln()`, los cuales escriben cadenas de texto con formato HTML en el navegador, lo que significa que usted puede crear cualquier documento de HTML dinámicamente, incluidas aplicaciones completas de JavaScript.

CONSEJO: uno de los errores más frecuentes con JavaScript ocurre al tratar de escribir datos en la pantalla del navegador, de acuerdo con un criterio *ad hoc*. No se recomienda la escritura de datos en una ventana encima de otro documento, ya que los efectos, en ocasiones, pueden detener totalmente al navegador. En vez de hacer eso, debe escribir un *flujo* de datos en la ventana. Para lograrlo, comience con un `document.open()` y después use tantas instrucciones `document.write()` como sea necesario. Finalice esto con un `document.close()` para enviar los datos al navegador. Si desea anexar datos a una ventana, omita los métodos `open()` y `close()`; asegúrese de que el destino sea la ventana correcta.

Manejadores de eventos

Los atributos de los manejadores de evento `onLoad` y `onUnLoad` pueden usarse en etiquetas `<body>` y `<frame>`.

Ejemplos

Para escribir texto formateado con HTML en el navegador, puede ocupar la función `document.writeln()`. Por ejemplo, podría crear una etiqueta de imagen dinámicamente (para mostrar la imagen) utilizando instrucciones de JavaScript:

```
document.open();
document.writeln("<img src='MiImagen.gif'>");
document.close();
```

Incluso podría crear dinámicamente una aplicación completa de JavaScript. Por ejemplo:

```
document.open();
document.writeln("<script language='JavaScript'>" +
                 "alert('¡Hola, mundo!')" +
                 "</script>");
document.close();
```

Para llamar un applet de Java, simplemente cree una etiqueta `<applet>` dinámicamente, así:

```
document.open();
document.writeln("<applet code=miApplet.class " +
                 "codebase=classes width=100 height=50>" +
                 "</applet>");
document.close();
```

Observe cómo se han concatenado (unido) las cadenas en el ejemplo anterior mediante el operador +. Use esta técnica cada vez que las líneas de código se vuelvan demasiado largas como para caber dentro del programa de edición que usted use o, simplemente, para fragmentar cadenas complejas y volverlas trozos más fáciles de manejar.

Objeto `location`

Este objeto es un reflejo de la ubicación del documento actual con respecto a su URL correspondiente. El URL es un mecanismo relacionado estrechamente con el concepto global del World Wide Web, y *todos* los documentos, locales o en red, tienen un URL único. Un URL es la dirección de un recurso en el World Wide Web. El navegador soporta muchos tipos de URL*, por lo que permite establecer una interfaz con toda una variead de servicios basados en Internet, por ejemplo, servidores Gopher, de noticias (USENET), FTP, de correo, así como, obviamente, servidores de hipertexto (HTTP) o servidores web, como se les conoce comúnmente. La manipulación del objeto

---

* Es decir, existe una forma de especificar en el navegador cada tipo de servicio de red, digamos ftp, gopher o cualquiera que usted conozca; por ejemplo, para extraer un documento que resida en un servidor de FTP, puede utilizar un URL parecido a este: `ftp://www.netscape.com/pub/README`. (N. del R. T.)

`location` permite que se modifique el URL de un documento. Los objetos que sirven para ubicar documentos están asociados con el objeto `window` actual, dentro del cual está cargado un documento. Los documentos no contienen información sobre su URL; esta es una característica del navegador.

Sintaxis:

```
[Referencia_a_una_ventana.]location.Nombre_de_propiedad
```

donde `Referencia_a_una_ventana` es una variable opcional que define una ventana específica a la que usted quiera acceder (consulte los detalles en la sección final sobre el objeto `window`). La variable `Referencia_a_una_ventana` también puede hacer referencia a un marco específico dentro de un documento construido a partir de marcos, empleando la propiedad `parent`, un sinónimo usado cuando se hace referencia a varios objetos `window`. El objeto `location` es una propiedad del objeto `window`; si debe hacer referencia a un objeto `location` sin especificar una ventana, tendría que indicar que se trata de la ventana actual. Si usted especifica una ventana o marco determinando utilizando la sintaxis:

```
Referencia_a_una_ventana.location.Nombre_de_propiedad
```

se usaría la ubicación de la ventana referenciada.

CONSEJO: es fácil confundir el objeto `location` con la *propiedad* location del objeto `document`. El valor de `document.location` no puede cambiarse, aunque sí las propiedades de ubicación de una ventana; por ejemplo, usando una expresión de JavaScript de la forma: `window.location.propiedad`. El valor de `document.location` se establece en el valor de `window.location` cuando inicialmente se carga un documento, dado que éste existe dentro de las ventanas (recuerde la jerarquía del objeto). Sin embargo, esto se puede cambiar en una etapa posterior asignando un nuevo valor de URL.

Propiedades

El objeto `location` posee las siguientes propiedades:

♦ `hash`: especifica el nombre de la ancla en el URL, de existir

♦ `host`: especifica la parte `nombre_del_servidor:puerto` del URL actual

♦ `hostname`: especifica el nombre completo del servidor (incluyendo su dominio) (o la dirección IP numérica) del URL del servidor actual

♦ `href`: especifica el URL completo del documento actual

♦ `pathname`: especifica la parte referente a la trayectoria del URL, por ejemplo, después del nombre del servidor

- ◆ `port`: especifica el puerto de comunicaciones que usa el servidor
- ◆ `protocol`: especifica el comienzo del URL, incluido el signo de dos puntos, por ejemplo, `http:`**
- ◆ `target`: un reflejo del atributo `target` en la etiqueta `<a href>`

Métodos
No hay métodos definidos para el objeto `location`.

Manejadores de evento
No hay manejadores de evento asociados con el objeto `location`.

Ejemplos
Para establecer un nuevo URL a la ventana actual, use la siguiente instrucción:

```
self.location = "http://www.osborne.com";
```

que, en este caso, carga en la ventana actual la página de Osborne en el Web. Usted podría omitir la parte `self.` por completo, ya que JavaScript supondría que se trata de un objeto tipo ventana, obviamente, la actual.

Para cargar un URL nuevo en un marco específico de un documento podría usar la instrucción:

```
parent.frames[0].location = "http://www.osborne.com";
```

donde `parent.frames[0]` hace referencia al primer marco dentro del conjunto de marcos; consulte el capítulo 9.

Objeto `history`

El objeto `history` es una lista de los URL (también llamados sitios o páginas) visitados en la sesión en curso y que están contenidos en el menú *Ir* de Navigator. Los objetos que guardan la historia de la sesión están asociados al documento actual. Un conjunto de métodos asociados al objeto `history` permiten que se carguen distintos URL en el navegador y que se pueda navegar hacia adelante y atrás entre los URL previamente cargados.

Sintaxis:

- ◆ `history.NombreDePropiedad`
- ◆ `history.NombreDelMetodo (parametros)`

** Esta propiedad especifica el tipo de protocolo que se utilizará para acceder al documento que señala el URL. (N. del R. T.)

Propiedades

La propiedad `length` contiene el número de entradas en el objeto `history`.

Métodos

El método `back()` permite que el URL anterior se cargue en el navegador; por su parte, el método `forward()` hace la función inversa. El método `go()` también puede usarse con el objeto `history`.

Manejadores de evento

No hay manejadores de evento definidos para el objeto `history`.

Ejemplos

Para ver el documento cargado previamente, use

```
history.go(-1);
```

que es lo mismo que decir

```
history.back();
```

Si usted necesitara usar como destino una ventana específica o marco, podría usar la propiedad `parent`. Por ejemplo:

```
parent.frames[0].history.back();
```

le desplaza hacia el documento cargado previamente en el primer marco dentro de un documento basado en marcos.

Si usted tiene abiertas varias ventanas de navegador, use una expresión como:

```
ventana1.frames[0].history.forward();
```

que le desplazará hacia adelante un documento, dentro del primer marco de la primera ventana, donde `ventana1` es una variable que define a la `ventana` que está usando el método `open()`. Consulte el capítulo 8 si desea más información sobre la manipulación de ventanas en JavaScript.

Objeto `navigator`

El objeto `navigator` contiene detalles de la versión actual del navegador de Netscape, Navigator. Este objeto sirve para determinar información tal como la versión, detalles de programas auxiliares (*plug-ins*) y tipos de MIME.

Sintaxis:

```
navigator.Nombre_de_propiedad
```

Propiedades

El objeto `navigator` posee las siguientes propiedades:

♦ `appCodeName`: el nombre del código del navegador

♦ `appName`: el nombre del navegador

♦ `appVersion`: especifica información de la versión del navegador

♦ `userAgent`: especifica el encabezado del agente de usuario;

♦ `plugins`: un arreglo de auxiliares (*plug-ins*) instalados en el sistema (característica nueva en Navigator 3.0)

♦ `mimeTypes`: arreglo de tipos de MIME que se pueden soportar (nueva característica en Navigator 3.0)

La propiedad `length` de los arreglos `userAgent` y `mimeTypes` genera el tamaño de cada estructura, es decir, el número de módulos (`plug-ins`) y tipos de MIME soportados, de acuerdo con lo que usted tenga instalado en ese momento.

Métodos

No hay métodos definidos para el objeto `navigator`.

Manejadores de evento

No hay manejadores de evento asociados con el objeto `navigator`.

Objetos internos

Los objetos internos no están relacionados con el navegador ni con el documento de HTML cargado en ese momento; más bien están relacionados con objetos internos que el desarrollador puede manipular. Entre tales objetos se incluyen los primitivos, como las cadenas, así como objetos más complejos, por ejemplo, fechas. La siguiente tabla ilustra los objetos internos o *incorporados* que soporta Navigator de Netscape.

Las entradas marcadas con una palomita (✔) indican un constructor de objeto que se introdujo en Nestscape Atlas, Navigator 3.0.

Nombre del objeto	Descripción
`Array` (Arreglo)✔	Estructura de arreglo
`Date` (Fecha)	Manipulación de fecha y hora internas
`Math` (Matemáticas)	Objeto matemático y propiedades

Nombre del objeto	Descripción
`Object (Objeto)`✔	Tipo genérico de objeto
`String (Cadena)`✔	Objeto de cadena de texto

A continuación describiremos cada uno de los objetos internos que aparecen en la tabla anterior.

Arreglos

Los arreglos son objetos multidimensionales, y sus elementos se pueden referenciar mediante un índice numérico. Muchos de los objetos de HTML reflejados dentro de JavaScript se estructuran como arreglos, ya que pueden contener varios valores. Cuántos de estos objetos requerirán las aplicaciones de HTML, será decisión del usuario; Navigator no impone límites, si bien los recursos son finitos en relación con los recursos de memoria del sistema que usted tenga. Entre los ejemplos de objetos estructurados como arreglos en el navegador se cuentan las ligas, anclas, formas y marcos. En la siguiente sección puede encontrar más detalles acerca de ellos. Puede crear los arreglos de tres formas (las dos últimas son nuevas en Navigator 3.0):

◆ Emplee una función definida por el usuario (por usted), por ejemplo, la función `HacerArreglo()`, que se describe en el apéndice D, para asignar varios valores a un objeto

◆ Use el constructor `Array()` para crear el arreglo

◆ Utilice el constructor `Object()` para crear el arreglo

Las dos técnicas finales difieren entre las versiones Navigator de Netscape (2.*x* y 3.0 o Atlas). Para ver más detalles sobre la manipulación de objetos y la creación de variables, incluyendo secciones sobre las técnicas `Array()`, `Objetc()` y `HacerArreglo()`, lea el capítulo 6.

Los arreglos no tienen métodos ni propiedades asociadas.

Objeto `Date`

El objeto `Date` se tomó prestado de Java y contiene información de fecha y hora. JavaScript proporciona una colección de métodos para manipular la fecha con el fin de extraer las distintas partes de este objeto. Las fechas pueden modificarse dinámicamente, por ejemplo, para agregar y sustraer valores de variables con formato de fecha y producir así fechas nuevas. Puede crear un objeto `Date` empleando la sintaxis:

```
Fecha = new Date(parametros)
```

Donde `Fecha` es una variable en la cual el nuevo objeto `Date` va a almacenarse. El argumento `parametros` puede incluir los siguientes valores:

♦ Una lista vacía de parámetros, por ejemplo, `Date()`, que simplemente extrae la fecha y hora en curso

♦ Una cadena que representa la fecha y hora de la forma: "día del mes, hora del año", por ejemplo, "`March 1, 1996 12:00:00`" (nota: la hora está en formato de 24 horas)

♦ Un conjunto de valores para el año, mes, día, hora, minuto y segundos. Por ejemplo, la cadena: "`96,3,1,12,30,0`" es lo mismo que el 1o. de marzo de 1996, 12:30 P.M.

♦ Un conjunto de valores enteros solamente para el año, mes y día, por ejemplo, "`96, 3, 1`" es lo mismo que 1 de marzo, 1996. Los elementos de tiempo en el objeto nuevo se establecerán todos en cero si no se especifican.

Propiedades
El objeto `Date` no tiene propiedades.

Métodos
Los objetos `Date` pueden usar cualquiera de los siguientes métodos de JavaScript: `getDate()`, `getDay()`, `getHours()`, `getMinutes()`, `getMonth()`, `getSeconds()`, `getTime()`, `getTimeZoneoffset()`, `getYear()`, `Date.parse()`, `setDate()`, `setHours()`, `setMinutes()`, `setMonth()`, `setSeconds)`, `setTime()`, `setYear()`, `toGMTString()`, `toLocaleString()`, y `Date.UTC()`. El apéndice B documenta cada uno de estos métodos.

Manejadores de eventos
Los manejadores de eventos no se usan con objetos internos.

Ejemplos
Un nuevo objeto `Date` podría crearse mediante una instrucción de JavaScript en que se use la fecha y hora del día en curso (local):

```
Fecha_de_Hoy = new Date();
```

donde `Date()` es el constructor de fecha que crea un nuevo objeto `Date`. De manera similar, un objeto `Date` se puede crear con una fecha diferente al pasar los parámetros necesarios al objeto, por ejemplo:

```
// 8 de agosto 1996 12:00:00
la_Fecha = new Date(96,8,8,12,00,0);
```

Un ejemplo más completo de esto es una aplicación de HTML/JavaScript, que imprime un encabezado sencillo, el cual, a su vez, contiene la fecha y hora, en la parte superior de un documento de HTML:

```
<!--
   Programa 4-1
-->
<html>
<head>
<script language="JavaScript">
<!--
function MostrarEncabezado() {
  var LaFecha = new Date();
  document.writeln("<table cellpadding=5 width=100% border=0>" +
                   "<tr><td width=95% bgcolor=gray align=left>" +
                   "<font color=White>Fecha: " + LaFecha +
                   "</font></td></tr></table><p>");
}
MostrarEncabezado();
//-->
</script>
</head>
</html>
```

Veamos otra aplicación de HTML/JavaScript que usa el método `Date()` para extraer la hora en curso y luego la usa para cambiar el patrón del fondo del documento de HTML actual empleando el atributo `background` de Netscape dentro de la etiqueta `<body>` de HTML:

```
<!--
   Programa 4-2
-->
<html>
<script language="JavaScript">
<!--
  LaFecha = new Date();
  LaHora = LaFecha.getHours();
  if (LaHora < 18) // < 6pm hora local
     document.writeln("<body background='dia.gif' text='White'>");
  else
     document.writeln("<body background='noche.gif'
text='White'>");
//-->
</script>
Este es el texto del cuerpo de la página
</body>
</html>
```

Observe cómo se usa el guión para crear primero la etiqueta `<body>`. La etiqueta final `</body>` está fuera del programa de Javascript y dentro del documento de HTML, lo cual resulta válido, ya que todas las etiquetas de HTML necesarias están en el orden correcto. Al usar un código similar, usted puede cargar fondos distintos de acuerdo con cierto día u hora, o alterar el diseño de la página (incluidas las imágenes) de acuerdo con los mismos criterios. Por poner un caso, en el ejemplo anterior, el archivo de imagen `noche.gif` se usa como fondo cuando son más de las 6 P.M.; de no ser así, se usa el gráfico `dia.gif`. Es claro que ambos archivos se encuentran en el mismo directorio que el archivo de HTML que hace referencia a ambos. Sin embargo, usted puede hacer referencia a cualquier imagen almacenada en Internet ocupando un URL de la forma

```
http://nombre_de_servidor/ruta_del_archivo
```

donde `nombre_de_servidor` es el nombre del servidor web en Internet donde residen las imágenes, y `ruta_del_archivo` es el nombre de la trayectoria hacia un archivo almacenado con formato GIF o JPEG (los formatos que el navegador puede usar para las imágenes en línea). Sin el uso de un guión escrito en CGI, el empleo de fechas para determinar una imagen de fondo habría sido imposible en versiones anteriores de HTML. Es notorio que JavaScript elimina la necesidad de un guión de CGI.

Objeto `Math`

El objeto `Math` está incorporado al navegador y contiene propiedades y métodos empleados para manipular valores numéricos. Dentro, el objeto `Math` también contiene constantes matemáticas comunes.

Sintaxis:

```
Math.Nombre_de_propiedad
Math.Nombre_de_metodo(parametros)
```

Propiedades

Las propiedades de los objetos `Math` son constantes matemáticas:

- `E`
- `LN2`
- `LN10`
- `LOG2E`
- `LOG10E`
- `PI`
- `SQRT1_2`
- `SQRT2`

Métodos

Se proporcionan varias funciones matemáticas. Por favor consulte el apéndice B, que explica con detalle cada una de ellas.

- ◆ abs()
- ◆ acos()
- ◆ asin()
- ◆ atan()
- ◆ ceil()
- ◆ cos()
- ◆ exp()
- ◆ floor()
- ◆ log()
- ◆ max()
- ◆ min()
- ◆ pow()
- ◆ random()
- ◆ round()
- ◆ sin()
- ◆ sqrt()
- ◆ tan()

Manejadores de eventos
No se aplican objetos internos.

Ejemplos
Para acceder a una constante matemática, simplemente colóquela como prefijo en el objeto Math, por ejemplo:

```
var VariablePi = Math.PI;
```

pondría el valor de la constante *pi* en la variable VariablePi.

Para usar un método de Math, digamos abs(), use el método necesario con cualesquiera argumentos, por ejemplo:

```
MiValor= -8.68;
var ValorAbsoluto = Math.abs(MiValor)
```

almacena el valor 8.68 en la variable MiValor y 8.68 en la variable ValorAbsoluto; de esta forma, hace que el número sea positivo.

CONSEJO: recuerde que cada uno de los métodos de `Math` descritos en esta sección se documentan en el apéndice B. Asimismo, no olvide anteceder todos los métodos `Math` con `'Math.'` antes de usarlos.

Objetos genéricos

JavaScript ha tomado prestado el constructor de objeto `Object()` de Java, que puede usar para crear un objeto *genérico*. Una vez creado, este objeto no tiene un tipo en específico, sino se le asigna posteriormente. Por ejemplo, para crear un arreglo de inmediato, puede usar estas instrucciones:

```
var miObjeto = new Object();
miObjeto[1] = "Valor 1";
miObjeto[2] = "Valor 2";
```

Consulte el capítulo 6 si desea ver más ejemplos de las funciones de constructor `Object()` y `Array()` nuevas en Navigator 3.0 de Netscape.

Cadenas

Una *cadena* es una secuencia de caracteres unidos entre sí y encerrados entre comillas dobles (") o sencillas ('). Por ejemplo, "`perros`" es un objeto de cadena que contiene seis caracteres. Para manipular cadenas, use la sintaxis general:

♦   `Cadena.NombreDePropiedad`

♦   `Cadena.NombreDelMetodo(parametros)`

donde `Cadena` es el nombre de un objeto o variable de cadena (ambas cosas son lo mismo). Las cadenas pueden crearse de tres maneras:

♦   Use la instrucción `var` para crear la cadena y opcionalmente asígnele un valor

♦   Use un operador de asignación (`=`) con un nombre de variable para crear la cadena y, opcionalmente, asignarle un valor

♦   Use el constructor `String()` para crear una cadena (una nueva característica en Navigator 3.0)

Consulte el capítulo 6 si desea más ejemplos acerca de los objetos `String` del navegador.

Propiedades

La propiedad `length` contiene la longitud de la cadena, por ejemplo, la expresión `Netscape.length` genera el valor 8, ya que, en este caso, la cadena `Netscape` tiene ocho caracteres.

Métodos

Los siguientes son los métodos de manipulación de cadenas que son soportados. Por favor, consulte el apéndice B si desea una descripción de cada uno de ellos.

- `big()`
- `blink()`
- `bold()`
- `charAt()`
- `fixed()`
- `fontcolor()`
- `fontsize()`
- `indexOf()`
- `italics()`
- `lastIndexOf()`
- `link()`
- `small()`
- `strike()`
- `sub()`
- `substring()`
- `sup()`
- `toLowerCase()`
- `toUpperCase()`

Manejadores de evento

Los objetos de cadena están incorporados a Navigator y no tienen manejadores de evento.

Ejemplos

Con base en la creación de la siguiente cadena, en que se usa cualquiera de estas instrucciones de JavaScript:

```
var Prueba = "Esta es una cadena";
Prueba = "Esta es una cadena";
```

```
var Prueba = String("Esta es una cadena");
Prueba = String("Esta es una cadena");
```

la siguiente tabla ilustra los valores devueltos por un número de métodos de cadena en la variable `Prueba` del ejemplo.

Instrucción	Resultado	Notas / Valores devueltos

`Prueba.fontsize(6)`	`<font size=6>`
	`Esta es una`
	`cadena </font>`
		La cadena se encierra en un contenedor `<font>` para hacer el texto más largo o más pequeño. No saldrá otro valor; el efecto se observa cuando se usa un `document.write()` con la cadena como argumento.

`Prueba.length`	`16`	Devuelve la longitud de la cadena.
`Prueba.toUpperCase()`	`ESTA ES UNA` `CADENA`	Devuelve el valor de la cadena, todo en letras mayúsculas.
`Prueba.toLowerCase()`	`esta es una` `cadena`	Devuelve el resultado del valor de la cadena, todo en letras minúsculas.
`Prueba.italics()`	`Esta es una` `cadena`	La cadena está encerrada en el contenedor `<i>` para poner el texto en cursivas. No habrá otro valor devuelto; el efecto se observa cuando se usa un método `document.write()` con la cadena como argumento.

Objetos de HTML reflejados

En JavaScript, las etiquetas que componen un documento de HTML se reflejan en una serie de objetos, cada uno de los cuales está organizado jerárquicamente; es decir, el padre de todos los objetos es el navegador o el objeto `window`. Esta jerarquía se asemeja a la mostrada en la figura 4-1.

Los objetos de JavaScript tienen descendientes, por ejemplo, una liga es un objeto y desciende del objeto `document`. En JavaScript, a los descendientes también se les conoce como *propiedades*. Por ejemplo, se sabe que una liga es una propiedad del objeto `document` y que el nombre de la propiedad es `links`. La distinción entre

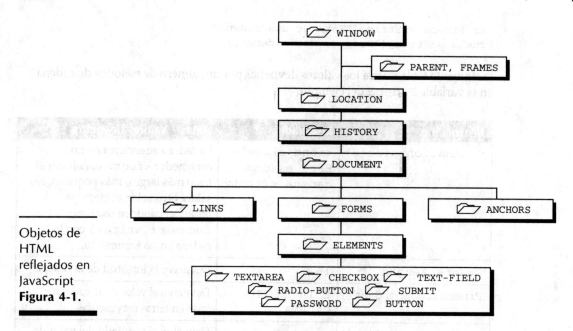

Objetos de
HTML
reflejados en
JavaScript
Figura 4-1.

los objetos y las propiedades puede ser difícil de entender. Por ejemplo, una liga es un objeto y también es una propiedad del objeto `document`, cuyo *nombre* de propiedad es `links`. Más adelante en este libro, aprenderá todo acerca de las distintas propiedades específicas de los objetos de JavaScript. Examine el siguiente documento de HTML, almacenado en el URL hipotético

`http://www.cualquier_servidor.com/documento.html`:

```
<!--
  Programa 4-3
-->
<html>
<head>
<title>Un documento simple</title>
</head>
<body bgcolor="White">
<form>
<input type="checkbox" checked name="cb1">Elemento 1
</form>
</body>
</html>
```

Cuando este documento se carga en el navegador, se crean ciertos objetos de HTML de manera automática, por ejemplo, `document`, con las siguientes propiedades:

```
document.title="Un documento simple"
document.bgColor="White"
document.href="http://www.cualquier_servidor.com/documento.html"
document.forms[0].cb1.defaultChecked=true
```

Como puede ver, la etiqueta <title> se refleja en la propiedad document.title, y el color de fondo del documento, según se establezca en la etiqueta <body>, está reflejada en la propiedad document.bgColor. La casilla de selección definida dentro de la forma se reflejará como document.forms[0].cb1.defaultChecked es una propiedad de JavaScript que pertenece a un cuadro de diálogo y almacena un valor true o false, dependiendo de si se especifica o no el atributo checked (este atributo, cuando está especificado, activa la casilla predefinida).

Puesto que los documentos pueden tener múltiples objetos, por ejemplo, ligas o formas, muchos de los objetos de JavaScript están estructurados como *arreglos*. Los arreglos son variables que pueden almacenar varios valores y se tiene acceso a ellos especificando un número de "índice" que haga referencia a un elemento específico del arreglo. Por ejemplo, forms[0] es la primera forma dentro del documento actual. Si se definiera otro contenedor <form>..</form> posteriormente en el documento HTML actual, se podría tener acceso a éste como document.forms[1].

NOTA: en JavaScript, los números de índice de un arreglo comienzan en cero. Consulte el capítulo 6 si desea saber más acerca de las características de los arreglos de JavaScript.

En el contexto de nuestro ejemplo, el objeto de jerarquía superior es window, ya que debe existir una ventana donde se cargue el documento. La existencia del objeto window está implícita automáticamente en JavaScript, no es necesario mencionarla; por ejemplo, document.forms[0] y window.document.forms[0] hacen referencia a lo mismo, es decir, a la primera forma dentro del documento de HTML actual. Si usted necesitara hacer referencia a una forma en otra ventana, esto es, un marco, simplemente crearía una expresión de la forma:

```
parent.frames[n].document.forms[n].
```

donde "n" identifica a los elementos del arreglo que usted necesite.

CONSEJO: no olvide la jerarquía de objetos cuando indique distintas propiedades, pues así evitará frustraciones cuando construya aplicaciones, algunas de las cuales contendrán múltiples formas, marcos y ligas.

El resumen de esta sección aborda cada uno de los objetos de HTML incorporados en Navigator de Nestcape. El apéndice B documenta los distintos métodos de objeto y propiedades soportadas por cada objeto de HTML. Las siguientes secciones describen cada objeto y muestran las propiedades, manejadores de eventos y sintaxis correspondientes a cada uno; además, incluyen descripción y ejemplo de código fuente cuando es relevante. Estos objetos se usan en capítulos posteriores del libro, donde se crean aplicaciones más complejas. Navigator soporta los objetos que muestra la tabla. Las entradas marcadas con una ✔ son objetos que tienen arreglos asociados (el nombre del arreglo esstá entre paréntesis).

Nombre del objeto	Descripción
anchor ✔ (arreglo de anclas)	Arreglo de etiquetas `<a name>` en el documento actual
button (botón)	Un botón de hipertexto, creado con `<input type=button>`
checkbox (casilla de verificación)	Una casilla de verificación creada con `<input type=chekbox>`
elements ✔ (elementos)	Todos los elementos dentro de un contenedor `<form>`
form ✔ (arreglo de formas)	Un arreglo de objetos de contenedor `<form>` de HTML
frames ✔ (arreglo de marcos)	Un objeto de documento con marcos (ventana)
hidden (oculto)	Un campo de texto oculto, creado con `<input type=hidden>`
images ✔ (arreglo de imágenes)	Un arreglo de imágenes, esto es, etiquetas `<img>` en el documento actual
link ✔ (liga)	Un arreglo de ligas en el documento actual
navigator (navegador)	Objeto de información sobre versión y cliente
password (contraseña)	Un campo `<input type=password>`
radio (radio)	Un botón de radio creado con `<input type=radio>`
reset (restablecer)	Un botón de restablecimiento, creado con `<input type=reset>`
select ✔ (arreglo de opciones)	Elementos `<option>` de objetos `<select>`

Nombre del objeto	Descripción
submit (enviar)	Un botón de envío, creado con `<input type=submit>`
text (texto)	Un cuadro de texto, creado con `<input type=text>`
textarea (área de texto)	Un campo de área de texto, creado con un contenedor `<textarea>`

Las entradas que tienen un arreglo asociado son objetos *multidimensionales*. Algunas etiquetas de HTML pueden especificar más de una opción para seleccionar, por ejemplo, un objeto `select`, que es reflejo de la etiqueta `<select>` de HTML. Analice la siguiente etiqueta `<select>`, la cual tiene dos opciones seleccionables:

```
<form>
<select name="mujeresDeMiVida">
<option>María
<option>Megg
</select>
</form>
```

Un objeto `<select>` es un objeto por derecho propio, aunque para acceder a los elementos *dentro* de él (en este caso, la etiqueta `<option>`), se proporciona un arreglo, que no es sino `options`. El arreglo `options` es una lista de valores reflejo de cada etiqueta `<option>` en un contenedor `<select>`. En esencia, existen dos objetos: uno que le permite hacer referencia al objeto seleccionado como un todo (para saber cuántas opciones hay realmente dentro de él) y otro que le permite referirse a elementos individuales dentro del objeto. Cuando encuentre dos entradas similares en el futuro, sabrá que el objeto usa un arreglo para hacer referencia a múltiples elementos que pueden estar contenidos dentro de él. Existe una restricción a lo que hemos explicado con anterioridad, la cual depende del *padre* del objeto: una etiqueta de HTML `<a name>..</a>` (ancla) es un objeto que tienen un arreglo `anchor` asociado; sin embargo, este objeto ocurre por sí solo. ¿Qué pasa entonces? La respuesta es que el *padre* de un objeto `anchor` es el objeto `document`, y los documentos pueden tener varias anclas definidas dentro de ellos. Las ventanas también pueden tener múltiples documentos asociados mediante el contenedor `<frameset>`.

Piense en términos de jerarquía y esto será fácil de entender. El resumen de este capítulo se dedica a cada uno de los objetos de HTML reflejados que se encuentran dentro de Navigator. Cada entrada contiene una descripción de sintaxis, un resumen y una lista de métodos y propiedades aplicables a esa entrada (un objeto, en realidad).

Objeto **anchor** (y el arreglo **anchors**)

Un *ancla* es texto que indica el destino de una etiqueta de liga, `<a href>`, y una propiedad del objeto document. Al igual que los objetos de ancla, JavaScript también refleja todas las etiquetas `<a name>` en el arreglo llamado `anchors`. Las anclas son destinos donde se dirigen las ligas `<a href>` y se usan principalmente para indizar el contenido de los documentos de hipertexto, de tal manera que permitan moverse rápidamente dentro del contenido de un archivo con sólo hacer clic en una liga que haga referencia a un ancla.

Sintaxis:

```
<a [href=Destino_o_URL]
   [name="Nombre_del_ancla"]
   [target="Nombre_de_ventana"]>
   Texto_del_ancla
</a>
```

El valor de `Destino_o_URL` especifica un ancla destino o URL. Cuando se usa este atributo, este objeto de ancla también se refleja como un objeto de liga. `name="Nombre_del_ancla"` especifica el nombre del ancla que será el destino de una liga de hipertexto dentro del documento de HTML actual; `target="Nombre_de_ventana"` especifica una ventana (o un sinónimo como `_self`) donde se carga la liga, que solamente puede usarse cuando se emplea el atributo `href`. El valor `Texto_del_ancla` especifica el texto real que se desplegará en el ancla y es opcional; por ejemplo, usted podría estructurar la etiqueta como `<a name="MiAncla"></a>`.

CONSEJO: también puede crear un ancla ocupando el método `anchor()` de JavaScript. Consulte el apéndice B si desea la descripción de su sintaxis; también el capítulo 2 si necesita más información acerca de las ligas y las anclas.

Arreglo **anchors**

Al emplear el arreglo `anchors`, un programa de JavaScript puede hacer referencia a un ancla dentro del documento de hipertexto en uso. El arreglo `anchors` contiene una entrada por cada etiqueta `<a name>` en el documento actual, pero cada ancla debe usar el atributo `name` para que esto funcione correctamente. Si un documento contiene una ancla nombrada, definida con esta instrucción de JavaScript:

```
<a name="s1">Sección1</a>
```

entonces se reflejará en el navegador como `document.anchors[0]` (tome en cuenta que en JavaScript las posiciones del arreglo comienzan en cero). Para llegar a esta ancla desde una liga, el usuario habría tenido que hacer clic en una etiqueta parecida a `<a href="#s1">..</a>`. Puede hacer referencia al arreglo `anchors` de la siguiente manera:

♦ `document.anchors[i]`

♦ `document.anchors.length`

donde `i` es un valor numérico que representa el ancla solicitada. Empleando la propiedad `length` puede saber el número de anclas que hay en un documento, aunque los elementos individuales siempre devuelven un valor nulo. Esto significa que usted no puede acceder a nombres de ancla individuales haciendo referencia a un elemento de arreglo, como sucede con las ligas. Por fortuna, quizá pueda hacer esto en una versión posterior de Navigator de Netscape. Consulte el capítulo 2 si desea otros ejemplos de manipulaciones de ancla más complejas usando JavaScript.

Propiedades

El objeto `anchors` por sí mismo no tiene propiedades, pero el arreglo `anchors` tiene una propiedad `length` que devuelve el número de anclas. El arreglo `anchors` es una estructura de sólo lectura.

Métodos

No existen métodos para el objeto `anchors`, pero un objeto de cadena puede usar el método `anchor()` para crear un ancla dinámicamente.

Manejadores de evento

No existen manejadores de evento para el objeto `anchors`.

Ejemplos

Para contar el número de anclas en un documento, simplemente use este código:

```
<script language="JavaScript">
<!--
  alert("Hay " + document.anchors.length +
      " anclas en este documento.");
//-->
</script>
```

Objeto `button`

Un *botón* (vea el siguiente ejemplo) es una región de la pantalla en la que puede hacer clic y ejecutar una instrucción de JavaScript mediante el manejador de evento `onClick`. Los botones son propiedades de una *forma* y deben estar encerrados en el contenedor de HTML `<form>..</form>`.

botón →

Sintaxis:

```
<input type="button"
       name="Nombre_del_botón"
       value="Texto_del_botón"
       [onClick="Manejador_de_texto"]>
```

donde name especifica el nombre del nuevo botón y se refleja en la propiedad name. El atributo value especifica texto en la cara del botón, lo cual se refleja en la propiedad value. Puede llamar las propiedades y métodos de un botón así:

◆ NombreDeBoton.NombreDePropiedad

◆ NombreDeBoton.NombreDelMetodo(parametros)

◆ NombreDeForma.elements[i].NombreDePropiedad

◆ NombreDeForma.elements[i].NombreDelMetodo(parametros)

donde NombreDeBoton es el valor del atributo name, y NombreDeForma es el valor del atributo name de un objeto forma, o un elemento que existe dentro del arreglo forms. Por ejemplo, forms[0] es para la primera forma, e i es un índice que se usa para acceder a un elemento específico del arreglo, un elemento de botón en este caso.

Propiedades

Las propiedades name y value son un reflejo de los atributos name y value de la etiqueta <input> para el botón. Podría ser útil acceder a estos valores para mostrar una lista de los botones activos dentro del documento actual y después mostrarlos para el usuario. La propiedad type de un botón siempre será "button".

Métodos

Puede usar el método click() con botones. Consulte el apéndice B si desea más información sobre click(), pero recuerde que esta característica no era confiable en Navigator 2.0 y en su versión beta Atlas (Navigator 3.0).

Manejadores de evento

El manejador de evento onClick permite que una instrucción de JavaScript, o una llamada a una función, se pueda anexar a un botón, el cual llamará a esa instrucción o función.

Ejemplos

Un botón sencillo que muestre la fecha y hora en curso se podría estructurar empleando el manejador de eventos onClick con un método alert() y el constructor Date(), de la siguiente manera:

```
<form>
<input type="button"
       value="Fecha y hora"
       onClick='alert(Date())'>
</form>
```

Consulte el capítulo 7, donde se describen con mayor detalle los objetos de HTML basados en formas.

Objeto checkbox

Una casilla de selección es un interruptor de encendido/apagado. Las casillas de selección son propiedades del objeto forma y deben encerrarse en el contenedor <form>..</form>. La ilustración muestra tres casillas de selección:

☐ Casilla 1

☑ Casilla 2

☐ Casilla 3

Sintaxis:

```
input name="Nombre_de_casilla"
      type="checkbox"
      value="Valor_de_la_casilla"
      [checked]
      [onClick="manejador_de_texto"]>Texto
```

donde name es el nombre de esta casilla de selección y se refleja en la propiedad name; value es el valor devuelto a un servidor cuando se selecciona la casilla (esto es, cuando se activa) y cuando se envía la forma. El atributo opcional checked especifica que la casilla se despliega seleccionada de modo predeterminado, y entonces la propiedad defaultChecked se establecerá en true (es una propiedad booleana) cuando se especifique este atributo. Puede usar la propiedad checked para verificar cuando el usuario ha seleccionado la casilla; aquí también se usa un valor booleano. El texto de la opción que activa la casilla se especifica como el valor Texto.

Puede acceder a una casilla de selección de cualquiera de estas formas:

♦ `NombreDeCasilla.NombreDePropiedad`

♦ `NombreDeCasilla.NombreDelMetodo(parametros)`

♦ `NombreDeForma.elements[i].NombreDePropiedad`

♦ `NombreDeForma.elements[i]NombreDelMetodo(parametros)`

donde `NombreDeCasilla` es el valor del atributo `name` del objeto casilla de selección, y `NombreDeForma` es el nombre de la forma donde reside la casilla. Por ejemplo, `forms[0]` sería para la primera forma, o `forms['MiForma']` para una etiqueta `<form>` que use el atributo `name` configurado como "MiForma" (`<for name="MiForma">`). La variable `i` representa el elemento requerido del arreglo `elements`, en caso de que usted quiera usar esta propiedad alternativa para acceder a una casilla de selección específica.

Propiedades

`checked` se volverá verdadero si la casilla de selección está activada; `defaultChecked` es verdadero si el atributo `checked` se usa dentro de una etiqueta `<input>`; por ejemplo, `<input checked type=checkbox>`. `name` refleja al atributo `name` en la forma de la etiqueta `<input name=...` `type=checkbox>`, mientras `value` refleja el atributo `value` de la etiqueta. La propiedad `type` de un objeto casilla de selección siempre se establecerá en "`checkbox`".

Métodos

Puede usar el método `click()` con un objeto casilla de selección, aunque hoy en día no funciona adecuadamente dentro de Navigator.

Manejadores de evento

Solamente se proporciona un manejador de evento, `onClick`. Si desea más detalles al respecto, consulte el capítulo 5 o los ejemplos.

Arreglo `elements`

`elements` es un arreglo que contiene a todos los elementos de una forma de HTML, como casillas de selección, botones de radio, objetos de texto, etcétera, en orden de aparición. Puede emplear este arreglo como método alternativo para tener acceso a elementos individuales de una forma dentro de JavaScript, ya que le proporciona una manera de hacer referencia a objetos de modo programático, sin tener que usar el atributo `name` de un objeto. El arreglo `elements` es una propiedad del objeto `forms` y debe, por lo tanto, ir precedido por el nombre de la forma en la cual usted necesita acceder a un elemento, como se muestra en la descripción de sintaxis siguiente.

La sintaxis es:

◆ `NombreDeForma.elements[i]`

◆ `NombreDeForma.elements.length`

donde `NombreDeForma` es el nombre de una forma o un elemento en el arreglo `forms`, por ejemplo, `forms[1]`, o el valor del atributo `name` de una etiqueta `<form>`; e `i` es una variable numérica que pone índices al arreglo de elementos. La propiedad `length` contiene el número de elementos dentro del contenedor `<form>..</form>` al que se esté accediendo. El arreglo `elements` es una estructura de sólo lectura; por lo tanto, no se pueden asignar dinámicamente valores a un objeto.

Propiedades

Solamente está definida una propiedad, `lenght`, la cual es reflejo del número de elementos dentro de la forma a la que se esté haciendo referencia; por ejemplo

```
document.forms[0].elements.length
```

contendría el número de elementos dentro de la primera forma del documento en uso.

Ejemplos

Para ver todos los elementos dentro de una forma, simplemente use la función `MostrarElementos()` siguiente, la cual examina el arreglo `elements` de una forma específica (que se pasa como argumento `f`) y que después construye una cadena que contiene al nombre de cada elemento. Se ha incluido un ejemplo del uso de formas para mostrar la salida. Al final se despliega la cadena `ElementosDeLaForma` del navegador mediante un cuadro `alert()`, como puede ver en la figura 4-2.

```html
<!--
  Programa 4-4
-->
<html>
<head>
<script language="JavaScript">
<!--
function MostrarElementos(f) {
  var ElementosDeLaForma = "";
  for (var n=0; n < f.elements.length; n++) {
  // Construye una cadena que contiene todos los elementos:
    ElementosDeLaForma += n + ":" + f.elements[n] + "\n";
  }
```

```
            alert("Los elementos en la forma '" +
                    f.name +
                    "' son:\n\n" +
                    ElementosDeLaForma);
}
//-->
</script>
</head>
<body>
<form name="FormaEjemplo">
<table border=0>
<tr>
 <td>
   <input name="cb1" type="checkbox" checked>Opción 1<br>
   <input name="cb2" type="checkbox">Opción 2
 </td>
</tr>
<tr>
<td>Nombre:</td>
<td><input type="text" size=45 name="NombreCompleto"></td>
</tr>
<tr>
 <td>Dirección:</td>
 <td><textarea name="ta"></textarea></td>
</tr>
<tr>
 <td>
   <input type="button"
          value="Ver elementos"
          onClick="MostrarElementos(this.form)">
 </td>
</tr>
</form>
</table>
</body>
</html>
```

Observe cómo se llama a la función `MostrarElementos()` con el argumento `this.form`, que hace referencia a la forma actual. Si se omitiera, usted tendría que hacer referencia a la forma dentro de la función `MostrarElementos()` como `document.forms[n].elements[n]`, con lo que se complican las cosas.

El objeto `form` (y el arreglo `forms`)

Una *forma* (o *formulario*) es un área dentro de un documento de hipertexto creada con el contenedor `<form>..</form>` y que permite que el usuario introduzca datos. Solamente funciona cierto número de etiquetas dentro de las formas, por ejemplo,

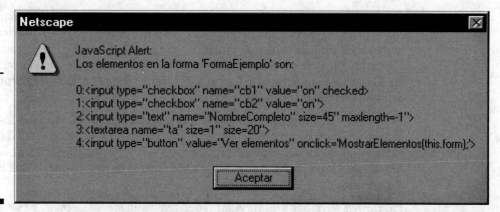

campos de texto y texturas, casillas de selección, botones de radio y listas de selección (todos ellos objetos JavaScript independientes). JavaScript permite que realice el procesamiento de la forma de manera local, accediendo a un campo de la forma para extraer valores, aunque también es posible enviar datos hacia un servidor remoto en el Web. La figura 4-3 muestra un ejemplo de forma compuesta de algunos objetos, incluido un campo de texto, un área de texto, algunos botones de radio, casillas y un objeto de selección.

Sintaxis:

```
<form name="NombreDeForma"
     target="NombreDeVentana"
     action="URLdeServidor"
     method="get" | "post"
     enctype="TipoDeCodificación"
     [onSubmit="ManejadorDeTexto"]>
</form>
```

donde `name` es una cadena que especifica el nombre de la forma (puede usar esto en vez del método `forms[i]` para hacer referencia a una forma). El atributo `target`

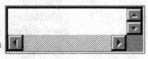

☐ Casilla 1   ○ Botón 1   **Opciones**   Cancún

   Cancún
   Cozumel
   Isla Mujeres

☑ Casilla 2   ○ Botón 2

Campo de texto   **Área de texto**

especifica la ventana donde deben ir todas las respuestas de la forma y para existir con el nombre especificado necesita una ventana o marco. También puede usar los nombres de ventana especial _blank, _parent, _self y _top para cargar una forma de retroalimentación o de envío, de tal modo que se dirija a una ventana nueva (en blanco) o al marco actual. Consulte el capítulo 9 si necesita más información acerca de los documentos con marcos.

El atributo action especifica el URL del servidor, mismo que recibirá los datos de la forma cuando se envíe y que especifica en el servidor un guión de CGI (*Common Gateway Interface*), por ejemplo, un programa en Perl o una aplicación de LiveWire de Nestscape. Usted también puede enviar por correo los resultados de una forma hacia alguien usando el URL especificado en mailto:.

Las formas enviadas a un servidor requieren de un *método de envío*, y éste se especifica usando el atributo method. El método GET anexa los datos de la forma al final del URL del atributo action; a su vez, el método POST los envía como un flujo único de información, permitiendo así que un guión o programa lea tal flujo (conocido como *flujo de entrada estándar*) y extraiga la información enviada. Este método también establece una variable de entorno denominada QUERY_STRING en el servidor, que constituye otra manera de extraer los datos (quizá ligeramente más sencilla).

El atributo enctype especifica un tipo especial utilizado en correo electrónico conocido como MIME (*Multimedia Internet Mail Extensions*) para los datos que se envían. El valor prestablecido es application/x-www-form-urlencoded, si bien ahora es posible realizar cargado de archivos en el navegador con el nuevo tipo de MIME multipart/form-data. La propiedad encoding contiene la información que usted le proporciona.

Para especificar un objeto o propiedad, use cualquiera de las siguientes técnicas:

♦ NombreDeForma.NombreDePropiedad

♦ NombreDeForma.NombreDelMetodo(parametros)

♦ forms[i].NombreDePropiedad

♦ forms[i].NombreDelMetodo(parametros)

donde NombreDeForma es el reflejo del atributo name del objeto forma, e i es una variable entera empleada para tener acceso un elemento específico del arreglo forms, esto es, una forma (<form>) determinada, definida dentro del documento actual.

Cómo usar el arrreglo forms

Puede hacer referencia a cualquier forma dentro del documento de hipertexto en uso utilizando el arreglo forms. Para acceder al arreglo de formas, sólo necesita especificar el arreglo forms y un número índice para la forma que usted necesita; por ejemplo, forms[0] es el primer contenedor <form> dentro del documento en uso.

- ◆ `document.forms[indice]`
- ◆ `document.forms.length`
- ◆ `document.forms['nombre']`

donde i es un entero que representa la forma requerida. Usted también puede asignar una expresión relacionada con una forma a una variable y ocuparla como sustituto. Por ejemplo:

```
var miForma = document.forms[1];
```

Posteriormente, podrá hacer referencia a este elemento, por ejemplo, un campo de texto definido con HTML:

```
<form>
<input type=text name=miCampo size=30>
...
</form>
```

al usar la variable miForma. Por ejemplo, usted podría asignar los contenidos del campo de texto precedente, denominado miCampo, a una variable nueva llamada resultado mediante esta instrucción de JavaScript:

```
var resultado = miForma.miCampo.value;
```

Puede averiguar el número de formas en un documento utilizando la propiedad length, por ejemplo, document.forms.length. El arreglo forms es una estructura de sólo lectura.

Propiedades

Una forma tiene seis propiedades, la mayoría de las cuales son reflejos de los valores pasados a la etiqueta <form>, por ejemplo:

- ◆ `action`: reflejo del atributo action
- ◆ `elements`: arreglo que refleja todos los elementos dentro de una forma
- ◆ `encoding`: reflejo del atributo enctype
- ◆ `length`: número de elementos dentro de una forma
- ◆ `method`: reflejo del atributo method
- ◆ `target`: reflejo del atributo target

El arreglo forms tiene sólo una propiedad, length, el número de formas dentro de todo el documento de hipertexto (no confundir con document.forms[i], que hace referencia a una forma *específica*).

Métodos

Puede usar el método `submit()` para enviar una forma desde programa de JavaScript, en vez de usar una etiqueta `<input type=submit>`, que es con lo que cuentan la mayoría de las formas (es decir, formas que envían datos a un servidor).

Manejadores de evento

Puede emplear el manejador de evento `onSubmit()` para interceptar el envío de una forma, ya sea cuando ésta sea enviada por alguien que use una etiqueta `<input type=submit>`, colocada dentro del alcance del contenedor `<form>`, o cuando un método `submit()` de JavaScript trate de mandarla.

Ejemplos

Esta forma de ejemplo envía correo electrónico a una persona a través de un campo de texto:

```
<form method="POST"
      action="mailto:alguien@utopia.com"
      enctype="text/plain">
<input type="submit" value="Enviar correo">
<textarea name="correo" rows=4 cols=60>
</textarea>
</form>
```

Objeto `frame` (arreglo `frames`)

Las versiones 2.0 y 3.0 de Navigator soportan una nueva característica conocida como *documentos con marcos*. Los documentos con marcos son múltiples ventanas dentro de una pantalla que pueden contener documentos de HTML independientes, cada uno con un URL propio y único. Usted puede navegar en cada marco independientemente de los demás. Para trabajar con documentos con marcos, el arreglo `frames` permite hacer referencia a documentos independientes que están dentro de marcos desde un programa de JavaScript. El capítulo 9 da una descripción detallada del contenedor `<frameset>` y explica cómo puede usarlo para construir técnicas de navegación por un documento complejo, en una aplicación de HTML. El objeto `frame` es una propiedad del objeto `window`, mientras el arreglo `frames` es una propiedad tanto del objeto `frame` como del objeto `window`.

Un documento con marcos remplaza a la etiqueta `<body>..</body>` y tiene la sintaxis:

```
<frameset rows="ListaDeAlturaDeFilas,...[%]"
          cols="ListaDeAnchoDeColumnas"
          [onLoad="manejadorDeTexto"]
          [onUnload="manejadorDeTexto"]>
          <frame src="ubicacionOURL"
```

```
                              name="NombreDelMarco"
                              scrolling="yes|no"
                              noresize>
</frameset>
```

donde `rows` y `cols` son listas de valores separados por coma que especifican las dimensiones del marco. Puede usar el signo de porcentaje (%) para especificar el tamaño de un marco *con respecto* a la ventana del navegador; para especificar medidas en pixeles (la forma de especificarlo por omisión) se omite el signo de porcentaje. Por ejemplo:

```
<frameset rows="50%,50%">
...
</frameset>
```

especifica dos marcos horizontales de igual tamaño dentro del navegador. La etiqueta `<frame>` define los marcos individuales dentro del documento y contiene el atributo `src`, que especifica el archivo o URL del documento de HTML que va a cargarse dentro del marco. El atributo `name` nombra al marco y puede usarlo para hacer referencia a un marco sin el arreglo `frames` (cosa que habremos de describir). Para acceder a las propiedades de un marco puede utilizar cualquiera de las siguientes técnicas de direccionamiento:

◆ `parent.frameName.NombreDePropiedad`

◆ `parent.frames[i].NombreDePropiedad`

◆ `window.NombreDePropiedad`

◆ `self.NombreDePropiedad`

◆ `parent.NombreDePropiedad`

Arreglo `frames`

Puede tener acceso a marcos individuales empleando el arreglo `frames` y la propiedad `parent`. Por ejemplo, si tuviera dos marcos definidos en HTML como:

```
<frameset rows="50%,50%">
<frame name="arriba" src="archivo1.html">
<frame name="abajo"  src="archivo2.html">
</frameset>
```

podría hacer referencia al primero usando la expresión `parent.frames[0]` y al segundo con `parent.frames[1]` de ahí la siguiente sintaxis:

◆ `ReferenciaAMarco.frames[i]`

◆ `ReferenciaAMarco.frames.length`

♦ `ReferenciaAVentana.frames[i]`

♦ `ReferenciaAVentana.frames.length`

Puede ocupar la propiedad `length` para obtener el número de marcos dentro de un documento. Todos los elementos en el arreglo `frames` son valores de sólo lectura.

Propiedades
El objeto `frame` tiene las seis propiedades siguientes:

♦ `frames`: arreglo que refleja todos los marcos en una ventana

♦ `name`: reflejo del atributo `name` de la etiqueta `<frame>`

♦ `length`: número de marcos hijos dentro de un marco padre

También puede usar cierto número de sinónimos:

♦ `parent`: sinónimo para la ventana o marco que contiene el documento basado en marcos actual

♦ `self`: sinónimo del marco actual

♦ `window`: otro sinónimo para el marco actual

El arreglo `frames` tiene una propiedad, `length`, que devuelve el número de marcos hijos dentro de un marco padre.

Métodos
Los métodos `clearTimeout()` y `setTimeout()` pueden usarse con marcos.

Manejadores de evento
Los manejadores de evento `onLoad` y `onUnLoad` son válidos en la etiqueta `<frameset>`.

Ejemplos
Este ejemplo de documento con marcos automáticamente crea dos de ellos, a los que en JavaScript se hace referencia como `frames[0]` y `frames[1]`, o como `frames["f1"]` y `frames["f2"]`, respectivamente:

```
<frameset rows="50%,*">
<frame name="f1" src="http://www.osborne.com">
<frame name="f2" src="http://www.libros.mcgraw-hill.com">
</frameset>
```

Consulte el capítulo 9 si desea una explicación detallada sobre los documentos con marcos.

Objeto `hidden`

Un objeto *oculto* (*hidden*) es un campo de texto que no se despliega cuando se mira a través del navegador. Los campos ocultos son útiles para almacenar valores en estructuras de JavaScript que no sean variables, aunque sólo existan durante el tiempo de vida del documento que esté cargado. JavaScript también puede especificar los campos de forma dinámicamente, lo que abre nuevas posibilidades de manipulación de datos entre el cliente y el servidor. Los campos ocultos son propiedades del objeto `form` y deben encerrarse en un contenedor `<form>..</form>`.

Sintaxis:

```
<input type="hidden"
       [name="NombreOculto"]
       [value="ValorDeTexto"]>
```

donde `name` es el nombre del campo, el cual es opcional (en su lugar, pueden usar los arreglos `forms[i].NombreDeCampo` o `form.elements[i]` para acceder a tales valores). El valor del campo de texto está reflejado en el campo `value`, que usted debe especificar al momento de asignar valores al campo. Este atributo también permite que se coloque un valor prestablecido en el campo. Para usar las propiedades de un objeto oculto puede usar cualquiera de estas sintaxis:

◆ `NombreDeCampo.NombreDePropiedad`

◆ `NombreDeForma.elements[i].NombreDePropiedad`

donde `NombreDeCampo` es el nombre del campo oculto, según lo establece el atributo `name` del atributo `name` perteneciente a la etiqueta `<input>`, y `NombreDeForma` es el nombre de la forma donde está definido el campo oculto.

Propiedades
Un objeto oculto posee las siguientes propiedades:

◆ `name`: reflejo del atributo `name` de la etiqueta `<input>`

◆ `value`: reflejo del atributo `value` de la etiqueta `<input>`

◆ `type`: reflejo del atributo `type`, por ejemplo, "hidden"

Métodos
El objeto oculto no tiene métodos.

Manejadores de evento
El objeto oculto no tiene manejadores de evento asociados, ya que se encuentra oculto.

Ejemplos

Un campo oculto sencillo puede tener la forma:

```
<form name="CampoOculto">
<input name="CampoOculto1" type="hidden" size=30 value="Edad1">
</form>
```

que define un campo oculto denominado CampoOculto1, que tiene 30 caracteres de ancho y un valor prestablecido "Edad1". Usted podría actualizar este campo con una instrucción como:

```
document.CampoOculto.CampoOculto1.value = "Edad2";
```

Objeto `image` (y el arreglo `images`)

El navegador de Netscape versión 3.0 ahora refleja todas las imágenes en "objetos imagen" y proporciona un arreglo `images` que puede emplear para hacer referencia a cualquier imagen definida con una etiqueta <img>. En particular, ahora las imágenes pueden actualizarse dinámicamente modificando su propiedad `src`.

Sintaxis:

```
<img src="ArchivoOUrl"
    [alt="TextoAlterno"]
    [lowsrc=ArchivoOUrl"]
    [width=ancho]
    [height=alto]
    [border=borde]
    [vspace=EspacioVertical]
    [hpsace=EspacioHorizontal]
    onAbort="instruccion|funcion()"
    onError="instruccion|funcion()"
    onLoad="instruccion|funcion()">
```

donde `src` es el nombre de archivo o URL de la imagen que usted quiere mostrar y que debe hacer referencia a una imagen en el formato GIF o JPEG; y `alt` es texto opcional que se despliega cuando: a) la imagen está cargándose y b) el usuario deshabilita algunas imágenes. El atributo `lowsrc` se introdujo con Navigator de Netscape versión 1.1. Permite que se despliegue de antemano una imagen de baja resolución con las mismas dimensiones que la imagen especificada en el atributo `src`. Así, la imagen se construye en dos etapas. Muchos sitios usan esto para mostrar primero una versión monocromática de la imagen y después una versión en color (sólo por el efecto visual). Con esta técnica también puede realizar una "animación sencilla de dos marcos". Los atributos `width` y `height` especifican las dimensiones de la imagen en pixeles; `border` el ancho de un borde alrededor de la imagen también en pixeles. Finalmente, los atributos `vspace` y `hspace` especifican el "vacío" vertical y horizontal que rodea a la imagen, por lo que permiten que ésta tenga asignado espacio alrededor. Desafortunadamente, usted no puede especificar el "espacio horizontal" izquierdo o derecho, ni el "espacio vertical" superior o inferior, ya que en tales casos el vacío rodearía todos los lados de la imagen.

Para acceder a las propiedades de un objeto `image` use la sintaxis:

♦   `document.images[i].NombreDePropiedad`

donde `i` es un índice numérico que especifica la imagen que requiere (la primera imagen en un documento es `document.images[0]`. El arreglo `images` es una propiedad del objeto `document`; asegúrese de anteponer la palabra `document` antes del nombre del arreglo cuando haga referencia a una imagen. La etiqueta `<img>` no reconoce al atributo `name`, por lo que aún no puede poner "`document.NombreDeImagen`".

Propiedades

Todas las propiedades de los objetos `image` son reflejos de atributos de etiquetas `<img>`, excepto la propiedad `complete`. También todas son de sólo lectura, excepto los atributos `src` y `lowsrc`, que pueden cambiarse dinámicamente.

♦   `src`: reflejo del atributo `src` de la etiqueta `<img>`

♦   `lowsrc`: reflejo del atributo `lowsrc` de la etiqueta `<img>`

♦   `height`: reflejo del atributo `height` de la etiqueta `<img>`

♦   `width`: reflejo del atributo `width` de la etiqueta `<img>`

♦   `border`: reflejo del atributo `border` de la etiqueta `<img>`

♦   `vspace`: reflejo del atributo `vspace` de la etiqueta `<img>`

♦   `hspace`: reflejo del atributo `hspace`de la etiqueta `<img>`

♦   `complete`: propiedad booleana que indica si el navegador cargó con éxito o no la imagen (`true`=imagen cargada; `false`=imagen no cargada)

♦   `type`: las imágenes tendrán la cadena "`image`" almacenada en esta propiedad.

Observe que el cargado de imágenes cambió significativamente en Navigator 3.0. El área de borde de una imagen ahora se muestra antes del cargado, y el valor del atributo `alt` se muestra dentro del borde justo antes de que se cargue una imagen con el propósito de indicar qué habrá de aparecer. Puede transformar una imagen dinámicamente asignándole un nuevo URL a los atributos `src` o `lowsrc`. Esto funciona mejor cuando la imagen recién asignada es del mismo tamaño que la original; las imágenes de distinto tamaño cambiarán su escala para caber dentro del área de la primera imagen. Cuando altere dinámicamente `lowsrc`, hágalo *antes* de establecer la propiedad `src`, ya que este es el orden de cargado de imágenes de baja y alta resolución (de hecho, el término "baja resolución" en realidad no es aplicable, pues si es necesario, usted puede usar imágenes de la misma resolución).

Métodos
El objeto `image` no tiene métodos asociados.

Manejadores de evento
Los objetos imagen tienen tres nuevos atributos de manejo de evento que puede especificar en la etiqueta `<img>`:

♦ `onAbort`: condición para abortar el cargado de la imagen, esto es, el usuario oprime la tecla ESC, hace clic en el botón Detener del navegador o hace clic en otra liga cuando se está cargando la imagen.

♦ `onError`: el evento se desencadena cuando ocurre un error en el cargado de la imagen, por ejemplo, cuando ésta no puede encontrarse en el URL especificado, o cuando el servidor que la proporciona no responde.

♦ `onLoad`: el evento se desencadena cuando la imagen ha sido cargada. Las imágenes animadas, digamos los archivos GIF89a, desencadenarán este evento varias veces, conforme se vaya cargando cada secuencia de animación.

Ejemplos
Este sencillo guión le permite actualizar una imagen con sólo hacer clic en un botón de la forma.

```
<!--
  Programa 4-5
-->
<html>
<body bgcolor="White">
<img src="Europa.gif" alt="Europa">
<hr noshade>
<form>
<input type="button"
       value="Ver Reino Unido"
       onClick="document.images[0].src='ru.gif'">
</form>
</body>
</html>
```

Si el archivo `Europa.gif` fuera una imagen de Europa y `ru.gif` del Reino Unido, usted podría brindar una función de acercamiento ("zoom") para ver más detalladamente algunos países. Esta técnica es de suma utilidad, ya que no tiene que manipular el marco o la ventana para volver a desplegar una imagen. En el programa, el valor `ru.gif` se asigna al atributo `src` de la primera imagen a fin de actualizarla según corresponda.

Considere emplear el atributo `alt` en todas las imágenes a las que haga referencia con `<img src>`, pues el cargado de imágenes ha cambiado en Navigator 3.0. El "texto alternativo" ahora permite que usted vea qué imagen está apareciendo antes de que se cargue (lo cual es útil en el caso de un documento que tenga muchas de ellas). Las imágenes pequeñas, por ejemplo las viñetas y cosas similares, no necesitan un atributo `alt`, así que el navegador no desplegará el texto correspondiente si el área para desplegado de imagen es muy pequeña como para acomodarlo.

La capacidad de JavaScript para actualizar imágenes sobre la marcha puede ser útil en los efectos de animación. Examine la siguiente aplicación, que da animación a una pequeña imagen GIF:

```
<!--
   Programa 4-6
-->
<html>
<head>
<script language="JavaScript">
<!--
   var Alternar = 0;
   function AnimarIcono() {
     if (parent.Alternar == 0) {
       parent.frames[0].document.images[0].src = "rb.gif";
       parent.Alternar = 1;
     }
     else {
       parent.frames[0].document.images[0].src = "yb.gif";
       parent.Alternar = 0;
     }
     setTimeout("parent.AnimarIcono()", 1000);
   }
//-->
</script>
</head>
<frameset rows="10%,*">
<frame name="f1" src="Marco1.htm">
<frame name="f2" src="Marco2.htm">
</frameset>
</html>
```

En este ejemplo, el documento se ha estructurado con dos marcos basados en filas. Los archivos `rb.gif` y `yb.gif` son dos pelotas pequeñas, una de color rojo y otra amarilla, almacenadas como imágenes GIF. La función `AnimarIcono()` usa el arreglo `images` para actualizar ambas imágenes dentro del primer marco (denominado `"f1"` en el ejemplo). El documento `Marco1.htm` debe tener definido `<img src>` para que se pueda hacer referencia a la imagen y después actualizarla, de manera que sea parecido a lo siguiente:

```
<html>
<body onLoad="parent.AnimarIcono()">
<img src="yb.gif" hspace=4>Esta es una imagen animada.
</body>
</html>
```

El archivo `Marco2.htm` no tiene importancia y puede contener cualquier código de HTML. Esta aplicación usa el mecanismo de cronometraje de JavaScript para actualizar repetidamente la imagen cada segundo. El capítulo 10 brinda más información sobre los eventos de cronometraje. El ejemplo y las imágenes se hallan en el disco que vienen con el libro.

Objeto `link` (arreglo `links`)

Un *objeto liga* (hiperliga) es un fragmento de texto donde se puede hacer clic y que define una liga hacia otro recurso en el Web, por lo general, otra página de hipertexto. Al hacer clic en la liga se carga ese documento en la ventana actual. Las ligas no siempre cargan archivos de HTML; pueden cargar imágenes y casi cualquier otro tipo de archivo. Para cargar otros recursos también puede cambiar el tipo de URL; por ejemplo, `ftp://` para cargar un servidor FTP, o `news://` un servidor de noticias de USENET, etcétera. La figura 4-4 muestra una liga típica, además de enseñar la forma en que la barra de estado exhibe la dirección de la liga actual, esto es, el URL de esa liga.

Sintaxis:

```
<a href=UbicaciónOUrl
   [name="NombreDelAncla"]
   [target="NombreDeVentana"]
   [onClick="ManejadorDeTexto"]
   [onMouseOver="ManejadorDeTexto"]>
   TextoDeLiga
</a>
```

donde `href` representa el nombre del archivo que va a cargarse o un URL, por ejemplo, `Archivo1.html` en el caso de un archivo que resida en el directorio actual, o `http://servidor/archivo` en el caso de un documento en red. También son válidos otros URL, incluidos `ftp:`, `gopher:`, `news:` y `javascript:`. Consulte el apéndice E, donde encontrará una lista de los prefijos de URL que funcionan en el

Liga típica y el mensaje en la barra de estado del navegador
Figura 4-4.

Página mística de Susana Sanjuan

http://anfitrion.com.mx/juanrulfo/htm

navegador de Netscape.***** El atributo `name` da nombre a la liga y la vuelve un objeto `anchor`. El atributo `target` sirve para cargar el documento mencionado en `href`, dentro de un marco específico del documento. `TextoDeLiga` es el texto donde el usuario puede hacer clic para activar la liga. Para acceder a un propiedad del objeto `link` use la sintaxis:

```
document.links[i].NombreDePropiedad
```

donde `i` es un valor entero que hace referencia a la liga dentro del arreglo `links`.

Arreglo `links`

Desde un programa de JavaScript puede hacer referencia a las ligas, sólo acceda a la estructura del arreglo `links`; por ejemplo, un documento con dos etiquetas `<a href>` se refleja en JavaScript como `document.links[0]` y `document.links[1]`, respectivamente. La sintaxis para acceder al arreglo `links` es

♦ `document.links[i]`

♦ `document.links.length`

donde `i` pone índice a la liga requerida y `length` devuelve el número de ligas dentro del documento en uso. Los objetos liga son de sólo lectura, por lo que no se les puede asignar dinámicamente una liga en el arreglo.

Propiedades

El objeto `link` tiene definidas las siguientes propiedades:

♦ `hash`: especifica el nombre del ancla en el URL, de existir

♦ `host`: especifica la parte `nombre_de_servidor:puerto` del URL actual

♦ `hostname`: especifica el servidor completo, incluyendo el dominio (o dirección IP numérica) del URL actual.

♦ `href`: especifica el URL completo del documento actual

♦ `pathname`: especifica la parte de trayectoria del URL, por ejemplo, después del nombre de la computadora anfitrión.

♦ `port`: especifica el puerto de comunicaciones que usa el servidor

♦ `protocol`: especifica el comienzo del URL, incluido el signo de dos puntos, por ejemplo, `http:`.******

---

* Tenga cuidado, porque *todos* los prefijos aquí especificados funcionan *única y exclusivamente* con Netscape Navigator 3.0. (N. del R. T.)

** Esta propiedad contiene el tipo de protocolo que se utilizará para acceder al documento que especifica el URL. (N. del R. T.)

♦ `target`: un reflejo del atributo `target` en la etiqueta `<href>`

El arreglo `links` tiene una propiedad, denominada `length`, que es reflejo del número de ligas dentro de un documento.

Métodos
No hay métodos definidos para el objeto `link`.

Manejadores de evento
Pueden usar `onClick` y `onMouseOver` en etiquetas `<a href>`. Consulte el capítulo 5 si desea más información acerca de estos atributos de manejo de eventos.

Ejemplos
Puede programar una liga que escriba un mensaje en la barra de estado mientras el usuario pasa el cursor del ratón sobre ella de la siguiente forma:

```
<a href="ligas.htm"
   onMouseOver="window.status='¡Haga clic para ir a sitios fascinantes!';
                return true">
Sitios nuevos
</a>
```

Consulte el capítulo 2 si desea más ejemplos de JavaScript con ligas y anclas.

Objeto `password`
Un objeto *contraseña* (`password`) es un campo de texto cuyo contenido se mantiene en secreto al remplazarse todos los caracteres tecleados dentro del campo, por asteriscos (`*`). Observe que comúnmente el valor del campo se almacena. Tenga cuidado de no exponer lo anterior si usa este tipo de campo por razones de seguridad. Los objetos *contraseña* son propiedades del objeto `form` y deben encerrarse en un contenedor `<form>..</form>`. Veamos cómo luce un objeto contraseña dentro del navegador:

Sintaxis:

```
<input type="password"
       name="NombreDeContraseña"
       size=enteros
       [value="ValorDelTExto"]>
```

donde el atributo `name` asigna un nombre para el campo de contraseña y cuyo valor también se refleja en la propiedad `name` de este elemento. El atributo `size` especifica el tamaño (en caracteres) del campo; `value` se usa para asignar un valor predeterminado al campo de contraseña. Este valor se refleja en la propiedad `value` del objeto. Para usar las propiedades y métodos de un campo de contraseña use la sintaxis:

♦ `NombreCampoContraseña.NombreDePropiedad`

♦ `NombreCampoContraseña.NombreDelMetodo(parametros)`

♦ `NombreDeForma.elements[i].NombreDePropiedad`

♦ `NombreDeForma.elements[i].NombreDelMetodo(parametros)`

donde `NombreCampoContraseña` es el valor del atributo `name` de un objeto de campo de contraseña, y `NombreDeForma` puede ser el valor del atributo `name` del objeto forma o un elemento en el arreglo `forms`, por ejemplo, `forms[0]`. La variable `i` sirve para poner un índice a una posición de arreglo del elemento.

Propiedades
Las siguientes propiedades están disponibles para el objeto `password`:

♦ `defaultValue`: el valor predefinido según se mencione en el atributo `value`

♦ `name`: reflejo del atributo `name` de la etiqueta `<input>`

♦ `value`: reflejo del valor *actual* del campo del objeto contraseña

♦ `type`: todos los objetos contraseña tienen la cadena "password" almacenada en esta propiedad, la cual es un reflejo del atributo `type` de la etiqueta actual `<input>`

Métodos
Puede usar el método `focus()` para enfocar al usuario en un campo de contraseña; `blur()` para que quite la atención al campo. El método `select()` sirve para seleccionar los datos dentro de un campo, pero tiene que emplearse junto con el método `focus()`.

Manejadores de evento
No hay manejadores de evento asociados al objeto `password`.

Objeto `radio`
Un objeto `radio` representa un botón de radio definido dentro de una forma de HTML. Los botones de radio ofrecen al usuario selecciones de opción múltiple, pero solamente puede elegir una de ellas (lo opuesto a una casilla de selección). El objeto

radio es una propiedad del objeto form y debe, por lo tanto, estar dentro de un contenedor <form>..</form>. El ejemplo siguiente muestra tres botones de radio generados por el navegador:

⦿ Botón de radio 1
○ Botón de radio 2
○ Botón de radio 3

Sintaxis:

```
<input type="radio"
       name="NombreDeRadio"
       value="ValorDelBotón"
       [checked]
       [onClick="ManejadorDeTexto"]>TextoMostrado
```

donde name nombra al botón de radio. Observe que a los botones de radio se les debe dar el *mismo* nombre, esto es, el mismo atributo name. El atributo value nombra un valor, que se devuelve al servidor cuando la forma se envía y toma el valor predeterminado on. El atributo checked permite que un botón de radio aparezca seleccionado de manera prestablecida (sólo el primer elemento está seleccionado en caso de haber varios atributos checked). La propiedad defaultChecked (que describiremos posteriormente) de este objeto será true si este atributo está especificado. El atributo onClick permite la asociación de un manejador de evento con el botón de radio, de tal manera que cuando el usuario haga clic en él, pueda llamar una función o instrucción de JavaScript. Cada botón de radio debe contar con cierto texto que describa su valor; TextoMostrado se emplea para este propósito. Para acceder a los métodos y propiedades de un botón de radio use la sintaxis:

♦ NombreDeRadio[i].NombreDePropiedad

♦ NombreDeRadio[i].NombreDelMetodo(parametros)

♦ NombreDeForma.elements[i].NombreDePropiedad

♦ NombreDeForma.elements[i].NombreDelMetodo(parametros)

donde NombreDeRadio es el valor del atributo name del objeto radio que usted requiere y NombreDeForma puede ser el valor del atributo name de un objeto forma o un elemento en el arreglo forms. Puede usar el arreglo de elementos para acceder a recuadros de radio, ya que también son elementos de forma. Por ejemplo, usted podría hacer referencia al primer recuadro de radio denominado rad1 en la primera forma del documento actual, mediante esta expresión de JavaScript: document.forms[0].NombreDeRadio[0].

Propiedades

Las siguientes propiedades están contenidas dentro del objeto `radio`:

♦ `checked`: un valor booleano, `true` o `false`, dependiendo de si el botón de radio se encuentra seleccionado o no.

♦ `defaultChecked`: refleja el atributo `checked` de la etiqueta `<input type="radio">`, otro valor booleano

♦ `length`: representa el número de botones de radio dentro de un objeto radio

♦ `name`: reflejo del atributo `name` en la etiqueta `<input>`

♦ `value`: reflejo del atributo `value` de la etiqueta `<input>`

♦ `type`: reflejo del atributo `type`, por ejemplo, `"radio"`

Métodos

Puede usar el método `click()` para seleccionar un botón de radio, aunque éste podría no tener efecto en versiones de Navigator ejecutables en Windows 3.*x*.

Manejadores de evento

El manejador de evento `onClick` puede usarse para activar una instrucción de JavaScript cuando el usuario haya hecho clic en un botón de radio.

Ejemplos

Puede crear un botón de radio con este código HTML:

```
<form name="Botones">
<input type="radio" name="BotonDeRadio" checked>Sí
<input type="radio" name="BotonDeRadio">No
</form>
```

Al primer botón de radio se le podría hacer referencia como

`document.buttons.elements[0]` o `document.buttons.BotonDeRadio[1]`.

NOTA: los botones de radio a los que se accede usando el nombre del botón (como en el atributo `name` del objeto botón) se devuelven en orden inverso. En el capítulo 7 examinamos varios programas de JavaScript que puede usar para acceder a valores de botón de radio.

Objeto `reset`

Un objeto `reset` es un botón dentro de una forma de HTML que vuelve a configurar cada campo en el valor predefinido correspondiente (tales valores predefinidos se especifican con el atributo `value`).

Sintaxis:

```
<input type="reset"
       name="NombreDeReset"
       value="TextoDelBotón"
       [onClick="ManejadorDeTexto"]>
```

donde `name` especifica el nombre del objeto reconfigurado y se refleja en la propiedad `name` de ese objeto; y donde `value` asigna cierto texto para la cara del botón y se refleja en la propiedad del mismo nombre o `value`. Para acceder a los métodos y propiedades del objeto reconfigurado, use la sintaxis:

- `NombreReset.NombreDePropiedad`
- `NombreReset.NombreDelMetodo(parametros)`
- `NombreDeForma.elements[i].NombreDePropiedad`
- `NombreDeForma.elements[i].NombreDelMetodo(parametros)`

donde `NombreReset` es el nombre de un objeto `reset`, según se especifique en el atributo `name` de ese objeto; y donde `NombreDeForma` es el nombre de la forma donde se encuentra el objeto `reset`, y puede especificarse empleando el arreglo `forms` o citando el nombre de la forma, como se establezca en el atributo name de la etiqueta `<form>`.

Propiedades

La propiedad `name` es un reflejo del atributo `<input name=...>`. La propiedad `value` es un reflejo del atributo `<input value=...>`. La propiedad `type` es un reflejo del atributo `type` y, en el caso de un objeto `reset`, se establecerá en `"reset"`.

Métodos

El método `click()` puede utilizarse con un objeto `reset`, aunque no se recomienda su uso, ya que esta característica no ha funcionado en versiones anteriores a la 3.0 de Navigator.

Manejadores de evento

El atributo de evento `onClick` puede usarse con un objeto `reset`.

El objeto `select` (y el arreglo `options`)

Un objeto `select` representa una serie de valores seleccionables colocados dentro de un menú desplazable. Este objeto es un reflejo de la etiqueta `<select>` de HTML y una propiedad del objeto `form`. Las opciones dentro de un objeto `select` se reflejan en el arreglo `options`. Los objetos de selección son propiedades del objeto forma, mientras el arreglo `options` es una propiedad del objeto de selección en sí.

Sintaxis:

```
<select name="NombreDelSeleccionable"
        [size="entero"]
        [multiple]
        [onBlur="ManejadorDeTexto"]
        [onChange="ManejadorDeTexto"]
        [onFocus="ManejadorDeTexto"]>
        <option value="ValorOpcional" [selected]>TextoMostrado
</select>
```

donde `name` es el nombre del objeto de selección y se refleja en la propiedad `name`; y `size` representa el número de opciones cuando se despliega por primera vez el objeto de selección. El atributo `multiple` especifica que el objeto no se despliegue como una lista de selección desplazable sino que todos los objetos se muestren en una extensa lista (que, por lo tanto, ocupa más espacio). Los objetos de selección que usan `size` o `multiple` son similares, ya que se pueden seleccionar varios elementos.

Un contenedor `<select>..</select>` no sirve si no tiene etiquetas `<option>`. Estas etiquetas especifican cada uno de los valores que el usuario puede seleccionar; pueden especificarse tantas opciones como sean necesarias. El atributo `value` de la etiqueta `<options>` representa el valor enviado hacia un servidor cuando se manda la forma donde está contenido este objeto de selección (consultar el objeto `submit`) y también se refleja en una propiedad del mismo nombre. Una opción con valor predefinido puede especificarse empleando el atributo `selected`, lo cual ocasiona que la opción especificada aparezca cuando se muestra por primera vez la lista de selección. Este valor por omisión también se refleja en la propiedad denominada `defaultSelected`. Cada opción de selección también debe tener algún texto descriptivo (`TextoMostrado`) para informar a los usuarios acerca de la opción que pueden elegir. Estos valores se reflejan en la propiedad `value`, según corresponda. Para usar las propiedades y métodos de un objeto de selección se usa la sintaxis general:

◆ `NombreSeleccion.NombreDePropiedad`

◆ `NombreSeleccion.NombreDelMetodo(parametros)`

◆ `NombreDeForma.elements[i].NombreDePropiedad`

◆ `NombreDeForma.elements[i].NombreDelMetodo(parametros)`

donde `NombreSeleccion` es el nombre del objeto de selección, según se haya especificado en la parte `<select name=...>` de la etiqueta, y donde `NombreDeForma` es el nombre de la forma donde reside el objeto de selección (por ejemplo, `forms[0]`); o por especificar el atributo `name` asignado a una etiqueta `<form name=...>`.

Las opciones individuales dentro de un objeto de selección pueden accederse empleando el arreglo `options` o `elements`, mediante la sintaxis:

◆ `NombreSeleccion.options[0].NombreDePropiedad`

◆ `NombreDeForma.elements[0].options[Indice1].`
  `NombreDePropiedad`

donde `NombreSeleccion` es el atributo `name` de una etiqueta `<select>` y
`NombreDeForma` es el nombre de la forma requerida, esto es, la forma donde
reside el objeto de selección.

Arreglo `options`

Los valores de la etiqueta `<option>` dentro de un objeto de selección pueden
accederse ocupando el arreglo `options`. Si una etiqueta `<select>` denominada
`navegador` contiene dos opciones, éstas se reflejan en JavaScript como
`navegador.options[0]`, y `navegador.options[1]`, respectivamente.

El arreglo `options` también tiene una propiedad `length` que contiene el número de
etiquetas `<option>` en el objeto de selección. Por ejemplo, `navegador.options.`
`length` contendría el valor 2 en el contexto del ejemplo anterior.

Propiedades

El objeto de selección tiene las siguientes propiedades:

◆ `length`: contiene el número de etiquetas `<option>` en un contenedor `<select>`.

◆ `name`: refleja el atributo `name`.

◆ `options`: refleja el valor de cada etiqueta `<option>`, es decir, en este caso, el
  texto especificado después de la etiqueta `<option>`.

◆ `selectedIndex`: contiene el índice de la opción seleccionada (o en el caso de
  múltiples objetos de selección, la primera opción seleccionada).

◆ `type`: se configura en "`select-one`" en el caso de objetos de selección
  sencillos; se configura en "`select-multiple`" en el caso de múltiples objetos
  de selección (aquellos que usan el atributo `multiple` o `size`).

El arreglo `options` tiene las siguientes propiedades:

◆ `defaultSelected`: refleja el atributo `selected` de la etiqueta `<option>`.

◆ `index`: contiene el número de índice de una opción, esto es, la posición en el
  arreglo.

◆ `length`: contiene el número de opciones en un objeto de selección.

◆ `selected`: opción seleccionada (permite que usted escoja una opción)

◆ `selectedIndex`: contiene el índice de la opción seleccionada. Las opciones de
  selección comienzan en la posición cero, ya que el arreglo `options` también
  comienza en la posición cero.

♦ `text`: refleja el texto que sigue a una etiqueta `<option>`.

♦ `value`: refleja el atributo `value`

Método

Pueden emplear los métodos `blur()` y `focus()` con los objetos de selección.

Manejadores de evento

Puede especificar los atributos de manejo de evento `onBlur`, `onChange` y `onFocus`.

Ejemplos

El siguiente objeto `select` contiene tres opciones. Al hacer clic en el botón que brinda la forma, la función `MostrarSeleccionado()` muestra las selecciones del usuario dentro de la forma, vía la propiedad de texto, así como el número de opción, vía la propiedad `SelectedIndex`. La función `selectedIndex()` acepta un solo parámetro, que es el nombre de una forma. Este valor se pasa desde el manejador de evento `onClick` como el valor `this.form`, donde `this.form` hace referencia a la forma en uso. En este guión, la variable `NumSeleccionado` extrae el valor de la propiedad `selectedIndex` del objeto `select` y lo usa en la variable `TextoSeleccionado` para colocar índices al arreglo `options`, de tal manera que extraiga la opción recién seleccionada por el usuario.

```
<!--
  Programa 4-7
-->
<html>
<head>
<script language="JavaScript">
<!--
 function MostrarSeleccionado(f) {
  var NumSeleccionado  = f.planetas.selectedIndex;
  var TextoSeleccionado = f.planetas.options[NumSeleccionado].text
  alert("Opción elegida de la lista: " + NumSeleccionado + "\n" +
        "Texto de la opción elegida: " + TextoSeleccionado):
 }
//-->
</script>
</head>
<body>
<form name="MiSeleccion">
¿Dónde <i>existen</i>  extraterrestres?
<select name="planetas">
<option>Marte
<option selected>Mercurio
<option>Tierra (¿McGraw-Hill?)
</select>
```

```
<p>
<input type="button"
       value="Ver selección"
       onClick="MostrarSeleccionado(this.form)">
</form>
</body>
</html>
```

Objeto `submit`

Un objeto `submit` es un botón en una forma de HTML que ocasiona que la forma
actual se envíe a un servidor especificado en el atributo `action` de la etiqueta
`<form>`. El objeto `submit` es una propiedad del objeto `form`; casi siempre es el
último campo dentro de una forma, aunque puede mencionarse en cualquier parte
dentro del contenedor `<form>`. Las formas se envían al servidor para procesarse
posteriormente por un programa; por ejemplo, el contenido de la forma podría
guardarse en una base de datos.

Sintaxis:

```
<input type="submit"
       name="NombreEnvío"
       value="TextoDelBotón"
       [onClick="ManejadorDeTexto"]>
```

donde `name` es el nombre del objeto de envío y se refleja en esta propiedad `name`
de la propiedad, y `value` es una cadena que representa el texto en la cara del botón
y que se refleja en la propiedad `value` del objeto de envío. Para usar los métodos y
propiedades de este objeto, emplee las siguientes sintaxis:

◆   `NombreEnvio.NombreDePropiedad`

◆   `NombreEnvio.NombreDelMetodo(parametros)`

◆   `NombreDeForma.elements[i].NombreDePropiedad`

◆   `NombreDeForma.elements[i].NombreDelMetodo(parametros)`

donde `NombreEnvio` es el valor del atributo `name` del objeto de envío, y
`NombreDeForma` es el valor del atributo `name` de un objeto forma dentro del
documento actual o un elemento en el arreglo `forms`, por ejemplo, `forms[0]`
para la primera forma dentro del documento actual.

Propiedades

La propiedad `name` es un reflejo del atributo `name` del objeto de envío, y `value`
refleja el atributo `value` del objeto de envío. La propiedad `type` es un reflejo del
atributo `type`, por ejemplo, "`submit`".

Método

Puede usar el método `click()` con un objeto de envío, aunque no se recomienda, ya que esta característica no ha funcionado en versiones anteriores de Navigator.

Manejadores de evento

Solamente hay definido un manejador de evento, `onClick`, que detecta cuando un usuario hace clic en el botón del objeto de envío.

Objeto `text`

Un objeto `text` es un campo de texto definido con `<input type="text">` y permite introducir datos alfanuméricos. El objeto de texto es una propiedad del objeto `form` y debe ir dentro de un contenedor `<form>..</form>`. Los objetos de texto son estructuras de lectura-escritura; se pueden actualizar dinámicamente desde un programa escrito en JavaScript. A continuación se ilustra un objeto de texto común:

```
Este es un campo de texto
```

Sintaxis:

```
<input [type="text"]
       name="Texto"
       value="ValorDeTexto"
       size=entero
       [onBlur="ManejadorDeTexto"]
       [onChange="ManejadorDeTexto"]
       [onFocus="ManejadorDeTexto"]
       [onSelect="ManejadorDeTexto"]>
```

donde `name` especifica el nombre del objeto de texto y se refleja en la propiedad `name` del objeto de texto, y donde `value` especifica el texto dentro del campo. Una vez más, esto se refleja en la propiedad `value` del objeto de texto, así como en la propiedad `defaultValue`. El atributo `size` dicta en caracteres el tamaño del campo. Las etiquetas `<input type>` usan, de modo predeterminado, el valor `"text"` en caso de que se omita el atributo `type`. Para acceder a los métodos y propiedades de un objeto de texto use la sintaxis:

- ◆ `NombreDelTexto.NombreDePropiedad`
- ◆ `NombreDelTexto.NombreDelMetodo(parametros)`
- ◆ `NombreDeForma.elements[i].NombreDePropiedad`

♦ `NombreDeForma.elements[i].NombreDelMetodo(parametros)`

donde `NombreDelTexto` representa al atributo `name` del objeto de texto y `NombreDeForma` es el nombre de la forma donde reside este objeto de texto, por ejemplo `forms[0]`.

Propiedades

La propiedad `defaultValue` refleja el atributo `value` (el valor prestablecido del campo cuando se genera la forma); `value` refleja el valor *actual* del objeto de texto; y `name` refleja el atributo `name` del objeto de texto. La propiedad `type` es un reflejo del atributo `type`, por ejemplo, "`text`" (que también se asignará, aun cuando se omita el atributo `type`).

Métodos

Con este objeto pueden usarse tres métodos: `focus()`, `blur()` y `select()`.

Manejadores de evento

Cuatro manejadores de evento funcionan con los objetos de campo de texto: `onBlur`, `onChange`, `onFocus` y `onSelect`.

Ejemplos

El siguiente ejemplo usa un evento `onFocus`, por lo que cuando el usuario va hacia el campo denominado `NombreCompleto`, el texto actual dentro de dicho campo se ilumina (se selecciona) mediante el método `select()`. En este caso, la propiedad `this` hace referencia al campo actual.

```
<form>
Nombre: <input type="text"
             name="Nombre completo"
             value="Susana Sanjuán"
             size=45
             onFocus="this.select()">
</form>
```

Objeto `textarea`

Un objeto `textarea` es un reflejo del campo de área de texto dentro de una forma HTML. *Las áreas de texto* son propiedades del objeto forma y se deben encerrar en un contenedor `<form>..</form>`. Use este tipo de campo para crear varias áreas de entrada de líneas de texto libre. A continuación se muestra un objeto de área de texto común:

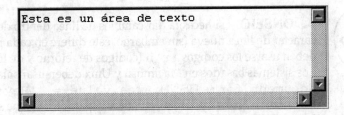

Sintaxis:

```
<textarea name="NombreDelAreaDeTexto"
          rows="entero"
          cols="entero"
          [onBlur="ManejadorDeTexto"]
          [onChange="ManejadorDeTexto"]
          [onFocus="ManejadorDeTexto"]
          [onSelect="ManejadorDeTexto"]>
          [TextoMostrado]
          [wrap="hard | soft"]
</textarea>
```

donde `NombreDelAreaDeTexto` es el nombre de un objeto de área de texto y se refleja en la propiedad `name` del área de texto (que describiremos más adelante). Los atributos `rows` y `cols` especifican el tamaño del campo del área de texto; ambas unidades se especifican en caracteres. El valor `TextoMostrado` es texto opcional (predeterminado) que va a colocarse en el área de texto cuando ésta aparezca por primera vez (la propiedad `defaultValue` refleja este valor). El atributo `wrap` especifica la manera en que el texto *cambiará de línea* cuando al introducirse al campo, rebase el número máximo de columnas (un cambio de línea suave (*soft*) rompe el texto, de tal forma que quepa dentro del cuadro; un cambio de línea duro (*hard*) simplemente ignora los cambios de línea y coloca el texto en una sola línea larga. Para acceder a los métodos y propiedades de un área de texto use la sintaxis general:

◆ `NombreDelAreaDeTexto.NombreDePropiedad`

◆ `NombreDelAreaDeTexto.NombreDelMetodo(parametros)`

◆ `NombreDeForma.elements[i].NombreDePropiedad`

◆ `NombreDeForma.elements[i].NombreDelMetodo(parametros)`

donde `NombreDelAreaDeTexto` es el atributo `name` del objeto de área de texto y `NombreDeForma` es el nombre de la forma donde está definida el área de texto como `forms[i]`.

Las áreas de texto pueden actualizarse dinámicamente asignándoles un valor; por ejemplo: `document.forms[0].MiArea.value = "Nuevo Valor"` asigna el valor de cadena `"Nuevo Valor"` al área de texto denominada con el atributo `<textarea>` `name` como `MiArea`.

CONSEJO: si necesita dar cambios de línea dentro de un área de texto, use el carácter de línea nueva (sin embargo, éste difiere en cada plataforma). En Windows, deben usarse los códigos \r\n (códigos de retorno y de línea nueva, respectivamente). Los sistemas basados en Macintosh y Unix deben usar solamente \n; por ejemplo: `document.forms[0].MiArea.value = "!Hey!\r\nHola"` coloca las cadenas "!Hey¡" y "Hola" en líneas separadas, ya que se introduce un cambio de línea entre las palabras. Al emplear el objeto `navigator` puede probar con cuál navegador ve el usuario sus páginas y, dependiendo de este valor, hacer que el programa use el código de cambio de línea necesario. Lo anterior permitirá que su aplicación sea compatible con varias plataformas.

Propiedades

Los objetos de área de texto pueden acceder a todas estas propiedades:

♦ `defaultValue`: refleja el atributo `<textarea>` value, esto es, el texto colocado entre las etiquetas `<textarea>..</textarea>`.

♦ `name`: refleja el atributo `<textarea>` name.

♦ `value`: refleja el valor actual del objeto de área de texto, es decir, el texto dentro del campo.

♦ `type`: se configura como "textarea" para un objeto de área de texto.

Métodos

Puede usar el método `focus()` para centrar la atención en un objeto de área de texto, de tal forma que el cursor se coloque dentro de ésta; puede usar `blur()` para retirar la atención del objeto de área de texto. También puede usar el método `select()` para seleccionar, o *iluminar*, la información dentro del área de texto cuando centre la atención en ella.

Manejadores de evento

Con un área de texto puede usar cuatro atributos de manejo de evento: el atributo `onBlur` detecta cuando se retira la atención del área de texto; `onChange` detecta el momento en que el contenido del área de texto ha cambiado; `onFocus` detecta cuando el usuario selecciona el campo de área de texto; y `onSelect` detecta cuando se ilumina el texto dentro del campo.

Ejemplos

El siguiente ejemplo ilustra dos campos: primero, un campo de texto ordina rio; segundo, un campo de área de texto. Cada vez que el contenido del área de texto cambie, se llamará a la función definida por el usuario `CambioAreaDeTexto()`. Esto da por resultado un mensaje que indica al usuario que el campo se ha alterado:

```
<!--
   Programa 4-8
-->
<html>
<head>
<script language="JavaScript">
<!--
function CambioAreaDeTexto() {
  alert("El campo 'área_de_texto'
 ha cambiado.");
}
//-->
</script>
</head>
<body>
<form>
Escriba cualquier texto:
<input type="text" size=35 name="AlgunTexto"><p>
Escriba algo más:<br>
<textarea name="tarea"
          rows=5
          cols=40
          onChange="CambioAreaDeTexto()">
</textarea>
</form>
</body>
</html>
```

Para que el navegador perciba que el campo de área de texto ha cambiado, usted debe volver a seleccionar el campo, es decir, debe centrar la atención en él, ya que es entonces cuando el manejador de evento onChange se activa.

Resumen

JavaScript soporta una amplia variedad de objetos que el programador puede manipular. El modelo de objetos de JavaScript puede confundir al programador, ya que existen muchas categorías de éstos. Entender los distintos "tipos" de objetos de JavaScript y cómo adquieren valores es un prerrequisito fundamental para cualquier desarrollador de JavaScript.

♦ Cada una de las etiquetas dentro de un documento de HTML se vuelve un "objeto" en JavaScript. A cada objeto se hace referencia mediante un nombre único; por ejemplo, un contenedor <form> se convierte en "objeto form" y cada forma dentro de un documento se refleja como un elemento en el arreglo forms, donde forms[0] es la primera forma en el documento *actual*. Algunas etiquetas de HTML pueden contener múltiples valores internamente, como un contenedor `<select>`, que puede tener muchas opciones (`<option>`) asociadas a él. En este caso, el objeto tendrá un arreglo adicional conteniendo los valores adicionales; por ejemplo, una etiqueta `<select>` de HTML se conoce como un "objeto de selección". Los objetos de selección no contienen valores como tales, pero las etiquetas `<option>` sí; por lo tanto, se proporciona un arreglo `options` para este propósito.

♦ Los objetos se clasifican en tres clases: a) objetos de HTML reflejados; b) objetos internos; y c) objetos del navegador. Los objetos de HTML "reflejados" muestran a cada una de las etiquetas que forman al documento actual, por ejemplo, las distintas formas, ligas, anclas, etcétera. Los objetos internos son elementos como las cadenas y fechas; no están relacionados con el documento de hipertexto en uso. Los objetos del navegador son objetos específicos del navegador, por ejemplo, los objetos `location`, `history` y `window`, que están relacionados específicamente con el programa de navegación.

♦ Todos los objetos de JavaScript están asociados con una serie de propiedades y métodos. Las *propiedades* de objeto son valores que pertenecen a un objeto, algunas de las cuales se denominan como *de sólo lectura*, ya que no se les puede asignar valores; a otras se les denomina como *de lectura-escritura*, ya que se pueden modificar. Un ejemplo de propiedad de lectura-escritura es el color de fondo del navegador (`document.bgColor`); un ejemplo de propiedad de sólo lectura es `Math.PI`, una constante matemática. Un *método* es una función; permite que se pueda manipular un objeto. Por ejemplo, un objeto `window` tiene un método `open()` y `close()` para abrir y cerrar una ventana de navegador.

♦ Muchos de los objetos los crea automáticamente el navegador, como es el caso de los objetos `window` y `document`. Como todos los documentos deben encontrarse dentro de una ventana, de modo predefinido se crea un objeto `window` y siempre se *da por hecho* que existe. Los objetos `window` también tienen un número de *sinónimos* que puede usar, incluidos `top`, `self` y `parent`, que hacen referencia a la ventana superior, a la ventana actual y a un marco, respectivamente. Los marcos (o "documentos con marcos", como se les conoce más a menudo) se tratan como objetos `window` en JavaScript y usan la propiedad `parent` para acceder a un marco específico.

♦ Algunas etiquetas de HTML pueden tener asociado un atributo de evento. Por ejemplo, la etiqueta `<a href>` puede especificar un atributo de evento `onClick` u `onMouseOver` que llame a una expresión específica de JavaScript, por ejemplo, una llamada de función cuando se haga clic en la liga o cuando el usuario "flote" el cursor del ratón sobre una liga.

♦ Navigator 3.0 ha agregado un nuevo tipo de propiedad a todos los elementos de forma, la cual refleja el *tipo* del elemento. Si la etiqueta de este elemento tiene un atributo `type`, éste se refleja en la propiedad de tipo de tal objeto. Sin embargo, algunos elementos no tienen dicho tipo, por ejemplo, las áreas de texto y las listas de selección, en cuyo caso se les asigna un nombre automáticamente, por ejemplo, `textarea` (área de texto), `select-one` (lista de selección de un solo elemento) y `select-multiple` (en caso de ser una lista de selección múltiple).

♦ En Navigator 3.0 las imágenes también se tratan como "objetos" y tienen propiedades asociadas, por ejemplo, `src`, que es un reflejo del atributo `src` de la etiqueta `<img>`.

CAPÍTULO 5

Sistema de eventos de JavaScript

Este capítulo analiza la capacidad de JavaScript para manejar eventos. El *sistema de eventos* es una serie de tipos de eventos que JavaScript puede interceptar. Al "atrapar" un evento, puede hacer que JavaScript sea más interactivo; por ejemplo, el usuario podría hacer clic en un botón, lo cual podría estar asociado con una función de JavaScript que hace una tarea específica, quizás abrir una ventana o alterar cierto texto en un campo de forma, etcétera.

El sistema de eventos de JavaScript

JavaScript ha ampliado el dialecto HTML introduciendo nuevos atributos para los eventos, los cuales funcionan junto con etiquetas de HTML, por ejemplo, las ligas y los elementos de una forma. Uno de los métodos principales de JavaScript para obtener información introducida por el usuario consiste en usar una forma de HTML. Ahora bien, la capacidad de JavaScript de manejar eventos soporta bien los objetos que contienen formas. Las *formas* son contenedores para elementos tales como campos y áreas de texto, listas de selección y botones, que ahora pueden tener eventos "anexados". Al anexar un evento a una forma permite que haya un mayor grado de interacción. Los eventos se organizan en distintas categorías, que son:

Eventos de documento:

♦ Cargado y descargado de documentos

Hiperligas:

♦ Invocación de ligas, esto es, se hace clic en una liga

Eventos para manejar formas:

♦ Eventos de clic: botones, botones de radio, casillas de selección, botones de envío y de restablecimiento

♦ Eventos para centrar la atención, borrar y cambiar campos de texto, áreas de texto y listas de selección

♦ Eventos de selección: campos y áreas de texto

Eventos de imagen:

♦ Eventos de imagen: cargado de imagen, error en el cargado de imagen y cancelar de cargado de imagen.

Eventos de ratón:

♦ Activación y desactivación de ligas (entrar y salir de una liga)

Los eventos de documento incluyen acciones de cargado y descargado de documento, mientras los eventos de liga detectan la activación de una de ellas. Los eventos relacionados con las formas son los más numerosos en JavaScript, pues se aplican a diversas etiquetas-contenedor de definición de forma de HTML. Los eventos relacionados con imágenes son nuevos en Navigator 3.0 y permiten que se detecten eventos de cargado de imagen y de error. Las imágenes ahora son "objetos" por derecho propio y tienen propiedades; por ejemplo `document.images[0].src` es un reflejo del atributo `src` (URL) de la primera etiqueta `<img src>` del documento actual. Más adelante describiremos los nuevos atributos de evento de imagen de Navigator.

Los manejadores de evento están ligados a una etiqueta de HTML de un objeto específico; por ejemplo, un evento relacionado con una imagen se especifica dentro de una etiqueta `<img>`, mientras un evento de liga lo haría dentro de una etiqueta `<a href>`, etcétera. Para tratar con la intercepción de un evento, el desarrollador también debe escribir una función *manejador de evento*. Los manejadores de evento pueden ser funciones completas de JavaScript o simplemente grupos de una o más instrucciones de JavaScript separadas por signos de punto y coma (;). La siguiente tabla lista cada uno de los manejadores de evento y el método de invocación pertinente (la columna de en medio muestra la etiqueta del manejador de evento que debe usar dentro de la etiqueta de HTML necesaria).

CONSEJO: HTML es un lenguaje que no toma en cuenta el uso de mayúsculas/ minúsculas, por lo que al especificar un manejador de evento da lo mismo escribirlo `"onClick"` que `"onclick"`. Puede usar el formato que prefiera (el método principal es el empleado en este libro para facilitar la comprensión).

Nombre del objeto	Atributo de evento	El evento ocurre cuando...
Evento borroso	`onBlur`	Se quita la atención de entrada del elemento de la forma
Evento cambiar	`onChange`	Cambia el valor del texto, área de texto o elemento de selección
Evento clic	`onClick`	Se hace clic en un elemento de la forma o en una liga
Evento centrar la atención	`onFocus`	Convierte un elemento de la forma en el foco de atención de entrada
Evento cargar	`onLoad`	Se carga un documento
Evento ratón encima	`onMouseOver`	El puntero del ratón se "flota" sobre una liga
Evento ratón alejándose	`onMouseOut`	El puntero del ratón se aleja de una liga
Evento de selección	`onSelect`	Selecciona el campo de entrada del elemento de una forma
Evento enviar	`onSubmit`	Envía una forma
Evento descargar	`onUnload`	El documento actual se descarga, es decir, se carga un documento nuevo en el navegador

CONSEJO: los manejadores de evento también pueden combinarse. Por ejemplo, los atributos onClick y onMouseOver podrían mencionarse en una sola etiqueta de HTML para manejar eventos de ambos tipos. Por poner un caso, un objeto que despliegue cierto texto mientras se coloca el puntero del ratón sobre una liga, puede lograr que se llame una función de JavaScript al hacer clic con el ratón (consulte los ejemplos posteriores). Esta característica sólo es posible en etiquetas que soporten múltiples eventos. Los detalles al respecto se documentan en las siguientes secciones.

Cómo quitar la atención de un campo: `onBlur`

El atributo de evento onBlur funciona con las siguientes etiquetas de HTML:

♦   `<input type="..." onBlur="expresion|funcion()">`

♦   `<textarea onBlur="expresion|funcion()">..</textarea>`

♦   `<select onBlur="expresion|funcion()">..<option>..</select>`

Este atributo especifica una instrucción (o función) de JavaScript para que se ejecute con el atributo onBlur cuando un campo en una forma de HTML pierda su foco (atención del usuario), esto es, tan pronto como el usuario *abandone* el campo. Puede lograr esto al hacer clic en otro campo dentro de la forma actual, al hacerlo en otra forma o simplemente al pasar del campo actual a otro, es decir, al emplear la tecla TAB o al hacer clic en el nuevo campo. onBlur es muy útil para las funciones de validación de campos de las formas. Analice el documento y guión siguientes, los cuales validan la edad de una persona:

```
<!--
  Programa 5-1
-->"
<html>
<head>
<script language="JavaScript">
<!--
function RevisarEdad(Edad) {
  if (Edad == "") // ¿Campo vacío?
    Edad = 0;
  if (Edad <= 18) {
    document.forms[0].Edad.value = "";      // Restablece edad
    alert("Debes tener más de 18 años");
    document.forms[0].Edad.focus();         // Restablecer foco
  }
}
//-->
</script>
</head>
```

```
<body>
<basefont size=4>
<form>
<table border=0>
<tr><td>Edad:</td><td><input name="Edad" size=5
                  onBlur="RevisarEdad(this.value)"></td><tr>
<tr><td>Nombre:</td><td><input name="nombre" size=25></td><tr>
</table>
</form>
</body>
</html>
```

Con el guión anterior se llama a la función `RevisarEdad()` cada vez que el usuario abandona el campo denominado `Edad`, esto es, cuando el campo `Edad` deja de ser el foco de atención. Al oprimir la tecla TAB o hacer clic en el campo nombre o en alguna otra parte del documento disparará el evento. La función `RevisarEdad()` verifica el argumento de edad para saber si es menor que o igual a 18. Si este es el caso, se emite una advertencia mediante el método `alert()` y el campo vuelve a configurarse en un valor nulo (vacío). Cuando se introduce un valor mayor que 18 en el campo `Edad`, entonces el usuario puede moverse libremente hacia cualquier otro campo dentro de la misma forma.

CONSEJO: al pasar valores a una función de JavaScript, usted puede hacer que el código sea más compacto si llama a esa función y usa la expresión `función(this.value)`, donde `función` es el nombre de la función y `this` hace referencia al valor del campo actual. La propiedad `value` almacena el valor literal de ese campo. Esta es la manera más sencilla y compacta de pasar valores a una función externa. La opción contraria es no trasladar valor alguno, sino hacer referencia al campo directamente dentro de la función que se esté llamando, por ejemplo, `document.forms[0].Edad.value`, etcétera, que es más largo de codificar.

Cuando un campo deja de ser el foco de atención, esto es, cuando se opaca (*blurs*), el foco casi siempre pasa a otro campo que el usuario esté tratando de seleccionar, aunque no necesariamente este sea el caso. El foco puede perderse con sólo hacer clic con el ratón en otro punto en el navegador o haciendo clic en un botón de envío (consulte `onSubmit`).

NOTA: al oprimir la tecla INTRO dentro de un campo no tiene efecto alguno sobre el movimiento.

Como ejemplo adicional, analice el siguiente guión, que emplea el atributo de evento `onBlur` para detectar el momento en que el campo de nombre `f1` deja de ser el foco.

A menos que la palabra "wombat" se introduzca en el primer campo, el segundo campo no puede ganar el foco, es decir, usted no puede seleccionarlo:

```
<!--
  Programa 5-2
-->
<html>
<head>
<script language="JavaScript">
<!--
function VerificarCampo(NombreForma)  {
  if (NombreForma.f1.value != "wombat") {
     document.forms[0].f1.focus();
     document.forms[0].f1.select();
  }
}
//-->
</script>
</head>
<body>
<form>
<pre>
Campo 1: <input name="f1" onBlur="VerificarCampo(this.form)"><br>
Campo 2: <input name="f2">
</pre>
</form>
</body>
</html>
```

El campo f2 continúa sin poderse seleccionar ni con el ratón ni con la tecla TAB a menos que el primer campo se pueble con la cadena wombat. El evento onBlur llama a la función VerificarCampo() definida por el usuario y usa una instrucción if para probar el valor del campo f1. Si no contiene el valor requerido, se usa el método focus() para que el primer campo siga siendo el foco de atención, y el método select() selecciona el contenido del campo a fin de que pueda escribirse un nuevo valor.

Cómo cambiar los valores de campo y selección: onChange

Puede usar el atributo de evento onChange con las siguientes etiquetas de HTML:

♦ `<select onChange="expresion|funcion()">..<opcion>..</select>`

♦ `<input type=text onChange="expresion|funcion()">`

♦ `<textarea onChang="expresion|funcion()">...</textarea>`

El atributo `onChange` especifica una expresión de JavaScript para que se ejecute cuando un campo de la forma de HTML deje de ser el foco de atención *y* el valor dentro del campo haya cambiado. Es similar a `onBlur` sólo que, además, verifica si el contenido del campo se ha alterado desde la última vez. El campo `onChange` debe dejar de ser el *foco* para poder activarse, esto es, usted debe desplazarse hacia otro campo dentro de una forma de HTML después de cambiar el valor del campo.

CONSEJO: dado que el manejador de eventos `onChange` se dispara cuando el campo deja de ser el foco de atención, es necesario tener definido más de un campo en el momento en que el primero deje de ser el foco, es decir, para que el foco pase del primero al siguiente. Es evidente que una forma de HTML con un solo campo no puede ceder el foco de atención a otro campo, ya que este último no existe (por ello, el evento no se puede disparar). En el caso de una lista de selección, el evento `onChange` se dispara inmediatamente después de hacerse una nueva selección.

He aquí un breve ejemplo de selección que usa un evento `onChange` para detectar cuando el usuario elige una opción diferente:

```
<!--
  Programa 5-3
-->
<html>
<head>
<script language="JavaScript">
<!--
function SeleccionCambio() {
    SelecIndice = document.forms[0].Marsupiales.selectedIndex;
    NuevaSelec = document.forms[0].Marsupiales.options[SelecIndice].text;
    alert("La selección ha cambiado a: " + NuevaSelec);
}
//-->
</script>
</head>
<body>
<basefont size=4>
<form>
Por favor, seleccione un marsupial:
<select name="Marsupiales" onChange="SeleccionCambio()">
<option>Canguro
<option>Wombat
<option>Koala
</select>
</form>
</body>
</html>
```

El guión anterior tiene un solo objeto de selección, denominado `marsupiales`, con tres opciones, las cuales están almacenadas dentro de las etiquetas `<option>`. Se llama a la función `seleccionCambio()`, definida por el usuario, cada vez que se escoge una opción diferente. Este programa usa el arreglo `options` para acceder a los valores de la etiqueta `<option>`, y la propiedad `selectedIndex` que devuelve la opción seleccionada por el usuario. En el capítulo 7 encontrará más acerca de estas propiedades. Quizá quiera pasar la propiedad `this` a la función `seleccionCambio()` para que el código se vuelva más compacto. Consulte el capítulo 3 si desea más detalles acerca de la instrucción `this`.

Qué hacer cuando el usuario hace clic y cuando activa una liga: `onClick`

Puede emplear el atributo `onClick` con las siguientes etiquetas de HTML:

◆ `<a href=URL onClick="expresion|funcion()">...</a>`

◆ `<input type="checkbox" onClick="expresion|funcion()">`

◆ `<input type="radio" onClick="expresion|funcion()">`

◆ `<input type="reset" onClick="expresion|funcion()">`

◆ `<input type="submit" onClick="expresion|funcion()">`

◆ `<input type="button" onClick="expresion|funcion()">`

`onClick` especifica el código de JavaScript que debe ejecutarse cuando el usuario haga clic con el ratón sobre un objeto, por ejemplo, una liga, un botón de restablecimiento o una casilla de selección. En el caso de casillas de selección y botones de radio, se genera un evento `onClick` cuando se escoge o habilita un elemento. La manera más sencilla de usar `onClick` es con un botón creado con la etiqueta `<input type="button">` dentro de un contenedor `<form>..</form>`.

Analice el siguiente código, que usa algunos botones de forma con un evento `onClick`:

```
<!--
  Programa 5-4
-->
<html>
<head>
<script language="JavaScript">
<!--
function QueHayDeNuevo() {
    alert("Usted ha elegido: Qué hay de nuevo");
}
function catalogo() {
    alert("Usted ha elegido: buscar en catálogo");
```

```
}
//-->
</script>
</head>
<body>
<form>
<input type="button" value="Qué hay de nuevo"
       onClick="QueHayDeNuevo()"> 
<input type="button" value="Buscar en catálogo"
       onClick="catalogo()">
</form>
</body>
</html>
```

Cuando el usuario hace clic en un botón, se llama a la función de JavaScript correspondiente, ya sea `QueHayDeNuevo()` o `catalogo()`, dependiendo del botón sobre el que se haga clic. El método `alert()` de JavaScript se ha empleado para mostrar un mensaje sencillo cuando se active un botón.

Este ejemplo emplea casillas de selección con un manejador de evento `onClick` dentro de una forma de HTML:

```
<!--
  Programa 5-5
-->
<html>
<head>
<script language="JavaScript">
<!--
function Verifcarb1() { alert("Usted ha elegido la casilla de selección 1"); }
function Verifcarb2() { alert("Usted ha elegido la casilla de selección 2"); }
function Verifcarb3() { alert("Usted ha elegido la casilla de selección 3"); }
//-->
</script>
</head>
<body>
<form>
<input type="checkbox" onClick="Verifcarb1()">Wombat<br>
<input type="checkbox" onClick="Verifcarb2()">Koala<br>
<input type="checkbox" onClick="Verifcarb3()">Canguro
</form>
</body>
</html>
```

El atributo `onClick` detecta cuando una casilla de selección está activada y desactivada. Para probar únicamente las casillas que estén *activadas*, usted debe usar la propiedad `checked` con el valor on si una de ellas (o un botón de radio) está seleccionada. Este ejemplo modificado le muestra cómo hacerlo:

```
<!--
  Programa 5-6
-->
<html>
<head>
<script language="JavaScript">
<!--
function cb1(f) {
  if (f.checked) {
    alert("Eligió la casilla de selección 1");
  }
}
function cb2(f) {
  if (f.checked) {
    alert("Eligió la casilla de selección 2 ");
  }
}
//-->
</script>
</head>
<body>
<form name="VerificarForma">
<input type="checkbox" checked name="c1"
      onClick="cb1(this.form.c1)">Elemento 1<br>
<input type="checkbox" name="c2"
      onClick="cb2(this.form.c2)">Elemento 2
</form>
</body>
</html>
```

Observe cómo las dos funciones en el atributo de evento `onClick` ahora pasan un argumento, en este caso, la casilla de selección de la forma actual (c1 o c2), en el que `form` es la propiedad del objeto actual, es decir, del contenedor actual `<form>`. El valor del argumento `this.form.c1` o `this.form.c2` posteriormente pasa a la función adecuada `cb1()` o `cb2()`, después de lo cual se analiza la propiedad `checked` del argumento de casilla de selección que pasa a la función mediante el argumento "`f`". La propiedad `checked` devuelve un valor booleano; `true` para una casilla seleccionada y `false` para una no seleccionada.

En el ejemplo, usted habrá notado que la primera casilla tiene especificado un atributo `checked`. Esto significa que esta casilla en particular se habilitará de modo predeterminado cuando el documento se cargue inicialmente. JavaScript proporciona la propiedad `defaultChecked` para este propósito, la cual devuelve un valor `true` si está especificado el atributo `checked` de una etiqueta

`<input type="checkbox">`. En el caso del ejemplo anterior, el valor de la
propiedad `defaultSelected` sería true.

CONSEJO: la especificación del atributo `checked` para hacer que se seleccione
una casilla de modo predeterminado, no llama a ninguna función de JavaScript que
emplee el manejador de evento `onClick`. `onClick`, literalmente, significa "hacer
clic", esto es, cuando el usuario oprime el botón del ratón sobre el objeto.

Cómo confirmar la activación de una liga con `<a href>`

Navigator 3.0 ha alterado el atributo del manejador de eventos `onClick` de tal
manera que ahora puede devolver un valor `true` o `false`, el cual, a su vez,
controla si se debe o no activar el URL o la instrucción de JavaScript en la parte `href`
de la liga. Por ejemplo, analice el siguiente guión que usa el método `confirm()` de
JavaScript para preguntar al usuario si quiere cargar la liga seleccionada; `confirm()`
devuelve un valor `true` o `false`, dependendiendo de si el usuario hace clic en
ACEPTAR O en CANCELAR:

```
<a href="http://www.oro.net/usuarios/de17/index.htm"
    onClick="return confirm('Esta página necesita Navigator 3.0.')">
Página principal de Sansón
</a>
```

El uso de estas confirmaciones es muy útil, ya que de no haber advertencia previa
(mediante texto explicativo) no hay modo de indicar al usuario qué requerimientos
tiene una página en términos de las capacidades del navegador, etcétera. Es prudente
colocar un mensaje similar *antes* de llamar una página a fin de evitar demoras
posteriores. Aunque los métodos como `confirm()` devuelven valores booleanos,
en cualquier caso es necesaria una instrucción `return` explícita.

Cómo atrapar el evento de dirigir la atención a un campo: `onFocus`

El atributo de evento `onFocus` trabaja con las siguientes etiquetas de HTML:

♦   `<input type="text" onFocus="expresion|funcion()">`

♦   `<select onFocus="expresion|funcion()">...</select>`

♦   `<textarea onFocus="expresion|funcion()">...</textarea>`

`onFocus`, tal como lo sugiere el nombre en inglés, permite asociar un evento con un
campo, el cual se convierte en el *foco* de atención. En Navigator, un campo de una forma
se convierte en el foco cuando el usuario hace clic en él o cuando usa la tecla TAB para
pasar a él.

NOTA: seleccionar información dentro del campo es un evento de selección, no un evento de foco.

Eventos relacionados con la carga de documentos: `onLoad`

El atributo de evento `onLoad` puede emplearse dentro de las siguientes etiquetas de HTML:

♦   `<body onLoad="expresion|funcion()">...</body>`

♦   `<frameset>..<frame onLoad="expresion|funcion()"..</frameset>`

El atributo `onLoad` puede colocarse en el contendor `<body>` de HTML para llamar una función de JavaScript, cuando el navegador haya *terminado* de cargar el documento actual. El evento se presenta cuando el navegador termina de cargar el texto de un documento de HTML en la ventana actual o dentro del marco actual. Un documento con marcos es en el cual la ventana está fragmentada en regiones separadas, cada una de las cuales (marco) puede cargar un documento distinto (o URL). Consulte el capítulo 9 si desea más información sobre los marcos.

CONSEJO: el evento `onLoad` no es de gran ayuda para escribir texto en los documentos, ya que se dispara *después* de que se carga un documento. Sin embargo, es útil para disparar una acción, etcétera, después de que un documento se ha cargado completamente en el navegador. Algunos servidores web que soportan JavaScript configuran una variable global utilizando un evento `onLoad` para asegurar que todo el documento se cargue antes de llamar a cualquier función de JavaScript definida dentro del documento. Esto se hace en caso de que ocurran errores al momento de llamar una función que aún no se carga; por ejemplo, si el usuario oprimió la tecla ESC e interrumpió la carga del documento.

Recurra a la sección posterior sobre `onUnload`, que permite que un evento se asocie con el descargado de un documento o un marco.

Cómo atrapar eventos del ratón: `onMouseOver` y `onMouseOut`

El atributo `onMouseOver` permite que se llame a una expresión de JavaScript cuando el cursor del ratón esté encima de una liga activa. A la inversa, `onMouseOut` (que se introdujo en Navigator 3.0) dispara un evento cuando el cursor se aleja de la liga.

♦   `<a href="..." onMouseOver="expresion|funcion()">..</a>`

♦   `<a href="..." onMouseOut="expresion|funcion()">..</a>`

`onMouseOver` permite que una instrucción de JavaScript, por ejemplo, una llamada de función, se active cuando el usuario coloque el puntero del ratón sobre una liga activa que especifique el atributo `onMouseOver`. Los eventos `onMouseOver` sirven para alterar mensajes de la barra de estado y campos de texto, y son sumamente útiles para que se disparen eventos de JavaScript cuando un usuario contemple la posibilidad de seleccionar o no una liga. El contenedor `<a href>..</a>` puede encerrar imágenes y el área de presentación de un applet de Java mediante el contenedor `<applet>`, de manera que el objetivo no siempre tenga que ser una simple liga de texto.

`onMouseOut` permite que se llame una instrucción de JavaScript cuando el cursor del ratón se aleje de una liga, y es útil cuando surge la necesidad de cancelar una tarea específica. Por ejemplo, el usuario, al colocarse sobre una liga, podría activar un evento `onMouseOver` que inicie una animación. Cuando el usuario se aleje de la liga, un evento `onMouseOut` podría entonces detener la animación. Antes de que se introdujera el evento `onMouseOut`, esto no era posible, pues no había un método para detectar cuando un usuario realmente abandonaba una liga (en Navigator versión 2.0).

Analice el siguiente ejemplo de `onMouseOver`, que actualiza un campo de área de texto, dependiendo de la imagen muy pequeña sobre la cual se coloque el puntero del ratón. Las imágenes están encerradas en una serie de etiquetas `<a href>`, por lo que convierten a toda la imagen en una liga. Las variables `Libro1texto`, `Libro3texto` y `Libro4texto` contienen texto con formato de HTML que describe cada libro mencionado. Posteriormente, en la aplicación, una serie de ligas `<a href>` ocupan el evento `onMouseOver` para ejecutar una instrucción de JavaScript que actualiza el campo de área de texto con una de estas variables:

```
<!--
  Programa 5-7
-->
<html>
<head>
<script language="JavaScript">
<!--
  function LimpiarCampo() {
    document.forms[0].Libros_De_Texto.value =
      "Detalles del libro aparecerán aquí<p>.";
  }
  var Libro1texto =
    "Título: ESSENTIAL JAVA*:\r\n" +
    "Autor: Jason Manger\r\n" +
    "ISBN: 0-07-709292-9\r\n\r\n" +
```

```
    "Un libro útil en las dos más nuevas tecnologías relacionadas" +
    "con el Web: los lenguajes de programación Java y Javascript. Una " +
    "guía para novatos y expertos. ";
var Libro2texto =
    "Título: NETSCAPE NAVIGATOR:\r\n" +
    "Autor: Jason Manger\r\n" +
    "ISBN: 0-07-709190-6\r\n\r\n" +
    "Una guía a profundidad del navegador de facto para el Web, " +
    "Navigator de Netscape. Este libro también aborda el lenguaje " +
    "HTML versión 3.0 e incluye detalles de las nuevas herramientas " +
    "para acceder a grupos de noticias, correo electrónico y "
    "mucho más. ";
var Libro3texto =
    "Título: HITCH HIKING THRU CYBERSPACE: WITH NETSCAPE " +
    "NAVIGATOR\r\n" +
    "Autor: Jason Manger\r\n" +
    "ISBN: 0-07-709786-6\r\n\r\n" +
    "Un disco compacto que viene en dos partes. La primera contiene una copia " +
    "de Navigator de Netscape e incluye una versión en hipertexto de " +
    "los libros de Jason: WWW Mosaic and More, Netscape Navigator y " +
    "The Essential Internet Information Guide. " +
    "La segunda parte contiene todo el software, excepto el navegador. Incluye no " +
    "menos de diez herramientas, como Netmanage Chameleon TCP/IP, " +
    "para acceso a Internet, por ejemplo. ";
var Libro4texto =
    "Título: THE WORLD-WIDE WEB, MOSAIC AND MORE\r\n" +
    "Autor: Jason Manger\r\n" +
    "ISBN: 0-07-705170-6\r\n\r\n" +
    "Una guía para Mosaic, el popular navegador y contiene " +
    "además información detallada de programas CGI; todo en un solo " +
    "libro. Los programas CGI permiten que páginas HTML accedan " +
    "a bases de datos, proporcionando interactividad a un documento " +
    "de hipertexto ";
//-->
</script>
</head>
<body bgcolor="Silver" link="Yellow" text="White
    onLoad="LimpiarCampo()">
<img align="left" src="mgh5.gif" hspace=12 border=0>
<basefont size=4>
<img width=13 src="rb.gif"> Por favor, coloque el puntero sobre
la portada de un libro específico para ver los detalles.<p>
<center>
<table cellspacing=20 border=0>
<tr valign="bottom" align="middle">
<td>
<a href="essjava.htm"
```

```
onMouseOver = "document.forms[0].Libros_De_Texto.value = Libro1texto">
<img border=1 src="essjav1.gif">
</a>
</td>
<td>
<a href="netnav.htm"
onMouseOver = "document.forms[0].Libros_De_Texto.value = Libro2texto">
<img border=1 src="netnav.gif">
</a>
</td>
<td>
<a href="hhcs.htm"
onMouseOver = "document.forms[0].Libros_De_Texto.value = Libro3texto">
<img border=1 src="hhcs.gif">
</a>
</td>
<td>
<a href="www.htm"
onMouseOver = "document.forms[0].Libros_De_Texto.value = Libro4texto">
<img border=1 src="swwwm&m.gif">
</a>
</td>
</tr>
</table>
</center>
<center>
<form>
<textarea rows=8 cols=70 name="Libros_De_Texto" wrap="soft">
</textarea>
</form>
</center>
<img src="logo.gif" align="right">
</body>
</html>
```

Podría modificar este ejemplo para llamar casi cualquier evento relacionado con JavaScript, incluida la manipulación de color, e incluso la actualización de los marcos de un documento.

El evento `onMouseOut` es de utilidad durante el inicio y detención de tareas específicas. Por ejemplo, he aquí una aplicación que despliega una sencilla animación de imagen [al manipular el arreglo `images()` de JavaScript] cuando el usuario flota el puntero del ratón sobre una liga. Un evento `onMouseOver` inicia la animación, mientras un evento `onMouseOut` la detiene cuando el usuario se aleja de la liga. No olvide que las ligas no necesitan ser textuales. `<a href>` es una etiqueta que puede encerrar otros elementos, imágenes, por poner un caso, mediante la etiqueta `<img src>`:

```
<!--
   Programa 5-8
-->
<html>
<head>
<script language="JavaScript">
<!--
 var alternar = 0;
 var Tiempo;
 var imagenes = new Array("yb.gif", "rb.gif");          // URL's de imágenes
 function EmpezarAnimacion() {
    alternar = (alternar == 0) ? 1 : 0;                 // Alternar imágenes
    document.images[0].src = imagenes[alternar];        // Actualiza imagen
    Tiempo = setTimeout("EmpezarAnimacion()", 1000);    // Actualiza cada segundo
 }
//-->
</script>
</head>
<body>
<img border=0 hspace=5 width=10 src="rb.gif">Pase el ratón sobre
<a href="#" onMouseOver="EmpezarAnimacion()"
            onMouseOut="clearTimeout(Tiempo)">
esta liga</a> para empezar la animación.<p>
</body>
</html>
```

En el guión anterior, la imagen "rb.gif" se despliega primero en la pantalla, junto a la liga. La función EmpezarAnimacion() simplemente alterna el desplegado de dos imágenes utilizando la propiedad src de un objeto imagen que se guarda en el arreglo images. El valor de la variable alternate de 0 o 1, y se usa para poner un índice al arreglo images, de modo que se reproduzca la animación. Se usa un evento de expiración de tiempo (setTimout) para instrumentar el proceso continuo de actualización de imagen. El constructor Array() crea un nuevo objeto de tipo arreglo, que en este ejemplo tiene dos elementos; los dos son nombres de imágenes que (se da por hecho) existen en el mismo directorio que el guión. Conforme pruebe el ejemplo, la animación se volverá más perfecta, pues el navegador capturará las imágenes en su memoria caché. Entre y salga de la liga para ver cuál es el efecto. Puede extender este programa para hacer cualquier tarea, aparte de una animación. Observe cómo se llama al método clearTimeout() en el atributo de evento onMouseOut para detener la animación. Los eventos de expiración de tiempo se abordan en el capítulo 10.

Eventos de selección de campo: onSelect

Puede ocupar el atributo de evento onSelect con las siguientes etiquetas de HTML:

♦ input type="text" onSelect="expresion|funcion()">

♦ <textarea onSelect="expresion|funcion()">...</textarea>

Este atributo dispara un evento cuando el usuario *selecciona* el texto en un campo. En este caso, la selección no consiste simplemente en hacer clic en un campo sino en seleccionar el texto *dentro* del campo resaltándolo con el ratón o el teclado.

Envío de una forma: `onSubmit`

El atributo de evento onSubmit solamente se puede usar con formas:

♦ <form onSubmit="expresion|funcion()">...</form>

onSubmit intercepta la acción de oprimir un botón previamente definido por el usuario <input type="submit">, que deben tener todas las formas que envíen datos hacia un servidor remoto del Web.

Toda la funcionalidad de JavaScript se desarrolla dentro del "cliente", que en este caso es el navegador que utilice el usuario y no siempre es necesario enviar las formas a un servidor si la intención es únicamente procesar *localmente* la información. Si se usa junto con una función booleana, esto es, una función que devuelva true o false, el envío de la forma se puede detener, lo que es útil para propósitos de validación de la propia forma. Sin JavaScript, una forma solamente se puede validar en el servidor mediante un guión de CGI. Puede evitar la validación de la forma por parte del servidor siempre y cuando se asegure que se valide dentro del cliente. Examine el ejemplo siguiente de HTML/JavaScript, que usa una forma de HTML con el atributo onSubmit para validar un campo de área de texto, de tal manera que el usuario no lo deje vacío:

```
<!--
  Programa 5-9
-->
<html>
<head>
<script language="JavaScript">
<!--
function ValidarForma(f) {
  if (f.value == "") {
    alert("Por favor, escriba algún texto dentro " +
          "del campo de comentario");
    return false;
  }
  else
    // Está bien, la forma puede enviar los datos:
    return true;
}
```

```
//-->
</script>
</head>
<body>
<pre>
<form name="MiForma"
      method="post"
      action="http://www.cualquierservidor.com/cgi-bin procesa_forma.pl"
      onSubmit="ValidarForma(MiForma.Comentario)">
Nombre completo: <input type="text" size=30
name="nombre_de_persona"><br>
Comentario: <textarea name="Comentario" rows=5
cols=50></textarea><p>
<input type="submit" value="Enviar datos">
</form>
</pre>
</body>
</html>
```

En el ejemplo anterior, se usó un manejador de evento onSubmit para detener la forma actual que se está enviando a un servidor web, al menos hasta que el campo de área de texto (denominado Comentario) se haya enviado. Observe el uso de las instrucciones return de JavaScript para devolver los valores true o false adecuados. true para permitir enviar la forma; false para negar enviarla.

Para que una forma de HTML pueda enviar datos a un servidor remoto, usted debe aprender algunas peculiaridades de los guiones de CGI. CGI es un estándar ubicuo que permite que una forma de HTML se ligue a un guión de intercambio de información (*gateway*) que esté ejecutándose en un servidor del Web. Puede usar una variedad de lenguajes para instrumentar soluciones de CGI, no obstante que los programas de Extracción práctica y Lenguajes de reporte, o Perl, C y Unix, actualmente sean los más empleados. En el ejemplo anterior, el atributo action de la etiqueta <form> especifica el nombre del guión que tomará los datos de la forma y los procesará. *Procesamiento* es un término laxo que puede significar almacenar datos de la forma en una base de datos, validar el contenido de la forma, etcétera. El valor del atributo method de las formas especifica un *método de transmisión* para tales formas, y "post" es un método de transmisión por el cual los datos de la forma se envían en un trozo largo y continuo y se reciben por la entrada estándar de datos del guión en el servidor, el cual está especificado en el atributo action. El guión en el ejemplo se denomina procesa_forma.pl (en este caso, un guión de Perl) y podría parecerse a lo siguiente:

```
#! /usr/bin/perl
require "cgi-lib.pl";
&ReadParse;
open(F,">>retroalimentación.htm");
ElNombre = $in{'nombre_de_persona'};
LaRetroalimentación = $in{'retroalimentación'};
```

```
print F "<hr>Retroalimentación de<b>$Nombre</b>.<hr>";
print F "<dl><dd>$Retroalimentación</dl>";
close(F);
```

Este simple guión escrito en Perl emplea una biblioteca conocida como `cgi-bin.pl` y fácilmente se puede encontrar en Internet para extraer datos de campos de forma y llevarlos a un arreglo (denominado `$in`, en este caso). Así, por ejemplo, el campo de forma denominado `nombre_de_persona` se refleja en el programa de Perl como `$in{'nombre_de_persona'}`. Posteriormente el guión escribe la información que recibe de la forma en el archivo `retroalimentacion.htm`. De hecho, anexa los datos al archivo y usa la notación `">>"`, que probablemente conoce de DOS y Unix, para que el archivo pueda *crecer* con el tiempo y conforme se agreguen más entradas. El archivo también se escribe con cierto formato básico de HTML, para que pueda leerse en un navegador como Navigator. Si desea más información acerca del lenguaje de guiones Perl consulte `http://www.perl.com`, vía Netscape y en los grupos de noticias `comp.lang.perl` de USENET.

CONSEJO: del lado del cliente no se puede usar JavaScript para ejecutar programas de CGI, ya que todo el procesamiento se desarrolla en el cliente y en ningún momento tiene las capacidades de lectura y manipulación de datos de un lenguaje como Perl. Sin embargo, el software LiveWire de Netscape incluye un módulo de JavaScript para el servidor, que incluye rutinas de acceso a bases de datos NSAPI para soluciones del tipo CGI. Los programadores más avanzados tal vez quieran examinar las fuentes de las clases de Java para las rutinas de integración NSAPI/Java — qué felicidad ;-)

Una solución basada en CGI, como el guión de Perl anterior, actualmente es la única manera de almacenar datos de una forma de HTML en un servidor remoto. JavaScript no cuenta con opciones del lado del cliente para almacenar datos en el disco, principalmente por motivos de seguridad. Usted puede enviar datos de forma a un servidor por correo electrónico usando el URL `mailto:`.

Cómo escribir una interfaz de correo electrónico con JavaScript

El URL `mailto:` ofrece algunas posibilidades interesantes para el desarrollador de JavaScript. Si usted examina la sintaxis de la etiqueta `<form>`, observará que existe un atributo `action`, que especifica el URL que maneja el "envío" de la forma. Al emplear un manejador de evento `onSubmit` que intercepte el envío, puede alterar dinámicamente el atributo `action` empleando la propiedad action del objeto `form`. Esta propiedad es un reflejo de este atributo.

El URL `mailto:` permite que se envíe un mensaje de correo electrónico a un servidor de correo, de manera que se entregue a un receptor vía Internet. Por ejemplo, si usted tecleara:

```
mailto:wombat@spuddy.mew.co.uk
```

en el campo *Dirección* de Navigator de Nescape, podría enviar un mensaje; este navegador proporcionaría una ventana para que tecleara el mensaje, etcétera. Asimismo, usted puede imitar esta interfaz utilizando JavaScript. Analice la siguiente aplicación:

```
<!--
  Programa 5-10
-->
<html>
<head>
<title>Forma que sirve como interfaz de correo electrónico</title>
<script language="JavaScript">
<!--
  function EnviarCorreo() {
    if (document.forms[0].recipiente.value == "") {
      alert("¡No se ha especificado la dirección de correo electrónico!");
      return false;
    }
    if (document.forms[0].Mensaje.value == "") {
      alert("¡No hay mensaje que enviar!");
      return false;
    }
    if (document.forms[0].asunto.value == "") {
      document.forms[0].asunto.value = "No hay título (asunto)";
      return false;
    }
    // Construir un URL tipo mailto: con todos los elementos:
    document.forms[0].action = "mailto:" +
                    document.forms[0].recipiente.value +
                    "?asunto=" +
                    document.forms[0].asunto.value;
    return true;
  }
//-->
</script>
</head>
<body>
<basefont size=3>
<h2>Forma para correo electrónico<hr></h2>
Por favor, proporcione la dirección electrónica, un título y
escriba su mensaje;
posteriormente haga clic en el botón <b>Enviar correo</b><p>
<form method="post" enctype="text/plain">
<table border=0>
<tr>
<td align="right"><b>Para:</b></td>
<td><input type="text" name="recipiente" size=60>
```

```
</td>
</tr>
<tr>
<td align="right"><b>Asunto:</b></td>
<td><input type="text" name="asunto" size=60></td>
</tr>
<tr valign="top">
<td align="right">
<img border=0 hspace=3
  src="internal-gophertext"></td>
<td><textarea name="Mensaje" rows=4 cols=60></textarea></td>
</tr>
</table>
<hr>
<input type="submit" value="Enviar correo" onClick="EnviarCorreo()">
</form>
</body>
</html>
```

Esta aplicación crea una forma con un cierto número de campos que permiten al usuario especificar un receptor, tema y cuerpo de mensaje para un mensaje de correo electrónico. El botón definido en la forma permite la transmisión de los detalles al servidor de correo especificado en el menú Opciones / Preferencias del correo y noticias de Navigator. Sin embargo, antes de que esto suceda, el control se pasa a la función `EnviarCorreo()`, que verifica que se hayan introducido un receptor y un mensaje (de no ser así, advierte al usuario y devuelve un valor `false`, por lo que detiene la transmisión). Si todo está correcto, se modifica la propiedad `action` de la forma para construir un URL `mailto:`, el cual incorpora todos los detalles introducidos por el usuario. Cuando se llama a una función mediante `onSubmit`, el valor booleano devuelto por la función controla la capacidad del usuario para enviar la forma (un valor `true` la envía; un valor `false` detiene el envío). El URL `mailto:` empleado en esta aplicación tiene la sintaxis:

```
mailto:recipiente?asunto=LíneaDeAsunto
```

donde `?asunto=` permite que se envíe una línea opcional con el tema, una característica poco conocida. Posteriormente, se llama al método `submit()` y se envía la forma de la manera normal. `submit()` simula la selección de un botón `<input type="submit">`. Observe que la forma no tenía una propiedad `action` en un principio, pero ésta ha sido asignada posteriormente por la función `EnviarCorreo()`.

NOTA: asegúrese de observar la barra de estado para saber cuál es el estado del mensaje de correo electrónico conforme se envía. No es recomendable colocar un mensaje que diga que se ha enviado exitosamente, sólo porque el servidor de correo esté temporalmente ocupado o no disponible, etcétera. La figura 5-1 muestra la aplicación en acción.

Cuando el mensaje que se muestra en la figura 5-1 finalmente llegó al buzón destino, se parecía a lo siguiente:

```
From: Jason 'wombat@spuddy.mew.co.uk'
 x-mailer: mozilla 3.0b3 (win95; i)
 mime-version: 1.0
 to: wombat@spuddy.mew.co.uk
 subject: eureka!!!
 content-type: text/plain
 content-disposition: inline; form-data

 recipient=ag17@cityscape.co.uk
 subject=¡¡¡Eureka!!!
 message=Esta es una forma que se envía desde Navigator usando JavaScript.
```

donde `Jason` es el nombre que se tecleó en la pantalla Opciones / Preferencias de correo y noticias, ambas nuevas de Navigator, igual que el valor especificado en la línea `From:`. La línea `To:` (en el campo Para:) se especificó desde el programa, al igual que la línea `Subject:` (Asunto: en la forma). La línea `Content-type:` se establece en el valor del atributo `enctype` en la etiqueta `<form>`; Navigator agrega automáticamente `Content-Disposition`. Las líneas siguientes son el cuerpo real del mensaje de correo electrónico y representan los campos de la forma del mismo nombre.

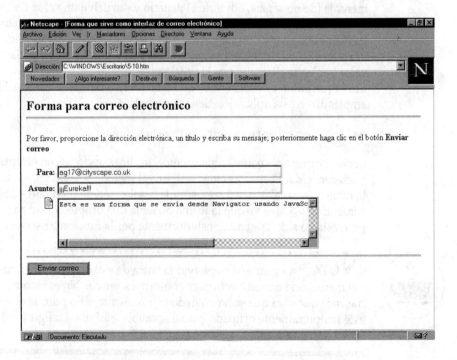

La interfaz de
correo
electrónico
en Navigator
Figura 5-1.

Eventos para cuando se descarga un documento: `onUnLoad`

Puede emplear el atributo de evento `onUnLoad` con las siguientes etiquetas de HTML:

♦   `<body>...</body>`

♦   `<frameset>...</framese>`

Este atributo funciona de manera contraria a `onLoad`, descrito más atrás, ya que puede llamar a una función o instrucción de JavaScript cuando el usuario *abandona* el documento en uso. Este atributo de evento también funciona en documentos construidos con marcos (consulte el capítulo 9).

Eventos relacionados con imágenes, nuevos en Navigator 3.0

Navigator 3.0 introdujo una serie de "eventos de imagen" nuevos, asociados con un objeto tipo imagen. Un *objeto tipo imagen* es una imagen en línea, colocada dentro de un documento de hipertexto mediante la etiqueta `<img src=URL>` de HTML. Navigator reconoce los archivos con formato GIF y JPEG como imágenes en línea ("en línea" por ser el término empleado en las imágenes generadas dentro de una página web).

Atributo de evento	El evento se dispara cuando...
`onAbort`	El usuario hace clic en una liga o en Interrumpir, u oprime la tecla ESC cuando se está cargando la imagen.
`onError`	Se presenta un error durante el cargado de la imagen, esto es, la imagen no existe, o está corrompida, o el servidor que proporciona la imagen se demora (se atasca o cae, etcétera).
`onLoad`	La imagen se ha cargado en la página. Las imágenes animadas GIF (archivos con formato GIF89a) arrojarán un evento `onLoad` cada vez que la imagen se repita a partir del primer marco de animación.

Por ejemplo, podría usar un atributo de evento `onLoad` para llamar una función de JavaScript que muestre cuántos ciclos ha desplegado una imagen GIF animada:

```
<!--
  Programa 5-11
-->
```

```
<html>
<head>
<script language="JavaScript">
<!--
  var Contador = 0;
  function ActualizaContador() {
     Contador++;
     document.MiForma.Ciclos.value = Contador;
  }
//-->
</script>
</head>
<body>
<img src="drag89.gif" onLoad="ActualizaContador()"><p>
<form name="MiForma">
Número de ciclos: <input type="text" name="Ciclos">
</form>
</body>
</html>
```

Cuando se carga la imagen drag89.gif, un evento onLoad dispara la función
ActualizaContador(), que, a su vez, incrementa una variable de conteo
numérico y después actualiza un campo de texto para que muestre al usuario
el número de ciclos que han pasado. Un ciclo culmina cuando han sido mostrados
todos los cuadros de imagen dentro del archivo GIF. Conforme la imagen se vaya
animando, el campo de texto se actualizará. Sin embargo, no se pueden
detectar actualizaciones individuales de un recuadro.

CONSEJO: las imágenes GIF89a o "GIF animado", como se les conoce más
comúnmente, se pueden crear con gran facilidad si usa el paquete GIF Convertor de
Alchemy Mindworks. El apéndice C contiene la dirección de la página en la cual usted
puede descargar una versión shareware. Especifique "GIF89" en alguno de los métodos
que existen en el Web para buscar información (Yahoo!, por ejemplo) y encontrará
docenas de lugares de software de dominio público que puede usar en sus páginas.
El disco que viene con este libro también tiene algunos ejemplos que puede utilizar en
sus páginas web.

Para más información acerca de los nuevos objetos de imagen en Navigator,
consulte el capítulo 4. La imagen drag89.gif también se puede encontrar en el
disco. El lector debe estar consciente de que los eventos de imagen todavía tenían
defectos en las versiones más recientes de Navigator 3.0 (por ejemplo, era imposible
hacer referencia al arreglo images cuando se colocaba más de una etiqueta
<img src> en un documento, sin que se atascara Navigator). Por fortuna, se harán
mejorías en la versión final de ese navegador.

Cómo asignar dinámicamente un manejador de eventos

Navigator 3.0 ahora permite que se asignen dinámicamente funciones de un manejador de eventos a los elementos. Por ejemplo, puede crear un botón sin un manejador de evento `onClick` y asignarlo dinámicamente, es decir, asignar el manejador `onClick` al botón se podrá hacer en otra etapa posterior. Los manejadores de evento que ya existen para un objeto también se pueden reconfigurar, de tal modo que una función o instrucción nueva de JavaScript esté asociada con ese objeto.

Analice el siguiente ejemplo, que despliega un botón y permite a los usuarios anexar al botón un evento seleccionado mediante una liga. En este caso, al botón se le asigna un evento `onClick`, que llama a una función de JavaScript para que cargue un archivo en el documento en uso (esto se logra asignándole el nombre de un archivo a la propiedad `location` de la ventana actual). El botón se crea sin un manejador de evento, por lo que se debe hacer una selección adecuada antes de que pueda activarse el botón:

```
<!--
   Programa 5-12
-->
<html>
<head>
<script language="JavaScript">
<!--
   function Boton1() {
   location = "1.htm";
   }
   function Boton2() {
   location = "2.htm";
   }
   function Boton3() {
   location = "3.htm";
   }
//-->
</script>
</head>
<body>
<form>
<input name="Bot1" type="button"
       value="¡Vamos!">
</form><p>
<img src="internal-gopher-menu">
<a href="#" onClick="document.forms[0].Bot1.onclick=Boton1">
Haga que el botón cargue el primer archivo
</a><br>
<img src="internal-gopher-menu">
```

```
<a href="#" onClick="document.forms[0].Bot1.onclick=Boton2">
Haga que el botón cargue el segundo archivo
</a><br>
<img src="internal-gopher-menu">
<a href="#" onClick="document.forms[0].Bot1.onclick=Boton3">
Haga que el botón cargue el tercer archivo
</a>
</body>
</html>
```

Observe cómo el manejador de evento está "anexado" al botón `Bot1` empleando una instrucción dentro de un atributo `onClick` de la forma:

```
onClick="document.forms[0].Bot1.onclick=Boton3"
```

donde `document.forms[0].Bot1` es el botón al cual se debe asignar un nuevo manejador de evento.

NOTA: el nombre de la función que maneja el evento se tiene que especificar sin paréntesis, por ejemplo, `Boton3`, en vez de `Boton3()`, ya que la primera es una referencia de función, mientras que la segunda es una llamada de función. Aquí, el objetivo no es llamar a la función, sino hacer referencia a ella, o asociarla con un evento para dicho botón.

Quizás haya notado que los atributos de evento se han especificado en letras minúsculas, por ejemplo `onclick`, en vez de `onClick`. Este *es* un requerimiento porque HTML no atiende al uso de mayúsculas/minúsculas; JavaScript sí. De hecho, considere la posibilidad de usar la versión en letras minúsculas en todas las aplicaciones de JavaScript que emplee.

También puede agregar los manejadores de evento de otros objetos de HTML, siempre y cuando el manejador sea válido para tal objeto. De no serlo, el evento simplemente no se asignará. Por ejemplo, si usted declarara lo siguiente en el contexto del ejemplo anterior:

```
Document.forms[0]Bot1.onload.Boton3
```

el evento se ignorará, puesto que un evento `onLoad` no es válido para un objeto de botón en JavaScript. Por otra parte, también puede asignar varios atributos de manejo de evento a un objeto (cuando sean válidos) con sólo especificarlos uno tras otro como instrucciones individuales de JavaScript. Asimismo, los puede colocar dentro de una función y después solamente llamarla.

Resumen

Los eventos son una de las principales adiciones al dialecto Netscape-HTML y son el fundamento principal para hacer posible la incorporación de capacidades interactivas a las páginas web.

♦   La capacidad de manejar eventos se agrega a las etiquetas de HTML para detectar eventos iniciados por el sistema y por el usuario. Entre los eventos iniciados por el usuario se incluyen los clics sobre ligas y sobre botones, mientras los eventos iniciados por el sistema incluyen el cargado de imágenes y documentos. Algunos eventos pueden tener ambas facetas, ya que los puede iniciar el sistema y el usuario; por ejemplo, el cargado y descargado de documento puede manejarlo un programa (al alterar la propiedad `window.location`, o si el usuario teclea un nuevo URL en el campo *Dirección* del navegador).

♦   Algunos atributos de evento se pueden combinar, por ejemplo, `onClick` y `onMouseOver` son válidos para ligas creadas con una etiqueta `<a href>`, si bien no todas las etiquetas de HTML permiten tales combinaciones. Las descripciones de sintaxis anteriores de cada atributo de un manejador de eventos le mostrarán todas las combinaciones válidas y posibles.

♦   Un manejador de eventos ahora puede "reconfigurarse" asignándole una función diferente de JavaScript (o instrucción, etcétera) al manejador de eventos. Esta es una nueva característica de Navigator 3.0 y permite que los manejadores de eventos se asignen dinámicamente a las etiquetas. Incluso se pueden agregar manejadores de eventos a etiquetas que no hayan tenido uno asociado a ellas. Asegúrese de especificar la función que esté asignando al manejador de evento *sin* ningún paréntesis, por ejemplo, `mifuncion()` se convierte en `mifuncion`, y de especificar el atributo de manejo de evento en letras minúsculas (por ejemplo, `onClick` se vuelve `onclick`). Esta será la *única* ocasión que deba preocuparse por citar los manejadores de evento en letras minúsculas.

CAPÍTULO 6

Manipulación de objetos definidos por el usuario y variables

Las variables son depósitos de valores que existen durante el tiempo de vida de una aplicación de JavaScript. Durante la escritura de una aplicación, usted empleará variables para almacenar valores y hacer cálculos. Además de los objetos "estándar" del lenguaje JavaScript, también puede utilizar objetos y propiedades definidos por usted. En este capítulo, aprenderá a:

♦   Crear y manipular variables de Javascript definidas por el usuario

♦   Crear y manipular objetos de JavaScript definidos por el usuario

♦   Usar los nuevos constructores `Array()` y `Object()` de JavaScript

Las variables de JavaScript pueden almacenar diversos valores, entre ellos:

♦   **Cadenas:** grupos de caracteres unidos entre sí

♦   **Valores numéricos:** números *enteros* y *reales*

♦   **Valores booleanos:** valores *verdaderos* y *falsos*

♦   **Arreglos:** variables multidimensionales

♦   **Fechas:** la fecha y hora en curso

Tiempo de vida de una variable de JavaScript

El tiempo de vida de las variables definidas por el usuario está confinado a la ventana
en la cual se crean y depende de *dónde* estén definidas en realidad. No olvide
que como los programas de JavaScript residen dentro de documentos de HTML, al
cargar un nuevo documento en el navegador se eliminarán todas las variables
que haya creado previamente, lo cual también sucede con otros elementos de código;
por ejemplo, las definiciones de función. Entre las soluciones a este problema tenemos:

♦   Crear variables dentro del marco de mayor nivel en un documento que utilice marcos

♦   Usar "galletas" (*cookies*) del lado cliente

Los documentos con marcos se describen con más detalle en el capítulo 9. Permiten que
la ventana del navegador se divida en una serie de regiones, conocidas como *marcos
(frames)*. Aquí, la idea es definir un documento con marcos con todas las variables y
funciones que usted necesite en el marco de mayor jerarquía y después usar las
propiedades `parent` o `top` del objeto `window` para accederlas desde otros marcos
de la aplicación. Así, usted puede cargar documentos nuevos e incluso cambiar el
contenido de un marco sin perder ninguna de las variables creadas con anterioridad.
Los campos ocultos también permiten que almacene valores temporalmente dentro de
una aplicación (consulte el capítulo 7 para mayor información), mientras las "galletas"
le permiten almacenar localmente en el disco pequeños elementos de información.
Navigator 3.0 emplea el archivo `cookies.txt` para guardar tal información. Al
configurar el valor de una galleta para examinarla en una etapa posterior, usted puede
acceder a los valores que necesita (algo así como una memoria no volátil). La única
desventaja de la técnica de la galleta es que el número de éstas puede hacerse muy
grande si usted necesita manipular una gran cantidad de variables. Por otra parte,
las galletas sólo pueden guardar valores *simples*; digamos, cadenas de texto, valores no

complejos, como los arreglos y objetos [si bien es cierto que los arreglos pueden simularse y las expresiones de objeto almacenadas como cadenas pueden evaluarse con el método `eval()`]. Consulte el capítulo 13 si desea más detalles sobre cómo crear y manipular galletas.

Dé nombre y cree variables definidas por el usuario

La creación de variables está instrumentada laxamente en el lenguaje de JavaScript. Por ejemplo, no es necesario declarar el *tipo* de una variable cuando se crea por vez primera, además de que las variables pueden definirse con o sin valores; asimismo, se puede *obligar* a las variables a volverse de un tipo de datos distinto en una etapa posterior. Los nombres de variable deben comenzar con un carácter alfabético (a-z o A-Z) o de subrayado (_), después de lo cual la parte restante puede contener una combinación de letras, números y guiones de subrayado. Los siguientes nombres de variables, por poner algunos casos, son válidos:

♦ `NombreDeGalleta`

♦ `_NombreDeMarco`

♦ `Dias_en_un_anio`

Recuerde que las variables de JavaScript toman en cuenta las mayúsculas y minúsculas, por lo que al referirse a una variable denominada "`NombreDeGalleta`" como "`nombredegalleta`" se generará un error que se indica que la variable no está definida.

Una variable definida por el usuario se crea de dos maneras:

♦ Empleando la instrucción `var` con el operador de asignación (=)

♦ Usando un operador de asignación (=) para crear una variable directamente

La instrucción `var` puede emplearse para crear e inicializar una variable con un valor específico. El operador de asignación (=) sirve para almacenar el valor y es opcional en las variables creadas sin valor inicial. Por ejemplo:

```
var DiasEnUnAnio = 365
```

crearía una variable numérica denominada `DiasEnUnAnio` que contiene el valor numérico `365`. La variable existiría dentro del alcance de la ventana actual. Si usted creara esta variable dentro marco de jerarquía superior, podría hacer referencia a esta variable como `top.DiasEnUnAnio` y podría, con toda seguridad, volver a cargar un documento nuevo en la ventana actual sin perderla.

JavaScript permite que usted sobrescriba las variables en una etapa posterior, incluso con un tipo de datos distintos, por ejemplo:

```
DiasEnUnAnio = "365";
```

que ahora almacena el valor de cadena `"365"` en la variable `DiasEnUnAnio`, sobrescribiendo el contenido previo y *obligando* en este caso a la variable a convertirse en un objeto de tipo cadena. Por otra parte, también puede crear una variable sin usar la instrucción `var`, por ejemplo:

```
EdadPersona = 30;
```

aunque, en este caso, no está claro si la variable `EdadPersona` se creó recientemente o no. Usted podría haber creado esta variable en algún punto de la aplicación, por lo que la estaría sobrescribiendo con un valor nuevo. Por razones de claridad, debe crear todas las nuevas variables con la instrucción `var`. Se sabe que algunas versiones de Navigator se atascan cuando se hace referencia a variables que no han usado `var` con anterioridad.

Las variables también pueden existir en un estado vacío, como aquí:

```
var VariableTemporal;
```

crea una variable denominada `VariableTemporal` que no tiene tipo de datos y, por lo tanto, no tiene valor inicial. Este tipo de instrucción se conoce como "variable nula".

CONSEJO: una variable que no tiene valor se denomina variable nula. El término `nulo` en JavaScript puede aplicarse a estas variables para saber si no están definidas actualmente, por ejemplo:

```
var VariableNula;
alert(VariableNula == null);
```

desplegará un valor `"true"`, ya que la variable `VariableNula` aún no contiene un valor. Sin embargo, no confunda nulo con vacío. Un objeto tipo cadena con el valor `" "` *no* es nulo; está vacío.

El tipo de la variable (cadena, número, etcétera) puede especificarse de acuerdo a cómo y cuándo necesite usar la variable. En contraste con los lenguajes de programación, por ejemplo C, en los que el tipo de variable debe especificarse antes de usarla, JavaScript es mucho más flexible. No olvide que no puede hacer referencia a una variable *sino hasta* que haya sido creada. Si necesita crear una variable *sobre la marcha* dentro de una instrucción, simplemente use como prefijo `var` antes de ella, como aquí:

```
for (var ValorInicial=0; ValorInicial <= document.links.length;
ValorInicial++) {
    ...
}
```

crea e inicializa la variable `ValorInicial` para que pueda usarse como contador en una instrucción `for` (ciclo).

CONSEJO: una instrucción `var` sencilla también puede asignar múltiples valores a las variables, por ejemplo, usando una instrucción de JavaScript de la forma:

```
var nombre="Jason",
    correo="wombat@spuddy.mew.co.uk";
```

JavaScript le permite cortar las líneas usando una coma (,), de manera que pueda poner cada variable en una línea y mejorar así su comprensión.

Cree objetos de tipo cadena

Una *cadena* es una colección de caracteres encerrados entre apóstrofos (') o comillas (");
por ejemplo, "JavaScript" es un valor de cadena, como lo es "42". En JavaScript,
las cadenas se tratan como *objetos*; de hecho, las cadenas son el objeto más común
que encontrará. Por ello, quien desarrolla en JavaScript cuenta con una amplia
variedad de funciones estándar para manipular cadenas. Para crear un objeto de tipo
cadena puede emplear cualquiera de las siguientes técnicas:

♦   Asignar un valor utilizando el constructor `String()`

♦   Usar la instrucción `var` y el operador de asignación para asignar un valor a una
cadena

♦   Omitir la instrucción `var` y asignar un valor directamente a una variable*

El segundo y tercer métodos son los más comunes, ya que el constructor `String()`
no apareció dentro del lenguaje sino hasta Navigator 3.0.

CONSEJO: el término "constructor" se tomó prestado de Java y hace referencia
a un "método" de objeto que tiene el mismo nombre que el objeto involucrado. Un
"método" es análogo a una función en JavaScript. Por ejemplo, `Array()` es un
constructor que crea un objeto de tipo arreglo y `String()` es un constructor que crea
un objeto de tipo cadena. `Array()` no es un método estándar de JavaScript, pero
permite crear una instancia de objeto con este tipo. Usted debe usar la instrucción
`new` para crear tales objetos, según describimos a continuación.

---

* Recuerde que el tipo de la variable se determina de acuerdo con el valor que almacena.
(N. del R. T.)

El método más simple y común para crear un objeto de tipo cadena consiste en usar una instrucción como esta:

```
var NombreDelLibro = "Fundamentos de JavaScript"
```

que coloca la cadena `"Fundamentos de JavaScript"` dentro de la variable `NombreDelLibro`. La variable `NombreDelLibro` se trata entonces como un "objeto de tipo cadena" y puede usar cualquiera de los métodos para cadenas que existen en JavaScript; `substring()`, por poner un caso, etcétera. Por otra parte, puede omitir la instrucción `var` para establecer una instrucción de la forma:

```
NombreDelLibro = "Fundamentos de JavaScript";
```

y también es posible usar, en Netscape Atlas, el nuevo constructor `String()` con la instrucción `new` para crear una cadena. El constructor `String()` es nuevo en Netscape Atlas. De hecho, el objeto denominado "String" no existe dentro de JavaScript, sobre todo porque las cadenas se crean arbitrariamente de acuerdo a como y cuando el usuario las necesite. Analice la siguiente instrucción que emplea el constructor `String()`:

```
var NombreDelLibro = new String();
```

que crea un objeto de tipo cadena vacío denominado `NombreDelLibro`. En esta etapa, el valor de `NombreDelLibro` es " "; esto es, se trata de una cadena vacía, mientras el valor de la propiedad `NombreDelLibro.length` es 0.

El constructor `String()` también acepta una cadena como argumento, por lo que permite asignar un valor al nuevo objeto de tipo cadena, como aquí:

```
Var NombreDelLibro = new String ("Fundamentos de JavaScript")
```

Un objeto de tipo cadena también puede contener diversos códigos especiales insertados que controlen el formato, según se documenta en la siguiente tabla:

Código	Descripción del código
\n	Carácter de nueva línea
\r	Código de retorno de carro
\f	Código de alimentación continua
\xnn	Representación ASCII del código hexadecimal *nn*
\b	La tecla RETROCESO (DEL)

CONSEJO: los códigos para dar formato pueden emplearse en cualquier cadena, pero su interpretación depende del método que se use para examinar la cadena. Por ejemplo, el código de línea nueva `'\r\n'` se interpretará bien dentro de contenedores `<textarea>` y métodos de JavaScript como `alert()`, pero *no* dentro de texto con formato HTML, por ejemplo, dentro de una cadena de texto ubicada en un método `document.write()` de JavaScript.

Así, por ejemplo, la instrucción de JavaScript:

```
alert ("JavaScript\nFundamentos de");
```

mostraría las palabras "`JavaScript`" y "`Fundamentos de`" en dos líneas independientes dentro de un cuadro de alerta, ya que se ha incluido el código "nueva línea".

Cuando use objetos de tipo cadena asegúrese de emplear el mismo tipo de comillas para encerrar la cadena. Por poner un caso, la instrucción:

```
MiCadena = "Esta cadena no es válida';
```

no es válida, pues se emplearon distintos tipos de comillas para crear la cadena. Cuando el navegador analice esta línea se generará un error.

Los objetos de tipo cadena sólo tienen una propiedad, `length`, que contiene el número de caracteres en el objeto de tipo cadena. Los métodos para el procesamiento de cadenas en JavaScript se documentan en el apéndice B, aunque la siguiente tabla los muestra resumidos. Los métodos de cadena se organizan en dos categorías principales:

♦ Formateo de HTML

♦ Manipulación de cadena

Los métodos de formateo se usan cuando se emplean cadenas con los métodos, como en `document.write()`, que envía datos al servidor del Web; están marcados con una ✔ en la tabla. Los métodos de manipulación de cadenas sirven para examinar y alterar el contenido interno de un objeto de tipo cadena.

Método	Descripción
`anchor()`	Crea un ancla con nombre a partir de una cadena, esto es, una etiqueta `<a name>`

Método	Descripción
big()✔	Encapsula la cadena en un contenedor `<big>..</big>`, por lo que parece más larga
blink()✔	Encapsula la cadena en un contenedor `<blink>..</blink>` para hacerla parpadear
bold()✔	Encapsula la cadena en un contenedor `<b>..</b>` para poner el texto en negritas
charAt()	Devuelve la posición de un carácter específico dentro de una cadena
fixed()✔	Encapsula la cadena en una etiqueta con fuente monoespaciada `<tt>..</tt>`
fontcolor()✔	Encapsula la cadena en una etiqueta `<font color=colorCode>..<//font>`, para hacer que el texto se vea de color diferente
fontsize()✔	Encapsula la cadena en una etiqueta `<font size=fontSize>..</font>` para hacer que el texto sea más grande o pequeño
indexOf()	Devuelve la primera posición de un carácter con base en una posición de inicio
italics()✔	Encapsula la cadena en una etiqueta de contenedor `<i>..</i>` para hacer que el texto aparezca en cursivas
lastIndexOf()	Devuelve la última posición de un carácter con base en una posición de inicio
link()	Convierte una cadena de texto en una liga `<a href>..</a>`
small()✔	Encapsula la cadena en un contenedor `<small>..</small>` para que el texto aparezca más pequeño
strike()✔	Encapsula la cadena en una etiqueta de contenedor `<strike>..</strike>` para que el texto aparezca tachado (dependiendo de la plataforma)
sub()✔	Encapsula la cadena en una etiqueta `<sub>..</sub>` para que el texto aparezca en subíndice
substring()	Devuelve una parte de una cadena de texto (subcadena)
sup()✔	Encapsula la cadena en una etiqueta de contenedor `<sup>..</sup>` para que el texto aparezca en superíndice
toLowerCase()	Convierte una cadena a minúsculas
toUpperCase()	Convierte una cadena a MAYÚSCULAS

Variables numéricas

Los valores *numéricos* pueden ser *enteros* (números enteros) o números *de punto flotante* (valores con fracciones numéricas). Por ejemplo, los valores 0, -3 y 68 son enteros; mientras 8.68 y 2.71828 son de punto flotante, o números *reales*, como a veces se les denomina también. Los valores numéricos pueden manipularse mediante operadores como *, /, +, -, ++, --, y += y empleando el objeto Math de JavaScript.

El objeto Math contiene métodos matemáticos y almacena varias constantes matemáticas, por ejemplo PI (para el valor de *pi*). El apéndice B ofrece más detalles sobre tales propiedades.

Variables booleanas

Las variables *booleanas* o lógicas solamente pueden guardar valores lógicos como literales (es decir, como palabras) true y false (verdadero y falso), y se usan en expresiones lógicas, por ejemplo:

```
ResultadoCorrecto = true;
```

almacena un valor verdadero en la variable ResultadoCorrecto. Para verificar si esta variable es verdadera (true) puede emplear una instrucción de esta forma:

```
if (ResultadoCorrecto) {
    alert("ResultadoCorrecto es verdadero");
} else {
    alert("ResultadoCorrecto es falso");
}
```

NOTA: las llaves "{ " y "} " son opcionales, pues sólo se está usando una instrucción en el cuerpo de la instrucción if y else.

También podría haber usado el operador de igualdad para probar un valor true, esto es, ResultadoCorrecto == true, aunque el operador es superfluo. El primer método es más compacto y su uso es más generalizado con las variables lógicas. Puede utilizar el operador ! para probar valores que no sean verdaderos; por ejemplo, !ResultadoCorrecto devolvería el valor verdadero si ResultadoCorrecto fuera falso, y el valor falso si !ResultadoCorrecto fuera verdadero.

CONSEJO: los valores numéricos 1 y 0 también pueden emplearse en lugar de
true y false, ya que se evalúan al mismo valor; por ejemplo, 1 == true, y
0 == false.

Variables de tipo arreglo

Los *arreglos* son un conjunto ordenado de valores asociados con una sola variable.
De hecho, muchas de las propiedades estándar de objeto en JavaScript se estructuran
como arreglos; por ejemplo, las ligas y las anclas. En JavaScript se hace referencia a
un arreglo con la expresión:

```
NombreDeArreglo[indice]
```

donde NombreDeArreglo es el nombre del arreglo e indice es una variable
numérica que especifica una "posición" o un "elemento" dentro del arreglo.
Por ejemplo, NombreDeArreglo [0] es el primer elemento en el arreglo. Observe
que en JavaScript las posiciones dentro del arreglo comienzan en cero. Los elementos
reales dentro de un arreglo pueden ser de cualquier tipo de datos; por ejemplo,
cadenas, valores booleanos e incluso arreglos, que pueden tener en sí mismos
valores de cualquier tipo. JavaScript proporciona tres métodos para crear un arreglo:

◆ El constructor Array()

◆ El constructor Object()

◆ El uso de una función preprogramada (un constructor definido por el usuario)

El constructor Array() crea un objeto de tipo arreglo y opcionalmente asigna valores
a los elementos dentro de él. Los elementos también pueden agregarse dinámicamente
cómo y cuándo sea necesario asignando valores a cada uno de ellos en el el arreglo.
También puede "omitir" un elemento y asignar valores de manera no secuencial.
El constructor Array() debe ocuparse con la instrucción new a fin de crear una
nueva instancia de un objeto de tipo arreglo; por ejemplo, el código:

```
var UnArreglo = new Array();
UnArreglo[0] = "http://www.osborne.com";
UnArreglo[1] = "http://www.mcgraw-hill.co.uk";
```

crea un arreglo denominado UnArreglo que contiene dos elementos, ambos objetos
de tipo cadena. Los arreglos inician en la posición cero (0) cuando utiliza el constructor
Array() y la propiedad length se proporciona automáticamente. En este ejemplo,
el valor de la expresión UnArreglo.length será, por lo tanto, 2. Los elementos de

los arreglos también pueden colocarse dentro del arreglo especificándolos directamente en el constructor, por ejemplo:

```
var UnArreglo = new Array("http://www.osborne.com",
                          "http://www.mcgraw-hill.co.uk");
```

que equivale al ejemplo anterior, aunque más compacto. Como ya dijimos, usted también podría crear un arreglo *denso* (un arreglo en el cual todos los elementos tienen un valor) que contenga varios tipos de datos, por ejemplo:

```
var UnArreglo = new Array(true, "8.68", Date(), 68);
```

que coloca un valor booleano en `UnArreglo[0]`; la cadena `"8.68"` en `UnArreglo[1]`; un objeto `Date` (cuyo valor será la fecha y hora en curso) en `UnArreglo[2]`; y el valor numérico 68 en `UnArreglo[3]`.

El tamaño de un arreglo y, por lo tanto, el de la propiedad `length` creada con el constructor `Array()`, dependen del valor `indice` empleado para direccionar un elemento específico. Por ejemplo:

```
var UnArreglo = new Array();
UnArreglo[50] = "Este es el elemento número 51 del arreglo";
```

especifica que al elemento 51 del arreglo se le asigne el contenido `"Este es el elemento número 51 del arreglo"` y, por ello, el valor de `UnArreglo.length` ahora es 51 (no olvide que los arreglos comienzan en la posición 0).

Otra forma de asignar la longitud de un arreglo consiste en especificar el número de elementos en el constructor `Array()`; por ejemplo:

```
MiArreglo = new Array(10);
```

crea un arreglo con 11 elementos (numerados del 0 al 11). El valor de la propiedad `length` no puede establecerse explícitamente, ya que la longitud es una propiedad *de sólo lectura*. Otra forma de asignar 11 a la propiedad `length` podría ser:

```
MiArreglo = new Array();
MiArreglo[10] = 0;
```

o asignar manualmente 11 elementos en un arreglo. Por ejemplo:

```
MiArreglo = new Array(0,0,0,0,0,0,0,0,0,0,0);
```

Otra forma de crear un arreglo consiste en escribir su propia función constructora `Array()`. Analice la siguiente función de JavaScript, denominada `HacerArreglo()`, que emplea una instrucción `for` para crear el número de elementos del arreglo que se hayan especificado en el argumento `TamanioDeArreglo`, el cual se pasa a la función:

```
function HacerArreglo(TamanioDeArreglo) {
  this.length = TamanioDeArreglo;
  for (var x = 0; x <= TamanioDeArreglo; x++) {
    this[x] = 0;
  }
  return this;
}
```

Esta función usa la instrucción `this` de JavaScript que, en este caso, hace referencia a la función actual, por lo que si escribiéramos:

```
navegador = new HacerArreglo(3);
```

la función `HacerArreglo()` crearía tres variables, que son: `navegador[0]`, `navegador[1]` y `navegador[2]`, respectivamente, cada una de las cuales se establece en el valor cero. Cuando se llama a `HacerArreglo()` con una instrucción `new`, la variable asignada al valor devuelto por la función `HacerArreglo()`, que en este caso es `navegador`, se refleja en el valor de la instrucción `this`. El tamaño del arreglo se asigna a `navegador.length`; posteriormente, se crea una serie de elementos navegador: `navegador[0]` a `navegador[TamanioDeArreglo]`. Por último, el objeto `navegador` se devuelve desde la función. Los arreglos y los objetos son lo mismo en JavaScript.

Ahora bien, puede asignar valores al arreglo mediante las instrucciones de asignación siguientes. En este ejemplo hipotético, se trata de una descripción de versión para varios navegadores de Netscape, todos ellos almacenados como cadenas. Por ejemplo:

```
navegador[0] = "Netscape Atlas";
navegador[1] = "Netscape 2.01";
navegador[2] = "Netscape 2.0";
```

Una vez más, los elementos del arreglo comienzan en cero (0), ya que esto se especificó en la función `HacerArreglo()`, la cual ha sido remplazada por `Array()`, aunque la primera aún se usa mucho y es compatible con versiones futuras de Navigator.

Es sencillo agregar un elemento si conoce la posición del índice del arreglo. Desafortunadamente, no hay manera de saberlo, a menos que analice la propiedad `length` del arreglo. Por ello, a veces tendrá que usar código, como en:

```
SiguienteElemento = MiArreglo.length;
MiArreglo[SiguienteElemento] = "Algún valor";
```

Aunque, claro, para esto también podría escribir una función de JavaScript y pasarle el nombre del arreglo y el valor que usted quiera asignarle. Por ejemplo:

```
function agregar(NombreDelArreglo, valor) {
  var SiguienteElemento = NombreDelArreglo.length;
 NombreDelArreglo [SiguienteElemento] = valor;
}
```

Veamos un programa que crea un arreglo con tres elementos, agrega un elemento nuevo y después imprime este valor en la pantalla:

```
<!--
   Programa 6-1
-->
<html>
<head>
<script language="JavaScript">
<!--
  var x = new Array();
  function Incluir(NombreArreglo, valor) {
    var SigElement = NombreArreglo.length;
    NombreArreglo[SigElement] = valor;
  }
  x[0] = "1";
  x[1] = "2";
  x[2] = "3";
  Incluir(x, "LO QUE ESTÁ ESCRITO EN MAYÚSCULAS");
  alert("El nuevo valor es: " + x[3]);
//-->
</script>
</head>
</html>
```

Navigator 3.0 también introdujo el nuevo constructor Object(), que puede usar para agregar un "objeto genérico", por ejemplo, un arreglo. Como ya mencionamos, los objetos y los arreglos se tratan igual, aunque los constructores Object() y Array() funcionan diferente. No puede pasar varios elementos de arreglo al constructor Object(), así que, por ejemplo:

```
var MiObjeto = new Object("valor 1", "valor 2");
```

no funcionaría. Por otra parte, los arreglos creados con el constructor Object() no tienen propiedad length. Usted debe atravesar el arreglo con un ciclo for y contar los elementos programáticamente, o codificar la longitud en el primer elemento del arreglo y después acceder a él, lo cual no es de gran utilidad en un arreglo cuyos contenidos pueden cambiar dinámicamente, quizás incluso más allá de su propio control, así que siga empleando `Array()` en esos casos. Los arreglos creados con `Object()` también comienzan en la posición cero (0). Para crear un arreglo mediante `Object()` use código como este:

```
var EsteArreglo = new Object();
EsteArreglo[0] = 2; // Esta es la longitud del arreglo
EsteArreglo[1] = "http://www.cityscape.co.uk";
EsteArreglo[2] = "http://www.dircon.co.uk";
```

Para acceder al tamaño del arreglo en este ejemplo use `EsteArreglo[0]`. El valor de `EsteArreglo.length` será `null` (nulo), esto es, indefinido.

Veamos un programa más exhaustivo, que usa objetos de arreglo para almacenar un número de objetos de JavaScript y que después imprime las propiedades de ambos. En este ejemplo hemos empleado la función `HacerArreglo()`, aunque bien pudiera haberse utilizado el constructor `Array()`:

```
<!--
  Programa 6-2
-->
<html>
<head>
<script language="JavaScript">
<!--
function HacerArreglo(n) {
  this.length = n;
  for (var x = 0; x <= n; x++)
     this[x] = 0;
     return this;
}
function EscribirDatos() {
  var Contador;
  var ObjetosJava = new HacerArreglo(4);
  var NombreObj  = new HacerArreglo(4);
  // Referencias de objetos actuales:
  ObjetosJava[0] = window;
  ObjetosJava[1] = document;
  ObjetosJava[2] = history;
  ObjetosJava[3] = Math;
  // Los nombres de los objetos (cadenas):
  NombreObj[0] = "window";
```

```
          NombreObj[1] = "document";
          NombreObj[2] = "history";
          NombreObj[3] = "Math";
          document.write("<table cellpadding=4 border=1>");
          for (Contador = 0; Contador <= 3; Contador++) {"
              document.write("<tr><td align=middle><b>" +
                              NombreObj[Contador] + "</b></td>");
              for (i in ObjetosJava[Contador]) {
                  document.write("<td align=middle>" + i + "</td>");
              }
              document.write("</tr>");
          }
          document.write("</table>");
      }
      //-->
      </script>
      </head>
      <body onLoad="EscribirDatos()">
      </body>
      </html>
```

El guión anterior imprime las propiedades de cuatro objetos comunes de JavaScript que todo documento de hipertexto hereda automáticamente. El resultado se escribe en una tabla de HTML para mayor claridad. La figura 6-1 muestra la salida de este guión.

Veamos ahora otra aplicación que instrumenta un sistema sencillo de selección de color. En vez de almacenar una lista de verbos con codificación de color dentro del programa (por ejemplo, "Silver" - Plateado, etcétera) para después permitir que el usuario elija un color, este sistema lleva a cabo algo más ambicioso: permite que el usuario teclee un valor RGB en una serie de campos y que cambie el color del fondo posteriormente, según corresponda. Primero debe encontrar una forma para convertir los números decimales a su equivalente hexadecimal. Hemos incluido la

Salida del ejemplo, tal como se ve en Navigator de Netscape **Figura 6-1.**

Math												
document	forms	links	anchors	applets	embeds	images	title	URL	referrer	lastModified	cookie	doma
history	length	current	previous	next								
window	closed	length	frames	parent	top	self	name	status	defaultStatus	opener	document	histo

función `DecAHex()` en este guión (consulte el apéndice B), en la cual los arreglos se usan para almacenar una tabla de conversión hexadecimal:

```
<!--
  Programa 6-3
-->
<html>
<head>
<script language="JavaScript">
<!--
  var r=0, v=0, a=0, rgb=0, inc=0, cnt=0, cnt2=0;
  var parte1 = "", parte2 = "";
  function HacerArreglo(n) {
    // Remover esta línea para NN3.0: this.length = n;
    // Crear el arreglo, empezando en la posición 1 en esta
    // instancia, aunque puede permanecer siendo 0 hasta que
    // usted altere la definición de la tabla TablaHex para empezar en 0
    for (var x=1; x <=n; x++)  {
        this[x] = 0;
     }
     return(this);
  }
  TablaHex = HacerArreglo(16);
  // Columna:Renglón
  TablaHex[1]  = "00:00";
  TablaHex[2]  = "10:01";
  TablaHex[3]  = "20:02";
  TablaHex[4]  = "30:03";
  TablaHex[5]  = "40:04";
  TablaHex[6]  = "50:05";
  TablaHex[7]  = "60:06";
  TablaHex[8]  = "70:07";
  TablaHex[9]  = "80:08";
  TablaHex[10] = "90:09";
  TablaHex[11] = "A0:0A";
  TablaHex[12] = "B0:0B";
  TablaHex[13] = "C0:0C";
  TablaHex[14] = "D0:0D";
  TablaHex[15] = "E0:0E";
  TablaHex[16] = "F0:0F";

  function VerColores() {
      // Validar los datos de la forma:
      ok = true;
      if (document.forms[0].rojo.value > 255)  { ok=false }
      if (document.forms[0].verde.value > 255)  { ok=false }
      if (document.forms[0].azul.value > 255)  { ok=false }
      if (!ok) {
```

```
                    document.forms[0].ValorRGB.value = "";
                    alert("Error: se ha detectado un valor mayor a 255.");
                }
            else {
                r = DecAHex(document.forms[0].rojo.value);
                v = DecAHex(document.forms[0].verde.value);
                a = DecAHex(documento.forms[0].azul.value);
                rgb = r + v + a;
                document.bgColor = "#" + rgb;
                document.forms[0].ValorRGB.value = "#" + rgb
            }
        }

    function DecAHex(ValorDecimal) {
        inc = 0;
        cnt = 1;
        while ((inc += 16) <= ValorDecimal) {
            cnt ++;
        }
        inc  = inc - 16;
        cnt2 = Math.abs(ValorDecimal - inc) + 1;
        parte1 = TablaHex[cnt].substring(0,2);
        parte2 = TablaHex[cnt2].substring(3,5);
        // Quitando los 0´s que se hayan acarreado
        if (parte1.substring(2,1) == "0") {
            parte1 = parte1.substring(0,1);
        }
        if (parte2.substring(0,1) == "0") {
            parte2 = parte2.substring(2,1);
        }
        return(parte1+parte2);
    }
//-->
</script>
</head>
<body>
<tt>
<basefont size=4>
<form>
Color de fondo  (HEX) <input name="ValorRGB" size=8>  
R: <input name="rojo"    size=5 value=00> 
G: <input name="verde" size=5 value=00> 
B: <input name="azul"   size=5 value=00><p>
<input type="button"
        value="Ver resultado"
        onClick="VerColores()"></p>
</form>
</tt>
```

```
</body>
</html>
```

Usted podría extender fácilmente este programa para cambiar el color de un marco
específico dentro de un documento con marcos, además de alterar otros colores,
por ejemplo, el del fondo o los de liga. En este caso, los campos de una forma `rojo`,
`verde` y `azul` permiten teclear un valor decimal en el rango de 0-255 (0-FF
en hexadecimal). Cuando teclea un número y hace clic en el botón VER RESULTADOS,
se llama a la función `VerColores()`, la cual lleva a cabo las conversiones, actualiza
la propiedad `document.bgColor` y cambia el color de la pantalla. Al usar arreglos
también puede crear una base de datos en el cliente que permita efectuar búsquedas
sencillas. En este caso, la "base de datos" podría almacenarse como un arreglo.
Analice la siguiente aplicación que hace precisamente eso:

```
<!--
  Programa 6-4
-->
<html>
<head>
<title>Búsqueda de libros</title>
<script language="JavaScript">
<!--
var NombresDeLibros  = new Array();
var URLsDeLibros      = new Array();
var TipoDeLibro       = new Array();
var tabDef1           = "<table cellpadding=3 width='100%' " +
                        "border=1>";
var tabDef2           = "</table><br>Fin de la lista.<p>";
var MarcoVacio        = "<body></body>";
// Base de datos de libros:
NombresDeLibros[0] = "The Essential Internet Information Guide, " +
                     "Jason J Manger";
NombresDeLibros[1] = "Netscape Navigator, Jason J Manger";
NombresDeLibros[2] = "WWW, Mosaic and More, Jason J Manger";
URLsDeLibros[0]    = "http://www.gold.net/users/ag17/books.html";
URLsDeLibros[1]    = "http://www.gold.net/users/ag17/books.html";
URLsDeLibros[2]    = "http://www.gold.net/users/ag17/books.html";
TipoDeLibro[0]     = "CD";
TipoDeLibro[1]     = "Libro";
TipoDeLibro[2]     = "Libro";
function Buscar() {
 var Encontrados = 0;
 var TabVacío = "";
 var tmp = parent.frames[0].document.forms[0].BuscarPor.value;
 var BuscarPor = tmp.toLowerCase();
```

```
        for (var n=0; n < parent.NombresDeLibros.length; n++) {
            if (NombresDeLibros[n].toLowerCase().indexOf(BuscarPor) != 1) {
                Encontrados ++;
                // Construyendo una tabla de renglones. Supongo que las imágenes
                // libro.gif y cd.gif están en el directorio X:\JS\
                //

                TabVacio += "<tr><td width='1%'>" +
                            "<img border=0 width=30 " +
                            "src='file:///c%7c/js/" +
                        parent.TipoDeLibro[n] +
                        ".gif'></a></td>" +
                        "<td><a href='" +
                        parent.URLsDeLibros[n] +
                        "'>" +
                        parent.NombresDeLibros[n] +
                        "</a></td></tr>";
            }
        }
        // Mostrar resultados:
        if (Encontrados == 0) {
            // No se encontraron:
            alert("No se encontraron libros que contengan la frase '" +
                  BuscarPor );
        }
        else {
            // Mostrar los resultados como una tabla:
            parent.frames[1].document.open();
            parent.frames[1].document.write("<font size='+2'>"+
                            "Resultado de la búsqueda<hr></font>");
            parent.frames[1].document.write("Se encontraron <b>" +
                            Encontrados +
                            "</b> títulos" +
                            "con la cadena '" +
                            BuscarPor +
                            "'.<br>");
            parent.frames[1].document.write(parent.tabDef1 +
                            TabVacío +
                            parent.tabDef2);
            parent.frames[1].document.close();
        }
    }
    //-->
    </script>
    </head>
    <frameset rows="50%,*">
    <frame src="Buscar.htm">
```

```
<frame src="javascript:parent.MarcoVacio">
</frameset>
</html>
```

Esta aplicación permite que usted busque un libro en una base de datos almacenada en una serie de arreglos que definen el nombre del libro, su categoría (libro o disco compacto) y un URL que apunta hacia una página de HTML que tiene más información sobre el libro, etcétera (todo ello, guardado en la página del autor). El usuario teclea una cadena de búsqueda en un campo de texto (denominado BuscarPor). Utilizando un ciclo for para analizar el arreglo NombresDeLibros, puede ver si la cadena se encuentra en uno de los títulos del libro. El método indexOf() es invaluable para este propósito, ya que devuelve la posición donde cierto texto, especificado por el usuario, se encuentra dentro de un objeto de tipo cadena específico. En este caso, el objeto de tipo cadena es el elemento actual en el arreglo NombresDeLibros, y la cadena que se está buscando está almacenada en la variable BuscarPor. Por lo tanto, la instrucción:

```
if (NombresDeLibros[n].toLowerCase().indexOf(BuscarPor) != -1)
```

nos permite ver si la cadena de búsqueda se encuentra dentro del título actual y en la base de datos de libros. indexOf() devuelve el valor –1 en caso de que no pueda localizarse la cadena; por eso puede saber si el título de un libro se encuentra o no dentro de la entrada de la base de datos actual. Toda la aplicación está almacenada como un documento con marcos en la que el resultado de la búsqueda aparece en el marco inferior (la totalidad de la entrada de usuario se lleva a cabo en el marco superior). Observe cómo usamos el URL javascript: para cargar un marco vacío asignándole el atributo src de frame con el valor de una variable de tipo cadena de JavaScript. Conforme las entradas se van asignando, los atributos de los distintos arreglos se colocan en una cadena, TabVacío, que finalmente se usa para desplegar una tabla de HTML que contiene todos los resultados. Una variable, Encontrados, lleva el registro del número de entradas que se han encontrado; de ser cero, informa al usuario que no se han encontrado correspondencias.

La aplicación también muestra una serie de imágenes GIF para indicar el tipo de producto que se ha localizado, ya sea un libro o un disco compacto (observe que la aplicación espera encontrar estas imágenes en el directorio X:\JS, donde X: es la letra de la unidad de disco duro, esto es, C:\JS para la unidad C).

El archivo buscar.htm que se lee en el primer marco contiene una forma de HTML y un campo de texto para que el usuario teclee una cadena de búsqueda. Está estructurado de la siguiente manera:

```
<html>
<head>
<script language="JavaScript">
```

```
<!--
   function checkField() {
     if (document.forms[0].searchfor.value == "") {
       // Oops, se ha enviado un campo vacío:
       alert("Por favor, teclee un texto.");
     }
   }
//-->
</script>
<body>
<font size="+2">Búsqueda de libros<hr></font>
Por favor, teclee un texto.<p>
<form>
<input name="searchfor" type="text" value="">
<input type="button"
       onClick="checkField(); parent.search()"
       value="Buscar">
</form>
</body>
</html>
```

En el capítulo 9 encontrará más información sobre documentos con marcos, incluyendo cómo emplear el URL `javascript:` para poblar el contenido de un marco, así como información sobre la propiedad `parent`.

■ Conversiones de cadenas y números

En esta sección describimos cómo se manejan internamente las variables escritas de distintas maneras. *Concatenación* es el enlace de cadenas, aunque en JavaScript los valores numéricos que se unen con cadenas se convierten en cadenas para generar un resultado. Este concepto se explica mejor con una serie de ejemplos. Analice este caso, en el que hemos declarado las siguientes variables:

```
var Dias = "334";
var DiasEnDic = 31;
```

que declara dos variables: un objeto de tipo cadena, `Dias`, que contiene la cadena "334"; y la variable numérica `DiasEnDic`, que almacena el valor 31. Ahora genere la instrucción:

```
DiasHoy = Dias + DiasEnDic;
```

El valor de la variable `DiasHoy` se especificaría en "33431", *no* en el valor de la expresión numérica 334 + 31. JavaScript sabe que está concatenando una cadena, ya que la variable `Dias` es un objeto de tipo cadena. Por lo tanto, convierte la variable `DiasEnDic` (que inicialmente era una variable numérica) en un objeto de tipo cadena, pues el operando de la izquierda, la variable `Dias`, es una cadena. El resultado final es que el operando de la derecha, `DiasEnDic`, se ha "enlazado" físicamente, o concatenado, con la primera variable. Obtendríamos el mismo resultado con esta instrucción:

```
DiasHoy = DiasEnDic + Dias;
```

Si usted realmente quisiera agregar los valores entre sí, en el sentido *numérico*, debe comenzar con el valor de `Dias`, escrito numéricamente. En este caso, use esta instrucción:

```
MiValor = DiasEnDic + parseInt(Dias)
```

Que generaría el valor numérico 365, ya que el método `parseInt()` cambia la escritura de la variable `Dias` por un número. Como JavaScript convertirá automáticamente un número a cadena durante la concatenación, incluso en este caso la instrucción sin sentido:

```
ValTempo = 365 + "JavaScript";
```

generará un resultado: la cadena `"365JavaScript"`. El operador "`+`" es un caso especial en JavaScript, pues se utiliza con objetos de tipo cadena y con variables numéricas. Cuando emplee operadores diferentes, por ejemplo el de resta, "`-`", el resultado será más significativo. Por poner un caso, esta instrucción:

```
ValTempo = 365 - "10";
```

generaría el valor numérico 355, ya que el operador de la izquierda (365) es numérico; el valor "`10`" (una cadena) se convertiría en un número, comportamiento opuesto a los objetos concatenados que usan el operador "`+`".

 CONSEJO: puede efectuar sin dificultad algunas funciones numéricas con cifras "en cadena", esto es, con números almacenados como cadenas, siempre y cuando el operando de la izquierda sea un número.

En JavaScript, el operador "`-`" no concatena cadenas. Por ejemplo, la instrucción:

```
ValTempo = "365" - "10";
```

generaría también un resultado *numérico* (nuevamente el valor 355).

 CONSEJO: para hacer cálculos numéricos con cadenas, es decir, en cadenas que contengan números, simplemente use el método `parseInt()` en la cadena a fin de convertirla en un número de antemano, como mostramos con anterioridad.

Si necesita determinar el tipo de datos de una variable específica, puede ocupar el operador `typeof()`.

Puede convertir un valor numérico en una cadena anexándole una cadena vacía en la variable numérica, por ejemplo:

```
ValorNumerico = 100;                  //Numérico: 100
CadenaNumerica = "" + ValorNumerico; //Cadena:  "100"
```

Sin embargo, una solución mucho mejor es usar el constructor `String()`, por ejemplo, con la instrucción:

```
CadenaNumerica = String(ValorNumerico);
```

El constructor `String()` sirve para crear un objeto de tipo cadena, el cual ya describimos antes.

Cómo usar las expresiones de JavaScript

Las expresiones son combinaciones de variables, operadores y métodos que resultan en un solo valor. En secciones anteriores ya ha visto ejemplos de expresiones que utilizan el operador de asignación de JavaScript (=). En esta sección describiremos brevemente los operadores y cómo usarlos para formar expresiones y asignar valores a las variables.

Expresiones condicionales: la instrucción ?

Las expresiones condicionales incluyen comparaciones contra el valor de ciertas variables definidas por el usuario y de JavaScript. JavaScript tiene una instrucción de evaluación denominada ?, cuya sintaxis es:

```
? (condicion) instrucciones1 : instrucciones2
```

donde `condicion` es una expresión que usted quiere evaluar, `instrucciones1` son las instrucciones de JavaScript que deben ejecutarse cuando `condicion` sea verdadera (`true`) e `instrucciones2` son las instrucciones que van a ejecutarse cuando la condición sea falsa (`false`). También puede asignar valores a las variables utilizando esta instrucción. Por ejemplo, analice la siguiente instrucción que asigna una cadena a una variable de acuerdo con una expresión numérica:

```
TipoTiempo = (hora >= 12) ? "PM" : "AM"
```

Esta instrucción asigna el valor de cadena "`PM`" a la variable `TipoTiempo` cuando la variable `hora` sea mayor que o igual a 12; de no ser así, `TipoTiempo` se establece en "`AM`". En este caso, la variable `TipoTiempo` se asigna al valor devuelto por la instrucción `?`, aunque la asignación es opcional. Por ejemplo, la asignación podría suprimirse si las partes `instrucciones1` e `instrucciones2` se sustituyeran por llamadas de función u otra instrucción. La instrucción `?` en realidad es una versión corta de la instrucción `if..else`, que en este caso se parecería a:

```
if (hora >= 12)
    TipoTiempo = "PM";
Else
    TipoTiempo = "AM";
```

Operadores de asignación

Las expresiones de asignación usan operadores para asignar valores a las variables. Entre los operadores de JavaScript se incluyen los de la siguiente tabla:

Operador	Descripción
=	Direcciona la asignación a un operador a la izquierda
+=	Agrega y asigna resultado al operador de la izquierda
+	Agrega y asigna resultado al operando de la izquierda
++	Agrega y asigna resultado al operando de la izquierda
-=	Sustrae y asigna resultado al operando de la izquierda
-	Sustrae y asigna resultado al operando de la izquierda
--	Sustrae y asigna resultado al operando de la izquierda
*	Multiplica y asigna resultado al operando de la izquierda
*=	Multiplica y asigna resultado al operando de la izquierda
/	Divide y asigna resultado al operando de la izquierda
/=	Divide y asigna resultado al operando de la izquierda

Cada uno de estos operadores de asignación proporcionan valores a un operando del lado izquierdo de la expresión, con base en el valor del operando que está a la derecha (después del signo "="). El operador de asignación básico (=) asigna el valor del operando que está a la derecha al operando que se encuentra a la izquierda, por ejemplo:

```
MiValor = 68;
```

hace que la variable `MiValor` tome el valor numérico de `68`; mientras:

```
MiValor = MiValor * 10;
```

incrementa el valor de la variable `MiValor` diez veces. Muchos de los operadores de asignación de JavaScript son operadores abreviados; por ello, en el caso anterior podríamos haber usado:

```
MiValor *= 10
```

para incrementar el valor de la variable `MiValor` diez veces. Todos los demás operadores funcionan de manera similar. No olvide que las cadenas usan el operador "+" para concatenar, por lo que una expresión como:

```
var MiVariable ="¡Hola";
MiVariable += "!";
```

enlazará un carácter "`!`" a la cadena "`¡Hola`".

Operadores de comparación

Los operadores de comparación de JavaScript son idénticos a los de otros lenguajes de programación, por ejemplo, C. Entre ellos tenemos:

Operador	Efectúa
==	Igualdad (igual a)
!=	Desigualdad (no igual a)
!	Desigualdad lógica
>=	Mayor que o igual a
<=	Menor que o igual a
>	Mayor que
<	Menor que

Observe que el operador de igualdad es ==, y no un solo signo de igual (un solo signo de igual es el operador de asignación). En JavaScript , el operador de no igualdad es ! =, al igual que en C [sobre todo porque el operador lógico *not* (no) en JavaScript corresponde a un solo signo de admiración]. El siguiente código, al usarse dentro de un ciclo while, instrumenta un sencillo programa de tabla de tiempos:

```
<!--
  Programa 6-5
-->
<html>
<head>
<script language="JavaScript">
<!--
var PararCiclo = false;
var Contador = 1;
while (!PararCiclo) {"
      document.writeln(Contador + " x 10 = " +
      (Contador * 10) +
      "<br>");
      Contador ++;
      PararCiclo = (Contador > 12) ? true : false;
}
//-->
</script>
</head>
<body>
</body>
</html>
```

La variable PararCiclo se establece inicialmente en false y el ciclo while se mantiene corriendo, siempre que PararCiclo no sea verdadera; por ejemplo, !PararCiclo. Cuando PararCiclo se establece en true (después de 12 iteraciones del ciclo, en este caso), el ciclo termina y el programa deja de funcionar. La instrucción:

```
PararCiclo = (Contador > 12) ? true : false;
```

se traduce en: "Si la variable Contador es mayor que 12, asignar a la variable PararCiclo el valor de verdadero; de no ser así, asignarle el valor de falso", y constituye una notación abreviada de la versión más larga de la instrucción if:

```
if (Contador > 12)
   PararCiclo = true;
else
   PararCiclo = false;
```

Operadores lógicos

Los operadores lógicos de JavaScript son `&&` (*y* lógica) y `||` (*o* lógica), respectivamente. Se usan junto con valores booleanos. Por ejemplo, si las instrucciones de asignación fueran:

```
Edad1 = true;
Edad2 = false;
Edad3 = true;
```

la expresión de JavaScript:

```
Edad1 || Edad2
```

generaría un valor `true`, ya que la expresión usa el operador lógico *o* y sólo es necesario que uno de los valores en la expresión *o* genere el valor `true` para devolver un valor verdadero como resultado de la evaluación de la expresión. El operador *y* (`&&`) requiere que todos los valores en la expresión sean verdaderos (`true`) para generar `true` como resultado de la evaluación, de manera que devuelva un valor verdadero (`true`), de ahí la expresión:

```
Edad1 && Edad2
```

que generaría un resultado falso (`false`) en este contexto, pues la variable booleana `Edad2` está establecida en `false`. Puede mezclar los valores quitando los paréntesis en las partes adecuadas; por ejemplo:

```
if ((Edad1 && Edad2) || Edad3) {
   funcion1();
}
else {
   funcion2();
}
```

se traduce como: "Llamar a la función `funcion1()` si `Edad1` y `Edad2` son verdaderas, o si solamente `Edad3` es verdadera; de no ser así, ejecutar la función `funcion2()`". En el contexto de las especificaciones de la variable original, se llamaría a la función `funcion1()`, ya que el valor de la variable `Edad3` es `true` y satisface la condición final de la instrucción `if`.

Operadores de cadena

Los operadores de cadena en JavaScript son + y +=, y pueden usarse para ligar cadenas entre sí. Pongamos las instrucciones:

```
var Parte1 = "Java";
var Parte2 = "Script";
```

posteriormente, la instrucción:

```
var Parte3 = Parte1 + Parte2;
```

colocaría el valor de cadena "JavaScript" en la variable de cadena Parte3.
JavaScript soporta varios métodos que manipulan cadenas (el apéndice B contiene
detalles acerca de cada método de JavaScript). Hemos descrito la concatenación de
cadenas anteriormente en este capítulo.

Cómo crear y manipular objetos definidos por el usuario

JavaScript se adhiere al modelo de programación basado en objetos, en el cual
un *objeto* es un constructor con *propiedades,* que son las variables de JavaScript.
Cada objeto puede tener varios *métodos* asociados. En JavaScript, las propiedades de
un objeto se acceden mediante la notación:

```
Objeto.Propiedad
```

donde Objeto es el nombre del objeto de JavaScript, incluidos los objetos definidos
por el usuario y los estándares de Navigator de Netscape; y Propiedad es el nombre
de la propiedad que va a accederse. Un punto (.) debe separar la propiedad y el
objeto. Las propiedades se crean asignándoles un objeto específico; por ejemplo, puede
crear un objeto denominado navegador que lleve el registro de los detalles de los
distintos navegadores. Para lograrlo, debe crear una función nueva denominada
navegador(); luego, los siguientes detalles pueden pasarse como una serie de
argumentos:

```
function navegador(nombre, plataforma) {
  this.nombre = nombre;
  this.plataforma = plataforma;
}
```

En JavaScript, la instrucción this sirve para hacer referencia al objeto *actual.*
Dentro del alcance del cuerpo de una función, el valor de this hace referencia a la
función actual, de ahí que this.nombre en realidad sea una notación abreviada
de navegador.nombre y que this.plataforma sea la abreviatura de
navegador.plataforma. Esta función navegador() simplemente define
la estructura de un objeto de tipo browser y asigna valores iniciales a las *propiedades*
nombre y plataforma. En esta etapa, la función navegador() se trata como un
objeto "browser".

Sin embargo, una función por sí sola no creará una instancia de objeto. La instrucción
que realmente lo crea se llama new y se usa de la siguiente manera:

```
atlas = new browser ("Netscape Atlas" "Windows 95")
```

donde `atlas` es el nombre del nuevo objeto tipo `browser`. En este caso, la propiedad `nombre` será *"Netscape Atlas"* y la propiedad `plataforma` *"Windows95"* respectivamente. Para hacer referencia a estas propiedades, por ejemplo a `plataforma`, use esta expresión:

```
atlas.plataforma
```

que en este caso generaría el valor `"Windows95"`. Los objetos también pueden almacenar propiedades que en sí son objetos independientes. Por ejemplo, si un objeto `persona` se definiera con la función de JavaScript:

```
function persona(nombre){
    this.persona = nombre;
}
```

podrían crearse nuevos objetos `persona` (denominados `pers1` y `pers2`) mediante las instrucciones:

```
pers1 = new persona("Jason");
pers2 = new persona("María");
```

Para ampliar este ejemplo, un nuevo objeto, denominado `DirCorreoElectronico`, que asocia una dirección de correo electrónico con un objeto `persona`, se definiría de la siguiente manera:

```
function DirCorreoelectronico(nombre, direccion) {
    this.nombre = nombre;
    this.direccion = direccion;
}
```

y dos nuevos objetos `DirCorreoElectronico` se crearían así:

```
d1 = new DirCorreoElectronico(pers1, "jason@algunlado.com");
d2 = new DirCorreoElectronico(pers2, "maria@algunavez.com");
```

la dirección de correo para la persona Jason podría determinarse mediante la notación:

```
d1.nombre.persona;
```

donde `d1` es un objeto `DirCorreoElectronico` y `nombre` es la propiedad `nombre` del objeto. Los objetos `nombre` se toman de los objetos `persona`; al agregar un objeto `persona` al final de la expresión, se obtiene el nombre de la persona.

Usted incluso podría crear un función completamente nueva para mostrar todos los detalles de una persona, como se ilustra en el siguiente caso con la función MostrarDetalles:

```
function MostrarDetalles() {
    var persDet = "Nombre: " + this.nombre.persona + "\n" +
                  "Correo: " + this.direccion;
    document.write(persDet);
}
```

Al alterar la definición de función de DirCorreoElectronico para que incluya una referencia a la función MostrarDetalles de la siguiente manera:

```
Function DirCorreoElectronico(nombre, direccion) {
    this.nombre = nombre
    this.direccion = direccion
    this.MostrarDetalles = MostrarDetalles;
}
```

Usted puede llamar a la función MostrarDetalles con la instrucción:

```
d1.MostrarDetalles();
```

Puesto que la variable d1 está asociada a un objeto DirCorreoElectronico (consultar el ejemplo anterior) que en sí hace referencia a un objeto persona, mediante la variable pers1 puede recuperar la siguiente información:

```
Nombre: Jason
Dirección: jason@algunlado.com
```

Veamos un ejemplo ampliado que construye un "objeto de base de datos" que permite al usuario buscar a una persona y que muestra sus detalles:

```
<!--
  Programa 6-6
-->
<html>
<head>
<script>
<!--
  // Crear la 'base de datos de objetos' y los arreglos:
  var pers1 = new Persona("Jason");
  var pers2 = new Persona("María");
  var Direcciones = new Array();
  Direcciones[0] = 2;
  Direcciones[1] = new DirCorreoElectronico(pers1,
```

```
                        new Array(2, "jason@enalgunlado.com",
                                "wombat@spuddy.mew.co.uk"));
      Direcciones[2] = new DirCorreoElectronico(pers2,
                        new Array(1, "maria@aveces.com"));
      function Persona(Nombre) {
        this.Persona = Nombre;
      }
      function DirCorreoElectronico(Nombre, Direccion) {
        this.Nombre = Nombre;
        this.Direccion = Direccion;
      }
      function MostrarDirecciones(EstaPersona) {
        var DirDeCorreo = "";
        var Encontrado   = false;
        for (var i=1; i <= Direcciones[0]; i++) {
            if (Direcciones[i].Nombre.Persona.toLowerCase() ==
                            EstaPersona.toLowerCase()) {
              Encontrado = true;
              DirDeCorreo += Direcciones[i].Nombre.Persona + ":\n";
              for (var n=1; n <= Direcciones[i].Direccion[0]; n++) {
                DirDeCorreo += n + ". " +
                            Direcciones[i].Direccion[n] + "\n"
              }
          }
        }
        (!Encontrado) ? alert("Esta persona no se encontró.") :
                alert(DirDeCorreo);
      }
    //-->
    </script>
    </head>
    <body onLoad="MostrarDirecciones(prompt('Por favor teclee un nombre'",''))">
    </body>
    </html>
```

El programa comienza por crear algunos objetos persona, que se asignan en las
variables pers1 y pers2 y que solamente tienen una propiedad, nombre, que, en
este caso, corresponde al nombre de la persona. Se crea entonces un arreglo de objetos
de dirección de correo electrónico. Es útil almacenar los objetos dentro de arreglos, ya
que se pueden hacer búsquedas en ellos programáticamente mediante una instrucción
for. Se usa un constructor Array() para crear el arreglo Direcciones, al que
posteriormente se asignan tres valores. No olvide que el constructor Array() no está
asociado a una propiedad length, por lo que debe "codificar" el número de elementos
dentro del primer elemento del arreglo, lo cual hemos hecho con las instrucciones:

```
var Direcciones = new Array();
Direcciones[0] = 2;
```

Para asignar varias direcciones de correo electrónico a una persona, a un objeto `DirCorreoElectronico` se le pasa un argumento de constructor `Array()` que contenga las direcciones válidas para esa persona. Por ejemplo, el usuario "Jason" tiene dos direcciones, que se pasan a la función `DirCorreoElectrónico` como:

```
Direcciones[1] = new DirCorreoElectronico(pers1,
                 new Array(2, "jason@enalgunlado.com",
                           "wombat@spuddy.mew.co.uk"));
```

La búsqueda real de un usuario se realiza mediante la función `MostrarDir()`, que emplea un ciclo `for` que analiza el arreglo `Direcciones`, previamente creado. Por ejemplo:

```
for (var i=1; i <= Direcciones[0]; i++) {
    ...
}
```

donde `Direcciones[0]` contiene la longitud del arreglo, como un valor codificado (2 en el ejemplo, pues están definidos dos usuarios; usted puede modificar esto como desee). Posteriormente, en el ejemplo hay una etiqueta de HTML, `<body>`, que usa un manejador de eventos `onLoad()` para solicitar que el usuario teclee un nombre; se usa el método `prompt()` de JavaScript para obtener la entrada del usuario, la cual se pasa posteriormente a la función `MostrarDir()`. Esta función acepta un solo parámetro, `EstaPersona`, que contiene el nombre de la persona que el usuario busca. Use una instrucción `if` de la forma:

```
if (Direcciones[i].Nombre.Persona.toLowerCase() ==
    EstaPersona.toLowerCase()) {
    ...
}
```

donde `Direcciones[i].Nombre.persona.toLowerCase()` contiene la entrada en minúsculas de la persona actual en el arreglo `Direcciones[]`. Al comparar los valores tomados de la entrada del usuario contra los valores codificados, conviene convertir todo a minúsculas para que la búsqueda se haga sin tomar en cuenta cómo se teclean las cosas. Usted no quiere que la búsqueda falle sólo porque alguien teclea `"jason ""`en vez de `"Jason"`. El método `toLowerCse()` sirve para el proceso de conversión en este ejemplo. Si se encuentra una concordancia contra el elemento del arreglo actual, la variable de texto `DirDeCorreo` se establece en el nombre de la persona actual que se haya localizado (`Direcciones[i].nombre.persona`). Entonces, otro ciclo `for` examina la propiedad `Direccion` del objeto `DirCorreoElectronico`. Ésta se encuentra estructurada como arreglo, dado que el constructor `Array()` se usó para asignar valores en esta propiedad de objeto específico, por lo que cada dirección de correo electrónico de la persona actual se puede discernir. Por ejemplo:

```
for (var n=1; n <= Direcciones[i].Direccion[0]; n++) {
    DirDeCorreo += n + ". " +
    Direcciones[i].Direccion[n] + "\n"
}
```

Observe cómo la variable `DirDeCorreo` se modifica al anexarle cada elemento del arreglo. Por otra parte, también están numeradas las direcciones de correo electrónico. Entonces se analiza la variable booleana `Encontrado` para saber si se han localizado concordancias. Esta variable se establece inicialmente en `false` y sólo se convierte en `true` cuando se encuentra una concordancia. Se usa una instrucción `?` para probar el valor y generar como salida un método `alert()`; por ejemplo:

```
(!Encontrado) ? alert("Esta persona no se encontró.") :
                alert(DirDeCorreo);
```

donde `!Encontrado` significa que la variable `Encontrado` es `false` (`!` es el operador lógico *not*), por lo que se comunica al usuario que no se han encontrado concordancias; de no ser así, se muestra el valor de la variable `DirDeCorreo`.

Cómo agregar una propiedad nueva a un objeto

Puede agregar una propiedad nueva a un objeto existente asignándole la propiedad a ese objeto; por ejemplo:

```
Function persona(Susana) {
    This.nombre = Susana;
}
Juan = new persona("Juan Pueblo");
```

Crearía un nuevo objeto `persona`, denominado `Juan`, que solamente tiene una propiedad, `nombre`. Luego podría asignar una nueva propiedad a este objeto, `Edad`, mediante la instrucción:

```
Juan.Edad = 30;
```

Todos los demás objetos `persona` permanecerían intactos y no tendrán una propiedad `Edad`, por lo que al accederla daría por resultado la generación de un valor "`undefined`" (sin definir). El valor `undefined` puede detectarse con el operador `typeof()`, que describiremos después, o empleando la función `ExistePropiedad()`, que se presenta en la siguiente sección.

Cómo borrar objetos y propiedades

Al asignar un valor `null` a un objeto lo elimina, por lo que no puede hacer referencia a él a partir de ese momento. Una propiedad de objeto puede nulificarse de la misma manera. Quizá quiera usar la función `ExistePropiedad()` para ambos propósitos, como se detalla a continuación.

Cómo probar la existencia de un objeto y de una propiedad

Para validar una propiedad, usted puede probar su valor contra el valor especial de JavaScript "`undefined`", el cual se devuelve en vez de un valor de propiedad cuando tal propiedad no existe. Al escribir una pequeña función de JavaScript, esta condición puede probarse, por ejemplo, con la función `ExistePropiedad()`:

```
function ExistePropiedad(PropDeObjeto) {
   var ProbarPropiedad = "" + PropDeObjeto;
   if (ProbarPropiedad == "undefined")
      return false;
   else
      return true;
}
```

Esta función devuelve `true` si la propiedad que se le pasa existe; de no ser así, devuelve `false`. En la primera instrucción se cambia o restringe el tipo de datos del objeto por una cadena, por lo que se puede hacer una comparación contra la cadena "`undefined`". Al anexarse una cadena vacía ("") al argumento `PropDeObjeto` se le permite convertir al objeto en una cadena a fin de permitir la comparación. Esta función podría utilizarse en un programa que necesite que exista una propiedad específica antes de llamar a otra instrucción de JavaScript:

```
if ExistePropiedad(maria.DirDeCorreo){
   location = "mailto:maria@algunavez.com":
}
```

En este caso, la propiedad `location` de la ventana actual no llamará al URL `mailto:` con la persona `maria@algunlado.com`, a menos que exista la propiedad `DirDeCorreo` del objeto `maria`. En Navigator, el URL `mailto:` llama a la interfaz de correo electrónico para enviar mensajes de texto por Internet. Observe cómo se pasan literalmente el objeto y la propiedad, no como una cadena. Veamos un ejemplo más grande que hacer que la función `ExistePropiedad()` devuelva un valor `false`:

```
<!--
   Programa 6-7
-->
<html>
<head>
<script language="JavaScript">
```

```
<!--
   function ExistePropiedad(PropDeObjeto) {
     var ProbarProp = "" + PropDeObjeto;
     if (ProbarProp == "Indefinido")
        return false;
     else
        return true;
   }
   function Correo(NombreDePersona, DirDePersona) {
     this.Nombre    = NombreDePersona;
     this.Direccion = DirDePersona;
   }
   pers1 = new Correo("Jason", "jason@algunlado.com");
   pers2 = new Correo("María");
   alert(ExistePropiedad(pers2.Direccion));
//-->
</script>
</head>
</html>
```

En este caso, el objeto `pers2` existe, pero a la propiedad `Direccion` no se le ha asignado un valor. Por lo tanto, para esta propiedad se devuelve un valor `false`. Puede comprobar si existe un objeto completo con sólo probar una condición `true`; por ejemplo, en el contexto de los ejemplos anteriores:

```
if (pers1) {
   //El objeto 'pers1' existe
   ...
}
else {
   //El objeto 'pers1' no existe
   ...
}
```

Cómo usar el operador `typeof`

El operador `typeof()` es nuevo en Navigator de Netscape y permite determinar el tipo de una variable u objeto. Por ejemplo:

```
typeof("Hola, mundo");
```

devuelve la cadena "`string`". Puede usar el operador `typeof()` eficientemente para comprobar si existen varios objetos; de ser necesario, puede emplearlo en lugar de las funciones anteriores. Si ocupa `typeof()` con una propiedad de objeto, se devuelve el tipo de esa propiedad; por ejemplo, "`string`", etcétera. La siguiente tabla muestra los valores que devuelve `typeof()`.

Valor devuelto por `typeof()`	Ejemplo	Descripción
`"function"` (función)	`typeof(parseInt)`	El argumento es una función, ya sea una función estándar de JavaScript o una función definida por el usuario.
`"boolean"` (booleano)	`typeof(true)`	El argumento es un valor booleano, `true` o `false`.
`"number"` (número)	`typeof(8.68)`	El argumento es un número.
`"object"` (objeto)	`typeof(document)`	El argumento es un objeto estándar de JavaScript o un objeto definido por el usuario.
`"string"` (cadena)	`typeof("perros")`	El argumento es un objeto de tipo cadena.
`"undefined"` (indefinido)	`typeof(undefVar)`	El argumento es indefinido (se da por hecho que `undefVar` es una variable u objeto que aún no se crea).

NOTA: el valor `"undefined"` se devuelve tanto para las variables nulas como para los objetos que aún no existen. Por otra parte, observe que el valor nulo es, de hecho, un objeto en sí, por lo que `typeof(null)` devuelve la cadena `"object"`.

Cómo agregar nuevos métodos constructores a un objeto

Todos los objetos de JavaScript cuentan ahora con una propiedad `prototype` que les permite "extenderse" con los nuevos constructores que pueda crear para un objeto. Por ejemplo, usted puede crear sus propios métodos de manipulación de cadena, como se muestra en el ejemplo siguiente. Este programa define una función, `ContarCaracteres()`, que cuenta el número de apariciones de un carácter especificado (que se pasa a la función como argumento `"c"`). Se crea un objeto de tipo cadena denominado `oracion`, que contiene una oración sencilla, y se asigna la nueva propiedad `prototype` al objeto `String` de la siguiente manera:

```
String.prototype.contar.ContarCaracteres
```

donde `contar` es la nueva propiedad de objeto que se convertirá en el nuevo constructor (como una llamada de función) para un objeto de tipo cadena.
A la expresión se le asigna el valor `ContarCaracteres` que, en este caso,

es una referencia a la función ContarCaracteres() definida dentro del guión. El efecto de esta instrucción se traduce en que el constructor contar() ahora puede aplicarse a cualquier objeto de tipo cadena.

```
<!--
  Programa 6-8
-->
<html>
<head>
<script language="JavaScript">
<!--
function ContarCaracteres(c) {
  var Encontrados=0;
  for (var Contador=0; Contador <= this.length; Contador++) {
     // El valor de 'this' será el de la variable
     // de tipo cadena que haya sido especificada
     // cuando se invocó esta función
     UnCarac = this.toLowerCase().substring(Contador,Contador+1)
     if (UnCarac == c)
        Encontrados ++;
  }
  return(Encontrados);
}
var oracion =
        new String("El rápido wombat salta sobre" +
                   "el perezoso perro.");
 String.prototype.Contar = ContarCaracteres;
 var NumDeCarac = oracion.Contar("a");
 alert("Hay  " + NumDeCarac + " ocurrencias de 'a'.");
//-->
</script>
</head>
</html>
```

En el ejemplo, a la variable NumDeCarac se le asigna el valor de la expresión oracion.Contar("a"). La definición prototipo para contar() establece que se debe hacer referencia a la función ContarCaracteres(); por ello, esta función se aplica al objeto de tipo cadena oracion, que después devuelve el número de apariciones. La función es muy sencilla: usa un ciclo for para analizar el objeto de tipo cadena (este valor se almacena en el valor especial this) y se extrae cada carácter de la cadena mediante el método substring(). Los caracteres se convierten a minúsculas, de manera que todos se tomen en cuenta; recuerde que en JavaScript "a" no es lo mismo que "A", ya que a diferencia de HTML, JavaScript sí es un lenguaje que toma en cuenta el uso de mayúsculas o minúsculas.

Recuerde que los constructores no se llaman directamente, sino que se hace referencia a ellos mediante la propiedad prototype del objeto. Usted hace referencia al nombre después de la propiedad `prototype` para llamar la función que haya definido. Esto permite que especifique un constructor anexándolo a un objeto, lo cual es mucho más compacto. Expresiones como `string.toLowerCase()` son comunes en JavaScript; los prototipos de objeto le permiten crear sus propios constructores que hagan la manipulación del objeto.

Sin el uso de un prototipo de objeto, el valor de la cadena tendría que pasarse a la función `ContarCaracteres()`, para reescribirla así:

```
function ContarCaracteres(UnaCadena, c) {
  var apariciones=0;
  for (var contador=0; contador <= this.length; contador++) {
    thisChar =
        UnaCadena.toLowerCase().substring(contador,contador+1)
    if (thisChar == c)
        apariciones ++;
  }
  return(apariciones);
}
```

Esto no difiere mucho de la función original. Sólo se ha remplazado la instrucción `this` con el nombre de un argumento de cadena. Con esta función modificada, la siguiente expresión no se podría formar:

```
NumDeCarac = oracion.contador("a");
```

donde `oracion` es el objeto de tipo cadena que va a examinarse. En lugar de esto usted tendría que usar:

```
NumDeCarac = contador(oracion, "a");
```

para que el constructor no se aplique *al* objeto de tipo cadena. Los prototipos de objeto permiten que su código esté orientado a objetos en mayor medida al aplicarse constructores a los objetos, en vez de llamar a una función con el parámetro que usted debe procesar. Posteriormente, podrá elegir el método de su preferencia.

Resumen

Las variables son depósitos de valores temporales que existen durante el tiempo de vida de una aplicación de JavaScript. Se dice que tienen un *alcance* que especifica dónde se puede examinar o utilizar su valor. Las variables globales son variables definidas fuera de una instrucción `function`; las variables locales se encuentran *dentro* de las funciones de JavaScript.

♦ Las variables se crean mediante la instrucción `var`; opcionalmente, se les puede asignar un valor. La instrucción `var` puede omitirse cuando se asigna un valor a una variable mediante el operador de asignación (=) de JavaScript.

♦ JavaScript soporta múltiples tipos de variable, incluidas las cadenas, valores booleanos (`true`/`false`) y números. Las cadenas se representan internamente como "objetos" por sí mismas, esto es, son objetos de tipo cadena, que también cuentan con un constructor propio, por ejemplo, `String()`.

♦ Los objetos definidos por el usuario se crean mediante la instrucción `new` en combinación con una función de constructor que asigna *propiedades* al objeto. Una propiedad es un valor que pertenece a un objeto; se accede a ella especificando el nombre del objeto seguido de un punto (`.`) y luego el nombre de la propiedad; por ejemplo, `person1.Direccion` especifica que usted quiere acceder a la propiedad `Direccion` del objeto denominado `person1`. Los objetos incorporados en Navigator se acceden exactamente de la misma forma; por ejemplo, `document.bgcolor` es el color del fondo del documento de HTML actual, un reflejo del atributo `bgcolor` de las etiquetas `<body>`.

♦ Netscape Atlas introdujo los constructores `Object()` y `Array()` para crear nuevos objetos. `Array()` crea un arreglo y proporciona una propiedad `length`, igual al número de elementos del arreglo. `Object()` no cuenta con tal propiedad, por lo que usted debe codificar el número de elementos dentro del arreglo en la posición del primer elemento. A `Array()` le puede asignar elementos dentro del constructor; a `Object()` no. Los arreglos y objetos son lo mismo en JavaScript [para comprobarlo, use la expresión `javascript:Object() == Array()`].

♦ Emplee el operador `typeof()` para determinar el tipo de dato de un objeto o variable, o para determinar si realmente existe o no un objeto específico.

CAPÍTULO 7

Cómo usar JavaScript con formas de HTML

Fuera de JavaScript, las formas constituyen el único medio, para permitir la entrada de datos en una aplicación. Puede usar el contenedor de HTML `<form>` con diversas etiquetas que proporcionan interactividad, de manera que JavaScript las refleje como objetos dentro de una aplicación a fin de permitir una mayor manipulación.

Introducción a las formas de HTML y JavaScript

El lenguaje de JavaScript ha expandido muchos de los elementos existentes, principalmente para permitir la especificación de manejadores de evento. Al hacer clic con el ratón en un botón o al seleccionar un elemento de una lista, en JavaScript usted puede generar eventos que se interceptan y procesan según corresponda. En este capítulo analizamos cómo puede usar JavaScript para interactuar con los elementos de una forma, por ejemplo, con los campos de texto, casillas de selección, botones de radio y listas desplegables, así como la forma en que tales elementos pueden actualizarse dinámicamente y luego manipularse.

En este capítulo aprenderá cómo:

♦ JavaScript hace referencia a formas dentro de HTML

♦ Acceder y manipular elementos de una forma, por ejemplo, botones de radio y listas desplegables

♦ Agregar manejadores de evento a elementos de una forma

♦ Usar formas enriquecidas para propósitos de validación de datos

El contenedor `<form>`

El contenedor `<form>..</form>` es un depósito de elementos de una forma, por ejemplo, campos y áreas de texto, botones de radio, listas desplegables y casillas de selección. Las formas permiten teclear información (entrada) y después almacenarla para procesarla después. Antes de la introducción de JavaScript, las formas eran el único método para obtener datos del usuario dentro de un documento de HTML. JavaScript brinda el método `prompt()` para tener una entrada *ad-hoc*; sin embargo, las formas siguen siendo el único modo de preguntar datos al usuario directamente en una página. Bajo JavaScript, la etiqueta `<form>` de HTML tiene la siguiente sintaxis:

```
<form name = "NombreDeForma"
      [method = "POST|GET"]
      [action = "URL"]
      [enctype = "tipo"]
      [onSubmit = "función()|expresión"]
etiquetas de elementos de la forma
</form>
```

donde `name` especifica un nombre para la forma; `enctype` un tipo de codificación para los datos de la forma enviada (esto se especifica como un tipo de MIME); `method` es un método de transmisión de forma; `action` representa un URL de un guión de CGI que recibe a los datos de la forma; y `onSubmit` es un manejador de evento de JavaScript que permite interceptar una etiqueta `<input type="submit">`.

El debate entre CGI y JavaScript

Antes del navegador de Netscape versión 2.0 y JavaScript, una forma de HTML sólo podía enviar datos hacia un guión de CGI (un estándar para intercambiar información entre un documento de HTML y un servidor remoto) que corriera en un servidor remoto. CGI es un estándar muy empleado y está presente en la gran mayoría de los servidores interactivos del Web. Parte medular del concepto de CGI es el "script CGI", un programa o guión de programa elaborado en el lenguaje que usted desee, el cual acepta datos enviados desde una forma de HTML. Lo que el guión de CGI haga con la información depende de para qué haya sido programado. Los datos de la forma se envían en un formato codificado desde el cliente, por lo que la mayoría de los guiones la procesan de un modo más manejable, quizás almacenándola en el servidor en un *archivo plano* (un archivo sin estructura interna rígida) o en una base de datos estructurada. Las soluciones que utilizan CGI se han usado para muchos propósitos, por ejemplo, bitácoras, formas de HTML/correo electrónico e incluso en juegos.

Con JavaScript, el procesamiento de formas, digamos para validación, puede manejarse localmente en el cliente y, en muchos casos, sin necesidad de emplear un servidor. Los atributos `method` y `action` sirven principalmente para que los utilicen desarrolladores que programen un CGI que acepte los datos de la forma y después los procese. JavaScript tiene capacidades de almacenamiento limitadas (las "galletas" constituyen hoy en día la única manera de guardar localmente datos en disco; consulte el capítulo 13), aunque su módulo el lado servidor en LiveWire de Netscape sí tiene capacidad para interactuar con una base de datos. Con JavaScript, el énfasis se hace en la manipulación local de la información de la forma. Uno de los principales problemas con las formas es la validación, y JavaScript tiene un papel importante que desempeñar aquí. Si no se valida la forma localmente, el servidor debe hacerlo. La validación del lado servidor es compleja, ya que cada campo dentro de la forma debe analizarse y después, en caso de haber errores, debe enviarse una respuesta adecuada de vuelta al cliente. Esta puede ser una tarea muy difícil, en especial si son varios los errores que deban corregirse. Por ello, es importante usar JavaScript para validar una forma antes de enviarla a un servidor, pues así ahorra tiempo y ayuda a aminorar el tráfico en la red. Una vez que se ha enviado una forma validada, el servidor tiene la certeza de que los datos aceptados son correctos y están completos. Describimos la validación más adelante en este capítulo.

Elementos de una forma

El cuerpo de un contenedor `<form>` puede alojar cualquiera de las etiquetas de elementos de forma de HTML que muestra esta tabla.

Descripción	Elemento de etiqueta de HTML
Casilla de verificación	`<input type="checkbox">`
Botón para enviar forma	`<input type="submit">`

Descripción	Elemento de etiqueta de HTML
Campo oculto	`<input type="hidden">`
Botón oprimible	`<input type="button">`
Botón de radio	`<input type="radio">`
Lista de selección	`<select>...</select>`
Campo de texto	`<input type="text">`
Campo de área de texto	`<textarea>...</textarea>`

Cada uno de estos elementos, que analizamos posteriormente en este capítulo, se representa en JavaScript como una serie de propiedades del objeto `form`.

Cómo trata JavaScript a las formas

Cada contenedor `<form>..</form>` que se encuentra en el navegador se refleja en JavaScript como un objeto de tipo *forma*, lo cual significa que ésta tendrá una entrada en el arreglo `forms`; por ejemplo, `forms[0]` es la primera forma dentro del documento en uso de HTML. Asimismo, cada elemento dentro de una forma, por ejemplo, un botón de radio, una lista de selección o un campo de texto, también se representa como un objeto. Para acceder y manipular a tales objetos, usted debe adoptar una concepción jerárquica del documento de HTML. Analice el siguiente documento de HTML, el cual contiene dos formas con varios de sus elementos característicos:

```
<!--
  Programa 7-1
-->
<html>
<head>
<title>Algunas formas de ejemplo</title>
</head>
<body>
<basefont size=4>
<tt>
<form name="forma1">
Su nombre <input type="text" size=30 name="NombreCompleto"><p>
Por favor, seleccione los discos compactos que haya visto:
<dl>
<dd><input value="eisk" type="checkbox" name="cd1">Essential
Starter Kit<br>
<dd><input value="hhcs" type="checkbox" name="cd2">Hitch-hiking
Cyberspace<br>
</dl>
```

```
</form>
<form>
<textarea name="Comentarios" rows=5 cols=50>
Por favor, escriba sus comentarios aquí
</textarea><p>
¿Qué libros ha leído?
<select name="Libros">
<option>Essential Java*
<option selected>Netscape Navigator
<option>WWW Mosaic and More
<option>Essential Internet Guide
</select><p>
</form>
</tt>
</body>
</html>
```

En Navigator, esta forma sería parecida a la de la figura 7-1. Como puede ver, ya han sido seleccionadas, o pobladas, algunas opciones.

Conforme se carga este documento, JavaScript refleja cada elemento de la forma como una serie de objetos. Por ejemplo, los dos contenedores `<form>` ahora se accederán como `document.forms[0]` y `document.forms[1]`, respectivamente. Observe cómo la primera forma usa un atributo `name`; puede hacer referencia a esta forma con la expresión `document.forms["forma1"]`. Note, además, que este tipo de referencia no es posible con la segunda forma del ejemplo, pues no usa un atributo `name`. Ahora que la primera forma ya ha sido nombrada, puede evitar por completo emplear el arreglo `forms`; simplemente use `forma1`, por ejemplo, `document.forma1`. Puede usar el método que desee, dependiendo de los atributos que haya utilizado para definir la forma.

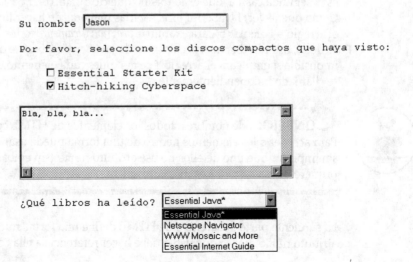

La forma,
tal como se
genera en
Navigator
Figura 7-1.

El primer campo de texto, en la primera forma, se representa en JavaScript como `document.forms[0].NombreCompleto` (o `document.formal.NombreCompleto`, etcétera) y el texto que hay dentro del campo puede accederse especificando el atributo `value`; por ejemplo, `document.forms[0].NombreCompleto.value`, que es "`Jason`" en la figura 7-1. También podría actualizar este texto dinámicamente, ya que los objetos de campo de texto son estructuras de *lectura-escritura*.

Posteriormente, hay dos casillas de verificación, denominadas `cd1` y `cd2`. Se reflejan en JavaScript como los valores `document.forms[0].cd1` y `document.forms[0].cd2`, respectivamente. Si utiliza la propiedad `checked` de un objeto de tipo casilla de verificación, puede detectar qué casilla está seleccionada. Por ejemplo, el valor de la expresión `document.forms[0].cd1` es `true` con respecto al ejemplo y a la figura 7-1, ya que la casilla denominada `cd2` está seleccionada actualmente. Como usamos un atributo `value` con cada casilla, el valor de cada opción también puede recuperarse, en este caso, empleando la propiedad `value` de la casilla (usando la expresión `document.forms[0].cd2.value`), la cual genera el valor "`hhcs`". El uso de atributos `value` es opcional dentro de una casilla de verificación, aunque algunas aplicaciones quizá tengan que asociar un valor a un botón de radio, de modo que el procesamiento posterior pueda llevarse a cabo. Más adelante ofrecemos ejemplos que le servirán para que comprenda mejor esto.

En algunos casos, quizá no haya asignado un atributo `name` a un objeto. ¿Cómo accedería usted a un elemento, por ejemplo, una casilla? Usaría el arreglo `elements[i]`, que es una lista de todos los objetos dentro de la forma, en el orden en que aparecen en el documento fuente. En el contexto de este ejemplo, el valor de la expresión `document.forms[0].elements[2].value` es "`hhcs`". Los números de elemento comienzan en cero en JavaScript, por lo que en este caso está observando el tercer elemento. El tercer elemento en `forms[0]`, la primera forma, es la segunda casilla, que es lo mismo que `document.forms[0].cd2.value`. Como puede ver, JavaScript ofrece varias maneras de hacer lo mismo. Puede emplear el arreglo `elements` para examinar *programáticamente* todos los elementos del arreglo, es decir, usando una instrucción `for` de JavaScript. Observe que esta técnica sería imposible si empleara el arreglo `forms`, pues cada elemento de la forma tendría que ser llamado independientemente.

CONSEJO: dé nombre a todos los elementos de HTML con el atributo `name`. Para acceder a los elementos dentro de una forma puede usar el arreglo `elements`, sin importar que uno de ellos no use atributo `name` (sin embargo, es innegable que el primero de los métodos es más conveniente).

La siguiente parte del archivo de HTML define una forma nueva. Ésta no tiene un atributo `name`, por lo que usted debe hacer referencia a ella como `forms[1]` desde la aplicación de JavaScript. También podría asignar el valor `forms[1]` a una variable, lo que sería más sencillo, en especial si existiese una forma dentro de otra ventana.

El primer elemento en la segunda forma es un objeto de tipo área de texto. En JavaScript, el valor contenido dentro de este campo se obtiene como `document.forms[1].comentarios.value`, donde `comentarios` es el nombre del objeto de tipo área de texto, según se nombra en el atributo `name` de la etiqueta `<textarea>`. Una vez más, si esta etiqueta no usó un atributo `name`, puede emplearse el arreglo `elements` (se devolvería el valor "`Bla, bla, bla...`" en este ejemplo).

Finalmente, existe un objeto `select`, definido con una etiqueta `<select>` de HTML; su nombre es `Libros`. Objetos como estos constituyen lo más difícil de manipular en JavaScript, dado que contienen múltiples valores. Sin embargo, si recuerda las propiedades de objeto de HTML descritas en el capítulo 4, un objeto `select` tiene una propiedad `selectedIndex`, que le indica qué etiqueta `<option>` se ha seleccionado. También hay un arreglo `options`, que refleja cada etiqueta `<option>` en el contenedor `<select>`. Los objetos de selección también tienen una propiedad `text` que refleja el texto después de la etiqueta `<option>`. Para ver qué opción está seleccionada, podría usar la expresión

```
document.forms[1].libros.options.selectedIndex
```

que devolvería el valor 0 debido a que el primer elemento en el ejemplo está seleccionado (en JavaScript, los índices de lista desplegable comienzan en cero). Para averiguar *cuál* es el primer ejemplo, esto es, qué texto se encuentra junto a la etiqueta `<option>`, analice la siguiente expresión, que es muy larga:

```
document.forms[1].libros.options[document.forms[1].libros.options.selectedIndex].text
```

Si omite la parte entre el arreglo `options[]`, tendrá una subexpresión más pequeña pero incompleta.

```
document.forms[1].Libros.options.text
```

Ahora debe indizar el arreglo `options`. En particular, debe especificar una expresión que devuelva la propiedad `selectedIndex` del arreglo `options`. Para hacerlo, debe trazar una ruta desde la jerarquía de objeto para llegar a este valor; de ahí lo largo de la expresión. Por suerte, puede simplificarla fragmentando la instrucción (*de adentro hacia afuera*) para formar nada más dos instrucciones: la primera almacena al objeto seleccionado; la segunda especifica el elemento de arreglo actual requerido, empleando el valor previamente almacenado. Por ejemplo:

```
elementoSeleccionado = document.forms[1].libros.options.selectedIndex;
textoElemento = document.forms[1].Libros.options[elementoSeleccionado].text;
```

Ahora la variable `textoElemento` guarda el texto `<option>` requerido, que es "`Essential Java*`" de acuerdo con la figura 7-1. En lo que resta de este capítulo daremos explicaciones adicionales de cada uno de estos elementos de la forma.

Cómo hacer referencia a campos de forma mediante JavaScript

Existen dos maneras aceptadas para acceder a campos de forma desde un programa de JavaScript:

♦ Haciendo referencia al nombre "completamente especificado" del campo desde una función de JavaScript

♦ Pasando el valor de campo de la forma directamente a la función mediante la notación "`this.form`".

Un nombre de campo "completamente especificado" emplea la jerarquía de objetos para hacer referencia al campo; comienza desde la ventana de nivel superior, o marco padre, llega hasta el objeto `document` y después al nombre del elemento de `campo` y formas adecuados. Por ejemplo, la siguiente aplicación accede a un forma empleando una referencia "completamente especificada" al campo de forma requerido.

```
<!--
  Programa 7-2
-->
<html>
<head>
<script language="JavaScript">
<!--
  function ObtenerDatos() {
    alert("Usted escribió: " +
          document.forms[0].miCampo.value);
  }
//-->
</script>
</head>
<body>
<form>
<input name="miCampo" type="text" size=45><br>
<input type="button"
       value="Oprímeme"
       onClick="obtenerDatos()">
</form>
</body>
</html>
```

En este caso, un manejador de evento onClick dentro de un botón llama a la función ObtenerDatos(), que despliega el texto que el usuario teclea en el campo de texto. Observe que para acceder al campo de texto, hemos especificado el nombre completo del campo de forma. En JavaScript, siempre se da por hecho que se trata de la ventana actual, por lo que no es necesario colocar como prefijo el nombre de ésta antes del objeto document, *a menos* que la forma exista dentro de una ventana autónoma o dentro de un marco (un documento con varias celdas).

La manera más compacta de hacer referencia a un campo de forma consiste en usar la instrucción this del siguiente modo:

```
<!--
  Programa 7-3
-->
<html>
<head>
<script language="JavaScript">
<!--
  function obtenerDatos(val) {
    alert("Usted escribió: " + val);
  }
//-->
</script>
</head>
<body>
<form>
<input name="MiCampo" type="text" size=45><br>
<input type="button"
       value="Oprímeme"
       onClick="ObtenerDatos(this.form.MiCampo.value)">
</form>
</body>
</html>
```

La expresión de JavaScript this.form hace referencia al objeto de la forma actual. Al colocar como prefijo el nombre del campo seguido por la propiedad value, usted puede enviar el valor de un campo directamente hacia la función obtenerDatos(). Observe cómo obtenerDatos() también acepta un argumento, val, que es el valor literal del campo de texto. Para acceder al valor literal debe usar la propiedad value de un elemento de forma. Algunos guiones simplemente pasan el valor this.form a una función y después hacen referencia al campo requerido agregando su nombre y la propiedad value. Todos estos métodos son válidos, pero asegúrese de saber cómo encuentran el texto. La regla de oro de las referencias a los campos es no olvidar la jerarquía de objetos al momento de hacer referencia a formas que se encuentren dentro de ventanas autónomas o marcos separados (consulte los capítulos 8 y 9 si desea información sobre estos temas).

Cómo manipular los elementos de una forma

Esta sección proporciona una descripción más profunda sobre cómo puede manipular los elementos de una forma en JavaScript. Abordaremos cada elemento de la forma, además de brindar ejemplos que le muestran cómo puede usar JavaScript para manipular y enriquecer cada elemento.

Casillas de verificación

Las casillas de verificación se crean con una etiqueta `<input type="checkbox">`; permiten que usted seleccione múltiples opciones al estilo encendido/apagado. En JavaScript, una casilla de verificación se refleja en dos objetos:

♦ El arreglo `elements`

♦ Un arreglo nombrado después del atributo `name` del botón de radio

Analice el siguiente programa de JavaScript y HTML, que muestra dos casillas de verificación y posteriormente permite ver sus propiedades empleando un cuadro de diálogo `alert()`:

```
<!--
  Programa 7-4
-->
<html>
<head>
<script language="JavaScript">
<!--
function MostrarValores() {
  alert("CASILLA DE VERIFICACIÓN 1:\n" +
        "Valor        : " + document.forms[0].cb1.value + "\n" +
        "Nombre       : " + document.forms[0].cb1.name + "\n" +
        "Seleccionado: " + document.forms[0].cb1.checked + "\n" +
        "CASILLA DE VERIFICACIÓN  2:\n\n" +
        "Valor        : " + document.forms[0].cb2.value + "\n" +
        "Nombre       : " + document.forms[0].cb2.name + "\n" +
        "Seleccionado: " + document.forms[0].cb2.checked);
}
//-->
</script>
</head>
<body>
<form>
¿Qué método de pago prefiere?<br>
<input type="checkbox"
       name="cb1"
       value="VS">Visa<br>
<input type="checkbox"
```

```
          name="cb2"
          value="MC" checked>Mastercard<p>
<input type="button"
          value="Ver valores"
          onClick="mostrarValores()">
</form>
</body>
</html>
```

La propiedad `checked` contiene un valor booleano, que será `true` cuando esté seleccionado una casilla y `false` en cualquier otro momento. El atributo `checked` establece la casilla marcada de modo predeterminado, es decir, una casilla activa cuando la forma se despliega por vez primera (una propiedad denominada `defaultChecked` se establece en `true` cuando esta casilla está habilitada). Las casillas de verificación predeterminadas se configuran por medio del atributo `checked` dentro de la etiqueta `<input>`. También puede hacer referencia a una casilla empleando el arreglo `elements`. Veamos un ejemplo ligeramente modificado del documento anterior, el cual emplea el arreglo `elements`:

```
<!--
  Programa 7-5
-->
<html>
<head>
<script language="JavaScript">
<!--
function MostrarValores() {
  alert("CASILLA DE VERIFICACIÓN 1:\n" +
      "Valor       : "+document.forms[0].elements[0].value + "\n" +
      "Nombre       : "+document.forms[0].elements[0].name + "\n" +
      "Seleccionado: "+ document.forms[0].elements[0].checked + "\n" +
      "CASILLA DE VERIFICACIÓN 2:\n\n" +
      "Valor       : "+document.forms[0].elements[1].value + "\n" +
      "Nombre       : "+document.forms[0].elements[1].name + "\n" +
      "Seleccionado: "+document.forms[0].elements[1].checked);
}
//-->
</script>
</head>
<body>
<form>
¿Qué método de pago prefiere?<br>
<input type="checkbox"
          name="cb1"
          value="VS">Visa<br>
```

```
<input type="checkbox"
       name="cb2"
       value="MC">Mastercard<p>
<input type="button"
       value="Ver valores"
       onClick="mostrarValores()">
</form>
</body>
</html>
```

En este ejemplo, los dos primeros elementos de la forma son las casillas de verificación. Asegúrese de usar el arreglo `elements` para verificar que esté haciendo referencia a los elementos de la forma correctos.

CONSEJO: las casillas de verificación pueden actualizarse "dinámicamente" asignando un valor `true` o `false` a la propiedad `checked` de las casillas (ya sea por medio del arreglo `elements` o del nombre de la casilla). Por ejemplo, en el ejemplo anterior, usted podría usar

```
document.forms[0].elements[1].checked = true
```

o

```
document.forms[0].cb2.checked = true;
```

que, en este caso, activaría la segunda casilla (la opción "Mastercard").

Si usa el arreglo `elements` al hacer referencia a las casillas, puede colocarlas dentro de sus *propias* etiquetas `<form>` a fin de hacer referencia a cada una más fácilmente. Incluso puede nombrar a la forma que las contiene utilizando el atributo `name` y referirse a ellas directamente, en vez de usar el arreglo `forms`.

Campos ocultos

Los *campos ocultos* son campos de texto que no aparecen dentro del navegador y que, por lo tanto, no pueden seleccionarse. Estos campos sirven para guardar valores durante el tiempo de vida de una aplicación. Para crear un campo oculto debe usar una etiqueta `<input type="hidden">`. Puede acceder al valor del campo

♦ Refiriéndose al campo con el arreglo `elements[]`

♦ Refiriéndose al valor del atributo `name` del campo, como se especifique en la etiqueta `<input>`

Campos de contraseña

Los *campos de contraseña* son campos de texto cuyo contenido está enmascarado con una serie de asteriscos (*); puede ocuparlos para proteger el desplegado de información importante. Sin embargo, el valor literal del campo, según se acceda mediante su atributo `value`, *no* estará oculto. Los campos de contraseña se crean con una etiqueta `<input type="password">` y se accede a ellos

♦ Haciendo referencia al campo mediante el arreglo `elements[]`

♦ Haciendo referencia al valor del atributo name del campo, según se especifique en la etiqueta `<input>`

Botones de radio

Los botones de radio se crean con una etiqueta `<input type="radio">` y le permiten seleccionar *una* opción de entre varias.

NOTA: cuando dé nombre a una serie de objetos de botón de radio, *cada* botón debe tener el *mismo* nombre; esto es, cada botón de radio debe tener el mismo valor en el atributo `name`. En JavaScript, un botón de radio se refleja en dos objetos diferentes:

♦ El arreglo `elements`

♦ Un arreglo nombrado de igual forma que el atributo `name` del botón de radio

Para observar cómo se manejan los botones de radio en JavaScript, observe el siguiente guión, que instrumenta un sistema de botones de radio para seleccionar una sencilla respuesta de sí/no:

```
<!--
  Programa 7-6
-->
<html>
<head>
<script language="JavaScript">
<!--
function VerValores() {
  alert("Opción 1 es: " +
        document.forms[0].elements[0].checked + "\n" +
        "Opción 2 es: " +
        document.forms[0].elements[1].checked);
}
//-->
</script>
```

```
</head>
<body>
<form>
<input name="sino"
       type="radio"
       checked>Sí<br>
<input name="sino"
       type="radio">No<p>
<input type="button"
       value="Haga clic aquí"
       onClick="verValores()">
</form>
</body>
</html>
```

Cuando hace clic en un botón del ejemplo, la función `VerValores()` muestra el estado actual de cada botón empleando la propiedad `checked` de cada uno de ellos. En este caso, utilizamos el arreglo `elements` para acceder a cada botón de radio.

Aunque todos los botones de radio deben tener el mismo valor en el atributo name, el arreglo `elements` no es el único modo de acceder a los valores. Cada objeto de tipo botón de radio está almacenado en un arreglo, por lo que, en el programa anterior `sino` es un arreglo de botones de radio, ejemplo, `sino[0]` y `sino[1]`, respectivamente.

Analice la siguiente aplicación, que emplea una serie de botones de radio que permiten llamar un algoritmo de búsqueda. El documento está estructurado a base de marcos; la página inicial del servicio de búsqueda está cargada en el marco inferior; la elección del servicio cargada en el inferior depende de la selección en el marco superior:

```
<!--
  Programa 7-7
-->
<html>
<head>
<script language="JavaScript">
<!--
var marcoSuperior =
    "<basefont size=3>" +
    "¿Qué página cargó en el marco inferior?<br>" +
    "<form>" +
    "<input name='BotonMenu' type='radio' " +
    "value='http://www.infoseek.com' checked>InfoSeek<br>" +
    "<input name='BotonMenu' type='radio' " +
    "value='http://altavista.digital.com'>Alta Vista<br>" +
    "<input name='BotonMenu' type='radio' " +
```

```
                    "value='http://www.yahoo.com'>Yahoo!<p>" +
                    "<input type='button' value='Cargar' " +
                    "         onClick='parent.cargarURL(this.form)'>" +
                    "</form>";

        var marcoInferior = "";

        function cargarURL(f) {
           for (var n=0; n < f.botonMenu.length; n++) {
              if (f.botonMenu[n].checked) {
                 parent.frames[1].location = f.botonMenu[n].value;
                 break;
              }
           }
        }
        //-->
        </script>
        </head>
        <frameset rows="50%,50%">
          <frame src="javascript:parent.marcoSuperior">
          <frame src="javascript:parent.marcoInferior">
        </frameset>
        </html>
```

La función `cargarURL()` toma un objeto de tipo botón de radio como argumento. Este argumento se pasa a la función mediante el botón de forma, el cual invoca la función `CargarURL()`, esto es,

```
<input type="button" value="Cargar" +
           onClick="parent.cargarURL(this.form)"> +
```

El valor de `this.form` es la forma actual, y se sustituye por el argumento `"f"` dentro de la función:

```
function cargarURL(f) {
   for (var n=0; n < f.botonMenu.length; n++) {
      if (f.botonMenu[n].checked) {
         parent.frames[1].location = f.botonMenu[n].value;
         break;
      }
   }
}
```

Entonces se realiza un ciclo `for` en cada botón de radio. Si el elemento del botón de radio actual está seleccionado, la propiedad booleana `checked` se establece en `true`; por lo tanto, `f.BotonRadio[n].checked` también será `true`. Ahora ya sabe qué botón está seleccionado y puede extraer la propiedad `value` para ver qué hay guardado en el atributo `value` de la etiqueta `<input>`. En este caso, cada atributo `value` almacena el URL de un servicio de búsqueda. Este valor se asigna a la propiedad `location` del marco inferior y entonces se carga el servicio de búsqueda según corresponda. El ciclo se abandona aquí, ya que el elemento seleccionado ha sido encontrado (y solamente un elemento *puede* estar seleccionado). Consulte el capítulo 9 si desea más información acerca de los marcos y cómo cargar URLs.

La función `cargarURL()` podría haberse rescrito para usar el arreglo `elements`; entonces tendría la forma:

```
function cargarURL(f, inicio, fin) {
  for (var n=inicio; n <= fin; n++) {
      if (f.elements[n].checked) {
        parent.frames[1].location = f.elements[n].value;
        break;
      }
  }
}
```

Observe la adición de los nuevos argumentos `inicio` y `fin`, que representan los elementos de inicio y fin que van a analizarse, esto es, el número de elemento del primero y último botones de radio. Recuerde que el arreglo `elements` contiene *todos* los elementos dentro de la forma, no sólo botones de radio. Por esta razón, debe indicar a la función el número de índice del elemento, es decir, una posición de arreglo en la cual comenzar y terminar. En el contexto del programa principal, usted llamaría a esta nueva función así:

```
<input type="button" value="Cargar!"
      onClick="parent.cargarURL(this.form,0,2)">
```

con lo que la función `cargarURL()` comenzaría con el elemento 0, el primer botón de radio, y finalizaría en el elemento 2, que es el tercer botón. Los elementos 0, 1 y 2 son los tres primeros elementos en la forma; de hecho, son los *únicos* elementos dentro de esta forma de ejemplo. Tal vez quiera agregar o insertar otros elementos posteriormente, en cuyo caso tendría que ajustar los números de elemento.

NOTA: la forma actual se pasa a la función, y no el botón de radio; los objetos de tipo botón de radio se recuperan desde el arreglo `elements`.

Además de las propiedades `checked` y `value`, también puede usar la propiedad `defaultChecked` para determinar si está seleccionado el valor predeterminado de un botón de radio. Los botones de radio predeterminados emplean el atributo `checked`; por ejemplo:

```
<form>
¿Cómo desea pagar?<br>
<input value="visa"
       name="pago"
       type="radio">Visa<br>
<input value="ax"
       name="pago"
       type="radio"
       checked>American Express<br>
<input value="mc"
       name="pago"
       type="radio">Mastercard<br>
</form>
```

indica que el botón de radio de en medio se activa cuando aparecen los botones por primera vez. En este caso, la propiedad `defaultChecked` de este botón se establecerá en `true`. Observe que un botón de radio también puede tener el estado `checked` y `defaultChecked` al mismo tiempo.

CONSEJO: los botones de radio puede configurarse dinámicamente asignándoles un valor `true` o `false`. En el el ejemplo anterior:

```
document.forms[0].elements[0] = true;
```

activaría el primer botón (la opción "Visa").

Botones de restablecimiento

Un *botón de restablecimiento*, como sugiere su nombre, sirve para restablecer la forma, de tal modo que a cada elemento se le asigne su valor original. Los valores originales se asignan a los elementos de una forma, etiqueta por etiqueta. Por ejemplo, las casillas de verificación utilizan la palabra clave `checked`, mientras los campos de texto emplean un atributo `value` para especificar un texto predefinido. Un botón de restablecimiento tiene esta forma general:

```
<input type = "reset" value = "Restablece la forma">
```

Como la etiqueta `<input type="reset">` produce un botón, es necesario usar el atributo `value` para asignarle cierto texto.

Lista de selección

Las listas de selección permiten hacer elecciones múltiples o individuales a partir de una lista de opciones. El contenedor `<select>` sirve para alojar la lista; cada opción de ésta se menciona junto a una etiqueta `<option>`; puede especificar tantas opciones como sea necesario. Las opciones de una lista de selección se reflejan en el arreglo `options` y todas comienzan en la posición de arreglo 0 y continúan en orden ascendente. JavaScript proporciona la propiedad `selected` (una propiedad booleana) que devuelve `true` si una opción específica está seleccionada, y `false` si no es así. La etiqueta `<option>` también acepta un atributo `selected`, que selecciona una opción predefinida. La propiedad `defaultChecked` de JavaScript devuelve `true` cuando esa opción esté seleccionada, y `false` en caso contrario. La propiedad `selectedIndex` devuelve el valor numérico de la opción de selección que usted haya elegido, mientras la propiedad `text` devuelve el texto especificado después de la etiqueta `<option>`.

Las listas también pueden presentarse de diversas maneras. Si una etiqueta `<select>` especifica un atributo `multiple`, se despliega toda la lista y puede seleccionar varias opciones. Su propia aplicación de JavaScript que procese cada lista debe hacerlo de acuerdo con la estructura de esta última. La etiqueta `<select>` también acepta un atributo `size=n`, que especifica el número de opciones de lista que deben desplegarse. Observe las siguientes reglas para el procesamiento de las listas:

♦ Cuando use una lista `<select multiple>`, todas las etiquetas `<option>` se despliegan y usted puede seleccionar varias de ellas. El programa de JavaScript que procese esta forma o lista de selección, debe iterar por el arreglo de opciones (`options`) y revisar la propiedad `selected` de cada una de ellas. Si devuelve un valor `true`, usted sabrá que la opción ha sido seleccionada. Continúe el ciclo de manera que todas las opciones se hayan procesado. La propiedad `length` del arreglo `options` contiene el número de elementos en la lista de selección; por ejemplo, una forma llamada `MiForma` usaría `MiForma.options.length` para determinar el número de opciones en una lista de selección. Observe que la propiedad `selectedIndex` *no* sirve en las listas de selección múltiple. Use la propiedad `text` para tener acceso a cada parte de texto de las etiquetas `<option>` (las opciones en sí).

NOTA: la propiedad `selectedIndex` se establecerá en –1 si no se han seleccionado opciones. No intente acceder a `options[-1]` porque ocurrirá un error: atrape primero la condición y avise al usuario, o adopte la acción correspondiente. Use la tecla CTRL con cada clic del ratón cuando elija varios elementos. Esto hará que las opciones se activen y desactiven.

Cuando use una etiqueta `<select>` por sí sola, la apariencia de la lista será de una elección única. Observe que sólo puede escoger *una* opción de la lista. Emplee la propiedad `selectedIndex` para tener acceso a ella, y la propiedad `text` a la parte de texto de `<option>`. Si no hay atributos `selected` especificados para cualquier otra opción, la lista predefinida pasa a la primera opción (0); para este tipo de lista no se devuelve un valor de –1.

♦ Cuando use `<select size=n>`, las primeras opciones "n" se desplegarán en la lista de selección, pero las opciones múltiples aún *no* podrán elegirse. Use las propiedades `selectedIndex` y `text`, como antes. Si no se han especificado atributos `selected` para ninguna de las opciones, la lista predefinida pasa a la primera opción (0); para este tipo de lista no se devuelve un valor de -1.

Listas de una sola selección La forma más sencilla de una lista de selección emplea una etiqueta `<select>` y tantas etiquetas `<option>` como sean necesarias. Este modo de lista permite una sola selección. Toda la lista de opciones se despliega "repentinamente" cuando el usuario hace clic en ella. Veamos la lista en sus estados predefinido(izquierda) y desplegada (derecha). Algunos prefieren usar la frase "descendente", en vez de "desplegada", pero esto es incorrecto, ya que no todas las listas de selección descienden. La dirección de la lista depende del espacio que deje en la parte inferior de la pantalla. Algunas aparecen hacia arriba, ya que no hay espacio suficiente debajo de la etiqueta `<select>` para mostrar todas las opciones. Navigator también proporciona una barra de desplazamiento dentro de la lista de selección cuando el número de opciones especificadas es muy grande.

Estado
predefinido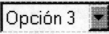

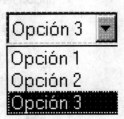

Lista abierta
o desplegada

Esta lista alterna entre el desplegado de una sola opción y el "repentino" conforme alguien hace clic en ella y escoge una opción. Por ejemplo, analice la siguiente lista de selección:

```
<!--
  Programa 7-8
-->
<html>
<body>
<form>
<select>
<option>Opción 1
<option>Opción 2
<option selected>Opción 3
</select>
</form>
</body>
</html>
```

la cual brinda tres opciones. Sólo se despliega una cuando la lista aparece por primera vez, aunque, debido a que se ha especificado un atributo `selected` para la tercera opción, este elemento se desplegará de modo predeterminado. Para acceder a las otras opciones se proporciona un botón pequeño a un costado; cuando alguien hace clic en él se despliegan las otras opciones; entonces puede escoger una. O puede hacer clic en la opción actual: la lista se desplegará de todos modos.

El objeto `<select>` en este ejemplo no tiene nombre; por ello, sólo puede acceder a él a través del arreglo `elements`, el cual es un arreglo de objetos de una forma en orden de aparición en el documento fuente; está ligado a cada forma en un documento de HTML. En este caso, el valor `document.forms[0].elements[0]` es la lista de selección. Tampoco le hemos puesto nombre a esta lista, por lo que hemos usado el arreglo `forms` para hacer referencia a ella. Sólo hay una forma, por lo que `forms[0]` hace referencia a ella.

Para obtener el valor de la primera etiqueta `<option>`, debe hacer referencia a la propiedad `document.forms[0].elements[0].options[0]`. No obstante, esta expresión no es suficiente, ya que debe usar la propiedad `text` para obtener el texto colocado después de la etiqueta `<option>`. Para obtener el de la primera opción tendría que emplear la expresión:

```
document.forms[0].elements[0].options[0].text
```

que en el ejemplo contiene el valor "Opción 1". Parece complejo, ya que ninguna de las etiquetas de HTML ha sido nombrada. Si usted restructura el HTML de la siguiente manera:

```
<!--
  Programa 7-9
-->
<html>
<body>
<form name="f1">
<select name="selObj1">
<option>Opción 1
<option>Opción 2
<option selected>Opción 3
</select>
</form>
</body>
</html>
```

podría usar opcionalmente esta expresión:

```
document.f1.selObj1.options[0].text
```

para obtener el valor del primer elemento de selección, esto es, el primer elemento `<option>`.

Debe emplear la propiedad `selectedIndex` para obtener el elemento seleccionado. Esta propiedad contiene el número de índice de la etiqueta `<option>` actualmente seleccionada, y debe usarlo para poner índice al arreglo `options[]`. En el ejemplo, y con relación a la lista desplegable que mostramos con anterioridad, donde está seleccionada la tercera opción, la expresión:

```
document.forms[0].elements[0].selectedIndex
```

devolvería el valor 2. En JavaScript, los valores de arreglo comienzan en cero (0), por lo que, en este caso, 2 es el tercer elemento. Recuerde que debe aplicar la propiedad `selectedIndex` a un objeto de tipo lista de selección y, en esta ocasión, `elements[0]` hace referencia al contenedor `<select>`, ya que es el único elemento de forma que existe. Si usara el HTML de ejemplo con las etiquetas `name` intactas, esta expresión podría cambiarse sin mayor problema por:

```
document.f1.selObj1.selectedIndex
```

que es mucho más sencillo que hacer referencia constantemente a números de índice del arreglo. Si pudiera almacenar el valor de esta expresión en una variable de JavaScript, podría pasarlo al arreglo `options` y extraer la opción seleccionada mediante la propiedad `text`, por ejemplo, con una instrucción como esta:

```
var indiSel = document.f1.selObj1.selectedIndex
```

Esta línea no es código de HTML válido, por lo que debe colocarlo dentro de un contenedor `<script>`. El ejemplo siguiente consta de un guión y una lista de selección en un solo documento, el cual le permite ver qué opción se ha seleccionado:

```
<!--
  Programa 7-10
-->
<html>
<head>
<script language="JavaScript">
<!--
function MostrarElemento() {
  var índiSel = document.f1.selObj1.selectedIndex;
  var optTex = document.f1.selObj1.options[indiSel].text;
  alert("Elemento seleccionado: " + optTex);
}
//-->
</script>
</head>
```

```
<body>
<form name="f1">
<select name="selObj1">
<option>Opción 1
<option>Opción 2
<option selected>Opción 3
</select><p>
<input type="button"
       value="Ver valor"
       onClick="MostrarElemento()">
</form>
</body>
</html>
```

Analice la variable `optTex`, que usa la variable `IndiSel` para poner índice al arreglo `options` y extraer el valor seleccionado actualmente. Un botón de forma (`<input type="button">`) usa un manejador de evento `onClick` para llamar a la función `MostrarElemento()`, que a su vez despliega la opción seleccionada, la cual se muestra mediante un método `alert()`, que se pasa a la variable `optTex` como un argumento.

Observe que puede omitir el arreglo `options` por completo en sus aplicaciones, puesto que un objeto de tipo lista de selección es, en sí, un arreglo, por lo que el arreglo `options` resulta superfluo. Por ejemplo, en el caso de esta etiqueta de HTML:

```
<select name = "selObj1">
```

ahora puede acceder a cada opción como `selObj1[0]`, `selObj1[1]` y `selObj1[2]`, incluidas todas las propiedades de estos objetos, por ejemplo, `selObj1[0].selected`, `selObj1[0].text`, etcétera.

Sin embargo, no puede emplear esta técnica cuando no ha nombrado el objeto de tipo lista de selección con un atributo `name`. La expresión de JavaScript `document.f1.elements[0].text` no generaría el valor de la primera opción dentro de una lista de selección, ya que el valor de `elements[0]` realmente hace referencia al "objeto" de la lista en toda su *extensión*, en vez de hacer referencia a un solo elemento dentro de ella. Cuando le da nombre a una lista de selección, resuelve el problema; entonces, puede acortar el código omitiendo por completo el arreglo `options`.

Todas las opciones que escoja se almacenan como valores booleanos (verdadero/falso) en la propiedad seleccionada, por lo que en el caso de la tercera etiqueta `<option>`, al ser seleccionada, el valor de la expresión de JavaScript:

```
document.f1.selObj1.selected
```

es `true`, como en la expresión:

```
document.f1.selObj1.options[2].selected
```

pero, como usted sabe, la parte "options[2]" es superflua y puede quitarla (pues el objeto de tipo lista selección ya tiene nombre). Usted podría, por lo tanto, codificar la función mostrarElemento() diferente explorando el arreglo options para saber qué propiedad selected se cambió a true.

Analice un ejemplo ligeramente modificado del guión anterior, que hace esto y no necesita ocupar la propiedad selectedIndex:

```
<!--
  Programa 7-11
-->
<html>
<head>
<script language="JavaScript">
<!--
function MostrarElemento() {
  var optTex = "";
  for (var i=0; i < document.f1.selObj1.length; i++) {
      if (document.f1.selObj1[i].selected) {
          optTex = document.f1.selObj1[i].text;
          break;
      }
  }
  alert("Elemento seleccionado: " + optTex);
}
//-->
</script>
<head>
<body>
<form name="f1">
<select name="selObj1">
<option>Opción 1
<option>Opción 2
<option selected>Opción 3
</select><p>
<input type="button"
       value="Ver valor"
       onClick="MostrarElemento()">
</form>
</body>
</html>
```

Este guión emplea una instrucción for para iterar tantas veces como haya opciones en el contenedor <select>. El valor de document.f1.selObj1.length contiene el número de opciones (tres, en este caso), por lo que el ciclo iterará tres veces.

La variable "i" sirve como contador para poner índice al objeto de tipo lista de selección, y se incrementa con cada iteración. En la primera iteración, usted revisa el valor:

```
document.f1.selObj1[0].selected
```

que, de ser `true`, almacena el valor de la propiedad `text` de la opción actual en la variable `optTex`. Una instrucción `break` (consulte el capítulo 3) entonces sale del ciclo en este punto, y el método `alert()` muestra el elemento seleccionado. Este método es más largo comparado con `selectedIndex`; de hecho, se está duplicando lo que *este* último ya hace.

La notación más compacta para acceder a la propiedad `text` del elemento seleccionado sería emplear la versión final de la función `mostrarElemento()`, como se muestra en este ejemplo:

```
<script language="JavaScript">
<!--
function mostrarElemento(f) {
  alert("Elemento seleccionado: " +
        f.selObj1[f.selObj1.selectedIndex].text);
}
//-->
</script>
```

y pasaría el valor de `this.form` en la llamada de función, la cual llama a `mostrarElemento()`. Por ejemplo:

```
<form>
<input type="button"
       value="Ver valor"
       onClick="mostrarElemento(this.form)">
</form>
```

En este caso, se llama a `mostrarElemento()` como `mostrarElemento(document.form1)`, y dado que se nombra al objeto de tipo lista de selección, usted puede asignarle un índice directamente como un arreglo y pasar el valor de la propiedad `selectedIndex` de los objetos (que se requiere en este caso) como un valor de índice del arreglo. En este ejemplo, no necesita nombrar a la forma, pues el valor de `this.form` aún hace referencia al nombre actual de ésta, sin importar que tenga nombre o no.

Listas de selección múltiple

Las listas de selección múltiple eliminan la necesidad de una lista desplegable, puesto que muestran todas sus opciones, como aparece a continuación.

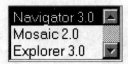

Estas listas también facilitan las selecciones de *varios* elementos, las cuales se realizan
haciendo clic en ellos mientras se mantiene oprimida la tecla CTRL. Para este tipo
de lista debe especificar el atributo múltiple en la etiqueta `<select>`; también puede
especificar el atributo `selected` dentro de todas las etiquetas `<option>` que
necesita. A continuación aparece una lista de selección múltiple (la de la derecha)
comparada con una lista de una sola selección (la de la izquierda).

Otra "característica" de las listas de selección múltiple es que exige en que se escoja al
menos una opción, cosa que resulta eficiente en muchas aplicaciones. Esto impone la
necesidad de una validación posterior, ya que acceder el arreglo `options` cuando no
hay opciones seleccionadas genera un error fatal. Observe que la propiedad
`selectedIndex` no sirve en una lista de selección múltiple, pues sólo devuelve la
primera opción elegida, y ninguna otra de las opciones seleccionadas. En esta forma de
lista de selección, usted debe comparar la propiedad `checked` contra cada elemento
del arreglo `options`. Por ejemplo, veamos una lista de selección múltiple con tres
elementos:

```
<!--
  Programa 7-12
-->
<html>
<body>
<form name="forma1">
¿Qué navegadores ha utilizado?<br>
<select multiple name="objSel1">
<option selected>Navigator 3.0
<option>Mosaic 2.0
<option>Explorer 3.0
</select>
</body>
</html>
```

El código requerido para acceder a varios elementos es similar al que vimos en la
sección anterior, relativa a las listas de selección de un solo elemento, excepto que debe
examinar todo el arreglo y obtener más de un elemento. Analice el siguiente guión, el
cual procesa una lista de selección múltiple:

```
<!--
  Programa 7-13
-->
<html>
<head>
<script language="JavaScript">
<!--
function mostrarElemento(selecCampo) {
  var optTex = "";
  var contador = 1;
  for (var i=0; i < selecCampo.length; i++) {
      if (selecCampo[i].selected) {
          optTex += contador +
                    ". " +
                    selecCampo[i].text +
                    "\n";
          contador ++;
      }
  }
  if (Contador==1)
     alert("No se seleccionaron elementos.");
  else
     alert("Elementos seleccionados:\n" + optTex);
}
//-->
</script>
</head>
<body bgcolor="White">
<form name="forma1">
¿Qué navegadores ha utilizado?<br>
<select name="selObj1" múltiple>
<option>Navigator 3.0
<option>Mosaic 2.0
<option>Explorer 3.0
</select>
<p>
<input type="button"
       value="Ver valor"
       onClick="MostrarElemento(this.form.selObj1)">
</form>
</body>
</html>
```

Esta aplicación presenta la lista de selección y, cuando alguien hace clic en el botón VER VALORES, se llama a la función `mostrarElemento()`, la cual, entonces, se pasa (se proporciona) al objeto de tipo lista de selección actual como un argumento (`this.form.selObj1`). Cuando `mostrarElemento()` comienza, inicia un ciclo que itera por cada elemento del arreglo de opciones. El valor de

selecObj.length contiene el número de opciones (<options>) de la lista.
Como ésta ha sido nombrada, puede aplicarle directamente un índice. El ciclo for,
por lo tanto, examina la propiedad selected de cada opción y, de resultar true,
la concatena con el objeto de tipo cadena, llamado optTex. También se mantiene una
variable de conteo que sirve para numerar cada una de las opciones seleccionadas.
Cuando el ciclo finaliza, un método alert() muestra las opciones escogidas.
Asimismo, hemos colocado una prueba para verificar si algunas de las opciones han
sido o no seleccionadas, de manera que se pueda desplegar el mensaje correspondiente.

CONSEJO: la propiedad defaultSelected es otro valor booleano que puede
usar en sus aplicaciones. Esta propiedad se establece en true cuando usted especifica
el atributo selected de una etiqueta <option> y cuando se selecciona la opción
(o se deja seleccionada), lo cual permite que vea si una opción predefinida ha quedado
seleccionada.

La forma final de una lista múltiple es la lista de selección <select size=n>.
Esta lista en realidad no permite selecciones múltiples, pero sí que varios elementos
puedan *verse* al mismo tiempo. Usted puede ocupar el mismo código que en la lista de
una sola selección, de la sección anterior, que emplea la propiedad selectedIndex.

Algunas listas de selección múltiple no le permiten desplazarse por la lista.
Esto ocurre cuando el número de opciones es pequeño y cabe dentro de la página, sin
necesidad de barras de desplazamiento. Sin embargo, aún así puede proporcionar
un sistema de navegación "arriba/abajo", como lo muestra la siguiente aplicación.
Este programa presenta una lista de selección múltiple y después despliega dos
imágenes, una flecha hacia arriba y abajo, respectivamente. Ambas imágenes son ligas
con un atributo de evento onClick asociado (si no le gustan las imágenes, puede
cambiarlas por botones). Al hacer clic en la flecha hacia arriba llama a la función
Arriba(); al hacer clic en la flecha hacia abajo llama a la función Abajo():

```
<!--
  Programa 7-14
-->
<html>
<head>
<script language="JavaScript">
<!--
var num = 0;
function Arriba() {
  var num = document.forms[0].SelecOpciones.selectedIndex;
  if (num != 0) {
```

```
        document.forms[0].SelecOpciones[num].selected    = false;
        document.forms[0].SelecOpciones[num-1].selected = true;
    }
}
function abajo() {
   var num = document.forms[0].SelecOpciones.selectedIndex;
   if (num != (document.forms[0].SelecOpciones.length - 1)) {
        document.forms[0].selecOpciones[num].selected    = false;
        document.forms[0].selecOpciones[num+1].selected = true;
    }
}
//-->
</script>
</head>
<body>
<center>
<table border=0>
<tr>
<form>
<td colspan=2>
<select multiple name="SelecOpciones">
<option selected>Egipto
<option>América del Sur
<option>Estambul
<option>Islas Galápagos
<option>Indonesia
<option>Malasia
<option>Sudáfrica
<option>Portugal
<option>España
<option>Reino Unido
</select>
</td>
<td>
<tr>
<td align="left">
  <a href="#"
     onClick="Arriba()"
     onMouseOver="window.status='Up'; return true">
  <img border=0 src="Arriba.gif"></a>
</td>
<td align="right">
  <a href="#"
     onClick="Abajo()"
     onMouseOver="window.status='Down'; return true">
  <img border=0 src="Abajo.gif"></a>
  </td>
</tr>
```

```
</td>
</form>
</tr>
</table>
</center>
</body>
</html>
```

Las funciones `Arriba()` y `Abajo()` obtienen el elemento seleccionado actualmente y después establecen la propiedad `selected` del elemento siguiente o anterior, dependiendo del botón oprimido en el valor lógico `true`. El elemento de lista *actualmente* seleccionado se establece en `false`; de no ser así, varios elementos se seleccionarán cuando usted haga clic en una flecha.

En cuanto a la función `Arriba()`, debe determinar el momento en que usted esté en la parte superior de la lista a fin de que no se realice acción alguna para desplazarse arriba del primer elemento de la lista, puesto que no hay nada ahí. En este caso, todo lo que debe hacer es revisar si el valor de `selectedIndex` es cero (0). La función `Abajo()` revisa si `selectedIndex` es igual al valor `length-1`, donde `length` es la propiedad de longitud de la lista de selección y contiene el número de opciones (`<option>`) de la lista. Se necesita el "`-1`" porque las listas de selección están numeradas a partir de cero (0), y la propiedad `length` en sí no toma en cuenta esto.

Cómo alterar dinámicamente las listas de selección

Navigator 3.0 proporciona más características para actualizar dinámicamente las listas de selección. Ahora puede alterar cuáles elementos seleccionar programáticamente, en vez de usar el atributo `selected` dentro de una etiqueta `<option>`. Actualmente, existen dos maneras de lograrlo:

◆ Asignando un valor `true` o `false` a una posición del arreglo adecuada, dentro de la lista de selección, mediante la propiedad `selected`

◆ Asignando un valor numérico a la propiedad `selectedIndex` de una posición de arreglo adecuada, dentro de la lista de selección involucrada

Por ejemplo, este guión detecta el día en curso y automáticamente lo ilumina desde un objeto de tipo lista de selección:

```
<!--
  Programa 7-15
-->
<html>
<head>
<script language="JavaScript">
<!--
  function mostrarElemento() {
```

```
      Hoy = new Date();
      Dia  = Hoy.getDay(); // 0: Domingo, 1: Lunes...
      if (Dia == 0) { document.forma1.Dia[6].selected = true; }
      if (Dia == 1) { document.forma1.Dia[0].selected = true; }
      if (Dia == 2) { document.forma1.Dia[1].selected = true; }
      if (Dia == 3) { document.forma1.Dia[2].selected = true; }
      if (Dia == 4) { document.forma1.Dia[3].selected = true; }
      if (Dia == 5) { document.forma1.Dia[4].selected = true; }
      if (Dia == 6) { document.forma1.Dia[5].selected = true; }
   }
}
//-->
</script>
<head>
<body bgcolor="White" onLoad="MostrarElemento()">
<form name="forma1">
Hoy es:
<select name="Dia">
<option>Lunes
<option>Martes
<option>Miércoles
<option>Jueves
<option>Viernes
<option>Sábado
<option>Domingo
</select>
</form>
</body>
</html>
```

Cuando la lista aparece por primera vez, el día se selecciona en `Lunes`, pero tan pronto se carga el documento, el atributo de evento `onLoad` llama a la función `MostrarElemento()` que, a su vez, actualiza la propiedad `selected` del objeto de tipo lista de selección. Observe que este objeto se nombró mediante un atributo `name`, por lo que puede darle índice como un arreglo en vez de usar el arreglo `options`; es decir, al actualizar el arreglo `options` habría obtenido el mismo resultado. Hemos empleado el método `getDay()` para determinar el día en curso; así se devuelve un número (0 para el domingo, 1 para el lunes y así sucesivamente). Podría hacer más compacto el código, lo cual siempre es importante, pues entre más HTML escriba, más tiempo se necesitará para cargarlo en el navegador. Para hacer el código más compacto, emplee la propiedad `selectedIndex` y haga referencia a un elemento de arreglo directamente en vez de asignar valores `true` o `false`. Esto requerirá que altere la numeración de las etiquetas `<option>` del contenedor `<select>`, de modo que sean directamente equivalentes al valor devuelto por el método `getDay()` de JavaScript. Por ejemplo:

```
<!--
  Programa 7-16
-->
<html>
<head>
<script language="JavaScript">
<!--
  function mostrarDia() {
    Hoy    = new Date();
    elDia = hoy.getDay();
    document.forma1.dia[elDia].selected = true;
  }
//-->
</script>
<head>
<body bgcolor="White" onLoad="mostrarDia()">
<form name="forma1">
Hoy es:
<select name="Dia">
<!--
  Nota: Esto tiene que estar en el mismo orden que
  getDay() devuelve.
-->
<option>Domingo
<option>Lunes
<option>Martes
<option>Miércoles
<option>Jueves
<option>Viernes
<option>Sábado
</select>
</form>
</body>
</html>
```

Como puede ver, este guión es más compacto; no necesita ni una sola instrucción `if` y corre significativamente más rápido. Observe el reordenamiento de los días para que concuerden con los valores devueltos por `getDay()`.

Ahora Navigator 3.0 ofrece la posibilidad de alterar la propiedad `text` de una lista de selección asignando un nuevo valor directamente al elemento del arreglo de la lista. Analice el siguiente guión, que acepta un número de elemento y cierto texto a través de una forma y después lo usa para actualizar una lista de selección activa:

```
<!--
  Programa 7-17
-->
<html>
```

```
<head>
<script language="JavaScript">
<!--
  function actualizarElemento() {
    var numIndice = parseInt(document.forma1.miElemento.value);
    var AlgunTexto = document.forma1.miTexto.value;
    document.forma1.items[numIndice].text = algunTexto;
  }
//-->
</script>
<head>
<body>
<form name="forma1">
<select name="items" múltiple>
<option>Este es el elemento 0
<option>Este es el elemento 1
<option>Este es el elemento 2
</select>
<p>
Quiero que el elemento <input name="miElemento" type="text" size=3>
tenga el texto: <input name="miTexto" type="text" size=30><p>
<input type="button" value="Actualizar!" onClick="actualizarElemento()">
</form>
</body>
</html>
```

La función `actualizarElemento()` extrae los valores de campo de la forma (observe cómo se utiliza la propiedad `value` cuando es necesario acceder al *contenido* real de un campo) y convierte el valor del campo `miElemento` en un valor entero mediante el método `parseInt()`. Los valores del arreglo son números y como usted ha introducido la ficha mediante un campo de texto, el valor debe convertirse en un valor numérico [`parseInt()` sirve principalmente para convertir cadenas a valores numéricos]. Este programa no valida el número del elemento introducido, así que, por ejemplo, introducir un valor más alto que el número de los elementos de lista da como resultado un error (sin embargo, este resultado puede atraparse fácilmente en una sencilla rutina de validación).

Botones de envío

Un *botón de envío* se utiliza dentro de una forma para iniciar la transmisión de ésta a un servidor del Web. Las formas pueden asociarse a un guión que cumpla con el estándar CGI. El atributo `action` de la etiqueta `<form>` especifica un URL, el cual hace referencia al guión que aceptará la información de la forma. Puede emplear JavaScript para interceptar un envío de forma antes de que se transmita al servidor donde se procesará posteriormente, o para validar la forma, etcétera. Para hacer referencia a un botón de envío use:

♦ El arreglo `elements` que represente al elemento de botón

♦ El atributo `name` del botón

Por ejemplo, una forma con un botón de envío puede parecerse a esto:

```
<form action = "http://servidoren.algunlugar.com/cgi-bin/proceso.pl"
     method = "POST">
Por favor, escriba sus comentarios:<br>
<textarea cols = 60 rows = 5></textarea>
<input type = "submit" value = "Envíe sus datos al servidor">
</form>
```

que representa un campo de área de texto (que describiremos después) y envía el contenido del campo al guión denominado `proceso.pl`, que reside en el directorio `/cgi-bin` en el servidor llamado `servidoren.algunlugar.com`. Este guión es un programa de Perl (la extensión del nombre del archivo del guión, `.pl`, es signo de ello), que acepta los datos de la forma, en este caso, un solo campo de área de texto. Lo que el guión haga con los datos no es evidente en esta etapa. No hay modo de ver el contenido de un guión de CGI, a menos que esté almacenado específicamente en el servidor, en un archivo de sólo texto; cuando hace referencia a un guión de CGI mediante su URL simplemente llama al guión, no muestra su contenido. A diferencia de JavaScript, cuyo código fuente se halla principalmente insertado dentro de archivos de HTML, los guiones de CGI están almacenados por separado, siempre remotamente en el servidor y nunca se transportan al cliente.

Áreas de texto

Un *campo de área de texto* es similar a un campo de texto, sólo que la entrada puede abarcar varias líneas. El contenedor `<textarea>` sirve para crear el campo: emplee los atributos `rows` y `cols` para especificar las dimensiones del área de texto. Una aplicación de JavaScript puede hacer referencia a las áreas de texto mediante:

♦ El arreglo `elements` que representa al campo de área de texto

♦ El atributo `name` del campo de área de texto

Todo texto colocado entre el contenedor se refleja en la propiedad `value` de este objeto; por ejemplo:

```
<!--
  Programa 7-18
-->
<html>
<body>
<form>
```

```
<textarea name="at" rows=5 cols=30>
Este es un campo de área de texto.
</textarea>
</body>
</html>
```

crearía un campo de área de texto con 5 filas y 30 columnas. El valor de la expresión `at.value` sería, por lo tanto, `"Este es un campo de área de texto."`. Puede actualizar dinámicamente el contenido de un área de texto asignando un valor a su propiedad `value`; por ejemplo, empleando esta instrucción de JavaScript:

```
documento.forms[0]at.value = "Texto siguiente";
```

colocaría el texto "`Texto siguiente`" en el campo de área de texto denominado "`at`", que se encuentra dentro de la primera forma del documento en uso. Consulte el capítulo 5 si desea ejemplos que ilustren algunas rutinas de manejador de evento que puede emplear con campos de área de texto.

Campos de texto

Los campos de texto sirven principalmente para permitir una entrada numérica en una aplicación. Los valores numéricos que se tecleen en los campos de texto deben transformarse en el equivalente numérico mediante una función apropiada de JavaScript, por ejemplo `parseInt()`, de modo que usted pueda usar tal entrada como un argumento numérico a fin de poder usarlo como un índice en un arreglo, etcétera. Un campo de texto se crea mediante una etiqueta `<input type="text">`; como "`text`" es el tipo predefinido, sólo puede omitir opcionalmente el atributo `type` cuando defina tales campos. Puede emplear el atributo `size` para especificar la longitud del campo (en caracteres). Puede hacer referencia a un campo de texto dentro de una aplicación de JavaScript mediante:

◆ El arreglo `elements` que representa al campo de texto

◆ El atributo `name` del campo de texto

Los valores que se introduzcan en un campo de texto pueden actualizarse dinámicamente asignando un valor (texto) adecuado al campo de texto, mediante la propiedad `value`. Esta propiedad también será un reflejo del valor predefinido del campo, que originalmente se asignó con el atributo `value` (opcional) de las etiquetas `<input>`. Los campos de texto son ubicuos en todas las aplicaciones de JavaScript que usen formas; puede verlos en todo este libro.

Botones definidos por el usuario

Un botón es una región de la pantalla donde se puede hacer clic y puede estar asociada a una expresión de JavaScript, por ejemplo, una llamada a una función u otra instrucción. Los botones son elementos de las formas que se crean mediante la etiqueta `<input type="button">`; puede hacerles referencia por medio de:

♦ El arreglo `elements` que representa al elemento de botón

♦ El atributo `name` del botón

El manejador de eventos `onClick` (consulte el capítulo 5) sirve para permitir que los botones llamen instrucciones de JavaScript. Por ejemplo, la hora y fecha en curso podrían desplegarse con el siguiente código de HTML:

```
<!--
  Programa 7-19
-->
<html>
<body>
<form>
<input type="button"
       value="La hora y la fecha"
       onClick="Hoy=new Date(); alert(Hoy)">
</form>
</body>
</html>
```

Las funciones pueden llamarse con sólo nombrar la función en el manejador `onClick`. Si existe una función en el documento actual, simplemente utilice su nombre. Si se encuentra dentro de otro documento que esté cargado en un marco o ventana diferentes, asegúrese de agregar los prefijos necesarios: "`parent.frames[n].`" para un marco, o "`NombreDeVentana`" en el caso de una ventana específica, donde `NombreDeVentana` es la variable asignada al método `window.open()` que creó la ventana. Por ejemplo:

```
•
<!--
  Programa 7-20
-->
<html>
<head>
<script language="JavaScript">
<!--
function llamarAestaFuncion() {
  alert("¡Se ha utilizado la función!");
}
//-->
</script>
</head>
<body>
<form>
```

```
<input type="button"
       value="Invocar función"
       onClick="llamarAestaFuncion()">
</form>
</body>
</html>
```

Botón de texto dinámico

Navigator 3.0 permite que cambie dinámicamente el texto de un botón asignando una nueva cadena al atributo `value` del objeto de tipo botón. Por ejemplo, puede tener el siguiente código de HTML:

```
<html>
<body>
<form>
<input type="button"
       value="Viejo botón"
       onClick="this.value='Nuevo botón'">
</form>
</body>
</html>
```

que espera a que haga clic en el botón etiquetado como VIEJO BOTÓN, después de lo cual muestra el valor NUEVO BOTÓN en éste. Aquí usamos la instrucción `this` para hacer referencia al objeto de tipo botón actual. Si usted no usara la instrucción `this`, tendría que hacer referencia a `document.forms[0].elements[0].value`, que es más largo.

Si asigna una cadena más larga de la que asignó previamente al atributo `value`, el texto se recorta para caber dentro de las dimensiones del botón y no lucirá muy bien. Amplíe el tamaño de los botones colocando espacios alrededor del texto para la cara del botón. Observe que el botón en sí no puede redimensionarse tras ser generado, a menos que vuelva a cargar el documento por completo.

Cómo usar la etiqueta `<input type=image>`

Los botones también pueden ser imágenes (en el formato GIF o JPEG) que utilicen el `atributo type="image"`. Por ejemplo, puede usar la imagen denominada `nuevo.gif` como un botón con el siguiente código de HTML:

```
<form>
<input type="image"
       src="nuevo.gif"
       onClick="alert('¡Botón oprimido!')">
</form>
```

Si su imagen no luce como "botón", use la técnica alternativa:

```
<a href="#" onClick="alert('!Botón oprimido¡')">
<img src="nuevo.gif">
</a>
```

que transforma la imagen en una liga sobre la cual puede hacer clic. El signo de número (#) significa que no se carga URL alguno cuando hace clic en la liga. En este caso, el manejador de evento `onClick` sirve para atrapar el evento. Asimismo, usamos un método `alert()`, aunque usted quizá hubiera preferido llamar a una función de JavaScript para hacer algunas otras tareas.

El uso de imágenes-ligas en vez de botones depende de sus preferencias personales. Ambas técnicas tienen ventajas y desventajas. Las ligas ponen un mensaje en la barra de estado, lo cual tal vez no sea lo que usted necesite; los botones no introducen mensaje. Las ligas que especifican un atributo `href` y `onClick` pueden cargar un URL *y* activar un evento; los botones solamente pueden activar un evento cada vez. Observe que podría escribir y llamar a una función definida por el usuario de manera que simule una liga que emplea los atributos `onClick` y `href` (podría actualizar la propiedad `location` para cargar un nuevo documento y simular el atributo `href`).

CONSEJO: dentro del navegador, usted puede crear mensajes personalizados para la barra de estado mediante el atributo de evento `onMouseOver` dentro de una liga `<a href>`. Consulte el capítulo 2 si desea más ejemplos de la propiedad `window.status` que se usa con las ligas.

Validación de formas con JavaScript

JavaScript es particularmente eficaz para la validación de la forma, sobre todo gracias a que puede manipular elementos de la forma, por ejemplo, campos de texto y listas de selección. En su expresión más sencilla, la validación implica verificar la entrada para asegurar que los valores proporcionados se ajusten a lo que se espera de ellos y que estén dentro de límites aceptables. La validación se vuelve más difícil debido a que usted está en libertad de introducir casi cualquier cosa en la forma. Por ello, el programador debe verificar los tipos de datos y las secuencias de carácter para asegurar que la entrada que se proporciona es válida.

El tipo de rutinas de validación que diseñe serán las mismas si desarrolla una aplicación que se ejecute en el programa cliente o una que se comunique con un guión de CGI (CGI es un estándar ubicuo, que facilita la transmisión de datos de una forma entre un cliente y un servidor en Internet).

NOTA: cuando diseñe rutinas de validación, hágalo siguiendo un criterio de campo por campo; asegure que cada campo se valide conforme se introduzcan datos en él. En algunos casos, el valor de un campo puede afectarse por otro campo, por lo que su orden es importante. Para resolver el problema, puede verificar si el campo anterior se ha poblado con un valor adecuado; de lo contrario, niegue el acceso al campo actual. Navigator 3.0 cuenta con el nuevo operador `typeof()`, que puede utilizar para verificar el tipo de datos de un objeto específico, por ejemplo, una variable, lo cual será útil en las rutinas de validación, como veremos más adelante.

Cómo asegurar que un campo sea numérico

Un campo es numérico si todos los caracteres son números y no de tipo alfabético. Observe el siguiente guión, que analiza cada carácter de un valor de entrada y lo compara contra un rango de dígitos numéricos, de 0-9. Al almacenar los dígitos válidos dentro de un valor numérico, puede usar el método `indexOf()` de JavaScript para ver si hay un dígito específico en el valor de entrada (en este caso, un campo de una forma). Luego, cada dígito se examina contra cada carácter del valor de entrada. El método `indexOf()` devuelve un número que representa la posición de inicio de una secuencia de caracteres que debemos localizar dentro de una cadena, o el valor -1 si tal secuencia no puede ubicarse. Al comparar el valor de la variable `contador` con la longitud del valor de entrada, usted puede probar si se han analizado todos los caracteres y si todos ellos son dígitos:

```
<!--
   Programa 7-21
-->
<html>
<head>
<script language="JavaScript">
<!--
function EsNumero(Dato) {
   var CadenaNumeros="0123456789";
   var EsteCaracter;
   var Contador = 0;
   for (var i=0; i < Dato.length; i++)  {
       EsteCaracter = Dato.substring(i, i+1);
       if (CadenaNumeros.indexOf(EsteCaracter) != -1)
          Contador ++;
   }
   if (Contador == Dato.length) {
      // ¡Todos los caracteres son números!
      alert("¡Está bien! Es un número.");
```

```
   }
   else
      alert("No es un número.");
}
//-->
</script>
</head>
<body>
<form>
Por favor, escriba un número:
<input name="num">
<input type="button"
        value="Enviar"
        onClick="EsNumero(this.form.num.value)">
</form>
</body>
</html>
```

Esta forma de validación también atrapa las entradas que contengan números y letras, por ejemplo, "`29a.`". El apéndice D contiene una versión ligeramente modificada de este programa, la cual devuelve un valor `true` o `false` y permite que la función se integre a un rango de otras aplicaciones de JavaScript más fácilmente.

Cómo asegurar que un campo sea alfabético

El operador `typeof()` tiene una serie de problemas cuando prueba solamente los valores alfabéticos en un campo. Los problemas surgen porque los campos de texto son cadenas y la prueba de un resultado de cadena siempre será verdadera, sin importar qué caracteres haya dentro del campo. Para resolver este inconveniente, es necesario que analice cada carácter en la cadena a fin de asegurar que no contenga un número. Examine la siguiente aplicación:

```
<!--
  Programa 7-22
-->
<html>
<head>
<script language="JavaScript">
<!--
function ValorAlfanum(Dato) {
  var CadenaNumeros="0123456789";
  var EsteCaracter;
  for (var i=0; i < Dato.length; i++) {
      EsteCaracter = Dato.substring(i, i++);
      if (CadenaNumeros.indexOf(EsteCaracter, 0) != -1) {
          alert("¡Lo siento! No se permiten números en este campo");
          document.forms[0].NombrePersona.value="";
```

```
                break;
            }
        }
    }
    //-->
    </script>
    </head>
    <body>
    <form>
    Por favor, escriba su nombre:
    <input name="NombrePersona" type="text">
    <input type="button"
            value="Enviar"
            onClick="ValorAlfanum(this.form.NombrePersona.value)">
    </form>
    </body>
    </html>
```

Cuando introduzca texto y haga clic en el botón de la forma, la función
`ValorAlfanum()` analizará cada carácter del valor introducido en el campo de
texto mediante un ciclo `for`, que itera de `0` hasta el valor de la propiedad `length`
de la cadena. El método `substring()` obtiene cada carácter y lo prueba contra la
cadena `CadenaNumeros`. La variable `CadenaNumeros` contiene una lista de
números que van de `0` al 9 (en este caso, los caracteres que usted quiere rechazar).
El método `indexOf()` de JavaScript devuelve la posición de un carácter dentro
de una cadena, o `-1` si el carácter no existe. Al probar cada dígito contra el valor del
campo, puede saber si aparece un número dentro.

NOTA: si aparece un número, se emite una advertencia y una instrucción
`break` termina el ciclo en este punto del programa. Si no aparece número alguno, el
ciclo saldrá normalmente y se emitirá un mensaje de alerta que dice ACEPTAR.
El apéndice D contiene una versión ligeramente modificada de este programa, la cual
devuelve un valor `true` o `false`, de manera que la función pueda integrarse más
fácilmente a un rango de aplicaciones.

Cómo asegurar que un campo de texto no está vacío

Una cadena que tiene el valor "" está vacía. Usted puede probar la propiedad `length`
del campo de texto para saber si es `0`, lo cual también indica que se trata de un campo
vacío. Observe la siguiente aplicación, que prueba la propiedad `length` de una
cadena y le advierte si el campo está vacío:

```
<!--
   Programa 7-23
-->
<html>
<head>
<script language="JavaScript">
<!--
function EstaVacio(Dato) {
  if (Dato.length == 0) {
     // Advierte al usuario y devuelve al campo:
       alert("Debe escribir su nombre completo");
       document.forms[0].NombrePersona.focus();
  }
  else {
     // Pasa el foco (atención) al siguiente campo:
       document.forms[0].DirDeCorreo.focus();
  }
}
//-->
</script>
</head>
<body>
<form>
Nombre completo:
<input name="NombrePersona"
       type="text"
       onChange="EstaVacio(this.form.NombrePersona.value)"><br>
Dirección de correo electrónico:
<input name="DirDeCorreo" type="text">
</form>
</body>
</html>
```

Esta aplicación difiere de las anteriores en que un atributo de manejo de evento se ha especificado dentro del primer campo. El evento `onChange` se desencadena cada vez que el contenido del campo se cambia. Cuando se introduce un valor por primera vez en el campo, este evento se dispara y el control pasa a la función `EstaVacio()`. El valor del campo también se pasa a la función como el argumento `dato`. La función `EstaVacio()` revisa la propiedad `length` del argumento `dato`; si es igual a cero, usted sabrá que el campo se ha dejado vacío. En este caso, se da al usuario una advertencia y se coloca nuevamente el foco de atención en el primer campo.
Si el usuario oprimió la tecla TAB mientras estaba en el primer campo, también se llamará al evento `onChange`. Al colocar el foco otra vez en el primer campo, se recuerda al usuario que debe introducir texto en ese campo.

De hecho, el evento `onChange` puede ignorarse en esta aplicación con sólo hacer clic en el segundo campo, tan pronto como la forma aparezca dentro del navegador, para invalidar así la rutina de validación. Puede solucionar esto modificando el programa de manera que el primer campo obtenga el foco automáticamente cuando el programa se cargue, y después emplear un evento onBlur para validar el campo. Un evento onBlur se dispara cuando el foco se retira de un campo (usando la tecla TAB o haciendo clic en un nuevo elemento de la forma). Veamos la nueva aplicación, completa:

```
<!--
  Programa 7-24
-->
<html>
<head>
<script language="JavaScript">
<!--
function VerificarVacio(Dato) {
  if (Dato.length == 0)
    document.forms[0].NombrePersona.focus();
}
//-->
</script>
</head>
<body onLoad="document.forms[0].NombrePersona.focus()">
<form>
Nombre completo:
<input name="NombrePersona"
       type="text"
       onBlur="VerificarVacio(this.form.NombrePersona.value)"><br>
Dirección de correo electrónico:
<input name="DirDeCorreo"
       type="text">
</form>
</body>
</html>
```

Cuando el documento se carga, el foco se coloca automáticamente en el primer campo de la forma utilizando el método focus() dentro de un evento onLoad en la etiqueta <body>. El atributo de evento onBlur en el primer campo llama a la función VerificarVacío() con el valor del campo. VerificarVacio() pasa el foco de vuelta al primer campo si éste sigue vacío, por lo que el usuario no puede seleccionar el segundo campo hasta que haya introducido datos en el primero. Consulte el capítulo 5 si desea más ejemplos de atributos de evento, por ejemplo, onBlur y onFocus, así como el uso de éstos dentro de las aplicaciones de JavaScript.

Sin embargo, el término "vacío" puede ser ambiguo. Una vez más, la validación en el programa anterior podría evitarse colocando uno o más espacios en el primer campo. Un espacio, aunque no pueda verse, es un carácter. Tal vez quiera escribir una pequeña función que revise si un campo está *realmente* vacío, al verificar la existencia de

espacios utilizados como caracteres. El siguiente ejemplo hace esto; también verifica
si el campo está totalmente vacío:

```
<!--
  Programa 7-25
-->
<html>
<head>
<script language="JavaScript">
<!--
  function EstaVacio(Dato) {
    for (var i=0; i < Dato.length; i++) {
        if (Dato.substring(i, i+1) != " ") {
            alert("¡Está bien!");
            return(false);
        }


    }
    alert("Por favor, no deje solamente espacios.");
    document.forms[0].NombrePersona.value="";
    return(true);
  }
//-->
</script>
</head>
<body>
<form>
Nombre:
<input name="NombrePersona" type="text" value="" size=30>
<input type="button"
       value="Enviar"
       onClick="EstaVacio(this.form.NombrePersona.value)"><br>
</form>
</body>
</html>
```

La función `EstaVacio()` del ejemplo anterior usa un ciclo `for` para analizar cada
carácter del campo que se le pase. Al emplear la función `substring()` para ir
de carácter en carácter y comparar después este carácter con un espacio, usted puede
saber si todo el campo se compone de espacios. En caso de encontrarse un carácter que
no sea de espacio, el ciclo termina y se despliega el mensaje correspondiente. Si el ciclo
realiza todo su recorrido, habrá buscado un espacio en cada carácter y se emitirá una
advertencia (el campo también se restablece en un valor vacío). En el apéndice D se
encuentra una versión más pequeña de esta función que sólo devuelve un valor
booleano.

Cómo asegurar que un valor numérico esté entre ciertos límites

Verificar que un valor numérico caiga dentro de un cierto rango requiere del uso de los operadores numéricos de JavaScript: > (mayor que), >= (mayor que o igual a), < (menor que), y <= (menos que o igual a). Los operadores lógicos "y" (&&) y "o" (| |) también son útiles. Por ejemplo, esta sencilla función asegura que un campo de edad esté dentro de ciertos límites:

```
function RevisarEdad(edad) {
  if ((edad >= 18) && (edad <=30))
    alert("La edad está entre 18 y 30.");
}
```

Si la edad es mayor que o igual a 18 *y* menor que o igual a 30, entonces la función finaliza normalmente; pero si no es así, se emite un mensaje de advertencia. En esta etapa, de nuevo podrá asignar un valor vacío al campo o tomar la acción adecuada.

Cómo asegurar que sólo se proporcionen valores en mayúsculas o minúsculas

Usted puede asegurar que un campo se pueble con mayúsculas o minúsculas empleando los métodos toUpperCase() y toLowerCase(). Por ejemplo, cuando este campo deja de ser el foco, su contenido se cambia a mayúsculas de modo automático:

```
<!--
  Programa 7-26
-->
<form>
Nombre: <input type="text"
           size=30
           onBlur="this.value=this.value.toUpperCase()"><p>Dirección:<br>
<textarea cols=50 rows=5>
</textarea>
```

El valor de this.value es la información introducida en el campo de texto por el usuario. Al reasignar el valor de mayúsculas en este campo mediante el atributo de evento onBlur, el contenido del campo siempre se convertirán a mayúsculas cuando el usuario oprima TAB, es decir, cuando el foco pase a otro campo, por ejemplo, el de área de texto del ejemplo. Este tipo de validación se conoce como *posvalidación,* ya que se realiza después de que el usuario ha tecleado cierta información.

Si quiere saber si un campo se tecleó con mayúsculas o minúsculas, puede usar una rutina de prevalidación, como:

```
<!--
  Programa 7-27
-->
<html>
<head>
<script language="JavaScript">
<!--
function VerificaMayMin(CampoTexto) {
  if (CampoTexto != CampoTexto.toUpperCase()) {
    alert("Por favor, escriba el texto SÓLO en minúsculas.");
    document.forms[0].NombreDePersona.focus();   // Reenfoca el campo
    document.forms[0].NombreDePersona.select();  // Selecciona el dato
  }
}
//-->
</script>
</head>
<body>
<form>
Nombre: <input type="text"
                size=30
                onBlur="VerificaMayMin(this.value)"><p>
Dirección:<br>
<textarea cols=50 rows=5>
</textarea>
</form>
</body>
</html>
```

Esta aplicación revisa si `NombreDePersona` está en mayúsculas; de no ser así, se emite una advertencia y el campo se convierte otra vez en el foco de atención. Después, los datos del campo se seleccionan a la espera de que el usuario introduzca otra entrada.

Las advertencias de validación pueden volverse molestas. Considere la actualización de la propiedad `window.status` para desplegar mensajes de barra de estado en vez de usar cuadros de diálogo `alert()`; así ahorraría tiempo, pues no tendría que oprimir botones para aceptar mensajes. Volver a seleccionar el campo, mediante el método `select()` en este ejemplo, también resultaría una opción útil para ahorrar tiempo, puesto que le permite sobrescribir de inmediato los datos existentes de un campo sin tener que volver a iluminarlo manualmente. La validación de letras minúsculas puede hacerse de la misma manera.

Resumen

♦ Cada etiqueta de contenedor `<form>` se refleja en el arreglo `forms` de JavaScript. Por ejemplo, `document.forms[2]` hace referencia a la tercera forma en el documento actual. Observe que en JavaScript los índices de forma comienzan en cero (0).

♦ Si le da un nombre a la forma `<form>` mediante el atributo `name`, puede hacer referencia a ella mediante su nombre directamente. Por ejemplo, si tiene `<form name="MiForma">`, puede hacer referencia a esta forma como `document.MiForma` o como `document.forms["MiForma"]`; ambas son equivalentes.

Cada elemento de una forma dentro de un contenedor `<form>` (casilla de selección, botón de radio, etcétera) se refleja en un objeto que se nombra de acuerdo con el atributo `name` de ese elemento. Si un elemento de una forma no tiene un nombre asociado, puede hacer referencia a él mediante el arreglo `elements`. Por ejemplo, la expresión: `document.forms[0].elements[0]` es el primer elemento dentro de la primera forma del `documento` actual. Para hacer referencia a formas en otros marcos o ventanas, añada un nombre de objeto adecuado como prefijo de la propiedad `document`, por ejemplo, `parent.frames[0]` para el primer marco dentro de un documento con marcos o, en el caso de una ventana que se haya abierto mediante el método `open()`, su nombre tal como lo haya asignado a la llamada `open()`.

♦ Todos los elementos de una forma pueden enriquecerse incluyendo un "manejador de evento". Un atributo de manejo de evento especifica el tipo de evento que habrá de detectar este elemento de la forma. Por ejemplo, un botón creado con `<input type="button">` podría usar un manejador de evento `onClick` a fin de detectar el momento en que usted haga clic en el botón, para después llamar a una instrucción o función de JavaScript, etcétera.

♦ La mayoría de los elementos de una forma tienen atributos que también se reflejan en propiedades de objeto de JavaScript. Por ejemplo, una casilla de selección podría activarse al asignar un valor `true` a la propiedad `selected` de un objeto de tipo casilla de verifcación. A esto se le conoce como selección "dinámica", ya que la selección es programática, esto es, la hace el programa, no el usuario.

♦ Una de las principales ventajas de JavaScript reside en el manejo de formas para validación. Esto es, puede usar un número de rutinas para validar los campos de una forma y asegurar así que cumplan con las reglas y condiciones específicas que usted haya establecido. Si su forma se va a enviar a un servidor del Web, puede asegurar que todos lo datos sean válidos antes de transmitirlos. Así, evita que el servidor haga tareas de validación posteriores, las cuales, en sí, requerirán de más transmisiones por la red antes de que la forma se valide por completo. Sin JavaScript, los datos de la forma no pueden procesarse localmente. Las aplicaciones que pueden usar JavaScript pueden implementar rutinas para complementar los CGI y, en algunos casos, incluso pueden remplazarlos.

CAPÍTULO 8

Cómo manipular ventanas con JavaScript

Una ventana es un área autónoma (efectivamente, otra ventana de navegador) en la que puede escribir texto formateado con HTML. JavaScript proporciona un muy importante método relacionado con la ventana (que se considera en realidad como un objeto), denominado open(), que permite que pueda abrirse esa ventana. Las aplicaciones de ventanas múltiples ofrecen ventajas, ya que la información puede presentarse al usuario externamente desde la ventana principal del navegador.

Cómo crear ventanas

Al usar el método `open()`, el autor (programador) puede abrir una ventana nueva, especificar su apariencia en términos de tamaño e interfaz (barra de herramientas, ubicación, campo, etcétera) para después escribir ahí texto y otros objetos según sea necesario. El uso de `open()` es similar a seleccionar Archivo / Nuevo navegador del Web en Navigator 3.0 de Netscape, excepto que con JavaScript usted tiene más control sobre la apariencia de la ventana. También puede controlar lo que se muestre dentro de la ventana actualizando dinámicamente su contenido mediante los métodos de objeto document de JavaScript, por ejemplo, `open()`, `write()` y `close()`.

CONSEJO: no confunda `window.open()` con `document.open()`. Este último sirve para abrir un texto y escribir HTML dinámico en un documento. Si emplea `open()` sin nada, una nueva ventana seguirá abierta, dado que window es el objeto de nivel superior en JavaScript y Navigator 3.0 dará por hecho que usted quiere abrir una nueva ventana.

El método `open()` es una propiedad del objeto window y tiene la siguiente sintaxis:

```
window.open("URL", "NombreDeVentana", "CaracteristicasDeVentana,...");
```

donde URL especifica la localización del recurso que deberá cargarse en la nueva ventana; note que es opcional: si se deja en blanco, como una cadena vacía, la ventana se abre sin documento cargado inicialmente. NombreDeVentana es el nombre de la ventana pero no su título, y CaracteristicasDeVentana es una lista opcional de *características*, separada mediante comas, que usted puede agregar a la ventana. Las características, en este caso, incluyen la barra de herramientas del navegador, botones de directorio, campo de localización, barra de menús, barras de desplazamiento y otras más, por ejemplo, el redimensionamiento de ventana.

CONSEJO: la ventana creada más recientemente recibe el "foco de atención", esto es, está seleccionada, aunque puede cambiar el comportamiento del foco empleando los nuevos métodos `focus()` y `blur()` del objeto window, los cuales describimos más adelante en este capítulo.

Cada característica de ventana se representa como un atributo con un nombre único; por ejemplo, `toolbar` —y puede activarse o desactivarse mediante especificaciones `yes/no` o `1/0`. En la cadena CaracteristicasDeVentana no se permiten espacios. La siguiente tabla ilustra cada atributo.

Atributo	Valores	Descripción
copyhistory	[=yes|no] | [=1 | 0]	¿Copiar la historia? (sí/no)
directories	[=yes|no] | [=1 | 0]	Botones de directorio (activar desactivar)
height	= altoenpixeles	Altura de la ventana (pixeles)
location	[=yes|no] | [=1 | 0]	Barra de ubicación (activar/desactivar)
menubar	[=yes|no] | [=1 | 0]	Barra de menús (activar/desactivar)
resizable	[=yes|no] | [=1 | 0]	¿Redimensionar la ventana? (sí/no)
scrollbars	[=yes|no] | [=1 | 0]	¿Barras de desplazamiento? (sí/no)
status	[=yes|no] | [=1 | 0]	Barra de estado (activar/desactivar)
toolbar	[=yes|no] | [=1 | 0]	Modo barra de herramientas (activar/desactivar)
width	= anchoenpixeles	Ancho de la ventana (pixeles)

Todos los valores del atributo predefinido usan yes (1) y el tamaño de la nueva ventana simula al de la anterior, en caso de no haberse especificado. El orden de los atributos no es importante y puede especificarse arbitrariamente. El atributo copyhistory copia el contenido de la ventana anterior (la ventana principal, en caso de estarse creando la primera ventana) en la ventana actual. Por ejemplo, usted podría crear una ventana nueva que mida 300 pixeles de ancho x 200 pixeles de alto, mediante el siguiente guión:

```
<!--
  Programa 8-1
-->
<html>
<script language="JavaScript">
<!--
  var miUrl = "http://www.oro.net/usuarios/de17/indice.htm";
  window.open(miUrl, "ventana1", "width=300,height=200");
//-->
</script>
</html>
```

donde miUrl es el URL que quiere cargar en la nueva ventana, en este caso, el archivo indice.htm que se encuentra en el directorio /usuarios/de17 del servidor web www.oro.net. Esta nueva ventana *hija* heredará todas las características de la ventana padre principal del navegador, excepto las nuevas dimensiones.

CONSEJO: puede usar el contenedor `<title>..</title>` para asignar un título a una ventana. Para hacerlo, debe escribir esta etiqueta contenedor dinámicamente en la ventana (lo cual describiremos en la siguiente sección). A menos que asigne el título específicamente cuando escriba texto HTML en una ventana, el navegador proporciona el texto *"Generated by file..."* (generado por archivo...). No obstante, este texto desaparece muy rápido cuando entre en efecto el contenedor `<title>`.

Al colocar todos los atributos de ventana en una sola cadena y transferirla después al método `open()`, puede hacer que el código sea más legible y ahorrar repetirlo al mismo tiempo; por ejemplo:

```
opcionesVentana = "width=500,heigth=250,scrollbars=0";
window.open("", "miVentana", opcionesVentana);
```

Posteriormente, puede hacer referencia otra vez a `opcionesVentana` en caso de que desee que otras ventanas tengan la misma apariencia.

Marcos y ventanas: las diferencias

JavaScript tiene un objeto `window` y varios otros sinónimos que puede emplear de acuerdo con la estructura de su propia aplicación. Una ventana separada, esto es, autónoma, es solamente otro entorno del navegador con sus propias definiciones `window`, `top` y `self`. Además, puede tener otros objetos insertados, por ejemplo, los marcos (*frames*). No confunda las ventanas autónomas con los objetos de ventana; no son lo mismo.

Las ventanas autónomas no se representan como un objeto en JavaScript; no existe, como tal, un arreglo `windows`. Puede asignar las ventanas creadas más recientemente a una variable, si bien es cierto que no hay reflejo en ninguna de sus propiedades. Los marcos y las ventanas son idénticos en JavaScript, pero es muy importante distinguir entre un documento dentro de una ventana *autónoma* y un documento dentro de un marco, que es parte de una ventana existente. Las ventanas autónomas son, en efecto, clones de la ventana principal del navegador y también pueden contener marcos y múltiples documentos insertados. Los documentos con marcos (consulte el capítulo 9) son regiones separadas de una ventana y pueden tener URL cargados; documentos de HTML, por poner un caso.

Cómo asignar una llamada `open()` a una variable

Para manipular ventanas y su contenido debe asignar el método `open()` a una variable de JavaScript. Después, puede usar esta variable como prefijo de otras instrucciones de JavaScript que tengan que hacer referencia a esa ventana, tal vez `document.write()`, etcétera. Por ejemplo, podría crear una ventana denominada `ventanaAyuda` mediante la sencilla instrucción:

```
ventanaAyuda = open("", "ventanaAyuda", "widht=300",height=150");
```

Al construir la línea anterior en una aplicación, puede escribir texto dinámicamente compuesto con HTML dentro de la ventana de manera automática o con base en un evento asociado con un objeto, por ejemplo, un botón o una liga. Por ejemplo, el siguiente guión presenta un botón que, al hacerle clic, abre una ventana nueva, donde se escribe cierto texto formateado con HTML empleando como prefijo de la función `document.writeln()` el nombre de la ventana, en este caso, `ventanaAyuda`:

```
<!--
  Programa 8-2
-->
<html>
<script language="JavaScript">
<!--
function CrearNuevaVentana() {
  ventanaAyuda = window.open("", "ventanaAyuda",
                "width=300,height=150");
  ventanaAyuda.document.writeln("<h1>Ventana de ayuda<hr></h1>");
}
//-->
</script>
<body>
<form>
<input type="button"
       value="Abrir una ventana"
       onClick="CrearNuevaVentana()"
</form>
</body>
</html>
```

CONSEJO: el método `open()` en realidad devuelve un valor de identificación de ventana para la variable que usted asigne a cualquier ventana recientemente creada. También puede ver el valor en el código colocando un método `alert()` en el lugar adecuado, por ejemplo, `alert(ventanaAyuda)` después de la línea `window.open()` en el ejemplo anterior, a fin de ver el valor asignado. De esta manera, a cada nueva ventana que cree con `window.open()` se le asiganará un valor único.

Cómo actualizar dinámicamente objetos en una ventana

Los objetos dentro de una ventana hija pueden actualizarse por medio de la ventana padre escribiendo texto formateado con HTML dinámicamente en el objeto document de la ventana que usted quiera.

Cómo actualizar campos de texto en otras ventanas

Observe, por ejemplo, el siguiente guión, que comienza por crear una ventana y un objeto de tipo campo de texto. Después, colocamos un botón en la ventana padre, cuyo evento onClick cambia el valor del campo en la ventana hija:

```
<!--
  Programa 8-3
-->
<html>
<head>
<script language="JavaScript">
<!--
  // Crear una ventana:
  var ventana1 = window.open("", "miVentana",
             "toolbar=0,width=300,height=100");
  ventana1.document.open();
  ventana1.document.writeln("<title>Ventana hija 1</title>" +
    "<form><input type='text' size=20 value='Viejo valor' " +
    "name='UnNombre'></form>");
  ventana1.document.close();
//-->
</script>
</head>
<body>
<form name="miForma">
<input
 type="button"
 onClick="ventana1.document.forms[0].unnombre.value='Nuevo valor'"
 value="Cambiar valor">
</form>
</body>
</html>
```

Observe cómo hemos puesto el nombre de la ventana (ventana1) como prefijo del objeto document para que los métodos open(), close() y writeln() se apliquen a esa ventana específica.

Cómo escribir texto y gráficos en otra ventana

Una vez que se ha abierto una ventana, usted puede escribir texto formateado con HTML en ella poniendo como prefijo todos los métodos `document.write()` con la variable que haya asignado al método `window.open()`. Por ejemplo:

```
var miVentana = window.open(...);
MiVentana.document.write(...);
```

Observe la siguiente aplicación, que despliega una serie de imágenes reducidas referentes a varios productos (en este caso, libros) y que después permite que el usuario haga clic en la portada de un libro, de manera que se abra una ventana nueva con detalles de ese elemento. Podría usar un documento con marcos para codificar una aplicación similar y después analizar su contenido (aunque a algunas personas les gusta minimizar una ventana). Esto sería más difícil de instrumentar si emplease un marco, ya que siempre debe estar visible en alguna parte de la pantalla. La figura 8-1 ilustra este ejemplo tal como se ve en Navigator.

```
<!--
Programa 8-4
-->
<html>
<head>
<script language="JavaScript">
<!--
  var librosDeTexto = new Object();
  librosDeTexto[1] =
    "<img align='left' src='essjav1.gif'>" +
    "Título  : <b>ESSENTIAL JAVA*</b><br>" +
    "Autor : Jason Manger<br>" +
    "ISBN   : 0-07-709292-9<hr>" +
    "Un libro sobre las dos nuevas tecnologías para publicar en el Web " +
    "los lenguajes <b>Java</b> y <b>JavaScript</b>. Una guía " +
    "para novatos y expertos. Incluye secciones para el " +
    "desarrollo de código HTML dinámico, programar interfaces GUI con Java, " +
    "usar hilos (threads) para multitarea y flujos de bits para distribuir " +
    "aplicaciones de Java. Docenas de programas de Java y JavaScript " +
    "están documentados y examinados en el libro, que incluye una extensa serie de " +
     "apéndices.<p>" +
    "<img width=30 src='cd.gif'> Contiene <b>Java Developer's" +
    " Kit 1.0<b>";
  librosDeTexto[2] =
    "<img align='left' src='netnav.gif'>" +
    "Título  : <b>NETSCAPE NAVIGATOR</b><br>" +
    "Autor : Jason Manger<br>" +
    "ISBN   : 0-07-709190-6<hr>" +
    "Una profunda guía para el navegador más popular, <b>Netscape " +
```

```
        "Navigator</b>. Este libro abarca también HTML nivel 3.0 y " +
        "detalles de las utilerías para noticias (news), correo (email) y " +
        "mucho más.";
    librosDeTexto[3] =
        "<img align='left' src='hhcs.gif'>" +
        "Título : <b>HITCH HIKING CYBERSPACE</b> <br>" +
        "Autor   : Jason Manger<br>" +
        "ISBN    : 0-07-709786-6<hr>" +
        "Un CD-ROM que viene en <b>dos</b> partes. La primera viene con " +
        "una copia de <b>Netscape Navigator</b> e incluyen una versión en " +
        "hipertexto de los libros de Jason, <i>The WWW Mosaic and More</i>, " +
        "<i>Netscape Navigator</i> y <i>The Essential Internet " +
        "Information Guide</i>. La segunda parte contiene todo excepto el software de " +
        "Navigator. <p> <img width=30 src='cd.gif'> No menos de " +
        "10 herramientas sumamente útiles se incluyen, tal como <b> Netmanage " +
        "Chameleon</b> que es un software para acceso a Internet con TCP/IP.";
    librosDeTexto[4] =
        "<img align='left' src='swwwm&m.gif'>" +
        "Título  : <b>THE WORLD WIDE WEB, MOSAIC AND MORE</b><br>" +
        "Autor   : Jason Manger<br>" +
        "ISBN    : 0-07-705170-6<hr>" +
        "Una guía del popular navegador <b>Mosaic</b> e información detallada" +
        "sobre <b>CGI´s</b> (Common Gateway Interface), " +
        "todo en un solo libro. Un CGI permite a HTML acceder a bases de datos " +
        "en servidores remotos, otorgando una gran interacción con documentos " +
        "de hipertexto.";
    function mostrarLibro(número) {
        if (número == null) {
            alert("¡No pudo localizarse este producto!");
            return;
        }
        opcionesVentana = "toolbar=0,location=0,width=650,height=400";
        ventana1    = window.open("", "MiVent", opcionesVentana);
        ventana1.document.open();
        ventana1.document.write(
                "<html>" +
                "<head><title>Información del producto</title>" +
                "<base href='" + location + "'></head>" +
                "<body background='atras1.gif' text=White>" +
                librosDeTexto[Numero] +
                "<hr>" +
                "<img align='right' src='logo.gif'>" +
                "<form><input type=button value='Terminado' " +
                "onClick='self.close()'></form>" +
                "</body></html>");
        ventana1.document.close();
    }
```

```
//-->
</script>
</head><title>LIBROS SOBRE INTERNET Y DISCOS COMPACTOS PUBLICADOS<title>
<body text="White" background="atrás1.gif" link="Yellow">
<img align="left" src="mgh5.gif" hspace=12 border=0>
<font size=+3>
<img src="logo.gif"> LIBROS PARA 1996...
</font>
<basefont size=4>
<center>
<table cellspacing=20 border=0>
<tr valign="bottom" align="middle">
 <td>
   <a href="#" onMouseOver="window.status='Essential Java*'; return
   true" onClick="MostrarLibro(1)">
   <img border=1 src="essjav1.gif">
   <a>
 </td>
 <td>
   <a href="#" onMouseOver="window.status='Netscape Navigator';
   return true" onClick="MostrarLibro(2)">
   <img border=1src="netnav.gif">
   </a>
 </td>
 <td>
   <a href="#" onMouseOver="window.status='Hitch-Hiking CD'; return
   true" onClick="MostrarLibro(3)">
   <img border=1 src="hhcs.gif">
   </a>
 </td> <td>
 <a href="#" onMouseOver="window.status='WWW Mosaic & More'; return
true" onClick="MostrarLibro(4)">
<img border=1 src="swwwm&m.gif">
   <a>
 </td>
</tr>
</table>
</center>
<dl>
<dd><img src="mano.gif"> Bienvenidos a la sección de libros de
McGraw-Hill.<p>
<dd><img src="mano.gif"> Por favor, seleccione la cubierta de un
libro para mayor información acerca de él. Se abrirá una nueva ventana
para mostrar los detalles. Puede cerrarla o minimizarla si lo desea.
</dl>
</form>
</body>
</html>
```

El texto es un arreglo que contiene cuatro valores. Hemos creado el arreglo usando el constructor Object() de JavaScript, y hemos asignado valores a los elementos 1 a 4. Dentro de estos cuatro elementos está almacenada una serie de cadenas formateadas con HTML que describen cuatro productos (libros). Después, en el guión las portadas de estos libros se mostrarán, como se ilustra en la figura 8-1, y usted puede hacer clic en un libro para ver detalles sobre él. Por ejemplo:

```
<td>
  <a href="#" onMouseOver="window.status='Hitch-Hiking CD'; return
  true" onClick="MostrarLibro(4)"><img border=1 src="hhcs.gif">
  </a>
</td>
```

define una liga sin un URL de destino; de ahí el uso del signo de número (#), aunque éste, a su vez, llama a una función definida por el usuario, denominada mostrarLibro(), cuando se haga clic sobre esta liga. El argumento numérico que se pasó a mostrarLibro(), en este caso, 4, representa un libro cuyos detalles usted quiere ver y está relacionado con un elemento en el arreglo libroDeTexto, esto es, librosDeTexto[4]. Entonces, la función mostrarLibro() crea una ventana nueva y, en este ejemplo, escribe en ella el contenido del cuarto elemento del arreglo libroDeTexto, junto con la portada del libro con cierto formato de HTML adicional. Observe que todas las llamadas a document.write() llevan como prefijo el nombre de la nueva ventana. Entre el HTML escrito en la ventana nueva se halla un botón con un manejador de evento onClick que cierra la ventana empleando la expresión self.close(), en el que self hace referencia a la ventana actual.

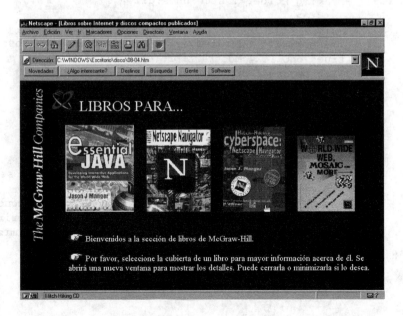

Ventana
principal de
productos
vista en
Navigator
Figura 8-1.

La figura 8-2 muestra una ventana creada recientemente, la cual despliega los detalles de un solo libro.

Problemas al hacer referencias a archivos

Cuando hace referencia a archivos desde *dentro* de las etiquetas escritas dinámicamente en una ventana, así como cuando usa la etiqueta `<img src>` para hacer referencia a una imagen, debe:

♦ Especificar el URL completo del archivo al que hace referencia. Por ejemplo, use los tipos de URL `http://` o `file:`. Recuerde que debe usar `file:///%7cunidad_de_disco|/ruta` en el caso de archivos **locales**, donde `%7c` representa al carácter pipe (`|`), para evitar un posible mensaje de error, ya que Navigator (en especial a las versiones beta) no es compatible con el uso literal de este carácter; *o*

♦ Colocar una etiqueta `<base href=URL>` dentro de la nueva ventana que esté creando, donde URL es el valor de la ubicación de la ventana actual,. según lo devuelto por la propiedad `location`. Para hacer esto, concatene el valor de la propiedad `location` en la cadena, por ejemplo, `"<base href=" + location + ">"`. Esta técnica se usó en el programa de ejemplo anterior. La etiqueta `<base href>` hace que el documento actual sea el documento base de todos los URL a que haga referencia dentro de él.

Estos métodos aseguran que el navegador pueda encontrar los archivos a los que haya hecho referencia. Todas las nuevas ventanas están asociadas a un nuevo objeto `location`, por lo que debe ser preciso cuando haga referencia a archivos externos; a imágenes y documentos de HTML, por decir algo.

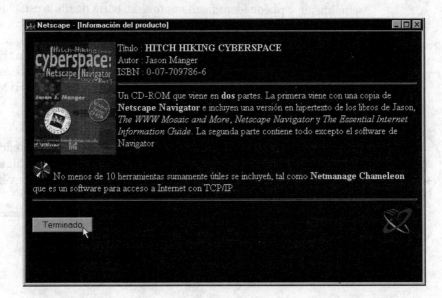

Ventana de producto vista en Navigator
Figura 8-2.

Cómo cargar un nuevo URL en una ventana

El primer argumento que se pasa al método `open()` permite que se cargue un nuevo URL en una ventana. Sin embargo, si asigna un valor al objeto `location` para una ventana en particular, podrá obtener el mismo efecto. Por ejemplo

```
var v1 = ("",
          "ventana1",
          "toolbar=0, widht=700,height=400);
v1.location = "http://www.osborne.com";
```

cargaría la página inicial del servidor web de Osborne, dentro de la ventana "v1". No obstante, en este caso, hubiera sido más fácil escribir:

```
var v1 = open("http://www.osborne.com",
              "ventana1=0, width=700,height=400);
```

Cambiar el contenido de una ventana dinámicamente permite que no tenga que "codificar manualmente" el URL en la llamada a `open()`. También podría pasar una variable de cadena como primer argumento a `open()` que aloje al URL que quiera cargar en la ventana.

Métodos para ceder y quitar el foco de atención a una ventana

En JavaScript, una ventana con el *foco* de atención es la ventana seleccionada actualmente y puede identificarla porque su barra de título está iluminada. Al hacer clic en cualquier parte de una ventana hará que ésta tenga el foco, aunque también puede darles el foco usando el método `focus()` de JavaScript. El foco de atención también puede quitarse de una ventana empleando el método `blur()`. Por otra parte, el contenido de una ventana puede actualizarse sin que le asigne específicamente el foco de atención; de hecho, la selección de cualquier objeto de HTML dentro de una ventana cede, a su vez, el foco a esa ventana.

CONSEJO: si una ventana minimizada recibe el foco de atención, el navegador la amplía. La versión beta de Windows 95 contiene algunos *defectos* en esta área; el navegador quizá no redimensione correctamente la ventana por esta razón.

Es importante que asigne a una variable todas las variables recientemente creadas, como ya dijimos con anterioridad. Los métodos `focus()` y `blur()` pueden aplicarse a una ventana específica; por ejemplo:

```
var v1 = window.open(""", "MiVentana",
                     "height=99,width=99,scrollbars=no");
var v2 = window.open(""", "MiVentana",
                     "height=99,width=99,scrollbars=no");
```

crearía dos ventanas nuevas, v1 y v2. La ventana creada más recientemente tendrá el foco de atención; en este caso, la ventana v2 se seleccionará por omisión. Sin embargo, utilizando la instrucción:

```
v1.focus();
```

el foco pasará a la primera ventana (v1). En todo momento, sólo una ventana puede tener el foco de atención, por lo que el navegador eliminará las demás ventanas automáticamente. Observe el siguiente programa que crea dos ventanas hijas. Al oprimir el botón adecuado en el documento padre, el foco pasa a la ventana correspondiente.

```
<!--
  Programa 8-5
-->
<html>
<head>
<script language="JavaScript">
<!--
var ventana1, ventana2;
function CrearDosVentanas() {
  ventana1 = window.open("","ventana1","height=60," +
                     "width=175,scrollbars=no");
  ventana2 = window.open("","ventana2","height=60," +
                     "width=175,scrollbars=no");
}
//-->
</script>
</head>
<body onLoad="crearDosVentanas()">
<form>
Por favor, oprima el botón apropiado:<p>
<input type=button
       value='Ventana 1 en foco'
       onClick="if (ventana1) ventana1.focus()">
<input type=button
       value='Ventana 2 en foco'
       onClick="if (ventana2) ventana2.focus()">
```

```
</form>
</body>
</html>
```

Otra técnica muy empleada consiste en abrir y dar el foco a una ventana utilizando el mismo control de objeto. Por ejemplo, la siguiente aplicación presenta un botón que abre una ventana. Si hace clic otra vez en él, se le pasa el foco a la ventana de inmediato. La opción para cerrarla se proporciona *dentro* de la misma ventana usando una llamada de función self.close() anexada a un botón de forma.

Cómo usar la propiedad opener para controlar varias ventanas

El problema de la manipulación del comportamiento del foco de una ventana tiende a empeorar, pues es imposible usar el sinónimo de ventana top para hacer referencia a variables y funciones definidas dentro de la ventana de nivel superior del navegador. En el caso de varias ventanas abiertas con el método open(), top está solamente relacionado con la ventana *actual*, puesto que se trata de sesiones autónomas del navegador. Para resolver este problema, Navigator 3.0 de Netscape ha introducido una nueva propiedad (opener) que pertenece al objeto window. La propiedad opener contiene el nombre de la ventana que el método open() llamó y es invaluable cuando hace referencia a funciones y variables definidas con la primera ventana del navegador. Analice el siguiente ejemplo, que permite abrir una ventana, y dar el foco después, y que usa la propiedad opener para hacer referencia a la primera ventana del navegador:

```
<!--
  Programa 8-6
-->
<html>
<head>
<script language="JavaScript">
<!--
 var ventanaCambio = false;
 var vt;
 function cambiarBotón(n) {
   if (n==0) {
       ventanaCambio = false;
       document.forms[0].elements[0].value = "Abrir ventana";
   }
   else {
       ventanaCambio = true;
       vt = window.open("ventana1.htm", "vt",
                     "toolbar=0,width=300,height=100");
```

```
            document.forms[0].elements[0].value = "Ventana en foco";
      }
   }
   function cambiarVent() {
      if (!ventanaCambio)
         cambiarBotón(1);
      else
         vt.focus();
   }
//-->
</script>
</head>
<body>
<form>
<input type="button"
       value="Abrir ventana"
       onClick="cambiarVent()">
</form>
</html>
```

El archivo denominado `ventana1.html` que está cargado en la ventana creada recientemente (`vt`) es parecido a lo siguiente:

```
<html>
<body>
<form>
<input type="button"
       value="Cerrar ventana"
       onClick="window.opener.cambiarBoton(0); self.close()">
</form>
</body>
</html>
```

Cuando el documento principal está cargado, se crea un botón de forma que abre una ventana nueva. La variable `vt` se asigna al método `open()` que se usa posteriormente en el programa, y la variable `ventanaCambio` sirve para llevar un registro del estado de la ventana, específicamente si está abierta o no. Cuando hace clic en el botón "Abrir ventana", se llama a la función `cambiarVent()`, que examina el valor de la variable `ventanaCambio` para revisar si una ventana está abierta; de ser así, le cede el foco. Si está cerrada, se tiene que abrir una nueva ventana. `ventanaCambio` se establece en `false` de modo predeterminado, por lo que se abre una nueva ventana cuando la aplicación inicia por vez primera; la función `cambiarBotón()` se llama con el argumento numérico "1". Cuando el valor "1" se pasa a `cambiarBotón()`, se abre una ventana nueva y el valor del botón se cambia por "Ventana en foco" (dar el foco de atención a la ventana), por lo que permite que el mismo botón proporcione el foco a la ventana, en vez de abrirla. El valor de `ventanaCambio` ahora se establece en `true`, lo cual indica que se ha abierto la ventana.

El botón dentro de la ventana recientemente creada (según se especificó en el archivo `ventana1.htm`) sirve para cerrarla, pues llama a la función `cambiarBoton()` con el argumento "`0`", que, en este caso, establece `ventanaCambio` nuevamente en `false` y cambia el texto del botón otra vez a "`Abrir ventana`". Entonces se cierra la ventana actual (`self`).

Aquí, el punto importante es observar cómo hemos usado el valor de `window.opener` o `self.opener` (son lo mismo) como prefijo de la función `cambiarBoton()`. Si hubiéramos empleado la expresión `top.cambiarBoton()`, habría ocurrido un error, ya que `top` hace referencia a la ventana *actual* (las ventanas autónomas, a diferencia de los documentos con marcos, *no* tienen "padres"). Por lo tanto, la propiedad `opener` hace referencia a la ventana que abrió a la ventana actual y en la cual se definió originalmente la función `cambiarBoton()`. Imagine que `opener` es el equivalente de la propiedad `parent` en un documento con marcos.

Cómo cerrar ventanas

Para cerrar una ventana use una instrucción de la forma:

```
nombreDeVentana.close()
```

donde `nombreDeVentana` es el nombre de la ventana que usted quiere cerrar y fue la variable asignada originalmente al método `window.open()` que creó a la ventana. Opcionalmente, puede usar un sinónimo de la ventana; por ejemplo, si necesita cerrar la ventana actual, use `self.close()`, donde `self` es un sinónimo de la ventana actual. También simplemente puede emplear `close()`, ya que se da por hecho que la ventana actual siempre existe. Si creara una ventana y no la asignara a una variable, sólo podría cerrarla desde dentro de un programa cuando tuviera el foco de atención, específicamente, cuando se activase un método `close()` en esa ventana. Por ejemplo, este guión crea una ventana y proporciona un botón para volverla a cerrar:

```
<!--
   Programa 8-7
-->
<html>
<head>
<script language="JavaScript">
<!--
   // Crear una ventana:
   ventana1 = window.open("", "miVentana",
                    "toolbar=0,width=300,height=100");
```

```
//-->
</script>
</head>
<body>
<form>
<input type="button"
       onClick="ventana1.close()"
       value="Cerrar ventana">
</form>
</body>
</html>
```

Si no hubiera asignado la ventana del ejemplo anterior a una variable, como en el ejemplo de código ligeramente modificado que se presenta a continuación:

```
<!--
   Programa 8-8
-->
<html>
<head>
<script language="JavaScript">
<!--
 // Crear una ventana:
 window.open("nada.htm", "miVentana",
              "toolbar=0,width=300,height=100");
//-->
</script>
</head>
</html>
```

la única manera de hacer referencia a la ventana consistiría en proporcionar cierto código dentro del documento, el cual más tarde se leería en la ventana, para cerrarla; por ejemplo, usando `self.close()`. En el ejemplo anterior se leyó el archivo `nada.htm` en la ventana, por lo que si `nada.htm` fuera un documento de HTML que se pareciera a:

```
<html>
<body>
<form>
<input type="button"
       onClick="self.close()"
       value="Cerrar ventana">
</form>
</body>
</html>
```

entonces la ventana podría cerrarse, en este caso, empleando un botón de forma con un evento `onClick` que simplemente cierre la ventana mediante `self.close()`.

De hecho, al proporcionar la función de *cambio* podría permitir que un solo botón abriera y cerrara una ventana individual. Analice el siguiente guión, por ejemplo. Este programa define una variable local, `ventanaCambio`, que sirve para crear una ventana y monitorear cuando el usuario la abre y cierra. Cuando el programa se carga inicialmente, el valor de `ventanaCambio` (una variable booleana) se establece en `false`. Cuando usted hace clic en el botón que se proporciona, se abre una ventana y se asigna a la variable `vt`. Cuando se vuelve a oprimir el botón, el valor de `ventanaCambio` ya no es `false`, se establece en `true` (cuando la ventana se abre). Observe cómo el valor de `ventanaCambio` se vuelve a poner en `false` antes de que se cierre la ventana:

```
<!--
   Programa 8-9
-->
<html>
<head>
<script language="JavaScript">
<!--
 var vt;
 ventanaCambio = false;
 function cambiarVent() {
   if (!ventanaCambio) {
     ventanaCambio = true;
     vt = window.open("", "vt",
                        "toolbar=0,width=300,height=100");
     document.forms[0].botonCambio.value = "Cerrar ventana";
   }
   else {
     ventanaCambio = false;
     document.forms[0].botonCambio.value = "Abrir ventana";
     vt.close();
   }
 }
//-->
</script>
</head>
<body>
<form>
<input type="button"
       name="botonCambio"
       value="Abrir ventana"
       onClick="CambiarVent()">
</form>
</html>
```

Observe cómo cambia el texto del botón. Esto resulta útil cuando tiene que cambiar la acción que desencadena el botón, como sucede con la función de activación/ desactivación (Cambio) en el ejemplo. La posibilidad de cambiar el texto de un botón (mediante el atributo `value`) es nueva en Navigator 3.0.

CONSEJO: ¡Cuidado! Si emite un método `close()` dentro del documento de nivel superior del navegador, cerrará éste; sería como elegir la opción Archivo / Cerrar. Las opciones Salir y Cerrar dentro del menú Archivo de Navigator actúan de la misma manera cuando sólo está abierta una ventana (la de nivel superior). Esto parece ser una "artimaña" muy popular, empleada en algunas páginas del Web.

Cómo validar una ventana

Cuando haga referencia a una ventana, verifique que exista realmente. Las ventanas pueden cerrarse en cualquier momento, por lo que un programa no siempre da por hecho que existe alguna. Hacer referencia a una ventana que no existe dará por resultado un error. Valide la ventana *antes* de intentar escribir datos en ella o de cambiar el valor de una de sus propiedades.

Al verificar si existe una *propiedad* específica de la ventana, también puede determinar si la ventana está abierta actualmente. En la siguiente aplicación creamos una variable booleana dinámicamente, `ventanaAbierta`, definiéndola en un contenedor `<script>`; esa variable se escribe dinámicamente en una ventana. Esta variable ahora es una propiedad de tal ventana; puede acceder a ella como `ventana1.ventanaAbierta`. Esta propiedad perdurará al menos hasta que usted cierre la ventana. Si intenta acceder a ella después de que la ventana ha sido cerrada, se devolverá un valor `null`.

```
<!--
  Programa 8-10
-->
<html>
<head>
<script language="JavaScript">
<!--
var ventana1;
var marcasDeHTML = "<html>" +
                   "<title>Ventana de ejemplo</title>" +
                   "<script>var ventanaAbierta=true;</script>" +
                   "</html>";
function CrearVentana() {
  ventana1 = window.open("",
                   "ventana1",
                   "height=60,width=175,scrollbars=no");
```

```
        ventana1.document.open();
        ventana1.document.writeln(MarcasDeHTML);
        ventana1.document.close();
    }
    function validarVentana() {
        if (ventana1.VentanaAbierta == null)
            alert("La ventana no existe.");
        else {
            ventana1.focus(); // Dar el foco a la ventana
            alert("¡La ventana existe!");
        }
    }
    //-->
    </script>
    </head>
    <body onLoad="crearVentana()">
    <form>
    <input type=button
            value='Verificar ventana'
            onClick="validarVentana()">
    </form>
    </html>
```

Observe cómo hemos definido la variable `ventana1` al principio del documento, por lo que está disponible para toda la aplicación. Cuando el programa comienza, se llama a la función `CrearVentana()` desde la etiqueta `<body>` y se crea una nueva ventana empleando el método `window.open()`. Entonces puede usar un botón de forma dentro de la ventana principal para ver si la ventana existe o no; éste sencillamente verificará la propiedad `ventanaAbierta` dentro de la ventana creada recientemente, `ventana1`. Un valor `null` indica que la propiedad no existe; por lo tanto, la ventana no puede abrirse en ese momento. Si la ventana realmente existe, a ella también se le pasa el foco de atención (en caso de estar bajo otra ventana, etcétera).

Resumen

Las ventanas autónomas son duplicados de la ventana principal del navegador y comparten las mismas características. Tales ventanas son útiles en las aplicaciones, ya que permiten la visualización múltiple del documento, además de ofrecer su propia interfaz y otros controles, los cuales pueden desplazarse y maximizarse o minimizarse de acuerdo con las necesidades del usuario.

- El método `window.open()` abre una nueva ventana de navegador en JavaScript. Usar `open()` es lo mismo que `window.open()`, ya que el objeto de tipo ventana es el de nivel superior en JavaScript. A las ventanas recientemente creadas se les conoce como *ventanas hijas* en la terminología de JavaScript, pues la ventana principal del navegador es el padre de todas ellas.

- El método `window()` devuelve un valor de identificación de ventana, por lo que al asignarlo a una ventana disponible en JavaScript puede hacer referencia a ésta desde dentro de una aplicación de este lenguaje. Por ejemplo, puede abrir una ventana y después colocar texto formateado con HTML en ella por medio de un método como `document.write()` y anteponer al documento el nombre de la ventana que haya creado previamente.

- Las ventanas se cierran mediante el método `window.close()`. Si no asigna un método `window.open()` a una variable de JavaScript, debe cerrar la ventana colocando un método adecuado `close()` *dentro* de la ventana que se haya abierto, sobre todo porque no hay manera de hacer referencia a la ventana, ya que el valor de identificación de ésta no se ha guardado en una variable.

- En Navigator aún no hay un arreglo `windows[]`, lo cual significa que la validación de ventana resulta torpe y difícil. Sin embargo, puede detectar si una ventana está abierta colocando un pequeño guión en el documento que habrá de cargarse en la ventana. Así configura una variable. Al probar si la variable es nula (indefinida), usted puede determinar si la ventana existe. Esto es posible porque todas las variables de JavaScript están ligadas a la ventana en la cual están definidas.

- La propiedad `opener` se introdujo con Navigator 3.0 de Netscape; permite que una ventana hija haga referencia a su creadora; esto es, a la ventana padre.

Recuerde que cuando se hace referencia a variables y funciones definidas dentro de una ventana hija, debe especificar el nombre de ésta. Por ejemplo, `miVentana.document.forms[0].miCampo.value` obtiene el valor del campo denominado `miCampo` de la primera forma del documento cargado en la ventana denominada `miVentana`. La variable `miVentana` necesitaría asignar al método `window.open` que creó a la ventana; esto es, `var miVentana = window.open(...)`, etcétera. El mismo método de acceso se necesita en todos los elementos definidos dentro de una ventana hija, incluyendo los marcos, formas, variables, funciones de JavaScript, etcétera.

CAPÍTULO 9

Cómo usar JavaScript con marcos de HTML

Los marcos se introdujeron con Navigator de Netscape versión 2.0. Permiten crear y manipular varias regiones de la ventana del navegador (conocidas como marcos, o *frames* en inglés). Los documentos formateados con HTML pueden leerse en marcos por medio de instrucciones de JavaScript; opcionalmente, el HTML generado dinámicamente también puede escribirse en un marco a fin de simular que se carga un documento. Los elementos de HTML, por ejemplo, botones y ligas, pueden usarse para actualizar dinámicamente el contenido de un marco en tiempo real, es decir, al instante.

Los marcos también pueden redimensionarse arrastrando su borde con el ratón. Asimismo, pueden añadirse barras de desplazamiento a marcos individuales para permitir el desplazamiento vertical y horizontal por documentos extensos. En JavaScript, se hace referencia a cada marco mediante la propiedad `parent`. JavaScript también cuenta con un arreglo `frames` que almacena la identidad de cada marco dentro del documento en uso y que permite al programador hacer referencia al marco que necesite. Una vez que ha creado un marco, puede cargar en él un documento formateado con HTML, ya sea desde un archivo local o desde un documento en la red, con ayuda del URL adecuado. Opcionalmente, puede escribir cierto código de JavaScript para generar código de HTML, un proceso al que se conoce como generación dinámica de código de HTML. Muchos interesantes proyectos de JavaScript, ubicados en el Web, ocupan documentos con marcos a fin de obtener efectos de navegación avanzados, además de permitir la visualización de múltiples documentos dentro de un solo entorno de navegador. En este capítulo aprenderá a:

◆ Crear documentos con marcos y modificar sus características

◆ Crear programas de JavaScript que manipulen marcos

◆ Usar el nuevo URL `javascript:` para evaluar las expresiones de JavaScript

◆ Escribir aplicaciones dinámicas de HTML para manipular marcos

CONSEJO: vaya a `http://proto.netscape.com` si desea algunos prototipos interesantes de documento con marcos, creados por Netscape Corporation, los desarrolladores de Navigator.

La navegación en marcos se ha modificado en Navigator 3.0 de Netscape (cuyo nombre en código es *Atlas*). En particular, el botón *Atrás* del navegador carga el marco anterior, en vez del *documento*. Los métodos de navegación en JavaScript, por ejemplo, `back()`, etcétera, también reflejan este cambio importante y nuevo.

Cómo crear un marco con `<frameset>`

El término *documento–con–marcos* hace referencia a un documento de HTML que usa la etiqueta contenedor `<frameset>..</frameset>` de Navigator 2.0, cuya sintaxis es la siguiente:

```
<frameset [rows="EspeciDeFil" | cols="EspeciDeCol"]>
<frame [ name="NombreDelMarco" ]
       src="NombreDeArchivo|URL"
       [ marginwidth=ancho ]
       [ marginheigth=alto ]
       [ onLoad="ComandoDeJS" ]
```

```
              [ scrolling=yes|no ]
              [ noresize ]
</frameset>
```

La etiqueta `<frameset>` identifica al documento en uso como un documento con
marcos y genera el marco en la pantalla. Cada una de las etiquetas `<frame>`
anidadas especifica un documento que va a cargarse en cada marco. Los atributos
`rows` y `cols` especifican las dimensiones de los marcos dentro del documento actual
y pueden aceptar medidas especificadas en porcentaje o en pixeles. Observe que
todos los números que no finalizan con el signo "`%`" (por ciento) se consideran
medidas en pixeles. Estos dos atributos son valores de tipo cadena (es decir, son
palabras) y, en donde se necesitan varios marcos, debe especificarse una lista de
dimensiones de marco para cada uno de ellos a manera de lista separada con comas.
Puede especificar el tamaño de un marco en una de las tres siguientes maneras
(el orden no es importante y puede hacer combinaciones):

◆ Medidas en pixeles

◆ Medidas en porcentaje

◆ Medidas de comodín

Cómo usar medidas de pixel

Se da por hecho que especificar un número solamente es un valor en pixeles; por
ejemplo:

```
<frameset rows="300,200">
```

crea dos marcos horizontales: uno tiene 300 pixeles de alto; el otro 200. Se considera
que este es el menos atractivo de los tres métodos para medición de marcos. JavaScript
aún no puede controlar el tamaño de la ventana principal del navegador (aunque sí el
de las creadas después); por lo tanto, si usa valores de pixel, sería lógico permitir que el
usuario redimensione el marco, esto es, sería lógico no especificar el atributo `noresize`.
Los marcos con ancho de pixel fijo que tengan un atributo `noresize` pueden
oscurecer los elementos de HTML cargados en ese marco, ya que la medida de pixel no
estará en relación con el tamaño de la ventana. El navegador puede invalidar una
medida de pixel para asegurar que las dimensiones totales del marco correspondan con
el 100 por ciento del ancho y alto de la ventana principal.

Cómo usar medidas de porcentaje

Una medida de porcentaje va de 1 a 100% (el signo "`%`" al final del valor sirve para
reconocer esta forma de medida) y crea un marco cuyo tamaño está en relación con la
ventana principal del navegador. Por ejemplo:

```
<frameset rows="50%,50%">
```

crea dos marcos horizontales de igual tamaño. Cuando especifica porcentajes para varios marcos, siempre debe asegurarse que la suma de los porcentajes de cada marco sea igual a 100. Si el total es mayor a 100, los otros porcentajes se reducirán a escala. De igual forma, si el total es menor a 100 y hay uno o más marcos con tamaño relativo (es decir, especificado con porcentajes), se les proporcionará espacio adicional, según convenga. Si no hay marcos con tamaño relativo, todos los porcentajes se aumentarán a escala para hacer un total del 100%.

Cómo usar medidas de comodín

Para especificar un comodín use el carácter * (asterisco). Puede emplear los comodines solos o junto con otro valor. Un marco cuyo tamaño se especifica *solamente* con un * pide al navegador que asigne todo el espacio *restante* a ese marco. En caso de existir otros marcos con comodín, todo el espacio restante se dividirá equitativamente entre ellos. Por ejemplo:

```
<frameset rows="70%,*">
```

crea un marco que representa 70 por ciento del ancho de la ventana principal del navegador y asigna el espacio restante al otro marco (30 por ciento en este caso). Si coloca un valor antes del *, entonces el marco recibe ese porcentaje del espacio. Por ejemplo:

```
<frameset rows="2*,*">
```

daría dos terceras partes del espacio al primer marco (2*) y una tercera al segundo (*).

Los marcos también pueden anidarse unos dentro de otros, característica que puede utilizar cuando desee fragmentar marcos individuales en regiones más pequeñas.

En el atributo `src` de la etiqueta `<frame>` puede usar nombres de archivo y URLs completos. Se trata de un atributo obligatorio que debe especificarse y que permite que marcos individuales se pueblen con documentos de hipertexto remotos y locales. `marginwidth` y `marginheight` especifican el tamaño de los márgenes dentro de cada marco en relación al primer objeto colocado en el marco (puede tratarse de texto, forma, imagen, etcétera). El atributo `name` de cada marco es opcional y especifica el nombre del marco actual. Cuando se omite, usted debe hacer referencia al marco con JavaScript; para ello, debe pasar un argumento numérico a la propiedad (al arreglo) `frames` (comenzando desde cero) a fin de crear una estructura de arreglo que contenga el nombre de cada marco: `frames[0]` es el primer marco en un documento con marcos; `frames[1]` el segundo, etcétera. El atributo `onLoad` es un manejador de evento de JavaScript, al cual se llama cada vez que el marco actual se carga con un documento; puede usarlo para ejecutar una instrucción de JavaScript, por ejemplo, una llamada de función o algo por el estilo. El atributo `scrolling` especifica si se coloca o no una barra de desplazamiento dentro del marco; `noresize`, de estar especificado, no permite que el usuario redimensione el marco (los marcos pueden redimensionarse con el ratón como cualquier ventana).

Es importante recordar que los documentos con marcos no son documentos de HTML convencionales, ya que el cuerpo del documento en realidad *es* el contenedor `<frameset>`. No puede anidar un contenedor `<frameset>` dentro del contenedor `<body>`; hacerlo ocasionaría que Navigator simplemente generara un documento vacío en vez del documento con marcos. Asegúrese de remplazar `<body>` por `<frameset>` en estas ocasiones. Por otra parte, no es buena idea mezclar texto *crudo* de HTML dentro de un documento con marcos, ya que las principales partes del texto se ubicarán en archivos separados, los cuales se cargarán posteriormente dentro de marcos individuales (de hecho, esto no es del todo verdadero, ya que *sí* es posible escribir texto dinámicamente dentro de un marco utilizando JavaScript sin tener que poblar marcos con archivos de HTML separados).

CONSEJO: para permitir que una liga tenga como destino un marco específico, la etiqueta `<a href>` se ha extendido con la adición del nuevo atributo `target`. Si desea ejemplos de un marco que use ligas, consulte la sección "Cómo hacer que un marco sea el destino de una liga".

Navigator de Netscape (en especial la versión 2.*x*) en ocasiones se rehúsa a cargar otra vez un documento con marcos si con anterioridad se ha hecho clic en el botón *Volver a cargar*. Cuando usted hace cambios al código, debe usar *Volver a cargar* para ver el nuevo resultado. Al hacer clic en el campo principal *Ir a* del navegador, en la parte superior de la pantalla, y al oprimir después la tecla INTRO, el documento debe cargarse adecuadamente. Oprimir la tecla MAYÚS mientras hace clic en el botón Volver a cargar es otro método popular (que el autor recomienda). También sería aconsejable examinar las opciones del navegador (vía el menú Opciones) y después mirar las especificaciones de caché para asegurar que los documentos se revisen cada vez que se carguen y no una sola vez por sesión.

Veamos algunos ejemplos de documentos con marcos sencillos, de uso general:

```
<!--
  Programa 9-1
-->
<html>
<frameset rows="100%" cols="50%,50%">
<frame src="Archivo1.htm" name="Marco1">
```

```
</frameset>
</html>
```

El ejemplo anterior muestra cómo un marco se genera en la ventana del navegador.
El marco ocupa la mitad de la ventana. La segunda columna simplemente se deja en
blanco y el usuario no puede seleccionarla. El archivo denominado `Archivo1.htm`
que se carga en el marco, se parece a lo siguiente:

```
<html>
<body>
<font size=+1>
Este es un archivo formateado con HTML y se llama
<tt>Archivo1.htm</tt>. Se carga en el marco de este ejemplo.<p>
He aquí algunas ligas divertidas:
<dl>
<dd><img hspace=3 scr="internal-gopher-menu">Bala 1
<dd><img hspace=3 scr="internal-gopher-text">Bala 2
<dd><img hspace=3 scr="internal-gopher-unknow">Bala 3
</dl>
</font>
</body>
</html>
```

El siguiente ejemplo ilustra el concepto de marco *anidado*:

```
<!--
  Programa 9-2
-->
<html>
<frameset rows="50%,50%">
<frame src="01.htm" name="Marco1">
<frameset cols="70%,30%">
    <frame src="02.htm" name="Marco2">
    <frame src="03.htm" name="Marco3">
</frameset>
</frameset>
</html>
```

Un marco "anidado" simplemente es un conjunto de etiquetas `<frameset>`
colocadas dentro de otro conjunto de etiquetas `<frameset>`. En el ejemplo
anterior, se crean dos filas horizontales de igual tamaño y el archivo `01.htm` se
carga en la primera. El segundo marco no contiene un archivo, pero aloja otro
contenedor `<frameset>` con dos definiciones de columna, una con un ancho de
`70%` y la otra de `30%`. Los archivos `02.htm` y `03.htm` se cargan en estos dos marcos,
respectivamente. Más adelante, en este capítulo aprenderá a crear dinámicamente
marcos anidados.

Cómo hacer que un marco sea el destino de una liga

Para lograr que un marco sea el destino de una liga, la etiqueta `<a href>` que instrumente la liga debe incluir un atributo `target`. El atributo `target` especifica el nombre del marco que usted quiere poner como "destino" al momento de cargar un nuevo documento o URL. Por ejemplo, la etiqueta:

```
<a href target="marco2" scr="http://www.infoseek.com">
```

carga el URL `http://www.infoseek.com`, que es la página inicial del tan popular servicio de búsqueda Infoseek, dentro del marco con el nombre `"Marco2"`. Los marcos individuales se nombran usando el atributo `name` de la etiqueta `<frame>`; por ejemplo, en `<frame name="Marco2"...>`. He aquí un documento con marcos hipotéticos, dos de ellos alineados verticalmente:

```
<!--
  Programa 9-3
-->
<html>
<frameset cols="50%,50%">
<frame src="c1.htm" name="columna1">
<frame src="c2.htm" name="columna2">
</frameset>
</html>
```

El archivo `c1.htm` podría incluir una liga para cargar un documento dentro del segundo marco (`columna2`) y parecerse a lo siguiente:

```
<html>
<body>
<a href="http://www.osborne.com" target="columna2">Servidor web de Osborne</a>
</body>
</html>
```

Finalmente, el archivo `c2.htm` queda vacío en espera de que se carguen datos y, por lo tanto, está estructurado como un contenedor `<body>` vacío:

```
<html>
<body>
</body>
</html>
```

Cuando se hace clic en la liga *"Servidor web Osborne"*, el URL `http://www.osborne.com` se carga en el segundo marco. El nuevo URL podría cargarse en el marco actual si como objetivo se especificara `"Columna1"`. En HTML puro, basta con especificar el nombre del marco. Sin embargo, JavaScript es más estricto en este aspecto, por lo que es preciso usar la propiedad `parent` y el arreglo del marco para especificar el marco al que usted quiere hacer referencia.

CONSEJO: cuando cargue un documento nulo, esto es, un documento vacío, asegúrese de que no esté físicamente vacío y que tenga el mínimo necesario de etiquetas, por ejemplo, `<body></body>`, `<html></html>`, o `<html><body></body></html>`, etcétera. Si intenta cargar un documento vacío, es decir, un archivo con longitud de cero bytes, Navigator devolverá el tan temido mensaje de error *"Document has no data"* (El documento no tiene datos).

Si no le gusta la idea de usar documentos externos para llenar los marcos, lea la sección sobre cómo usar el URL `javascript:`, que viene más adelante y que le enseña a evitar documentos externos (cosa que resulta útil para conservar los documentos de HTML de manera compacta, quizás incluso con un solo archivo).

Cómo cargar un documento que no tiene marcos

Si necesita cargar un documento sin marcos dentro de una ventana completa, simplemente use el nombre especial "`_top`" en el atributo `target` de la etiqueta `<a href>`. Por ejemplo, si un marco tuviera la etiqueta:

```
<a target="_top" href="NingunMarco.htm">
Haga clic aquí para no ver marcos
</a>
```

entonces, al hacer clic en la liga *Haga clic aquí para no ver marcos* se carga un nuevo documento, `NingunMarco.htm`, dentro de una ventana completa y se borran todos los marcos que tenga la pantalla en ese momento.

Cómo usar otros nombres de marco reservados

Cuando se usa el atributo `target` con una etiqueta como `<a href>`, el navegador también maneja los siguientes nombres reservados (sinónimos):

Nombre reservado	Descripción
`_blank`	Permite cargar esta liga en una nueva ventana sin nombre, la cual en realidad se trata como un marco individual.
`_self`	Siempre carga esta liga en el marco actual.

Nombre reservado	Descripción
`_parent`	Siempre carga esta liga en el marco padre, que se convierte en `_self` si no existe un padre.
`_top`	Siempre carga esta liga en el nivel superior. Si ya se encuentra en el nivel superior, se convierte en `_self`.

Por ejemplo, una liga definida como:

```
<a href="Archivo.htm" target="_self">
```

cargaría el archivo denominado `Archivo.htm` dentro del marco actual.

Anclas y marcos

Las anclas merecen una descripción aparte. El atributo `src` de la etiqueta `<frame>` no puede contener un ancla. Las anclas se crean utilizando la etiqueta `<a name=NombreDeAncla>`; se usan con una liga `<a href>` de la forma `<a href="#NombreDeAncla">`, donde `NombreDeAncla` es el ancla creada por `<a name=...>`. Las anclas son una ayuda de navegación, pues permiten que las secciones de un documento se conviertan en objetivos y que el usuario se desplace hacia ellos mediante una liga. Las anclas remotas son etiquetas `<a name>` que hacen referencia a anclas en documentos diferentes. En Navigator, es imposible la siguiente etiqueta de HTML:

```
<frame src="http://www.wombat.com/archivo.htm#MiAncla">
```

pero usted puede crear una *liga* de la forma:

```
<a href="archivo.htm#sec1>Sección 1</a>
```

donde `archivo.htm` es el archivo que quiere cargar y `sec1` es el ancla hacia la cual quiere moverse dentro de este documento, una vez que éste se encuentre completamente cargado en el navegador. Puede colocar la liga dentro del archivo que usted cargue en el marco, pero los marcos solamente pueden especificar un URL que se relacione con una sola página de HTML, no un documento y un ancla juntos; por ejemplo:

```
<frame src="http://www.wombat.com/marsupial.htm#canguro">
```

no es válido, ya que un nombre de ancla (`#canguro`) se ha especificado dentro del atributo `src` de la etiqueta `<frame>`. Debe omitir esta parte, puesto que las anclas no se soportan en tales URL. De hecho, el ancla será ignorada. Para cargar un marco y después moverse hacia un ancla podría usar la propiedad `location.hash` de JavaScript.

Cómo seleccionar y volver a cargar un marco

Navigator le permite seleccionar un marco haciendo clic en él. Con ello, el marco se vuelve activo o *modal*. Para volver a cargar un solo marco puede hacer clic en él y luego usar el menú Ver de Navigator. Posteriormente, elija la opción Recargar marco, como se ilustra en la figura 9-1.

Use esto como atajo en vez de volver a cargar todo el documento. Sin embargo, si el código ha cambiado en distintos marcos, debe actualizar todo el documento por completo. Para volver a cargar un marco debe regenerarlo desde el principio (consulte las secciones siguientes). No obstante, puede hacer que Navigator vuelva a cargar un marco usando JavaScript, con sólo asignar la página actual nuevamente a la propiedad `location.href`. El efecto será que esa página vuelva a cargarse. Por ejemplo, he aquí un botón de forma que usa una etiqueta `<input type="button">`, el cual llama a una función de JavaScript para que la página actual vuelva a cargarse:

```
<form>
<input type="button"
       value="Volver a cargar página"
       onClick="window.location.href=document.location">
</form>
```

En el ejemplo anterior usamos el manejador de evento `onClick` para asignar un valor a la propiedad `window.location.href`. La propiedad `location.href` almacena el URL (dirección de página) del documento cargado actualmente. Si este código de HTML se coloca dentro de un marco, hacer clic en el botón VOLVER A CARGAR PÁGINA tendrá el mismo efecto que hacer clic en el botón *Volver a cargar* de la barra de herramientas principal de Navigator, o de oprimir CTRL-R. Usted podría quitar el botón y hacer que el código dependiera de algún otro evento, por ejemplo, un evento de tiempo terminado (véase el capítulo 10 para más detalles) de tal manera que la página se actualice a un lapso regular. Si un guión de CGI que esté en el servidor actualizara un archivo de manera periódica, usted podría actualizar este archivo a lapsos regulares dentro del marco.

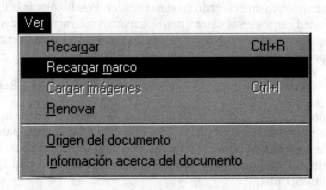

La opción de menú Ver / Recargar marco en Navigator
Figura 9-1.

Cómo limpiar el contenido de un marco

La limpieza de un marco (quitar el documento alojado dentro de él), puede hacerse abriéndolo y cerrándolo por medio de `document.open()` y después `document.close()`. El método `document.clear()` no funcionó en Navigator 2.*x* ni en las versiones de Atlas. También puede limpiar un marco "dinámicamente" creando un nuevo marco, de manera que sobrescriba al primero. Esta técnica se describe en una sección posterior de este capítulo.

Cómo conservar el código después de limpiar un marco

La única desventaja al limpiar un marco con este método es que todo el código de JavaScript en ese documento se perderá tan pronto se limpie el documento; esto significa que se perderán todas las funciones definidas dentro del marco. Obviamente, sólo querrá limpiar el contenido visible del marco, *no* el código de JavaScript insertado realmente en el documento. En vez de regenerar el código de JavaScript de principio a fin, que es una solución, puede modificar los documentos de tal manera que la parte principal del código se coloque en el documento con marcos, esto es, en el documento de HTML dentro del contenedor `<frameset>`, también conocido como el documento padre (*parent*), para después usar la propiedad `parent` y hacer referencia a la o las funciones que haya definido en el documento con marcos padre. Por ejemplo, usted podría tener el siguiente código de HTML, que define a la función `NoSeVaya()`:

```
<!--
  Programa 9-4
-->
<html>
<head>
<script>
<!--
function NoSeVaya() {
 alert("Vea, sigue trabajando después de que" +
       "el marco ha sido limpiado, debido a" +
       "que la función está en el documento padre.");
}
//-->
</script>
</head>
<frameset rows="50%,50%">
<frame src="01.htm" name="Marco1">
<frame src="02.htm" name="Marco1">
</frameset>
</html>
```

La función `NoSeVaya()` se coloca en la memoria al momento en que JavaScript carga inicialmente ese documento. Entonces, se crean los marcos y el archivo de HTML `01.htm` se carga en el marco. Dentro de ese archivo podría haber una forma con un botón para limpiar el marco, codificado más o menos así:

```
<html>
<body>
Aquí va algo de texto para el marco 1.<p>
<form>
<input type= "button"
       value="Limpiar marco 1"
       onClick="parent.frames['marco1'].document.open();
                parent.frames['marco1'].document.close();
                parent.NoSeVaya();">
</form>
</body>
</html>
```

Observe cómo el manejador de evento `onClick`, dentro del botón de forma, abre y cierra el marco (y de esta manera lo limpia) para después llamar a la función `parent.NoSeVaya()`. Llamar simplemente a `NoSeVaya()` no funcionaría, ya que esta función no está definida dentro del documento *actual* sino en el documento con marcos padre. Para hacer referencia al documento de nivel superior, la propiedad `parent` debe anteceder al nombre de la función que usted esté llamando.

El resultado final de este ejemplo consiste en que ahora puede definir funciones a llamar desde *cualquier* marco, y que puede regenerar sin peligro un documento de manera que no se pierda código importante en el proceso. Use este ejemplo en su navegador y vea que puede llamar a la función `NoSeVaya()` con éxito.

CONSEJO: una función de JavaScript está ligada al documento en donde fue creada, es decir, el *alcance* de la función es el documento actual (o documento con marcos, en el ejemplo anterior). Debe usar `parent.NombreDeFuncion()` para hacer referencia a una función definida en el documento con marcos padre. Esto hace que la función esté definida "globalmente" y no "localmente", por lo que podrá llamarla desde cualquier documento o programa. Observe que la propiedad `parent` sólo se usa con documentos de HTML basados en marcos. Si ha anidado documentos con marcos creados dinámicamente, sólo podrá emplear la propiedad `top` para acceder a variables de nivel superior, etcétera; describimos esto en una sección posterior de este capítulo. Si necesita hacer referencia a una función o variable dentro de otro documento cargado en un marco separado, debe definir explícitamente el nombre del marco en el que existe la variable o función, por ejemplo, `parent.NombreDelMarco.variable`, etcétera.

Cómo usar el URL `javascript:` para poblar el contenido de un marco

Navigator 3.0 de Nestcape introduce varios nuevos URL´s, uno de los cuales es `javascript:`. El URL `javascript:` le permite que se evalúe una expresión de JavaScript y que el resultado se despliegue en un documento (o documento con marcos). El uso de este URL se está volviendo importante dentro del diseño de páginas basadas en marcos. Puede usar el URL `javascript:` dentro del campo Dirección: de Navigator junto con cualquier función o expresión de JavaScript. Por ejemplo:

```
javascript:alert("¡Hola, mundo!")
```

lo cual mostraría el mensaje *¡Hola, mundo!*, aunque utilizar este URL realmente se aprecia cuando lo emplea en programas de JavaScript, en especial en guiones que manipulen documentos con marcos. Hasta hace poco, todos los marcos se poblaban por medio de datos provenientes de un archivo o de la red, mediante un URL `http://`, etcétera. Puede evitar el uso de archivos externos y de URL's si ocupa el nuevo URL `javascript:`. Observe el siguiente ejemplo, que crea dos marcos horizontales de igual tamaño, que son usados después por el URL `javascript:` para desplegar dos variables de texto que contienen cierto texto formateado con HTML:

```
<!--
  Programa 9-5
-->
<html>
<head>
<script language="JavaScript">
<!--
var f1="<body bgcolor=Blue>Este es el marco 1</body>";
var f2="<body bgcolor=Cyan>Este es el marco 2</body>";
//-->
</script>
</head>
<frameset rows="50%,50%">
<frame src="javascript:parent.f1">
<frame src="javascript:parent.f2">
</frameset>
</html>
```

El alcance de las variables `f1` y `f2` es "global"; esto es, se pueden observar en cualquier punto del guión, pues están definidas fuera de toda declaración de `función`. Al usar la propiedad `parent`, usted puede hacer referencia a las variables. En este contexto, el documento `parent` es, de hecho, el documento actual, ya que es ahí donde está ubicado el contenedor `<frameset>`. No olvide que el alcance de las variables debe ser global para que funcionen adecuadamente. Las variables `f1` y `f2` son el equivalente de dos archivos de HTML independientes, con la ventaja de que se pueden actualizar en todo momento (la capacidad de manipular archivos externos es algo que no se proporciona en JavaScript y que tal vez nunca se dé por razones de seguridad).

Además de usar variables dentro del URL `javascript:`, también puede usar llamadas de función. Por ejemplo:

```
<frame name="f1" src="javascript:parent.MostrarResultados()">
```

donde `MostrarResultados()` es una función de JavaScript definida dentro del contenedor `<script>` del documento con marcos y que quizá sea parecida a lo siguiente:

```
function MostrarResultados() {
  var resultados="<body>He aquí algunos<b>resultados</b>  " +
                 "de HTML</body>";
  return(resultados);
}
```

en cuyo caso, el marco denominado `f1` contendrá el texto "He aquí algunos resultados de HTML". La instrucción `return()` permite que una función de JavaScript devuelva un valor, por ejemplo, la cadena con formato de HTML en este ejemplo.

CONSEJO: cuando use una variable para poblar un marco con el URL `javascript:` no importa si deja la variable vacía, ya que ningún archivo se está cargando físicamente y de manera local desde un disco, o desde la red. Sería imposible que Navigator dejara de desplegar primero un mensaje de error en caso de que un archivo vacío se cargara con la etiqueta `<frame src=..>`. En el contexto del ejemplo anterior, la instrucción `var f1=" "` entonces cargaría un marco vacío.

Al usar una expresión cuyo destino es un marco, en una etiqueta `<a href>` de la forma:

```
f="MiDoc.htm" target="javascript:parent.frames[1]">
Haga clic aquí
</a>
```

usted puede cargar el documento `MiDoc.htm` en una nueva ventana de navegador, como si usara un método `open()` de JavaScript. Esto sucede porque el URL `javascript:` carga de modo predeterminado un documento nuevo después de evaluar la expresión. En este caso, la expresión es `parent.frames[1]`, que hace referencia al segundo marco. Para cerrar la ventana, puede usar el método `close()`.

Cómo crear dinámicamente documentos con marcos por medio de JavaScript

También puede crear un documento con marcos *dinámicamente* empleando instrucciones `document.write()` que generen las etiquetas `<frameset>` de HTML necesarias. Esta característica es útil en caso de que quiera generar sobre la marcha un documento basado en marcos sin tener que codificarlo manualmente en un documento de HTML. La creación dinámica de marcos también evita que mantenga archivos de HTML externos que contengan las etiquetas `<frameset>` necesarias. Observe el siguiente ejemplo, que crea dinámicamente un documento con marcos:

```
<!--
  Programa 9-6
-->
<html>
<script language="JavaScript">
<!--
function GeneraMarco() {
  var EspecificacionesDeMarco = "<frameset cols='50%,50%'>" +
                    "<frame src='01.htm' name='f1'>" +
                    "<frame src='02.htm' name='f2'>" +
                    "</frameset>";
  document.open();
  document.write(EspecificacionesDeMarco);
  document.close();
}
GeneraMarco();
//-->
</script>
</html>
```

En este guión, la variable `EspecificacionesDeMarco` tiene algo de texto formateado con HTML, que contiene algunas etiquetas de marco. Se abre un flujo hacia el navegador y el texto se escribe mediante una instrucción `document.write()` para crear así el nuevo documento con marcos en el proceso. Los métodos `open()` y `close()` son necesarios en caso de que quiera regenerar un documento, es decir, si desea escribir un documento completamente nuevo en la ventana o marco actual. Cuando se generan documentos dinámicos de marco, hacer referencia a archivos de HTML externos para poblar varios marcos puede ser molesto, pues pueden ser difíciles de localizar o quizá no existan. Para resolver esto, simplemente use el URL `javascript:` dentro del atributo `src` de la etiqueta `<frame>`, como ilustramos con anterioridad en este capítulo. Esto permitirá que pueble un marco a partir del valor de una variable o del valor de respuesta de una función definida por el usuario.

Cómo trabajar con navegadores que no soporten marcos

Navigator 2.0 de Netscape fue el primer cliente web en soportar documentos con marcos. Internet Explorer de Microsoft ya incorporó también soporte para los marcos y se espera que otros clientes lo hagan pronto, si acaso no lo hicieron ya para cuando usted lea esta obra. Para trabajar con alguien que lea un documento con marcos y que no esté usando Navigator 2.0 u otro navegador "que reconozca marcos", puede recurrir a `<noframes>..</noframes>`. Sin embargo, como `<noframes>` solamente es soportado por Navigator, otros navegadores no podrán interpretar esta etiqueta y, como resultado, quizá generen una pantalla completamente en blanco. El texto de HTML colocado con el contenedor `<noframes>` debe informar que el navegador empleado no soporta los marcos, por lo que será necesario actualizarlo y emplear uno que sí lo haga. Por ejemplo, si hacemos más amplio el ejemplo anterior y usamos:

```
<!--
  Programa 9-7
-->
<html>
<frameset rows="50%,50%">
<frame src="01.htm" name="Marco1">
<frameset cols="70%,30%">
  <frame src="02.htm" name="Marco2">
  <frame src="03.htm" name="Marco3">
</frameset>
</frameset>
<noframes>
<hr>Perdón, usted necesita un navegador que lea documentos con marcos como
Netscape 2.0 o 3.0 para ver estas páginas. Haga clic <a href="indice2.htm">aquí</a>
para una versión sin marcos.<hr>
</noframes>
</html>
```

podrá verificar si puede usar marcos y, en caso contrario, tiene la opción de cargar una versión sin marcos del sitio. Desarrollar una versión sin marcos de un sitio puede ser un proceso que lleve mucho tiempo, pero generalmente sólo implica cambiar el documento con marcos principal, ya que todas las ligas permanecerán intactas. Todas las etiquetas `<a href target=...>` seguirán funcionando, esto es, cargarán el o los documentos mencionados.

CONSEJO: el contenedor <noframes>..</noframes> actualmente *sólo* es reconocido por Netscape (Navigator 1.1+ y 2.0), lo cual constituye una ventaja. Todos los navegadores que no sean de Netscape dejarán de generar una etiqueta <frameset> o <frame>; es decir, no generarán ninguna etiqueta que no puedan reconocer. Sin embargo, dado que Netscape 1.2 (un navegador que no soporta marcos) reconoce a <noframes>, usted puede incluir dentro de este contenedor el texto de HTML de un cuerpo sin marcos a fin de generar compatibilidad para ambos públicos al mismo tiempo (excepto quienes utilicen Navigator y tal vez quienes usen Internet Explorer de Microsoft). Como ejemplo, observe lo siguiente:

```
<!-- Esto lo verán sólo usuarios de Navigator 2.x -->
<frameset rows="50%,50%">
<frame name "f1" src="http://www.osborne.com">
<frame name "f1" src="http://www.mcgraw-hill.com">
</frameset>
<!-- Esto lo verán sólo usuarios de Navigator 1.x -->
<noframes>
<body<
Este es el cuerpo del documento.<p>
</body>
</noframes>
```

El ejemplo anterior ilustra la excepción a la regla, donde un contenedor <body> *puede* incluirse en un documento <frameset>. Cuando un usuario de Navigator 1.*x* cargue esta página, verá el texto entre el contenedor <noframes>..</noframes>, mientras un usuario de Navigator 2.*x* observará una serie de marcos generados en la pantalla (Navigator 2.0 ignorará al contenedor <noframes>, ya que está diseñado para manejar documentos con marcos).

Generar un documento con marcos dinámicamente puede ser útil cuando tenga distintas capacidades del navegador, algunas de las cuales tal vez no los soporten. JavaScript, por ser un estándar abierto, al final se integrará en otros clientes web. En la actualidad, Navigator de Netscape e Internet Explorer de Microsoft son los únicos clientes que reconocen JavaScript. Al usar el objeto navigator de JavaScript con las propiedades appName y appVersion, puede crear código de HTML, dependiendo de la versión de navegador en uso (que de otra manera requeriría una solución por parte del servidor, por ejemplo, un CGI escrito en Perl). Por ejemplo, podría tener el siguiente código:

```
<!--
Programa 9-8
-->
<html>
<head>
<script language="JavaScript">
<!--
function VerificaNavegador() {
  var ElNavegador = navigator.appName + " " +
                    navigator.appVersion.substring(0,3);
  if ((ElNavegador == "Netscape 2.0") || (ElNavegador == "Netscape
3.0")) {
     var EspecificacionesDeMarco="<frameset cols='50%,50%'>" +
                    "<frame src='01.htm' name='f1'>" +
                    "<frame src='02.htm' name='f2'>" +
                    "</frameset>";
     document.open();
     document.write(EspecificacionesDeMarco);
     document.close();
  }
  else {
      document.open();
      document.write("<body><hr>Lo siento, usted necesita" +
                     "<a href=http://home.netscape.com>" +
                     "Netscape 2.0</a> o superior para usar
                     este" +
                     "servidor.<hr>");
      document.close();
  }
}
// Verificar qué navegador utiliza el usuario:
VerificaNavegador();
//-->
</script>
</head>
</html>
```

En el código anterior, la variable `ElNavegador` contiene valores devueltos por las
propiedades `appName` y `appVersion` del objeto `navigator`. Éstos se encuentran
concatenados (enlazados) entre sí y después se usan en una instrucción `if` para
probar si el usuario emplea Navigator 2.0. Si es así, se crea el documento con marcos;
en caso contrario, se despliega un mensaje para indicar al usuario que se requiere
un navegador que soporte marcos. El mensaje proporciona una liga para la página
inicial de Netscape, por lo que si el usuario lo desea, puede obtener Navigator
posteriormente. Aunque, claro, también podría redireccionar al usuario hacia un
conjunto de páginas sin marcos.

Busque los tips y técnicas que se proporcionan posteriormente acerca de cómo usar el
contenedor `<noframes>..</noframes>` de Netscape para trabajar con usuarios
de Navigator 1.*x*.

Cómo cargar distintos URL dentro de un marco

Otro requerimiento común es cargar un URL distinto en un marco específico. Para lograrlo, debe modificar la propiedad `location` del marco, asignándole un valor de URL válido. Esto ocasionará que Navigator cargue el URL. De esta forma, puede cargar documentos locales y de red. Observe el siguiente ejemplo, que crea dos marcos y permite que seleccione un mecanismo de búsqueda (Infoseek o AltaVista), en este caso, haciendo clic en el botón correspondiente. Dependiendo del botón en que lo haga, el mecanismo de búsqueda se carga en el marco inferior para que usted lo vea (y con sólo hacer clic podrá pasar de uno a otro mecanismo):

```
<!--
  Programa 9-9
-->
<html>
<head>
<script language="JavaScript">
<!--
var Resultado = "<html><body>Su mecanismo de búsqueda será " +
                "cargado aquí<p></body></html>";
function CambiarURL1() {
  parent.frames['Inferior'].location="http://www2.infoseek.com";
}

function CambiarURL12() {
  parent.frames['Inferior'].location =
        "http://altavista.digital.com";
}

function Botones() {
  var but = "<html><body><form>" +
            "<input type='button' value='Infoseek'" +
            "onClick='parent.CambiarURL1()'>" +
            "<input type='button' value='Alta Vista'" +
            "onClick='parent.CambiarURL12()'>" +
            "</form></body></html>";

  return(but);
}
//-->
</script>
</head>
<frameset rows="10%,90%">
<frame name="top"
       src="javascript:parent.Botones()"
       scrolling="no">
<frame name="Inferior"
```

```
            src="javascript:parent.Resultado">
</frameset>
</html>
```

En el ejemplo anterior, el documento contiene dos marcos, denominados `Superior` e `Inferior`, respectivamente. Ambos se cargan mediante variables, por medio del URL `javascript:`. El marco superior contiene algunos botones; el inferior inicialmente se configura con un mensaje sencillo. En el primer marco, cada botón tiene un manejador de evento `onClick` asociado y cada uno de ellos llama a una función diferente. Por ejemplo, el primer botón llama a la función `CambiarURL1()`, lo cual simplemente contiene la instrucción:

```
parent.frames['Inferior'].location="http://www2.infoseek.com";
```

que cambia al URL en el segundo marco (denominado `Inferior` en este caso) por la página inicial de Infoseek.

Cómo cargar archivos locales en un marco

El acceso a los archivos locales requiere de medidas correctivas en Navigator 2.01 y Atlas. En principio, un archivo local *no* se puede mencionar literalmente, esto es, por sí solo como un URL válido (algo que *sí* puede hacer con una liga `<a href>`), por lo que una instrucción de asignación de JavaScript, como:

```
parent.frames['Inferior'].location="MiArchivo.htm";
```

no funcionará, al menos mientras se encuentre una solución, quizás en una versión posterior de Navigator. Mientras eso sucede, emplee un URL de archivo local de la forma URL `file:/Unidad_de_Disco|/dir/Archivo` (o `file:///Unidad_de_Disco|/dir/Archivo`). Sin embargo, esta técnica presenta un problema posterior, ya que el carácter pipe (`|`) al parecer ha ocasionado algunos problemas a Navigator en la versión para Windows, por lo que se puede presentar un error. Para evitar este problema, dicho carácter puede remplazarse por el código `%7c`, donde `7c` es la representación hexadecimal del número decimal 124, y el valor ASCII de 124 es el carácter " `|` ", que es necesario aquí. Los números hexadecimales van de 0-9 y de A-F; deben ir precedidos por un signo de porcentaje (`%`) cuando se usan dentro de una cadena con formato de URL.

CONSEJO: el uso de caracteres hexadecimales es altamente benéfico, ya que algunos nombres de archivo requieren de un tratamiento especial. Por ejemplo, el sistema de archivos de Macintosh contiene nombres de archivo que tienen espacios internos, algo que no se permite en DOS o Windows 95. Los espacios tampoco se permiten en los URL, por lo que debe emplearse un equivalente. El carácter de espacio tiene el valor ASCII de 32 (en hexadecimal de `%20`); así, un archivo denominado exactamente como "Java Script" podría referenciarse dentro de un URL como "Java%20Script", por lo que el archivo podría cargarse en el navegador. Para usar el URL `file:` y cargar el archivo de hipertexto *local* ubicado en el URL

```
c:\dir\MiArchivo.htm
```

use una instrucción de JavaScript de la forma:

```
parent.frames['Inferior'].location="file:/c%7c/dir/MiArchivo.htm";
```

donde `frames['Inferior']` es el nombre del marco inferior, en el contexto del ejemplo anterior. Usted puede modificar los nombres de directorio para trabajar así con su aplicación.

Cómo trabajar con documentos con marcos "anidados"

JavaScript también puede trabajar con documentos con marcos anidados, es decir, con marcos que estén dentro de marcos existentes. Esta capacidad es importante porque puede cambiar dinámicamente la estructura de ventana de una aplicación, sin necesidad de volver a crear todo el documento de HTML (así, permite al usuario abrir y cerrar varios marcos dinámicamente). Los marcos anidados son ligeramente más difíciles de entender, ya que trabajan con dos *capas* de marco, no con una sola. Por otra parte, ciertas propiedades del objeto `frame`, por ejemplo `parent`, en algunos casos ya no son válidas. Debido a que el documento padre hace referencia al documento con marcos *actual*, escribir dinámicamente por completo un nuevo contenedor `<frameset>` dentro de un documento con marcos existente modificaría las referencias internas de marco del navegador, a tal grado que no podría hacer referencia mediante `parent` a un nuevo marco anidado. Por este motivo, debe usar propiedades de ventana, por ejemplo, `top`.

Observe el documento de HTML y programa de JavaScript insertado que aparecen a continuación. El programa, al cargarse, tiene dos marcos, `frames[0]` y `frames[1]`, como se ilustra en la figura 9-2.

```
<!--
   Programa 9-10
-->
<html>
<head>
<script language="JavaScript">
<!-
function pop2() { return("Este es el marco 2"); }
function pop3() { return("Este es el marco 3"); }
```

```
var Marco1 = "<body>Este es el marco 1<p><form>" +
             "<input type=button value='Cambiar marcos' "+
             "onClick='parent.CambiarMarcos()'>" +
             "</form></body>";
var Marco2 = "";
var Marco3 = "<frameset cols='50%,50%'>" +
             "<frame name=NuevoMarc2 src='javascript:top.pop2()'>" +
             "<frame name=NuevoMarc3 src='javascript:top.pop3()'>" +
             "</frameset>";

function CambiarMarcos() {
   parent.frames['f2'].document.open();
   parent.frames['f2'].document.write(parent.Marco3);
   parent.frames['f2'].document.close();
}
//-->
</script>
</head>
<frameset rows="50%,50%">
<frame name=f1 src="javascript:parent.Marco1">
<frame name=f2 src="javascript:parent.Marco2">
</frameset>
</html>
```

Cuando el documento se carga por primera vez, se lee en el navegador el contenedor `<frameset>` que está al final del archivo:

```
<frameset rows="50%,50%">
<frame name=f1 src="javascript:parent.Marco1">
<frame name=f2 src="javascript:parent.Marco2">
</frameset>
</html>
```

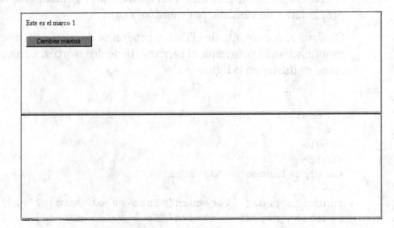

El documento
con marcos
cuando se
carga por vez
primera el
ejemplo
Figura 9-2.

el cual, a su vez, crea dos marcos horizontales de igual tamaño, denominados
f1 y f2, reflejados en el arreglo forms en JavaScript como forms[0] y forms[1]
(o forms['f1'] y forms['f2']), respectivamente. El contenido de ambos
marcos se toma de las variables Marco1 y Marco2, y no de archivos separados.
Hemos empleado la propiedad parent para hacer referencia a las variables, ya que
están definidas dentro del documento con marcos *actual*.

El marco de arriba (f1) también contiene un botón de forma que cuenta con un
atributo de evento onClick, el cual llama a una función denominada
CambiarMarcos(), que también está definida dentro del documento con marcos
actual, por lo que hemos hecho referencia a ella mediante la propiedad parent.
Cuando el usuario hace clic en este botón, se ejecutan las siguientes instrucciones:

```
...
parent.frames['f2'].document.open();
   parent.frames['f2'].document.write(parent.Marco3);
   parent.frames['f2'].document.close();
```

con lo que se abre un nuevo flujo de datos hacia el marco inferior (f2) y después
escribe el contenido de la variable Marco3 dentro del marco. El flujo se cierra entonces y el contenido del nuevo marco aparece de inmediato; en este caso, es un nuevo
documento <frameset>, que se define dentro de la variable Marco3:

```
var Marco3 = "<frameset cols='50%,50%'>" +
             "<frame name=NuevoMarc2 src='javascript:top.pop2()'>" +
             "<frame name=NuevoMarc3 src='javascript:top.pop3()'>" +
             "</frameset>";
```

Como puede observar, este nuevo contenedor <frameset> define dos marcos
verticales. En esta etapa, el navegador ya tiene definidos dos marcos. El nuevo
documento con marcos se anida dentro del marco inferior existente y aparece como se
ve en la figura 9-3.

Ahora, el documento tiene tres marcos, pero observe cómo empleamos la propiedad
top dentro del atributo src de las etiquetas <frame>, en la variable Marco3. La
propiedad top hace referencia a la ventana superior, es decir, a la ventana principal
del navegador. En Navigator, todas las variables en realidad son propiedades de esta
ventana. Ya no puede usar la propiedad parent para hacer referencia a las variables
creadas dentro del documento, puesto que parent hace referencia al documento con
marcos actual, y éste es el contenedor <frameset>, que está definido en la variable
Marco3 y que ahora está anidado dentro del marco inferior de la figura 9-3.
Opcionalmente, puede usar la propiedad top para avanzar hacia otro *nivel* dentro de
la jerarquía de documento con marcos, ya que ahí es donde se encuentran las funciones

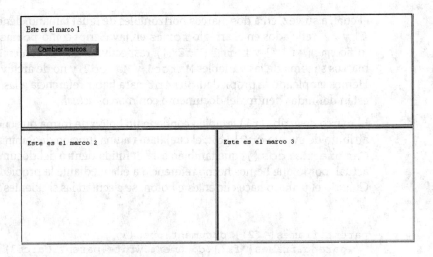

El nuevo
documento
con marcos,
tal como se
ve cuando se
hace clic
sobre el botón
Figura 9-3.

pop2 () y pop3 (). Éstas, simplemente, devuelven algo de texto, el cual debe
colocarse en los dos nuevos marcos.

Hacer referencia a todos estos nuevos marcos ahora se vuelve ligeramente más
complicado, ya que en lugar de trabajar con dos marcos, está trabajando con cuatro.
Observe que dos de ellos (NuevoMarc2 y NuevoMarc3) ahora están insertados, o
anidados, dentro del marco inferior original (f2). Para hacer referencia al marco
NuevoMarc3, tiene que usar una expresión completamente especificada, que inicie
con el objeto superior (el objeto window principal, en este caso), para después pasar al
marco inferior, f2, y luego al segundo marco dentro de éste, es decir, NuevoMarc3.
En JavaScript, podría hacerlo con cualquiera de las siguientes expresiones de objeto
(comenzando desde el objeto de más arriba):

♦   Superior.frames[1].frames[1]

♦   Superior.frames['f2'].frames['NuevoMarc3']

CONSEJO: si pierde la cuenta de los marcos, o la sintaxis que debe usar para
hacer referencia a ellos, escriba la expresión javascript:alert() en el campo de
texto Dirección de Navigator (en la parte superior de la ventana) con la expresión
adecuada para ver el resultado. Por ejemplo:

javascript:alert(window.frames[1].frames[1])

mostrará el atributo de nombre del segundo marco anidado, en este ejemplo,
NuevoMarc3. La salida será <object NuevoMarc3>, que es la representación
interna de un objeto de JavaScript denominado NuevoMarc3 (un objeto de tipo
ventana, en este caso).

NOTA: recuerde que los objetos de ventana y los de marco son lo mismo, aunque use la propiedad correcta para hacer referencia a ellos, esto es, `top` o `parent`. Se desplegará un valor *nulo* o *indefinido* si la expresión que haya escrito no evalúa a ningún objeto conocido.

Para cargar un nuevo URL en la ventana `NuevoMarc3` (marco), podríamos haber usado el atributo `src` de la etiqueta `<frame>` y cargar la página adecuada; de no hacerlo, podríamos haber escrito una función definida por el usuario, por ejemplo, la siguiente versión modificada de `pop3()`:

```
function pop3() {
  return("<form><input type=button value='Cargar archivo' " +
         "onClick='self.location=\"http://www.osborne.com\"'">" +
         "</form>");
}
```

que devuelve cierto texto formateado con HTML para crear un botón de forma mediante un evento `onClick`. Al hacer clic en ese botón, se actualiza la propiedad `location` del marco actual, y carga así el nuevo URL especificado en el marco en uso. La propiedad `self` es un sinónimo de `Superior.frames[1].frames[1]` en este caso; esto es, se trata de un sinónimo abreviado para el marco actual.

 CONSEJO: en ocasiones ya no podrá usar comillas en una expresión. No todos los valores de atributo necesitan ir entre comillas, pero si asigna un valor a una propiedad, debe colocarlos dentro de dichos signos (como sucedió en el ejemplo anterior, donde asignamos un URL a la propiedad `location` del marco actual). En caso de suceder esto, debe colocar el signo de *escape* a la comilla para que no interfiera con el resto de la instrucción. Por ejemplo, `\"` especifica una doble comilla. Como las dobles comillas ya se usaron en la instrucción `return` para devolver un valor de cadena, emplear una doble comilla sin el carácter `\` precediéndola hará que JavaScript dé por hecho que la cadena ha terminado cuando, en realidad, no es así todavía.

La opresión del botón en el ejemplo hará, por lo tanto, que Navigator cargue la página inicial del sitio del Web denominado `www.osborne.com`. Para cargar archivos localmente desde un disco es necesario un URL de archivo local, de la forma: `file:///drive%7c/dir/filename`, por ejemplo, `file:///d%7c/Archivo/MiArchivo.htm` para cargar el archivo llamado `d:\Archivo\MiArchivo.htm` del disco (`D:` muy probablemente sea una unidad de disco compacto en este caso). Si desea más información, consulte la sección anterior que describe el cargado de los URL de archivo local en los marcos.

Si quiere cargar automáticamente un URL en el marco, la forma más sencilla de hacerlo consiste en usar el atributo `src` de la etiqueta `<frame>`. También podría emplear el manejador de evento `onLoad` para cargar distintos URL. Observe un ejemplo modificado del programa anterior. Éste usa las variables `Cuerpo1` y `Cuerpo2` para almacenar etiquetas `<body>` de HTML que empleen el atributo `onLoad` para cargar nuevos URL en cada marco:

```
<!--
  Programa 9-11
-->
<html>
<head>
<script language="JavaScript">
<!--
  var Cuerpo1 = "<body onLoad=" +
                "'self.location=\"http://www.osborne.com\"'">" +
                "</body>";
  var Cuerpo2 = "<body onLoad=" +
                "'self.location=\"http://www.mcgraw-hill.com\"'">" +
                "</body>";
  var Marco1 =
        "<body>Este es el marco 1<p><form><input type=button " +
        "value='Cambiar marcos' onClick='parent.CambiarMarcos()'>" +
        "</form></body>";

  var Marco2 = "";
  var Marco3 =
        "<frameset cols='50%,50%'>" +
        "<frame name=NuevoMarc2 src='javascript:top.Cuerpo1'>" +
        "<frame name=NuevoMarc3 src='javascript:top.Cuerpo2'>" +
        "</frameset>";
  function CambiarMarcos() {
     parent.frames['f2'].document.open();
     parent.frames['f2'].document.write(parent.Marco3);
     parent.frames['f2'].document.close();
  }
//-->
</script>
</head>
<frameset rows="50%,50%">
 <frame name=f1 src="javascript:parent.Marco1">
 <frame name=f2 src="javascript:parent.Marco2">
</frameset>
</html>
```

El texto formateado con HTML puede escribirse dentro de un marco anidado empleando las rutinas `open()`, `write()` y `close()` de JavaScript, como antes, pero con el nombre del marco anidado como prefijo de cada instrucción, por ejemplo:

```
top.frames[1].frames[1].document.open();
top.frames[1].frames[1].documento.write("Cierto <b>HTML</b>" +
        "va aquí.<p>");
top.frames[1].frames[1].document.close();
```

Las instrucciones anteriores podrían llamarse mediante un evento activado por el usuario, por ejemplo, hacer clic, mediante un evento `onClick` que llame a una función como las mostradas anteriormente. De hecho, todas las rutinas de manipulación basadas en marcos siguen siendo las mismas para los marcos anidados, justo como si fuesen documentos con marcos normales, excepto por las nuevas técnicas de referenciación mencionadas en esta sección.

Más ejemplos de documentos con marcos

Esta sección contiene varios ejemplos más de documentos con marcos, los cuales emplean capacidades analizadas con anterioridad en el capítulo.

♦ **Ejemplo 1:** creación de un marco sencillo con dos columnas

El siguiente ejemplo emplea los atributos `cols` y `rows` al mismo tiempo. Estos atributos no son mutuamente excluyentes, por lo que pueden usarlos simultáneamente. En este caso, el documento final tendrá dos marcos de igual tamaño, colocados uno junto al otro, en dos columnas. El segundo atributo de fila permanecerá vacío sin poder seleccionarse; la inclusión de la segunda fila asegura que sólo la mitad de la pantalla se use para los dos marcos. Si se omite el segundo 50% en el atributo `rows`, se usará toda la pantalla (Navigator asigna el tamaño más grande posible, no obstante que el porcentaje señalado sea 50% en este caso):

```
<html>
<frameset rows="50%,50%" cols="50%,50%">
<frame src="01.htm" name="Marco1">
<frame src="02.htm" name="Marco2">
</frameset>
</html>
```

CONSEJO: cuando use marcos basados en columnas, recuerde que cada uno se numerará en orden ascendente y en dirección a las manecillas del reloj. En el ejemplo anterior, el marco de la izquierda superior es `frames[0]` y el de la derecha superior `frames[1]`. Si nombra los marcos al principio, evitará confusiones con los números (sin embargo, puede usar números para hacer un índice de los marcos, una vez asignados los nombres).

◆ **Ejemplo 2:** carga de marcos con datos locales y de red

En el ejemplo 2 definimos dos marcos de igual tamaño y de alineación horizontal. El atributo `src` de la primera etiqueta `<frame>` especifica que la página inicial del sitio en el URL habrá de cargarse con `http://www.mcgraw-hill.co.uk`, mientras el segundo marco carga el archivo local denominado `prueba.htm`. Los archivos locales pueden cargarse con su nombre junto con el directorio actual:

```
<html>
<frameset rows="50%,50%"<
<frame name="Marco1" src="http://www.mcgraw-hill.co.uk">
<frame name="Marco2" src="prueba.htm">
</frameset>
</html>
```

En este ejemplo, puede hacer referencia al primer marco mediante la expresión `parent.frames[0]`, o como `parent.frames['Marco1']`, lo cual es posible ya que el marco se ha denominado "Marco1" mediante el atributo `name` de la etiqueta `<frame>`.

CONSEJO: evite usar valores de índice numérico para hacer referencia a los marcos; nombrar al marco mediante `<frame name=...>` es mucho más sencillo (después haga referencia al marco mediante `frames['Nombre']`, en vez de `frames[0]`). Esto es sumamente útil en caso que se trate de documentos complejos y largos, donde contar cada marco es difícil.

◆ **Ejemplo 3:** cómo anexar datos a un marco

El ejemplo 3 muestra cómo puede *anexar* datos a un *marco* dinámicamente; usa tres archivos de HTML: el primero, `09-12.htm`, es un documento con marcos que carga los documentos de HTML denominados `ex_3a.htm` y `ex_3b.htm`, respectivamente. Este ejemplo también cuenta con una posición de código de JavaScript para hacer la actualización de marco. Veamos el código del archivo `09-12.html`:

```
<!--
  Programa 9-12
-->
<html>
<frameset rows="50%,50%">
<frame src="ex_3a.htm" name="f1">
<frame src="ex_3b.htm" name="f2">
</frameset>
</html>
```

El código para el archivo `ex_3a.htm` se parece a lo siguiente:

```
<html>
<!--
  * ex_3a.htm
  * Un documento con un botón para generar
  * algo de código de HTML y colocarlo en el
  * segundo marco.
-->
<form>
<input type="button"
       value="¡Hágame clic!"
       onClick="parent.frames[1].document.writeln('Hola<p>');">
</form>
</html>
```

Finalmente, el código para el archivo `ex_3b.htm` es parecido a esto:

```
<html>
<!--
  * ex_3b.htm
  * Documento nulo.
-->
<body>
</body>
</html>
```

El archivo `ex_3b.htm` es un archivo vacío que tiene sólo un comentario y un contenedor vacío `<body>`. Éste habrá de usarse para cargar un marco vacío en el ejemplo, ya que sin un atributo `src` en la etiqueta `<frame>`, el navegador no generará tal marco; esto es, no lo desplegará. Cuando se carga `ex_3a.htm` en el marco superior, se genera un botón utilizando la etiqueta `<input type="button"...>`, con las palabras "`¡Hágame clic!`". Este botón está asociado con un evento `onClick`, por lo que cuando hace clic en él, se ejecuta este comando de JavaScript:

```
parent.frames['f2'].document.writeln('¡Hola!<p>');
```

que escribe el texto formateado con HTML "`¡Hola!`" en el marco inferior (`Marco2`). Observe cómo hemos empleado la expresión `frames['f2']`. Usted también podría usar `frames[1]`. Para escribir texto en un marco y después enviarlo, esto es, procesarlo, debe utilizar un cambio de párrafo (`<p>`) o algo equivalente, por ejemplo, `<hr>`; de no hacerlo, el texto no aparecerá. Esta puede ser una característica útil en sí misma, pues con ella usted construye etiquetas y después, en una etapa posterior, las envía.

CONSEJO: cuando escriba datos sin usar open() y close(), debe enviar a un *marco* los datos que esté escribiendo por medio de una etiqueta, por ejemplo, <p> o <hr>.

El resultado de este ejemplo es que el texto "!Hola¡" se anexa al marco inferior cada vez que haga clic en el botón del marco superior. Para evitar esto y regenerar todo el marco, debe abrir un *flujo de datos* hacia éste, concepto que se ilustra en el siguiente ejemplo.

CONSEJO: si no se menciona el atributo src dentro de la etiqueta <frame>, Navigator no creará el marco.

◆ **Ejemplo 4:** cómo refrescar un documento con datos nuevos

El ejemplo 4 muestra cómo puede actualizar un marco de manera que se genere un documento completamente nuevo: tiene que usar los métodos document.open() y document.close(). Estas llamadas de función deben encapsular las instrucciones write() o writeln() empleadas para escribir información en el marco, como se muestra en el siguiente ejemplo.

El primer archivo en este ejemplo, 09-13.htm, es un documento con marcos, el documento padre, que carga dos documentos denominados ex_4a.htm y ex_4b.htm en dos marcos. La estructura del marco se ha cambiado ligeramente para desplegar una salida basada en columnas. El archivo 09-13.htm, el documento padre de marco principal, es parecido a esto:

```
<--
  Programa 9-13
-->
<html>
<frameset rows="50%" cols="50%,50%">
<frame src="ex_4a.htm" name="Marco1">
<frame src="ex_4b.htm" name="Marco2">
</frameset>
</html>
```

El código del archivo ex_4a.htm, el primer documento con marcos, se parece a lo siguiente:

```
<html>
<!--
  * ex_4a.htm
```

```
      * Escribe un texto en el segundo marco.
-->
<form>
<input type="button"
       value="¡Hágame clic!"
       onClick="parent.frames['Marco2'].document.open();
       parent.frames['Marco2'].document.writeln('Hola<p>');
       parent.frames['Marco2'].document.close();">
</form>
</html>
```

Finalmente, el archivo `ex_4b.htm` (el documento con marcos final) se parece a esto, que es un documento nulo que sirve para desplegar un marco vacío:

```
<html>
<!--
  * ex_4b.htm
  * Documento nulo
-->
<body>
</body>
</html>
```

Cuando hace clic en el botón del marco superior, el texto del marco inferior aparece una sola vez con cada opresión del botón. Cuando escriba aplicaciones de JavaScript más complejas, tendrá que actualizar un marco completo en vez de anexarle datos; por ello, no olvide usar `open()` y `close()`, según corresponda. Debe usar `open()` y `close()` para encapsular un grupo de instrucciones `write()` o `writeln()`; Navigator almacena en búfer todo lo que se encuentre entre estas dos instrucciones y después escribe rápidamente un extenso fragmento de texto en el área de desplegado del navegador, por ejemplo, un área de marco, en este caso.

CONSEJO: recuerde que al actualizar un marco, con lo que se vacían los demás, también se retira el código cargado previamente en un documento. Lea la sección anterior sobre cómo usar la propiedad `parent` para hacer referencia a funciones globales de JavaScript.

En vez de usar varias instrucciones `write()` o `writeln()`, puede concatenar el texto mediante el operador de concatenación de cadena ("`+`") por medio de una sola instrucción, por ejemplo:

```
document.write("He aquí cómo puede unir " +
               "dos cadenas");
```

♦ **Proyecto 1:** guión de programa para selección de grupos de noticias en Usenet

Este es el primero de dos proyectos de este capítulo. Instrumenta un guión para proyectar un simple grupo de noticias. La capacidad de Navigator para leer noticias de Usenet (USErs NETwork-Red de usuarios) se logra mediante el uso del URL `news:`, que se ha modificado y enriquecido en Navigator, que ahora permite seleccionar el artículo y el grupo de noticias y la cancelción de suscripción a un grupo de noticias. A nivel elemental, el URL `news:` se parece a `news://ServidorDeNoticias/NombreDeGrupo`, por ejemplo, `news://news.funet.fi/comp.lang.java`, donde `news.funet.fi` es un servidor de noticias de Usenet y `comp.lang.java` es un grupo para analizar el lenguaje de programación Java. Ahora, Navigator cuenta con un lector de noticias completamente integrado, el cual le permite la selección de servidor y de grupo que funciona mejor que una aplicación de JavaScript. Aquí, el propósito es mostrar las técnicas de JavaScript, por lo que explicaremos cómo están estructurados esos guiones. La figura 9-4 ilustra el guión ejecutándose en Navigator.

La aplicación es básicamente un documento con marcos (dos). Debe entender cómo trata JavaScript las formas de HTML, por medio de la propiedad de arreglo `forms`; todo esto es muy sencillo (véase el capítulo 7).

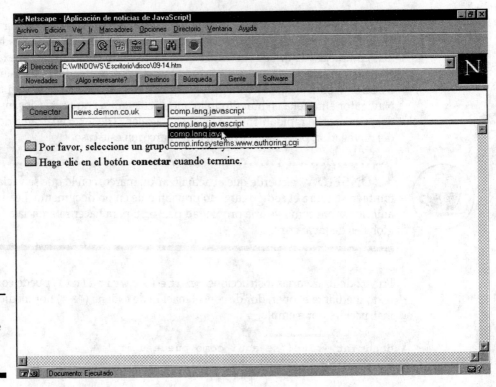

El proyecto 1
ejecutándose
en Navigator
Figura 9-4.

```
<!--
  Programa 9-14
-->
<html>
<head>
<title>Aplicación de noticias de JavaScript</title>
<script language="JavaScript">
<!--
var resultados =
      "<html><body><font size=+1>" +
      "<img src='internal-gopher-menu' " +
      "hspace=5>Por favor, seleccione " +
      "un grupo de noticias y un servidor.<br>" +
      "<img src='internal-gopher-menu' hspace=5>Haga clic en el
botón " +
      "<b>conectar</b> cuando termine." +
      "</font></body></html>";
function ElegirServidor() {
  var MarcoInf=parent.frames['Inferior'];
  var idxs=parent.frames[0].document.forms[0].ns.selectedIndex;
  var idxg=parent.frames[0].document.forms[0].ng.selectedIndex;
  var ServidorNoticias =
      parent.frames[0].document.forms[0].ns.options[idxs].text;
  var Grupo =
      parent.frames[0].document.forms[0].ng.options[idxg].text;
  var URLdeNoticias = "news://" + ServidorNoticias + "/" + Grupo;

  if (confirm("Quiere conectarse a: " + URLdeNoticias)) {
      // Cargar -> news://NombreDelServidor/NombreDeGrupo
      parent.frames[1].location = URLdeNoticias;
  }
}
function Botones() {
  var Boton = "<html><body>" +
             "<form name='f1'>" +
             "<input type='button' value='Conectar'" +
             "onClick='parent.ElegirServidor()'> " +
             "<select name='ns'>" +
             "<Option selected>news.demon.co.uk" +
             "<Option>news.funet.fi" +
             "<Option>news.cityscape.co.uk" +
             "</select> " +
             "<select name='ng'>" +
             "<Option selected>comp.lang.javascript" +
             "<Option>comp.lang.java" +
             "<Option>comp.infosystems.www.authoring.cgi" +
             "</select>" +
             "</form>" +
```

```
            "</body></html>";
    return(Boton);
  }
//-->
</script>
</head>
<frameset rows="12%,88%">
<frame name="top"
        src="javascript:parent.Botones()"
        scrolling="no">
<frame name="Inferior"
        src="javascript:parent.resultados"
        scrolling="yes">
</frameset>
</html>
```

El documento y guión de HTML anteriores usan múltiples propiedades de forma para acceder a los valores de dos etiquetas `<select>`. La etiqueta contenedor `<select>` se explicó en el capítulo 7; permite que se muestre una lista descendente de opciones para que el usuario elija en seguida una o dos de ellas. En este proyecto, las dos listas de selección contienen servidores y grupos de noticias, cada una de las cuales está colocada con una etiqueta `<option>` dentro del contenedor `<select>`. Las dos listas de selección se denominan ns y ng, respectivamente, y se usan dentro de la función `ElegirServidor()` para extraer las opciones seleccionadas por el usuario. La propiedad `selectedIndex` contiene el elemento seleccionado en una etiqueta de lista de selección; se usa con el nombre de la lista de selección requerida para obtener el elemento que el usuario haya elegido. Una vez que se han determinado los elementos de las dos listas de selección (un proceso relativamente largo), se crea la variable `URLdeNoticias`, que contiene el URL news: necesario y que se basa en las selecciones del usuario. Entonces, el URL es lanzado al modificarse la propiedad `location` del marco inferior. Como un URL basado en noticias en realidad no constituye un documento de HTML en Navigator 2.0 de Netscape, la instrucción envía el sistema de lectura de noticias del navegador y éste aparece de inmediato en una nueva ventana (es necesario asignar un URL al marco para que realmente el URL sea enviado).

♦ **Proyecto 2:** un sistema de navegación de documento

El segundo proyecto muestra cómo puede crear una serie de páginas por las que se puede navegar a voluntad de ida y vuelta. Este proyecto usa varios archivos de HTML (no todos se muestran aquí) que representan algunas páginas, las cuales puede ver en sucesión. La actualización de página se realiza por manipulación de marcos, por medio de una serie de botones colocados en un marco superior, mientras el documento principal se muestra en el marco de en medio. También se incluye un marco inferior, o *pie de página*, que contiene un campo que muestra el número de página actual.

El uso de documentos con marcos para el movimiento en las páginas se está volviendo más popular en los sitios del Web que reconocen a Navigator 2.0. Los botones de navegación en el marco denominado `Marco1` se crean usando etiquetas `<input type = "button">` simples que tienen asociado un atributo `onClick` para lanzar una función de navegación que revise en qué página está el usuario, quien actualiza los marcos, según corresponda. La función está contenida en el archivo `Botones.htm`. Cada "página" de HTML se denomina `pag1.htm`, `pag2.htm` y así sucesivamente. Veamos el documento con marcos principal, `indice.htm`:

```
<!--
  Programa 9-15
-->
<html>
<frameset rows="13%,74%,13%">
<frame name="Marco1" src="botones.htm" scrolling="no">
<frame name="Marco2" src="pag1.htm">
<frame name="Marco3" src="pie.htm"  scrolling="no">
</frameset>
</html>
```

El archivo `Botones.htm` contiene las funciones `Izq()`, `Der()` y `Salta()` definidas en un programa de JavaScript. Las funciones `Izq()` y `Der()` permiten moverse hacia la izquierda y derecha de la página, respectivamente; la función `Salta()` permite que se cargue un número de página específico; esto es, "`3`" cargaría `pag3.htm`, etcétera.

La variable `pagina` contiene el valor del número de la página actual (comienza en 1) cuando el documento se carga inicialmente. Cada vez que hace clic en un botón, esta variable se verifica y actualiza según corresponda. Este sistema funciona con un máximo de tres páginas (`pag1.htm`, `pag2.htm` y `pag3.htm`), aunque puede cambiar esto fácilmente para usar el número de páginas que desee. Si intenta trasladarse más allá de la página 3, se despliega un mensaje de advertencia. De igual forma, si intenta desplazarse antes de la página 1, se genera otro mensaje de advertencia [estos mensajes se muestran mediante el método `alert()` de JavaScript]. Cuando el guión ha sido cargado, el número de página se establece en 1 y el valor del campo del pie de página también. Observe cómo se usa la propiedad `value` para asignar un valor a un campo `<input>`:

```
<html>
<!--
  botones.htm
-->
<head>
<script language="JavaScript">
<!--
  pagina = 1;
```

```javascript
      parent.frames[2].document.forms[0].NumDePag.value = "1";
      // Salta a una página específica y valida la entrada del usuario:
      function Salta() {
        var NumDePag = prompt("Introduzca un número de página:", "");
        if (NumDePag != pagina) {
          if (NumDePag > 3) {
            alert("¡La página número " + NumDePag + " no existe!");
          }
          else {
            // abs() devuelve un número sin signo, por ejemplo -1
            // se convierte en 1:
            NumDePag = Math.abs(NumDePag);
            pagina = Math.abs(NumDePag);
            // Nombres de las páginas  'pag1.htm', 'pag2.htm' ...
            parent.frames[2].document.forms[0].NumDePag.value =
                NumDePag;
            parent.frames[1].location = "pag" + NumDePag +
                ".htm";
          }
        }
      }
// Mueve una página a la izquierda (-1):
function Izq() {
    if (pagina==1) {
      alert("¡Está usted en la primera página!");
    }
    if (pagina==2) {
      pagina —;
      parent.frames[2].document.forms[0].NumDePag.value="1";
      parent.frames[1].location="pag1.htm";
    }
    if (pagina==3) {
      pagina —;
      parent.frames[2].document.forms[0].NumDePag.value="2";
      parent.frames[1].location="pag2.htm";
    }
}
// Mueve una página a la derecha (+1):
function Der() {
    if (pagina==3) {
      alert("¡Está usted en la última página!");
    }
    if (pagina==2) {
      pagina ++;
      parent.frames[2].document.forms[0].NumDePag.value="3";
      parent.frames[1].location="pag3.htm";
    }
```

```
        if (pagina==1) {
        pagina ++;
        parent.frames[2].document.forms[0].NumDePag.value="2";
        parent.frames[1].location="pag2.htm";
    }
}
//-->
</script>
</head>
<body>
<table border=0 cellpadding=0 cellspacing=1>
<tr>
<td align="left">
    <form><input type="button" value="<<"
                onClick="Izq()"></form>
</td>
<td align="left">
    <form><input type="button" value=">>"
                onClick="Der()"></form>
</td>
<td align="left">
    <form><input type="button" value="Ir a"
                onClick="Salta()"></form>
</td>
</tr>
</table>
</body>
</html>
```

Los archivos pag1.htm, pag2.htm y pag3.htm contienen el texto de HTML que usted quiere mostrar dentro del marco principal (medio) del navegador. Para permitir que el guión funcione adecuadamente, pag1.htm simplemente contiene los siguientes *huesos medulares* de HTML:

```
<html>
<!--
  pag1.htm
-->
<body>
<img src="internal-gopher-menu"> Esta es la página 1 de 3<p>
</body>
</html>
```

En estas páginas, usted puede colocar la parte corporal central de una aplicación, incluidos texto, gráficos e incluso otros guiones de JavaScript.

El archivo `pie.htm` contiene un campo de número de página, además de todo el texto formateado con HTML (logotipos, etcétera) que usted necesite en la aplicación, por ejemplo:

```
<html>
<!--
  pie.htm
-->
<body>
<form>
Número de página: <input name="NumDePag"
                    type="text"
                    size=7>
</form>
</body>
</html>
```

La figura 9-5 ilustra la ejecución de la aplicación dentro del navegador (tras hacer clic en el botón Ir a).

Resumen

Los documentos con marcos son un concepto importante para el desarrollador de JavaScript, ya que permiten desplegar documentos más complejos y técnicas de navegación que de otra manera serían imposibles.

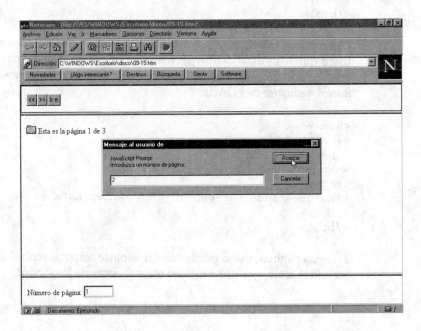

El proyecto 2 ejecutándose en Navigator
Figura 9-5.

◆ Los documentos con marcos pueden identificarse mediante el contenedor
   `<frameset>`, *en vez* de un contenedor `<body>`. No mezcle etiquetas `<frameset>`
   con etiquetas `<body>` dentro de un mismo documento de HTML.

◆ El arreglo `frames` sirve para hacer referencia a un marco dentro de JavaScript.
   Para acceder a él, es necesario usar la propiedad `parent`; por ejemplo,
   `parent.frames[0]` hace referencia al primer marco, esto es, a la primera
   etiqueta `<frame>`.

◆ Si usa el atributo `name` de la etiqueta `<frame>`, puede hacer referencia a un
   marco con la expresión `parent.frame['NombreDelMarco']` en vez de
   `parent.frames[n]`, etcétera, donde `NombreDelMarco` es el nombre de un
   marco asignado dentro del atributo `name` de la etiqueta `<frame>` de HTML.

◆ El URL `javascript:` es nuevo en Navigator 2.0 y permite que una expresión de
   JavaScript, por ejemplo, un comando, una llamada de función, etcétera, se evalúe y
   se despliegue el resultado. Este es un URL útil para crear contenido de marco
   dinámico (consulte los ejemplos anteriores).

◆ La propiedad `parent` hace referencia a un documento que aloja al contenedor
   `<frameset>`. Incluso puede ser el documento *actual* si ha empleado el URL
   `javascript:` para poblar un marco a partir de una variable de JavaScript.

◆ El atributo `src` de la etiqueta `<frame>` especifica un nombre de archivo
   (por ejemplo, `Archivo.htm`) o el URL de un archivo; he aquí un ejemplo:
   `http://NombreDelServidor/NombreDeArchvio_o_Ruta`.

◆ Para limpiar un marco use los métodos `document.open()` y
   `document.close()`, uno inmediatamente después del otro. Observe que todo
   código de JavaScript dentro del documento que esté limpiando se perderá en
   el proceso, así que defina funciones en el documento *padre* y después llámelas
   mediante la propiedad `parent`, como ilustramos con anterioridad. Cuando
   escriba datos dinámicamente en un marco para *remplazarlo* con nueva información,
   no olvide encapsular todas las instrucciones `document.write()`
   o `document.writeln()` dentro de `document.open()` y
   `document.close()`. Si no usa `open()` y `close()`, haga un cambio
   de párrafo de HTML (`<p>`) para enviar los datos a ese marco. El único
   problema con este último enfoque es que los datos se *anexan* al marco, lo
   que tal vez no sea lo que usted quiere. Los métodos `open()` y `close()`
   abren un *flujo* hacia el marco y actualizan todo el documento en cada ocasión.
   No olvide usar `document.open()` y no `open()` a solas; el uso exclusivo de
   `open()` abrirá una nueva ventana de navegador, ya que el objeto `window` es el
   objeto de nivel superior en JavaScript.

◆ Cuando necesite que una liga tenga como objetivo un marco, use el atributo
   `target=NombreDelMarco` de la etiqueta `<a href>`, donde
   `NombreDelMarco` es el nombre del marco, tal como se defina en el atributo
   `name` de la etiqueta `<frame>`. Use el sinónimo especial de marco, "`_top`", para

cargar un documento en una ventana de nivel superior completamente nueva, esto es, una ventana individual de navegador, en vez de una ventana con marcos independientes; y "`_self`" para cargar un documento en el marco actualmente activo.

CAPÍTULO 10

Cómo usar mecanismos de cronometraje de JavaScript

Un *evento de tiempo terminado,* a los cuales también
llamaremos *cronómetros,* es un evento iniciado por
JavaScript que se crea empleando el método
`setTimeout()`. Los cronómetros son útiles en
aplicaciones que necesitan generar eventos que van a
ocurrir independientemente y, quizá, con cierta regularidad.
El *cronómetro* es una *cuenta regresiva* para una acción
especificada por el usuario, en este caso, una llamada de
función u otras instrucciones de JavaScript.

En este capítulo aprenderá a:

♦ Crear y retirar *eventos cronometrados*

♦ Construir *eventos cronometrados* en sus aplicaciones de HTML

♦ Construir aplicaciones de cronometraje recurrente

♦ Insertar relojes de tipmo real, guiones de animación etcétera.

Introducción a los eventos cronometrados

Los cronómetros sirven para diversos propósitos, incluyendo relojes de tiempo real, animaciones sencillas y actualización de páginas en un sitio periódicamente.

Cómo crear un cronómetro con `setTimeout()`

Para iniciar un *cronómetro* simplemente use el método `setTimeout()` con la sintaxis siguiente:

```
var IdDeCronómetro = setTimeout(expresion, milisegs);
```

El método `setTimeout()` devuelve un valor de identificación de cronómetro que identifica a este cronómetro específico. Observe que siempre debe asignar `setTimeout()` a una variable de esta manera para que pueda desactivar el evento en una etapa posterior mediante el método `clearTimeout()`. La `expresion` puede ser cualquier instrucción o instrucciones válidas de JavaScript; las múltiples instrucciones deben separarse con signos de punto y coma (`;`). También puede especificar una función de JavaScript, lo cual es útil para hacer que el código sea más legible, en vez de amontonar entre sí grupos de instrucciones. Todos los eventos cronometrados suceden en el futuro, según lo especifique el argumento `milisegs`, que representa el número de milisegundos después de los cuales se llamará a la `expresion`. Un segundo equivale a mil milisegundos. Observe que el argumento `milisegs` debe especificarse en milisegundos.

CONSEJO: cuando está activo un cronómetro y se traslada a una página nueva cancela aquél. Al volver a la página inicial, el cronómetro se reactiva sólo si el código del guión reinicia el evento específicamente, es decir, en `<body onLoad>` o al ejecutar el código necesario desde una instrucción `<script>`.

Cómo retirar un cronómetro con `clearTimeout()`

Para desactivar un cronómetro creado con `setTimeout()` use el método
`clearTimeout()`, cuya sintaxis es:

`ClearTimeour(IdTiempTerm)`

donde `IdTiempTerm` es el número de identificación del cronómetro que usted quiere
desactivar. `setTimeout()` devuelve estos valores cuando se crea por vez primera
un cronómetro.

CONSEJO: una variable de cronometraje contendrá el valor `null` en caso de no
estar configurada todavía (como es el caso de todas las variables). Puede verificar si un
cronómetro existe antes de cancelarlo; sin embargo, la cancelación de un cronómetro
inexistente no da por resultado un mensaje de error en Navigator.

Examine el ejemplo siguiente, que crea un cronómetro que emite una *llamada de alarma*
dentro de un número especificado de minutos. Observe cómo se modifica la entrada
del usuario para representar el número de milisegundos que se pasan a la función
`setTimeout()`.

```
<!--
  Programa 10-1
-->
<html>
<head>
<title>Programa para llamar una alarma</title>
<script language="JavaScript">
<!--
  var IdentifAlarma;
  function FuncionAlarma() {
    // Sonido de la alarma. Puede escuchar un sonido aquí
    // utilizando location=ArchivoDeSonido.
    alert("¡ALARMA!");
  }
  function IniciaTiempoLimite(id) {
    var minutos = prompt("¿Cuántos minutos?", 0);
    // El tiempo se mide en milisegundos, así que si el usuario
    // teclea 1 minuto, debemos multiplicarlo por 60000.
    IdentifAlarma = setTimeout("FuncionAlarma()", minutos*60000);
  }
//-->
</script>
</head>
```

```
<body>
<form>
<input type=button
       value="Inicia"
       onClick="IniciaTiempoLimite()">
<input type=button value="Cancelar"
onClick="clearTimeout(IdentifAlarma)">
</form>
</body>
</html>
```

Cuando este guión se carga en el navegador, se crean dos botones de forma: el primero crea un nuevo cronómetro; el segundo cancela el evento. El método `prompt()` sirve para obtener el número de minutos para la llamada de alarma, número que se almacena en la variable `minutos`. Luego se llama al método `setTimeout()`. Observe cómo el valor de `minutos` se convierte a milisegundos. `funcionAlarma()` es el nombre de la función que se llama cuando se acaba el tiempo contado por el cronómetro. Éste despliega un mensaje sencillo mediante el método `alert()`. Al hacer clic en el botón CANCELAR, el cronómetro se detiene vía `clearTimeout()`. El número de identificación de evento se guarda en la variable `IdentifAlarma` y se pasa al método `clearTimeout()` para limpiar el cronómetro.

Relojes de tiempo real

Los cronómetros son especialmente útiles para crear relojes de tiempo real que se actualizan por segundo o por minuto. En esta sección exploraremos cómo puede usar JavaScript para crear relojes en modo texto y relojes gráficos a fin de insertarlos en una aplicación de HTML.

Cómo crear un reloj en modo texto

Al actualizar un campo de texto dentro de una forma que constantemente se configure en la hora en curso, puede mostrar un reloj de tiempo real dentro de un campo de texto, en un documento de HTML. Examine la aplicación siguiente:

```
<!--
  Programa 10-2
-->
<html>
<head>
<script language="JavaScript">
<!--
function MostrarHora() {
  // Obtiene la hora y fecha actual y extrae
  // horas, minutos y segundos:
```

```
var HoraActual = new Date();
var horas   = HoraActual.getHours();
var minutos = HoraActual.getMinutes();
var segundos = HoraActual.getSeconds();
// Altera el formato de las horas, pues las muestra como reloj
// de 12-horas:
var CadenaHora = "" + ((horas > 12) ? horas - 12 : horas);
// Estructura la hora como HH:MM:SS, asegurándose que
// cada campo tiene dos dígitos:
CadenaHora  += ((minutos < 10) ? ":0" : ":") + minutos;
CadenaHora  += ((segundos < 10) ? ":0" : ":") + segundos;
//Incluye un letrero de A.M./P.M. con base en la hora actual
CadenaHora  += (horas >= 12) ? " P.M." : " A.M.";
// Actualiza el campo del tiempo en el documento:
document.RelojHTML.CampoHora.value = CadenaHora;
// Actualiza el reloj cada segundo:
Tiempo = setTimeout("MostrarHora()", 1000);
}
//-->
</script>
</head>
<body onLoad="MostrarHora()">
<form name="RelojHTML">
<input type="text"
       name="CampoHora"
       size=14>
</form>
</body>
</html>
```

Cuando se carga este guión en el navegador, se llama a la función `MostrarHora()` desde un atributo `onLoad`, al que se hace referencia en la etiqueta `<body>`. `MostrarHora()` crea un objeto `Date` y, a partir de éste, obtiene las horas, minutos y segundos para después almacenar estos valores en tres variables del mismo nombre. JavaScript almacena la hora en un formato de 24 horas; para cambiar esto a un reloj de 12 horas, tiene que ver si las horas marcan más allá de 12. Si lo hacen, simplemente se retiran 12 horas para dejar el equivalente de 12 horas. La variable `CadenaHora` sirve para almacenar las horas, minutos y segundos combinados como una cadena de texto de la forma `HH:MM:SS`. La única forma dentro del documento se denomina `RelojHTML`, que sólo tiene un campo de texto llamado `CampoHora`. Este campo se establece en el valor de la variable `CadenaHora` y la hora en curso aparece en el campo.

Para actualizar la hora, segundo por segundo, usamos un cronómetro que llama a la función actual, repetitivamente. A esto se le conoce como cronometraje recurrente, ya que se emplea un cronómetro para llamar a la función actual. La demora de cronometraje se especifica como mil milisegundos, para que el reloj se actualice a cada segundo. Los campos de texto son ideales para la actualización continua del texto, pues el navegador puede generarlos en pantalla rápidamente.

En vez de usar un campo de texto, usted puede crear un reloj gráfico utilizando pequeñas imágenes GIF para representar cada dígito de la hora. Aunque esto no ofrece ventajas de velocidad, el desplegado resulta más atractivo dentro de una página del Web.

Cómo crear un reloj gráfico

Examine la siguiente aplicación, basada en un documento con marcos. Ocupamos un marco para desplegar el reloj y un cronómetro lo refresca a cada minuto. Esta aplicación consta de cuatro archivos: 10-03.htm, el *documento con marcos* principal; reloja.htm, en el marco superior izquierdo; relojb.htm, en el marco superior derecho, y relojc.htm, en el marco inferior para hacer un total de tres marcos. El reloj aparece en el marco superior izquierdo, denominado RecSupIzq en el ejemplo.

Los dígitos son pequeños archivos de imagen almacenados en el formato GIF. Se encuentran en Internet (consulte el apéndice C). Además de los dígitos 0-9, también hay un separador de campo y un indicador A.M. y P.M.. El documento con marcos principales, está estructurado de la manera siguiente y contiene el código para el reloj:

```
<!--
  Programa 10-3
-->
<html>
<head>
<script language="JavaScript">
<!--
  var Tiempo, CadenaCuerpo, CadenaHora, Resultado;
  var PrefijoURL = "file:///c%7c/source/";
  var ImgInicio = "<img height=20 width=15 src=" +
                  PrefijoURL + "dg";
  var punto = "<img height=20 width=15 src=" +
              PrefijoURL + "dgc.gif>";
  var amind = "<img height=20 width=15 src=" +
              PrefijoURL + "dgam.gif>";
  var pmind = "<img height=20 width=15 src=" +
              PrefijoURL + "dgpm.gif>";
  var ImgFinal = ".gif>";
  function MostrarHora() {
    var Hoy          = new Date();
    var horas        = Hoy.getHours();
    var minutos      = Hoy.getMinutes();
    var Indicador    = amind;
    if (horas >= 12) {
```

```
            horas = (horas-12);
            Indicador = pmind;
        }
        if (horas == 0)
            horas = 12;
        horas = "" + horas;
        if (minutos < 10)
            minutos = ("0" + minutos);
        else
            minutos = ("" + minutos);
        minutos = "" + minutos;
        var HorasLongitud = horas.length;
        var MinLongitud  = minutos.length;
        CadenaCuerpo = "";
        CadenaHora   = "";
        // Horas:
        for (var n=0; n < HorasLongitud; n++) {
            CadenaHora += ImgInicio + horas.substring(n, n+1) +
                          ImgFinal;
        }
        CadenaHora += punto;
        // Minutos:
        for (var n=0; n < MinLongitud; n++) {
            CadenaHora += ImgInicio + minutos.substring(n, n+1) +
                          ImgFinal;
        }
        CadenaHora += Indicador;
        CadenaCuerpo = "<html><body bgcolor=Black><center>" +
                       CadenaHora +
                       "</center></body></html>";
        return(CadenaCuerpo);
    }
    function AjustaTiempo() {
        Resultado = MostrarHora();
        parent.frames[0].document.open();
        parent.frames[0].document.write(Resultado);
        parent.frames[0].document.close();
        // Actualiza el reloj cada minuto:
        Tiempo = setTimeout("AjustaTiempo()", 60000);
    }
    function RemoverTiempo() {
        clearTimeout(Tiempo);
    }
//-->
</script>
</head>
<frameset rows="11%,*">
    <frameset cols="14%,*">
```

```
        <frame name="MarcSupIzq"
            src="reloja.htm"
            noresize
            scrolling="no">
        <frame name="MarcSupDer"
            src="relojb.htm"
            noresize
            scrolling="no">
    </frameset>
    <frame name="MarcuadInf" src="relojc.htm">
</frameset>
</html>
```

El documento `reloja.htm` se carga en el marco superior izquierdo y emplea un evento `onLoad` para llamar a la función `AjustaTiempo()`, definida en la ventana padre; de ahí el uso del sinónimo `parent`.

```
<html>
<head>
</head>
<body onLoad="parent.AjustaTiempo()">
</body>
</html>
```

Los otros marcos, `relojb.htm` y `relojc.htm`, son solamente *talones* en los que usted puede, posteriormente, colocar texto propio formateado con HTML. Estos archivos ocupan los marcos superior derecho e inferior y se asemejan a lo siguiente:

```
<html>
<body bgcolor="Black">
</body>
</html>
```

Ahora bien, para cargar un marco vacío usted también podría colocar simplemente un signo de número (#) o una llamada `javascript:` en los atributos `src` de la etiqueta `<frame>`. Las etiquetas que se relacionan con el separador de dígito y los indicadores A.M./P.M. son etiquetas de HTML codificadas almacenadas dentro de variables de JavaScript.

La variable `PrefijoURL` contiene un URL que especifica el sitio donde están almacenadas físicamente las imágenes para el reloj, en este caso, el directorio local `C:\SOURCE` en el disco duro del autor, aunque podrían estar referenciadas desde otro servidor del Web empleando un URL con prefijo `http://`. Si usted carga esta aplicación, además de todas las imágenes GIF que le corresponden, en un servidor del Web en el URL:

```
http://www.unservidor.com/Principal
```

asegúrese de almacenar el valor "`http://www.unservidor.`
`com/Principal/`" en la variable `PrefijoURL` (note la diagonal final). Si usa
la aplicación localmente, emplee un URL local utilizando `file:` de la forma
`file://Unidad_De_Disco%7c/directorio`, donde `Unidad_De_Disco`
es la unidad de disco y `directorio` es la trayectoria hacia el directorio donde
residen la aplicación y los dígitos. El `%7c` es un valor hexadecimal que coloca el
carácter pipe (|) en el URL (la colocación literal de este carácter ocasiona un error en
Navigator 2.0 y 3.0; inténtelo en su sistema y cámbielo según sea el caso).

En esta aplicación, las imágenes comienzan con las letras "`dg`" (por *dígito*), pero usted
puede cambiar este prefijo. La idea es examinar cada dígito para después integrarlo,
mediante una manipulación sencilla de cadena, a una cadena que haga referencia al
dígito de imagen requerido, esto es, "mapear" de "`0`" a "`dg0.gif`" y así
sucesivamente. En esta aplicación, todas las horas se muestran con una notación de
12 horas, por lo que usted debe examinar los valores de hora y minuto para verificar
si deben modificarse. Por ejemplo, si la hora en curso es mayor o igual a 12, usted
simplemente sustraería 12 horas (para un reloj de 12 horas). En esta etapa, se ha
determinado que se trata de P.M. (`horas >= 12`), por lo que también puede
cambiar el tipo de indicador:

```
if (horas >=12) {
    horas = (horas-12);
    indicador = pmind;
}
if (horas == 0)
    horas= 12);
```

Usted también debe examinar la situación en que el valor de la hora sea cero, es decir,
las doce en punto, y reasignar el valor literal de "`12`". De esta manera, todas las
variables se tratan como cadenas y se coloca una cadena nula como prefijo de todos
los valores, por ejemplo:

```
Horas = "" + horas;
```

que convierte la variable `horas` en una variable de tipo cadena. Lo mismo se hace con
la variable `minutos`. Se necesitan valores de cadena, ya que usted usará el método
`substring()` para examinar cada dígito y asignar el archivo de imagen
correspondiente; por ejemplo, en el caso de un valor de hora de "`12`", usted necesitará
`dg1.gif` (1) y `dg2.gif` (2), respectivamente. El examen de las variables `horas` y
`minutos` se hace con una instrucción `for`. La cadena `horas` se parece a lo siguiente:

```
for (var n=0; n < HorasLongitud; n++) {
        CadenaHora += ImgInicio + horas.substring(n, n+1) +
                ImgFinal;
    }
```

donde HorasLongitud es la longitud de la variable de cadena horas (asignada desde horas.length). La variable CadenaHora entonces sirve para construir una serie de etiquetas con formato de HTML que contienen cada uno de los dígitos requeridos. El valor de CadenaHora después de procesarse un dígito, digamos "1", como en 1 P.M., es la cadena:

```
"<img height=20 width=15 src=" +
"file:///c%7c/source/" +
"dg" +
"1" +
".gif>"
```

o cuando se concatena entre sí, es el texto HTML:

```
<img height=20 width=15 src=file:///c%7c/source/dg1.gif>
```

que hace referencia al archivo denominado dg1.gif. Recuerde cambiar este URL de acuerdo con sus propios requerimientos. Después de procesar horas, se anexa un separador de imagen (se trata solamente de la imagen de un carácter de dos puntos) para que horas y minutos no se coloquen directamente unas junto a los otros:

```
CadenaHora += punto;
```

donde punto es una variable que almacena la etiqueta de HTML para cargar la imagen de separador. En este ejemplo, la variable CadenaHora ahora almacenaría el valor:

```
<img height=20 width=15 src=file:///c%7c/source/dg1.gif>
<img height=20 width=15 src=file:///c%7c/source/dgc.gif>
```

La misma operación se lleva a cabo con la variable minutos, después de la cual se agrega una imagen de indicador A.M./P.M. El resultado final es una cadena de texto larga que contiene cada uno de los archivos de imagen de que se compone la hora en curso. Todo este texto se coloca entonces dentro de un contenedor <body> y se devuelve desde la función como un valor de cadena. La función AjustaTiempo() llama a la función MostrarHora() cuando el documento se carga mediante un atributo de evento onLoad. AjustaTiempo() simplemente llama a la función MostrarHora() y asigna el valor de retorno a la variable Resultado, la cual entonces se escribe en el navegador mediante el método document.write(). Es importante emplear los métodos open() y close() para asegurar que el documento en el marco superior izquierdo sea completamente sustituido cuando cambie la hora.

Para lograr que el reloj realmente haga *tic-tac*, esto es, se actualice a sí mismo, el método setTimeout() vuelve a llamar a la función AjustaTiempo() con un intervalo de 60000 milisegundos, o 60 segundos (todas las aplicaciones basadas en

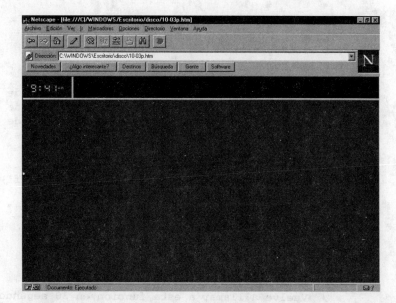

La aplicación
de reloj
gráfico vista
en Navigator
Figura 10-1.

reloj necesitan este *cronómetro recurrente*). Desplegar cada segundo usando este método
no sería práctico, ya que la sobrecarga que representa actualizar el marco y volver
a cargar el o los dígitos necesarios llevaría más tiempo que un segundo, incluso en una
computadora muy veloz. Podríamos usar un campo de texto, como hicimos en el reloj
de tiempo real del ejemplo anterior, que empleó un campo de forma. La figura 10-1
muestra el reloj en acción, tal como se observa en el navegador.

Cómo actualizar marcos mediante eventos cronometrados

Los eventos cronometrados también son útiles para actualizar el contenido de marcos
individuales dentro de un documento con marcos, por lo que permiten que las páginas
se giren o actualicen a intervalos regulares. Lo anterior deja que las páginas de
un servidor web aparezcan sin necesidad de interacción adicional (a esto se le conoce
como *hojear*). En el ejemplo siguiente, se actualiza un marco a intervalos de tiempo
regulares. El marco padre principal, `10-4.htm`, está estructurado de esta manera
y contiene el código para hojear el sitio:

```
<!--
   Programa 10-4
-->
<html>
<head>
```

```
<script language="JavaScript">
<!--
 var EstaPag = 1;
 var Tiempo;
 var TextoMensaje = new Object();
 TextoMensaje[1] = "<body>Este es el mensaje 1 de 3<p></body>";
 TextoMensaje[2] = "<body>Este es el mensaje 2 de 3<p></body>";
 TextoMensaje[3] = "<body>Este es el mensaje 3 de 3<p></body>";
 function RecorrerPag() {
   // Carga el mensaje actual:
   var EsteMensaje = TextoMensaje[EstaPag];
   // Escribe un texto en el recuadro superior(f1):
   parent.f1.document.open();
   parent.f1.document.write(EsteMensaje);
   parent.f1.document.close();
   // Actualiza el contador de la página :
   EstaPag ++;
   if (EstaPag > 3)
     EstaPag = 1;
   // Vuelve a llamar a esta función en 30 segundos:
   Tiempo = setTimeout("RecorrerPag()", 30000)
 }
//-->
</script>
</head>
<frameset rows="15%,*">
<frame name="f1" src="rotar.htm" scrolling="no">
<frame name="f2" src="inferior.htm" scrolling="yes">
</frameset>
</html>
```

El archivo `inferior.htm`, es un documento de HTML en blanco; normalmente debe contener texto que sería colocado en el marco inferior. El marco de arriba es cargado con el archivo `rotar.htm`, y contiene el código que invoca a la función `RecorrerPag()` definida en el documento padre:

```
<html>
<body onLoad="parent.RecorrerPag()">
</body>
</html>
```

Observe cómo la propiedad `parent` sirve de prefijo a la función `RecorrerPag()`. Debido a que esta función se encuentra definida dentro del *documento con marcos* padre y no en el documento actual, se asegura que la función pueda ubicarse y después llamarse. El número de la página actual también está definido como la variable `EstaPag`.

Cuando se carga `indice.htm`, crea un número de variables globales. La variable `EstaPag` lleva el registro de la página actual; esta aplicación carga un marco en tres etapas, esto es, 1, 2, 3, 1, 2..., etcétera. El texto formateado con HTML que está cargado actualmente en el marco superior se encuentra alojado en el arreglo `TextoMensaje`, como los elementos `TextoMensaje[1], [2]` y `[3]`, respectivamente. La función `RecorrerPag()` efectúa la actualización de marco y actualiza la variable de conteo de página para asegurar que se desplieguen los tres valores dentro del arreglo `TextoMensaje`. Finalmente, se establece un *cronómetro* recurrente para actualizar el marco cada 30 segundos, esto es, 30000 milisegundos. El efecto que se observa dentro de navegador es un marco que se actualiza indefinidamente, al menos mientras no se cargue una página nueva.

CONSEJO:　tal vez descubra que un cronómetro recurrente no corre cuando el código para actualizar un marco no está colocado en el documento padre (o de nivel superior). Esto parece deberse a un defecto en Navigator. Coloque todo el código de cronometraje en el documento con marcos de nivel superior y después llámelo desde un documento hijo mediante una etiqueta como: `<body onLoad="top.NombreDeFuncion()">`, donde `NombreDeFuncion()` es la función que usted quiere llamar en el documento de nivel superior, como mostramos en el ejemplo de reloj digital anterior. Use esta técnica cuando tenga que actualizar un marco continuamente a través de una función de cronometraje recurrente.

Cómo usar la etiqueta `<meta>` para hacer actualizaciones

Navigator también instrumentó una característica similar para cargar los URL después de un lapso predefinido usando una forma modificada de la etiqueta `<meta>`. Una etiqueta `<meta http-equiv="Refresh">` de la forma: `<meta http-equiv="Refresh"; content="30; url=archivo2.htm">` hace que el navegador cargue el archivo `archivo2.htm` en un lapso de 30 segundos. Puede usar este método para volver a cargar un marco con datos nuevos, del mismo modo que el programa anterior, aunque el programa de HTML que vaya a cargarse debe estar completo (JavaScript puede cargar variables de texto formateado con HTML, las cuales pueden cambiarse en cualquier momento). La etiqueta `<meta http-equiv>` se ve afectada por esto, ya que una vez que el navegador la analiza, la cuenta regresiva comienza en *ese* preciso momento. Si una página complicada tarda más tiempo en cargarse, la etiqueta `<meta>` no tiene manera de enterarse. Como resultado, la página siguiente se carga antes de que la página previa termine de cargarse por completo. Los cronómetros de JavaScript no se ven afectados por este problema, ya que usted puede controlar con mayor precisión la colocación del cronómetro dentro del programa; es decir, usted puede asegurar que el cronometraje se haga una vez que el documento terminó de cargarse, como muestran los ejemplos anteriores.

Cómo desplazarse por campos de texto y barras de estado

Un mensaje desplazable es otro efecto que puede poner en marcha con un cronómetro. Los mensajes desplazables se instrumentan en campos de texto o en la barra de estado del navegador. Son útiles para mostrar mensajes largos que pueden ocupar más espacio (verticalmente) que lo permitido en la pantalla. Los indicadores de desplazamiento de este tipo se conocen como aplicaciones de *cinta de teleimpresora*.

Barras de estado con desplazamiento

La barra de estado del navegador sirve para presentarle mensajes de sistema. La barra de estado se refleja en la propiedad window.status dentro de JavaScript, por lo que puede usarla como área de desplazamiento para presentar mensajes. Examine el siguiente guión:

```
<!--
  Programa 10-5
-->
<html>
<head>
<script language="JavaScript">
<!--
 var Tiempo;
 var Mensaje = "Este es un ejemplo de un mensaje desplazable";
 var Contador = 0;

 // ¿Está corriendo el cronómetro?
 if (Tiempo != null)
    clearTimeout(Tiempo);

 function pizarron() {
   var PizarronTmp = "";
   for (var n=0; n <= (100+Mensaje.length); n++)
      PizarronTmp += " ";
   return(PizarronTmp);
 }

 function Recorrer() {
  NuevoMensaje = pizarron() + Mensaje + " ";
  window.status = NuevoMensaje.substring(Contador,
NuevoMensaje.length);
   if (Contador == NuevoMensaje.length) {
      window.defaultStatus="Netscape";
      clearTimeout(Tiempo);
   }
```

```
    Contador ++;
    Tiempo = setTimeout("Recorrer()", 500); // 0.5 segundos
    return true;
}
// Inicia función para recorrer:
Recorrer();
//-->
</script>
</head>
</html>
```

Cuando se carga este guión, se llama automáticamente a la función `Recorrer()`, la cual toma el mensaje que usted quiere desplegar, tal como esté almacenado en la variable `Mensaje`, y anexa (coloca como prefijo) una cadena de cien espacios mediante la función `pizarron()`. Estos caracteres deben agregarse para que los mensajes se desplacen de derecha a izquierda en la barra de estado (los espacios iniciales aseguran que suceda así); de no hacerlo, el mensaje se alineará a la izquierda de la barra de estado y después se desplazará hacia la izquierda. Si este es el efecto que usted busca, puede omitir por completo la llamada a la función `pizarron()`. El efecto de *desplazamiento* en sí no es más que la actualización constante de la barra de estado mediante el método `substring()`. Al extraer continuamente una subcadena más pequeña del mensaje (de izquierda a derecha), usted puede generar el efecto de desplazamiento en la pantalla. El cronómetro se configura en medio segundo en este ejemplo (500 milisegundos) a fin de asegurar una velocidad de desplazamiento rápida, la cual puede alterar según le convenga.

El *cronómetro* se limpia cuando el mensaje se ha desplazado por completo fuera de la pantalla; entonces la barra de estado se establece otra vez en el valor "Netscape". Observe que usted puede cambiar esto por cualquier valor que desee. Observe también cómo hemos usado aquí la propiedad `defaultStatus`.

CONSEJO: la propiedad `window.defaultStatus` en el mensaje de la barra de estado es una propiedad transitoria, cuyo valor solamente se muestra cuando está vacía dicha barra. La propiedad `window.status` representa al mensaje activo y actual mostrado. Usted debe devolver un valor `true` después de modificar el valor de estas propiedades para asegurar que se coloque en la barra de estado. Para ver un ejemplo de un mensaje transitorio, coloque el puntero del ratón en uno de los botones de la barra de herramientas de navegación de Navigator (el mensaje de la barra de estado cambiará para mostrar qué acción ejecuta el botón y desaparecerá cuando usted aleje el puntero del botón).

En este mensaje desplazable no puede usar texto formateado con HTML, ya que la barra de estado no es parte del área de visualización HTML del navegador. De ser necesario, puede concatenar otras variables y propiedades de objeto en el mensaje.

CONSEJO: recuerde que debe actualizar la barra de estado dinámicamente en vez de crear un nuevo objeto de tipo cadena a cada paso del ciclo. Este último método ocasiona que el navegador cree un nuevo objeto de tipo cadena, por lo que usted podría quedarse sin memoria o, por lo menos, observar un descenso en el desempeño.

Las barras de estado con desplazamiento funcionan mejor con mensajes largos. Otra buena idea consiste en colocar un vacío grande entre mensajes sucesivos para saber que algo nuevo está por aparecer. Por ejemplo, en el contexto del guión anterior, puede configurar un mensaje de esta manera:

```
var mensaje = "Este es el primer anuncio" pad() +
              "Este es el segundo anuncio";
```

Si necesita que continúe el efecto de desplazamiento, simplemente cambie la siguiente parte del código dentro del programa, que es semejante a:

```
if (Contador == NuevoMensaje.length) {
    window.defaultStatus="Netscape";
    clearTimeout(Tiempo);
```

por lo siguiente:

```
if (Contador == NuevoMensaje.length)
    contador = 0;
```

Desafortunadamente, el mensaje debe guardarse estáticamente, es decir, debe codificarse manualmente. La presentación de información no estática es difícil, ya que la variable de mensaje (Mensaje) no puede extraer información dinámica desde otra fuente dentro del guión actual. Ahora bien, sí es posible usar un documento con marcos para actualizar uno de ellos continuamente mediante un guión de CGI, al que se hace referencia en un cronómetro. El documento de HTML devuelto por el guión de CGI puede contener insertado código de JavaScript que establezca una galleta (*cookie*) (consulte el capítulo 13), la cual posteriormente se coloca en la variable de mensaje y que luego se desplaza a lo largo de la barra de estado. El guión de CGI necesitaría ser completamente *inteligente,* ya que deberá tomar información en tiempo real desde un servidor, por ejemplo, información desde un archivo o base de datos actualizada continuamente o algo por el estilo. La información en tiempo real de este tipo puede incluir actualizaciones a un archivo de registro que muestre los accesos a un sevidor del Web, etcétera. El guión de CGI también podría emplear otras características en el servidor, por ejemplo, información extraída de los archivos de sistema.

CONSEJO: coloque botones de pausa en las funciones de desplazamiento para permitir que la gente detenga el efecto y pueda leer los mensajes. Para ello necesita detener y reiniciar un cronómetro.

Campos de texto con desplazamiento

También puede usar el método empleado en la sección previa para campos de texto. Examine el siguiente guión:

```
<!--
  Programa 10-6
-->
<html>
<head>
<script language="JavaScript">
<!--
 var Tiempo;
 var Mensaje = "Este es un ejemplo de un mensaje desplazable";
 var Contador = 0;

    // ¿Está corriendo el cronómetro?
    if (Tiempo != null)
       clearTimeout(Tiempo);
 function pizarron() {
  var PizarronTmp = "";
   // Se incluyen 50 espacios al mensaje:
   for (var n=0; n <= (50 + Mensaje.length); n++)
       PizarronTmp += " ";
   return(PizarronTmp);
 }

 function Recorrer() {
  NuevoMensaje = pizarron() + Mensaje + " ";
  document.forms[0].elements[0].value =
          NuevoMensaje.substring(Contador, NuevoMensaje.length);
  if (Contador == NuevoMensaje.length) {
     Contador = 0;
  }
  Contador ++;
  Tiempo = setTimeout("Recorrer()", 1);
```

```
     return true;
   }
//-->
</script>
</head>
<body onLoad="Recorrer()">
<form>
<center>
<input type="text" size=70></center>
</form>
</body>
</html>
```

Con este guión, usted simplemente actualiza un campo de texto en vez de la propiedad de la barra de estado. El campo de texto está definido dentro del cuerpo del documento y la función `Recorrer()` se llama desde dentro del cuerpo. El valor de `forms[0].elements[0]` es el primer objeto de tipo HTML dentro de la primera forma, es decir, el campo de texto. Como el campo de texto no se ha nombrado con un atributo de nombre, el arreglo `elements[]` es la única manera en que puede hacérsele referencia. No olvide usar la propiedad `value` del campo cuando actualice su contenido.

CONSEJO: observe cómo se llama en este ejemplo a la función `Recorrer()` desde la etiqueta `<body>`. Esto es esencial, ya que el evento `onLoad` no se desencadena sino hasta que se carga el documento *por completo*. Para hacer referencia a un campo dentro del cuerpo, el documento debe estar cargado totalmente desde el disco; de no ser así, recibirá un mensaje de error señalando que no existe el campo que intenta actualizar. Si usted inicia la función `Recorrer()` desde del contenedor `<script>`, como en la aplicación de barra de estado con desplazamiento que vimos con anterioridad, el cuerpo del documento aún no se habrá cargado y de ahí el error. Este es un error común y frustrante que ahora puede evitar sin riesgo alguno.

Animación

Los cronómetros también son útiles para crear animación simple, en particular cuando se usan imágenes GIF internas de Navigator (que no tengan sobrecarga provocada por el tiempo de cargado de imágenes). Examine el siguiente guión, que despliega dos imágenes GIF, una después de la otra, para dar la impresión de una animación. El guión comienza por definir un arreglo mediante el constructor `Array()` y asigna los nombres de dos imágenes que habrán de animarse; en este caso, `rb.gif` y `yb.gif`, dos esferas de color rojo y amarillo, respectivamente. Ambas son del mismo tamaño en este ejemplo, pero usted podría hacer que difirieran para dar la impresión de una reducción a ampliación del tamaño. La variable `Alternar` lleva el registro de qué imagen está desplegándose actualmente y alterna entre los valores 0 y 1.

El navegador permite que las imágenes en la página se modifiquen dinámicamente asignando el nombre de una imagen a la propiedad `src`. La primera imagen en el documento es el contenido de `Images[0]` o, más bien, la primera etiqueta `<img>`; se trata de una propiedad nueva de arreglo del objeto `document` que se introdujo con Navigator 3.0.

```
<!--
  Programa 10-7
-->
<html>
<head>
<script language="JavaScript">
<!--
  var Imagenes = new Array("rb.gif", "yb.gif");
  var Alternar= 0;
  var Tiempo;
  function MostrarIcono() {
     Alternar= (Alternar== 0) ? 1 : 0;
     document.images[0].src = Imagenes[Alternar];
     Tiempo = setTimeout("MostrarIcono()", 1000);
  }
//-->
</script>
</head>
<body bgColor="White" onLoad="MostrarIcono()">
<img src="rb.gif"><p>
La imagen arriba cambia de color cada segundo
</body>
</html>
```

Entonces se crea un cronómetro que llama a `MostrarIcono()` de manera recurrente para asegurar que las imágenes se actualicen continuamente. Hemos asignado un periodo de cronometraje de `1000` milisegundos, un segundo, para asegurar una animación pareja. La rutina de animación se inicia usando un atributo de evento `onLoad` en la etiqueta `<body>`, que llama a la función `MostrarIcono()`. Dentro del documento ya debe existir una imagen para que comience la animación; por ello hemos colocado una etiqueta `<img>` en el cuerpo del documento, para cargar la primera imagen. Ésta puede colocarse en cualquier parte del documento, incluso en otro marco o en una ventana separada (en cuyo caso usted debe asegurar que se coloque como prefijo "`document.Images`" antes del nombre de la ventana o marco). Consulte el capítulo 11 si necesita más detalles acerca de los documentos con marcos y el 8 si quiere más información sobre las rutinas de manipulación de ventanas en JavaScript.

También puede hacer que una animación permanezca activa únicamente mientras se carga el documento. Esto tan sólo implicaría iniciar la animación automáticamente al momento de comenzar a cargar el guión, para después cancelar el cronómetro una vez que el documento termine de cargarse por completo, es decir, dentro de una etiqueta `<body onLoad=...>`. Observe que necesita un documento significativamente extenso para que la animación dure más tiempo. Por esta razón, hemos hecho más breve el periodo de cronometraje, para que la animación tenga más vigor y atraiga la atención. Veamos un guión ligeramente modificado que anima a un icono durante la carga de un programa. Desde un disco local, la animación será más corta, pero a través de una conexión de red (vía un URL basado en `http://`) es más probable una demora mayor, ya que el archivo se transfiere hacia su máquina, a través de Internet. En este ejemplo, introdujimos una demora colocando una imagen `<img>` que visita un servidor inexistente de Internet en busca de una imagen, lo que ocasiona una demora larga (y adecuada para este propósito). Para ver la animación mientras el documento se carga localmente desde el disco, basta con colocar algunos cientos de líneas de texto en el ejemplo. Aunque, naturalmente, al usar el ejemplo fuera de línea también se incrementará la demora:

```
<!--
  Programa 10-8
-->
<html>
<head>
<script language="JavaScript">
<!--
  var Imagenes = new Array("rb.gif", "yb.gif");
  var Alternar= 0;
  var Tiempo;
  function MostrarIcono() {
     Alternar= (Alternar== 0) ? 1 : 0;
     document.images[0].src = Imagenes[Alternar];
     Tiempo = setTimeout("MostrarIcono()", 100);
  }

  function LimpiarEvento() {
    clearTimeout(Tiempo);
    document.images[0].src = Imagenes[0];
  }

  // Crear una Imagen...
  document.write("<base href="+location+">");
  document.write("<img src='rb.gif'><p>");

  // Inicia la animacion...
  mostrarIcono();
//-->
</script>
```

```
</head>
<body onLoad="LimpiarEvento()">
La imagen mostrada arriba será animada mientras
se carga el documento actual; el evento de tiempo-terminado
será cancelado y la animación terminará.
<b>Asegúrese</b> que este documento tenga unos cuantos cientos de
líneas de texto para retrasar la carga, o ponga la dirección de un
servidor inexistente, como en la línea de abajo.<p>
<img src="http://www.unservidor.com/nada.gif">
</body>
</html>
```

Otro punto importante a señalarse es que una imagen necesita existir dentro del documento antes de que se inicie la función de animación. En este ejemplo, un método `document.write()` crea una imagen escribiendo dinámicamente y de antemano una etiqueta `<img>` en el navegador. Un evento `OnLoad` solamente se disparará *después* de que el documento se haya cargado; como la animación debe comenzar *mientras* se carga el documento, es vital que haya una imagen. De no haberla, Navigator emitirá un mensaje de error para decir que la referencia al arreglo `Images[0]` no existe, lo cual sería verdad porque no se ha cargado todo el documento y el navegador no ha configurado aún en memoria los objetos de JavaScript requeridos. La colocación de la imagen puede ser un problema, pero podría usar un documento con marcos y colocar la imagen en uno de ellos para animarla mientras el marco inferior se carga con un documento. La función `LimpiarEvento()` cancela el cronómetro y lleva al primer icono otra vez hacia el área de imagen (el icono de texto) para indicar que el cargado ha concluido (usted puede modificar esto según le convenga).

Resumen

Los cronómetros son esencialmente eventos iniciados por el usuario que ocurren en el futuro y que tienen muchos usos en las aplicaciones de JavaScript.

♦ Un cronómetro especifica una instrucción o función de JavaScript que usted quiera llamar en una etapa posterior. Cuando cree un *cronómetro*, use `setTimeout()` y asigne la llamada de función a una variable para que pueda hacer referencia a él. Cuando limpie un cronómetro, debe hacer referencia a él, en cuyo caso utilice `clearTimeout()` y pásele la variable a la cual usted originalmente lo haya asignado.

♦ Los eventos cronometrados necesitan un lapso después del cual deben llamar al evento; ese lapso se especifica en milisegundos, donde un millar de milisegundos equivalen a un segundo.

♦ Los eventos cronometrados son útiles en actividades de tiempo real, por ejemplo, los relojes y las animaciones. También son útiles para actualizar el contenido de un marco a un intervalo específico, por lo que dan vida a una animación sin necesidad de que el usuario teclee nada.

CAPÍTULO 11

LiveConnect: cómo establecer una interfaz entre JavaScript y Java

Hasta antes del lanzamiento de Navigator 3.0, la comunicación entre applets de Java y JavaScript era difícil y torpe. Navigator 3.0 ha hecho esta tarea más concreta, pues permite que los programas de JavaScript accedan a las clases y variables públicas de un applet escrito en Java que esté ejecutándose en Navigator. Netscape anunció LiveConnect, su nuevo sistema que facilita la comunicación entre applets, programas de JavaScript y auxiliares o conectores (o *plug-ins*).

LiveConnect abre todo un mundo de posibilidades, ya que los programas de JavaScript pueden llamar, interactuar e incluso cambiar el comportamiento de un applet mientras éste esté activo dentro de la página de hipertexto en uso (y viceversa).

Este capítulo presenta varias aplicaciones que muestran cómo Java y JavaScript pueden interactuar (establecer una interfaz) entre sí, en específico, para permitir que las variables pasen entre ambientes distintos y para que los programas de JavaScript llamen a clases almacenadas dentro de applets que estén ejecutándose en la aplicación en uso. En este capítulo aprenderá a:

◆   Usar el método `showDocument()` de Java con el URL `javascript:` para pasar información de un applet a una aplicación de JavaScript que esté ejecutándose en el mismo documento de hipertexto

◆   Establecer comunicación entre un applet y JavaScript mediante la nueva propiedad `document.applets` de Navigator 3.0 y el sistema LiveConnect incorporado en ese navegador

CONSEJO: cuando pruebe aplicaciones de HTML que usen applets de Java, asegúrese de volver a cargar el documento oprimiendo la tecla MAYÚS y haciendo clic en el botón *Volver a cargar* de la barra de navegación de Navigator. Esto asegura que todos los applets vuelvan a cargarse sin usar el caché interno. Navigator coloca en caché el programa de JavaScript y las clases del applet, es decir, las escribe en el disco para mejorar el desempeño. Sin embargo, en ocasiones esto tiene el efecto negativo de no volver a cargar un applet cuando éste ha cambiado y se ha recompilado durante la prueba. En caso de persistir los problemas, intente deshabilitar y rehabilitar a Java usando el menú Opciones / Preferencias de la red / Lenguajes; después vuelva a cargar el documento normalmente.

Para codificar en Java, usted necesita el Kit de Desarrollo de Java (JDK, Java Developer's Kit), que incluye todas las clases de Java, además de un compilador de applets para convertirlos de código fuente en archivos de clase (código binario para la máquina virtual de Java). Explicar el lenguaje Java detalladamente va más allá del objetivo de este capítulo. *Essential Java* *, obra de quien escribe esto, sirve como buena introducción al respecto*. Busque los nombres de los programas en este capítulo para que pueda identificar los ejemplos en el disco que viene con el libro. Los nombres aparecen en la parte superior de cada programa**.

* McGraw-Hill publica también *Introducción a Java*, de Patrick Naughton; *Biblioteca del programador en Java*, de Suleiman Lalani y Kris Jamsa, así como *1001 tips para programar con Java*, de Chan, Griffith e Iasi.

** (N.del R.T.) Debido a las carencias propias del ambiente de trabajo de Windows 95, donde se simula trabajar con nombres largos de archivo, se siguen conservando los viejos estigmas de guardar

Cómo usar el URL `javascript:` para comunicar un applet con JavaScript

Java posee cierto número de objetos similares a los encontrados en HTML, incluyendo botones de radio, casillas de verificación, listas de selección, áreas de texto, etcétera. Al extraer un valor de un objeto, por ejemplo, una cadena o un número, puede pasarlo al navegador con el método `showDocument(URL)` de Java.

El método `showDocument()` de Java escribe texto formateado con HTML en Navigator, muy a la manera en que lo hace el método `document.writeln()` dentro de un guión de JavaScript. Para acceder al "entorno" del applet, use el método `getAppletContext()` junto con el método `showDocument()` y llame a una función de JavaScript con el URL `javascript:`. Este método no es el más sencillo de usar y ahora existen opciones mucho mejores en la forma del sistema LiveConnect de Netscape, que permite que los applets y los guiones de JavaScript se comuniquen entre sí. Emplear `showDocument()` se considera "la manera antigua" de establecer comunicación entre applets y JavaScript; sólo la incluimos aquí para brindar un panorama más completo.

Examine la siguiente aplicación de HTML/JavaScript, `seleccolor.htm`, que le permite introducir un código de color mediante un campo de texto proporcionado por un applet de Java y que después envía este valor hacia una función de JavaScript, la cual lo usa para cambiar el color del fondo de un documento con marcos. Este método permite que un applet envíe información hacia una aplicación de JavaScript, aunque enviar datos de vuelta al applet será imposible.

```
<!--
   seleccolor.htm
-->
<html>
<head>
<title>Cómo llamar a JavaScript desde Java</title>
<script language="JavaScript">
<!--
var Sup =
```

los archivos con 8 caracteres para el nombre y 3 para la extensión (sistema 8.3). Así es como los guarda ese sistema en discos como el que viene con este libro. Por lo tanto, para que los programas que sirven de ejemplo en este capítulo funcionen, debe renombrarlos como se indica a continuación:

Nombre corto	Nombre largo	Nombre corto	Nombre largo
JAVAAJ~1 CLA	JavaAJs2.class	JAVAAJ~1 JAV	JavaAJs2.java
JAVAAJS2 HTM	JavaAJs2.htm	JSAJAV~1 CLA	JsAJava.class
JSAJAV~1 JAV	JsAJava.java	JSAJAVA HTM	JsAJava.htm
SELECC~1 CLA	seleccolor.class	SELECC~1 HTM	seleccolor.htm
SELECC~1 JAV	seleccolor.java	VERIFP~1 CLA	VerifPant.class
VERIFP~1 JAV	VerifPant.java		

```
      '<body><base href=' + location + '><basefont size=4>' +
      'Cómo llamar a  JavaScript desde Java.<hr> ' +
      'Escriba un código de color en el campo y después ' +
      'oprima el botón para ver el efecto reflejado dentro ' +
      'de JavaScript como un color de fondo.<p>' +
      '<applet code="seleccolor.class" width=100% height=40>' +
      '<param name="ParamArgum" value="parent.Mostrar">' +
      '</applet>' +
      '</body>';
var Inferior = '';
function Mostrar(valor) {
  Inferior = '<body bgcolor="' + valor + '"></body>';
  frames['RecuadInf'].location = "javascript:parent.Inferior";
}
// -->
</script>
</head>
<frameset rows="150,*">
<frame src="javascript:parent.Sup" name="MarcoSup">
<frame src="javascript:parent.Inferior" name="MarcoInf">
</frameset>
</html>
```

Si tomamos la primera instrucción:

```
var Sup =
    '<body><base href=' + location + '><basefont size=4>' +
    'Cómo llamar a  JavaScript desde Java.<hr> ' +
    'Escriba un código de color en el campo y después ' +
    'oprima el botón para ver el efecto reflejado dentro ' +
    'de JavaScript como un color de fondo.<p>' +
    '<applet code="seleccolor.class" width=100% height=40>' +
    '<param name="ParamArgum" value="parent.Mostrar">' +
    '</applet>' +
```

que, como puede ver, es una instrucción `var` de JavaScript, que define una variable denominada `Sup` (un objeto de tipo cadena) y que tiene asignado un poco de texto formateado con HTML. Este texto irá dentro del marco superior de la aplicación; en este caso, contiene dos partes importantes que *todos* los programas de comunicación de Java/JavaScript requieren, a saber:

◆   La parte `<base href=' + location + '>`...

◆   El contenedor `<applet>..</applet>`

La etiqueta `<base href=URL>` especifica el *URL base* de un documento, es decir, todas las ligas de esta página están *relacionadas* con este URL y no con el que realmente cargó el documento de HTML actual. En este ejemplo no existe ningún documento de HTML actual; en su lugar, los documentos existen como variables en un programa de JavaScript y se cargan en los marcos de la etiqueta `<frameset>`. Los marcos son áreas del navegador que pueden contener documentos con URL únicos. El URL `javascript:` es vital para la comunicación entre applets y JavaScript, ya que permite que un marco se pueble con HTML (el URL `javascript:` permite que un documento de HTML acceda a las variables y funciones de un guión, etcétera). En este caso, el HTML incluye una etiqueta `<applet>` que llama al applet denominado como `seleccolor.class`, cuyo código fuente está contenido en `seleccolor.java`, como se ilustra posteriormente en esta sección. A continuación aparece la instrucción:

```
var Inferior = '';
```

que al final contendrá más texto formateado con HTML para poblar el marco inferior de la aplicación. En esta etapa está vacía, pero almacenará una etiqueta `<body bgcolor=ColorEspecificado></body>`, donde `ColorEspecificado` es una cadena de código de color, por ejemplo "#0000ff" (una tripleta de código de color rojo-verde-azul) o "Blue" (un verbo de color). El usuario elige el valor de `ColorEspecificado` dentro del applet de Java.

La única función definida por el usuario dentro de `seleccolor.htm` es la función `Mostrar()`, que se parece a:

```
function Mostrar(valor) {
  Inferior = '<body bgcolor="' + valor + '"></body>';
  frames['RecuadInf'].location = "javascript:parent.Inferior";
}
```

Como puede ver, a la variable `Inferior` se le asigna cierto texto formateado con HTML, en este caso, un contenedor `<body>` con el atributo `bgcolor` especificado. El argumento que se pasa a esta función (`valor`) está concatenado en la cadena, y al marco inferior se le asigna un URL nuevo mediante `javascript:`. El URL `javascript:` no representa la ubicación de un recurso del Web, sino que evalúa la expresión que se le pasa y la coloca dentro de un documento nuevo. De ahí la instrucción:

```
frames['RecuadInf'].location = "javascript:parent.Inferior";
```

que dice: "configurar la ubicación del marco inferior (`RecuadInf`) en el valor de la variable `Inferior`". Debe usar la propiedad `parent` cuando haga referencia a las variables definidas dentro de un documento `<frameset>`, como explicamos en la descripción de los documentos con marcos en el capítulo 9. Por ejemplo, si la función `Mostrar(valor)` fuese llamada con el argumento "#0000ff", esto es, como `Mostrar("#0000ff")`, el valor del marco inferior se establecería en `<body bgcolor="#0000ff"></body>` y el color del fondo del marco se volvería azul, con lo que se comprueba que ambos programas se han comunicado.

¿Cómo es que Java llama a la función `Mostrar()` con un código de color actual? Esta es la tarea del applet `seleccolor.java`, como se muestra a continuación:

```
/*
** Nombre de archivo: seleccolor.java
*/
import java.awt.*;
import java.net.*;
public class seleccolor extends java.applet.Applet {
  TextField CampTexto1;
  String NomBoton = "Ver Valor en Navigator";
  String js = "javascript:", ParamArgum:

  // Enviar URL javascript: al navegador:
  private void Enviar(String Cad) {
    if (Cad != null) {
      try {
        getAppletContext().showDocument(new URL(js + Cad));
      } catch(MalformedURLException e) {}
    }
  }

  // Applet, inicializacion:
  public void init() {
    if ((ParamArgum = getParameter("ParamArgum")) == null)
        ParamArgum = "textarea";
    Panel Panel1 = new Panel();
    add("North", Panel1);
    Panel1.add(CampTexto1 = new TextField("", 30));
    Panel1.add(new Button(NomBoton));
    Panel1.show();
  }

  public boolean action(Event evt, Object arg) {
    if ((String)arg == NomBoton) {
    // Se ha oprimido el botón.
      Enviar(ParamArgum + "('" + CampTexto1.getText() +"')");
    }
    return true;
  }
}
```

En este capítulo no podemos analizar todo el lenguaje Java, pero brindamos un análisis sección por sección de este programa específico a fin de hacer la explicación más completa y para abordar algunos conceptos clave del propio programa. Para más información sobre el Java, consulte el libro *Essential Java**, de quien esto escribe, publicado por McGraw-Hill Europa (`http://www.mcgraw-hill.co.uk`).

Casi todos los programas de Java comienzan con una serie de instrucciones `import`, por ejemplo:

```
import java.awt.*;
import java.net.*;
```

que carga varias clases de Java para efectuar tareas, por ejemplo, la creación de objetos gráficos y la realización de operaciones de red. La clase `java.awt.*` hace referencia a las clases del Abstract Window Toolkit (AWT), que Java utiliza para proporcionar al programador capacidades para crear componentes de interfaz gráfica de usuario (GUI); botones, campos de entrada, etcétera. Los asteriscos (*) son comodines que cargan todas las bibliotecas del AWT, que por cierto son muchas. Las clases `java.net.*` controlan, entre otras cosas, el cargado de URL´s en Java. La aplicación desarrollada no necesita estar "en línea" para funcionar, ya algunos URL pueden usarse *sin* una conexión de Internet. No obstante, las clases de todas maneras deben importarse para la compilación del programa. Piense que son bibliotecas de código de Java preescrito; de hecho, piénselas como una biblioteca tipo API (*Applications Programmer's Interface*).

Posteriormente se define una clase de applet denominada `seleccolor`, que se deriva de la clase Applet llamada `java.applet.Applet`. En esta clase en particular no se ha usado `import`, aunque, de haberse hecho, se podría referenciar simplemente como `Applet`, en vez de usar su nombre completo. La clase de nivel superior en Java es "`Applet`", justo como es `window` en JavaScript:

```
public class seleccolor extends java.applet.Applet {
  TextField CampTexto1;
  String NomBoton = "Ver Valor en Navigator";
  String js = "javascript:", ParamArgum;
```

La variable `CampTexto1` de tipo `TextField` define un objeto conocido como campo de texto; es el equivalente de un contenedor `<input type="text" name="CampTexto1">` en JavaScript, y permite que teclee un código de color en el ejemplo. Después se definen tres variables de cadena mediante el constructor `String`. Se trata de `js` y `ParamArgum`, respectivamente. A la variable `NomBoton` se le ha asignado el valor "`Ver valor en Navigator`" y se empleará para la cara de un botón en el applet. La variable `js` contiene el URL "`javascript:`". `ParamArgum` es otra cadena que se empleará más adelante en el programa.

Luego se definen algunos métodos: el primero se denomina `Enviar()`; está definido como `void`. Un *método* `void` es aquel que no devuelve un valor. Todos los métodos deben especificar el tipo de retorno que tienen, incluso los métodos vacíos (por ello se proporciona la palabra clave `void`). El método en sí acepta una cadena como el argumento denominado `Cad`. Si el existe valor `Cad`, esto es, si no es `null`, se llama al método `showDocument()` de Java. Este método se llama con el argumento `new URL(js + Cad)`, donde el método `URL()` es un URL válido. En este caso, el valor "`javascript:`" de la cadena `js` sirve como prefijo del argumento `Cad` (se concatena) y después se envía hacia el navegador para ser desplegado. Las partes `try` y `catch` de la instrucción permiten que se capture un error de URL mal formado:

```
// Enviar URL javascript: al navegador:
  private void Enviar(String Cad) {
  if (Cad != null) {
```

```
    try {
      getAppletContext().showDocument(new URL(js + Cad));
    } catch(MalformedURLException e) {}
  }
}
```

Como puede ver, Java es estricto en cuanto a la escritura de los datos, por lo que capturar las excepciones (errores) se hace de manera obligatoria. JavaScript se instrumenta a este respecto de manera más laxa; esencialmente, esto se debe a que es un lenguaje mucho más simple.

Todos los applets experimentan una serie de "acontecimientos" durante su tiempo de vida dentro del navegador. La función `init()`, o función de *inicialización,* es la que se llama primero y permite que el programador configure el entorno del applet. El mensaje "`Cargando applet`" de Navigator aparece cuando este código está cargándose. El método `init()` en este applet se parece a lo siguiente:

```
public void init() {
    if ((ParamArgum = getParameter("ParamArgum")) == null)
    ParamArgum = "textarea";
    Panel Panel1 = new Panel();
    add("North", Panel1);
    Panel1.add(CampTexto1 = new TextField("", 30));
    Panel1.add(new Button(NomBoton));
    Panel1.show();
}
```

La primera instrucción asigna el valor del método `getParameter()` a la variable de cadena `ParamArgum`. `getParameter()` y permite que Java acceda a un valor de un `<param value=...>`. La etiqueta `<param>` debe especificarse dentro del contenedor `<applet>`, así como dentro del archivo `seleccolor.htm`. En caso de que el valor `ParamArgum` no esté especificado dentro de la etiqueta `<param>`, se proporciona un valor ("`textarea`"), según corresponda. El valor de la etiqueta `<param>` es "`parent.Mostrar`", que es una referencia (en contraposición a una llamada de función) al nombre de la función que usted quiera llamar para actualizar el color del marco inferior. En vez de especificar `parent.Mostrar` dentro del programa de Java en este caso, *debe* usar una etiqueta `<param>` porque la expresión `parent.Mostrar` solamente la puede interpretar un programa de JavaScript, *no* un applet de Java.

 CONSEJO: puede usar el método `alert()` de JavaScript para imprimir el valor de las expresiones, por ejemplo, `parent.Mostrar`. EL valor de `parent` en sí es, de hecho, un objeto de tipo ventana de `for <object windowNum>`, donde `Num` es el identificador numérico único para esa ventana. Si usted tecleara: `javascript:parent.Mostrar` en el campo de texto Ir à: de Navigator, al tiempo que `seleccolor.htm` se carga, vería una representación literal del método `Mostrar()`.

Para generar objetos de interfaz de usuario debe crear en Java un *panel*. Esto se logra con la instrucción:

```
Panel Panel1 = new Panel();
```

Los paneles en realidad no pueden verse dentro de un applet; simplemente son fronteras para los distintos objetos de una interfaz gráfica de usuario (GUI); por ejemplo, campos de texto, botones, etcétera. La instrucción:

```
add("North", Panel1);
```

especifica que los objetos dentro del panel se desplieguen en la parte superior del área de desplegado del applet, es decir, en la región norte. El área de desplegado del applet la determina la etiqueta `<applet>`, por coincidencia (ver `Seleccol.htm`). Posteriormente, usted tiene un campo de texto y un objeto de tipo botón, definidos con estas dos instrucciones:

```
Panel1.add(CampTexto1 = new TextField("", 30));
    Panel1.add(new Button(NomBoton));
```

El método `add()` agrega un objeto nuevo al panel; el campo de texto se crea mediante el constructor `TextField()` de Java. El campo de texto no tiene valor inicial (`""`) y tiene un tamaño por omisión de 30 caracteres. Esto sería el equivalente de `<input type="text" size=30 value="">` en HTML. El botón se crea empleando el constructor `Button()` y toma el argumento `NomBoton` para el texto de la cara del botón.

Finalmente, existe un método `action()`, que es un método estándar en Java para instrumentar una rutina de manejo de evento, misma que intercepta los eventos que usted genere. El único evento generado en este applet es la opresión del objeto de tipo botón. Esto, a su vez, dispara la instrucción `action()` y después usted puede examinar cuál objeto se ha desencadenado. Hicimos lo anterior con una sola instrucción `if` en este applet, la cual revisa el valor del botón:

```
public boolean action(Event evt, Object arg) {
    if ((String)arg == NomBoton) {
      // Se ha oprimido el botón.
      Send(ParamArgum + "('" + CampTexto1.getText() +"')");
    }
    return true;
}
```

El resultado final de la opresión del botón dentro del applet es llamar a la función `Enviar()`. Esta función se llama mediante el argumento:

```
(ParamArgum + "('" + CampTexto1.getText() +"')"
```

que corresponde, básicamente, a la construcción de una llamada de función de la forma:

```
parent.Mostrar('código de color');
```

para llamar a la función `Mostrar()` dentro del programa de JavaScript. El valor `ParamArgum` es el valor `parent.Mostrar`, una referencia a la función `Mostrar()` dentro del programa de JavaScript insertado dentro de `Seleccol.htm`; después vienen los argumentos de función. Posteriormente se agrega una cadena "`('`" al frente del valor devuelto en el campo de texto del applet (`CampTexto`) [el método `getText()` de Java devuelve este valor específico] y por último se agrega otra "`')`" para completar la llamada de función. Todo este texto se envía entonces a la función `enviar()`, misma que emplea el método `showDocument()` de Java para escribir texto en el navegador. El resultado final es una etiqueta `<body>` con el color de código introducido en el applet, la cual se escribe en Navigator. Éste genera posteriormente el texto, por lo que el marco inferior tendrá asignado un color de fondo nuevo.

Las características que puedan incorporarse en un applet dependen de usted. Siempre y cuando sean valores significativos los que se devuelvan, por ejemplo, cadenas, números, etcétera, usted podrá pasarlos de vuelta al navegador formando una llamada de función de JavaScript con el URL `javascript:` y usando después `showDocument()` con el fin de escribirlos en el navegador.

CONSEJO: puede saber si un applet está corriendo dentro de Navigator con sólo mirar la barra de estado. Periódicamente se mostrará el mensaje "Applet *nombreDeApplet* ejecutándose", donde *nombreDeApplet* es el nombre del applet, tal como se establece en el atributo `name` de la etiqueta `<applet>`. La opción Consola de Java en el menú Opciones de Navigator también le muestra detalles del o de los applets activos actualmente.

Cómo usar el nuevo sistema LiveConnect de Navigator 3.0

LiveConnect permite una comunicación de dos vías entre los applets de Java y los programas de JavaScript (además de permitir auxiliares de Netscape). La nueva propiedad `document.applets` de Navigator 3.0 permite que un programa de JavaScript haga referencia a las variables y métodos públicos de un applet y viceversa. Las siguientes secciones muestran cómo puede pasar valores de los programas de JavaScript a los applets de Java y cómo estos últimos comunican valores a una función de JavaScript.

La propiedad `document.applets` es un reflejo de cada etiqueta `<applet>` en el documento de HTML en uso. Para permitir que un applet use las facilidades que brinda LiveConnect, se ha introducido un nuevo atributo de etiqueta `<applet>`, denominado `mayscript`. Asegúrese de incluir este atributo en las etiquetas `<applet>` cuando el applet que va a usar necesite emplear LiveConnect, esto es, cuando interaccione con un programa de JavaScript.

Cómo pasar valores de Java a JavaScript

La propiedad `document.applets` dentro de Navigator 3.0 permite que se llame una clase pública de un applet de Java con sólo anexar al objeto el nombre del applet junto con todos los argumentos. Por ejemplo, si usted tuviera el siguiente código de HTML que define un applet llamado `MiApplet`:

```
<applet mayscript
        name="MiApplet" code="ejemplos.class"
        width=200 height=100>
</applet>
```

entonces la expresión de JavaScript:

```
document.applets.MiApplet
```

haría referencia a este applet dentro del navegador. Por otra parte, si hubiera almacenado un método público dentro de este applet, el cual se pareciera a lo siguiente (y, que en este caso, devuleve un valor de cadena):

```
public String MiFuncion() {
  return ";Hola, mundo!";
}
```

usted podría asignar el valor devuelto por este método a una variable de JavaScript emitiendo la instrucción de JavaScript:

```
var VarDeJava = document.applets.MiApplet.MiFuncion();
```

También podría invocar métodos de Java que no devuelvan valores, los cuales quizá efectúen otras tareas, por ejemplo, iniciar una animación, reproducir un sonido, etcétera.

Examine el siguiente ejemplo, que es una versión modificada de la aplicación anterior. Este programa despliega dos campos de área de texto: el primero proviene de un applet de Java y el segundo está definido dentro del código de HTML mediante una etiqueta de contenedor `<textarea>`. Al hacer clic en un botón de forma, el texto introducido en el campo de área de texto del applet se copia en el área de

texto definido con HTML. Esta acción se lleva a cabo asignando el valor de un método
de Java al atributo `value` del campo de texto de HTML. El archivo de HTML se
parece a lo siguiente y se denomina `JavaAJs2.htm`:

```html
<html>
<!--
  JavaAJs2.htm
-->
<head>
<title>Envío de variables de Java a JavaScript</title>
<script language="JavaScript">
<!--
    //Esta función ejecuta un método público que existe en el
    // applet de Java. El applet devuelve un valor de un área de texto,
    // el cual es actualizado en un campo de texto de HTML.
    function DeJava() {
        document.forms[0].DatosJava.value =
                document.applets.JavaAJs2.RetCadena();
    }
//-->
</script>
</head>
<body>Esta aplicación muestra como un método público en Java puede
ser invocado desde un programa en JavaScript usando la propiedad
<b>document.applets</b>.El valor devuelto por el applet se emplea
para actualizar el campo de texto en HTML dinámicamente.<p>
<hr>
<applet code="JavaAJs2.class"
        name="JavaAJs2"
        width="100%"
        height=175>
</applet>
<hr><center>
<form>
<textarea name="DatosJava" cols=50 rows=5>
</textarea>
<p>
<input type="button"
        value="Haga clic aquí para actualizar el campo desde el
        applet"
        onClick="DeJava()">
</form>
</center>
</body>
</html>
```

La aplicación es muy pequeña y el código principal de JavaScript consiste en sólo algunas líneas de código, en otras palabras, una definición de función que se asemeja a:

```
function DeJava() {
      document.forms[0].DatosJava.value =
               document.applets.JavaAJs2.RetCadena();
}
```

y que actualiza el archivo de área de texto llamado `RetCadena` con el valor devuelto por el método de Java llamado `RetCadena()`, que está definido dentro del applet siguiente, `JavaAJs2.java`:

```
/*
**   JavaAJs2.java
*/
import java.applet.*;
import java.awt.*;
public class JavaAJs2 extends Applet {
  TextArea Dato=new TextArea("Escriba algún texto para enviar",5,60);
  public void init() {
    setLayout(new BorderLayout());
    Panel pan1 = new Panel();
    pan1.add("Center", Dato);
    add("South", pan1);
  }
  public String RetCadena() {
    return (String) Dato.getText();
  }
}
```

Este applet despliega un campo de área de texto y después permite que usted teclee algo. No brinda ningún otra facilidad; ni un botón. Hemos empleado el método `getText()` de Java a fin de obtener el valor del campo de área de texto y devolverlo como un valor de cadena en este caso (aparte de esto, no se necesita ninguna otra cosa más compleja).

Cómo pasar valores de JavaScript a Java

El pasar datos de un programa de JavaScript a un applet de Java es simplemente cuestión de invertir el comportamiento de la aplicación anterior. Utilizando la propiedad `document.applets`, usted puede invocar un método de Java y pasarle un argumento, el cual representa un valor definido dentro del programa actual de JavaScript.

Examine la siguiente aplicación, que le permite introducir algo de texto en un campo mediante una etiqueta `<input>`, y que después refleja este valor en un campo de

texto definido con un applet de Java que está ejecutándose dentro del mismo documento.
El código de HTML y de JavaScript se parece a lo siguiente

```html
<html>
<!--
  JsAJava.htm
-->
<head>
<title>Envío de variables de JavaScript a Java</title>
<script language="JavaScript">
<!--
  // Esta función llama al metodo ActualizaCampo()
  // en el applet de Java y pasa el argumento (una cadena)
  // a través de la variable 'val'.
  function EnviarAapplet(val) {
    document.applets.JsAJava.ActualizaCampo(val);
  }
//-->
</script>
</head>
<body>
<center>
<form>
Por favor, escriba el dato que quiera enviar al applet de
Java y haga clic en el botón <b>Enviar</b>.<p>
Dato que se enviará al applet:
<input name="jsdata"
       type="text"
       size=40><p>
<input type="button"
       value="Enviar"
       onClick="EnviarAapplet(this.form.jsdata.value)">
</form>
<hr>
Este es el dato <b>enviado</b> desde el programa de JavaScript
anterior.<br>
<applet code="JsAJava.class"
        name="JsAJava"
        mayscript
        width="100%"
        height=50>
</applet>
</center>
</body>
</html>
```

El campo de texto y el botón se crean utilizando etiquetas `<input>`. Se llama a la función `EnviarAapplet()` mediante un atributo de evento `onClick` y se le pasa el valor del campo de texto (`this.form.jsdata.value`). La función `EnviarAapplet()` llama al método de applet denominado `ActualizaCampo()`; una vez más, el valor del campo de texto se pasa como un argumento. El applet `JsAJava.java` se asemeja a lo siguiente:

```
/*
** JsAJava.java
*/
import java.applet.*;
import java.awt.*;
public class JsAJava extends Applet {
  TextField CampoTexto  = new TextField(40);
  public void init() {
    setLayout(new BorderLayout());
    Panel p1 = new Panel();
    p1.add("Center", CampoTexto);
    add("Center", p1);
  }
  public void ActualizaCampo(String arg) {
    CampoTexto.setText(arg);
  }
}
```

Este applet crea un campo de texto, `CampoTexto` y proporciona un solo método público, `ActualizaCampo()`, que establece el valor del campo de texto en el valor del argumento de cadena para luego pasarlo al método. El valor del argumento se pasa desde el programa de JavaScript que hace referencia a este applet. El resultado de esta aplicación es que el valor de una variable de Java puede cambiarse e incluso actualizarse dinámicamente llamando al método de Java desde un programa de JavaScript (y empleando, en este caso, el argumento de cadena adecuado).

Cómo acceder a características de Java desde JavaScript

La belleza de la interfaz entre programas de JavaScript y Java reside en que casi todas las características de Java están a disposición de los desarrolladores de JavaScript, con excepción de algunas. Por motivos de seguridad, usted no podrá usar Java para acceder a archivos locales desde un applet, pero podrá usar Java para desplegar ventanas, crear animaciones y reproducir sonidos, además de controlar todas estas funciones desde un programa de JavaScript. Java cuenta con una API extensa y con toda una variedad de clases que manejan las utilerías de red y GUI ofrecidas.

Analice la siguiente aplicación, que usa un applet de Java para obtener información acerca de la resolución de la pantalla. Puede usar esta información en una aplicación de JavaScript que necesite abrir una ventana al tamaño máximo posible. JavaScript no tiene métodos ni propiedades que devuelvan tal información, por lo que Java puede ser de gran utilidad en este escenario. Las resoluciones de pantalla son un área importante para quien desarrolla para el Web, pues determinan la apariencia de un aplicación y controlan la colocación de objetos dentro de la página. La aplicación de HTML/JavaScript consiste en lo siguiente:

```html
<html>
<!--
  VerifPant.htm
-->
<head>
<script language="JavaScript">
<!--
  var Ancho, Alto, v1;
  function ObtenTamanio() {
    // Obtiene los valores de ancho/alto del applet:
    Ancho = document.applets.VerifPant.getScr(1);
    Alto = document.applets.VerifPant.getScr(0);
    // Abre la pantalla más grande posible:
    v1 = open("", "v1", "height=" + Alto + ",width=" + Ancho);
  }
//-->
</script>
</head>
<body>
<h2>Acceso a las dimensiones de la pantalla desde JavaScript</h2>
<applet align="right"
        name="VerifPant"
        code="VerifPant.class"
        width=1
        height=1>
</applet>
Esta aplicación devuelve la resolución actual de la pantalla
usando un applet vía la clase  <b>"ToolKit"</b> y el método
<b>getScreenSize()</b>.<p>
<form>
<input type="button" value="Haga clic aquí" onClick="ObtenTamanio()">
</form>
</body>
</html>
```

Este guión hace referencia a un applet, `VerifPant.class`, y lo llama con dos argumentos, 0 y 1. El primero devuelve la altura; el segundo el ancho de la pantalla. El applet en sí no tiene un "área de desplegado", ya que no crea salida; simplemente devuelve algunos valores. Por esta razón, los atributos `width` y `height` se han ajustado en solamente 1 pixel (usted también podría establecerlos en cero). Un botón de forma llama a la función definida por el usuario `ObtenTamanio()`, que llama al método `getScr()` de Java para obtener el ancho y alto de la pantalla. Un método `open()` de JavaScript usa entonces las variables "Ancho" y "Alto" devueltas por `getScr()` y las concatena en una cadena, la cual se pasa al argumento de opciones de ventana en la llamada `open()` a fin de determinar así el tamaño de la ventana.

El applet `VerifPant.java` se parece a lo siguiente:

```
/*
** VerifPant.java
*/
import java.applet.*;
import java.awt.*;
public class VerifPant extends Applet {
   Dimension tampant =
        java.awt.Toolkit.getDefaultToolkit().getScreenSize();
   public int getScr(int val) {
     // 0 regresa la altura, 1 el ancho:
     if (val==0)
        return(tampant.height);
     else
        return(tampant.width);
   }
}
```

La clase `Toolkit` de Java contiene un método `getScreenSize()` que devuelve valores `width` y `height`, que representan el tamaño actual de la pantalla. Para conocer el código fuente del archivo `Toolkit.class` (`Toolkit.java`), debe ver el archivo `SRC.ZIP` que se incluye en el Kit del desarrollador de Java (JDK).

Existe una multitud de otros métodos de Java que usted puede incorporar a las aplicaciones de JavaScript. *Essential Java**, libro publicado por McGraw-Hill, describe ese lenguaje con más detalle y explica cómo los applets pueden usar "flujos" para comunicarse con servidores de Internet distantes, crear animaciones, manipular ventanas y otros componentes de GUI, etcétera.

Resumen

Aunque en este capítulo sólo abordamos superficialmente algunas de las características de LiveConnect, usted ya se ha dado cuenta que es muy fácil hacer que se comuniquen entre sí los applets de Java y los guiones de JavaScript dentro de Navigator de Netscape.

♦ Puede colocar "dinámicamente" un applet dentro de un documento de HTML escribiendo una etiqueta <applet> en el navegador. Use la etiqueta <param> dentro de un contenedor <applet> para pasar argumentos; el método getParameter() de Java tomará estos valores.

♦ Recuerde usar el nuevo atributo mayscript de la etiqueta <applet> al hacer referencia a los applets que necesiten usar LiveConnect, es decir, en los applets que establezcan interacciones con los programas de JavaScript (el atributo mayscript se introdujo con Navigator versión 3.0).

♦ Puede usar la propiedad applets del objeto document para hacer referencia a las clases públicas de un applet, por lo que permite que las aplicaciones de JavaScript llamen a los métodos de Java. Sin embargo, no se puede usar con todos los métodos de Java. Por ejemplo, si usted intenta abrir un archivo local, se emitirá una excepción de seguridad desde Navigator a fin de detener el proceso. El acceso a archivos locales mediante un applet genera problemas de seguridad, pero se puede llamar a casi cualquier otro método público de Java.

♦ Los problemas de seguridad se abordarán en Navigator 4.0, cuyo nombre clave es "Galileo" y donde se introduce el concepto de "appletts de confianza" (*trusted appletts*). Estos applets serán capaces de acceder a sistemas de archivos locales.

CAPÍTULO 12

Cómo usar JavaScript con los auxiliares de Netscape

Los auxiliares, también conocidos como módulos o, en inglés, *plug-ins,* se introdujeron con Navigator 2.0. Conceptualmente, son similares a las aplicaciones "ayudantes" *(helpers),* que son programas autónomos instalados junto con Navigator que permiten ver e incorporar varios formatos de archivo a una página web. Los auxiliares son diferentes a las aplicaciones de ayuda.

En realidad, no son aplicaciones autónomas que pueda ejecutar fuera de Navigator; están almacenados como archivos tipo DLL (*Dynamic Link Library*, Biblioteca de Enlace Dinámico) de Windows y se les llama cuando es necesario. Al igual que los applets de Java, corren *dentro* del entorno del navegador. Hoy día, existen más de cuarenta aplicaciones auxiliares para Navigator. Soportan una amplia gama de formatos de archivo, incluyendo documentos de procesadores de palabras y hojas de cálculo (consulte el apéndice F si desea una lista más completa).

Los auxiliares le permiten hacer eficazmente una rica mezcla de formatos de archivos con los que Navigator no podría trabajar de otra manera. Como tales formatos se controlan mediante un auxiliar, también pueden interactuar con el usuario por medio del ratón, etcétera. El nuevo sistema LiveConnect de Netscape, descrito en el capítulo 11, también permite que los auxiliares se comuniquen tanto con los applets de Java como con los guiones de JavaScript y viceversa. En este capítulo, aprenderá a:

♦ Detectar la presencia de una aplicación auxiliar *(plug-in)* dentro de un guión de JavaScript

♦ Llamar a los auxiliares dinámicamente mediante JavaScript

♦ Usar la etiqueta `<embed>` para llamar a una aplicación auxiliar

♦ Usar parámetros especiales de la etiqueta `<embed>` para controlar las aplicaciones auxiliares de Netscape

Actualmente, los auxiliares vienen en tres "presentaciones":

♦ Auxiliar oculto, también conocido como "auxiliar en segundo plano"

♦ Auxiliar de pantalla parcial, también conocido como "insertado"

♦ Auxiliar de pantalla completa; ocupa toda la pantalla

Un *auxiliar oculto* es el que no ocupa espacio dentro de una página web; entre ellos tenemos aplicaciones que reproducen sonidos y ejecutan tareas en segundo plano que no requieren mostrarse en pantalla. Los auxiliares de pantalla parcial ocupan un área rectangular de la ventana del navegador, según se especifique en los atributos `width` y `height` de la etiqueta `<embed>`. La mayoría de los auxiliares caen en esta categoría. Los auxiliares de pantalla completa ocupan automáticamente toda la ventana del navegador, aunque algunos pueden confinarse a un marco específico (consulte el capítulo 9 para obtener más información sobre los documentos con marcos).

Propiedades de los auxiliares y tipos de MIME de JavaScript

Los auxiliares son un concepto importante para quien desarrolla en JavaScript, ya que Navigator 3.0 tiene nuevas características para detectarlos y manipularlos por medio de la propiedad `navigator.plugins`. La propiedad `plugins` pertenece al objeto `navigator;` es un arreglo de aplicaciones auxiliares que se instalan cuando usted instala Navigator. También se proporciona la propiedad `navigator.mimeTypes`, que contiene una lista de los tipos de MIME soportados por Navigator. Como la gran mayoría de los auxiliares no son parte de Navigator, no todo mundo tendrá acceso a alguno en específico. Sin embargo, Navigator viene con varios auxiliares "prestablecidos", entre ellos LiveAudio, un reproductor de audio que permite escuchar sonidos en tiempo real, esto es, al mismo tiempo en que se descarga el archivo; LiveVideo, un visor de animación en formato AVI (Audio-Visual Interleaved, intercalado visual/audio); y un visor de archivos de animación QuickTime. Los formatos AVI y QuickTime son muy populares en Internet si se trata de contenido animado, aunque también incluyen el sonido, el cual está sincronizado con las imágenes de los archivos. Estos auxiliares prestablecidos son especiales, pues tienen soporte en JavaScript, con lo cual puede controlar el contenido del auxiliar; por ejemplo, puede detener o volver a reproducir una animación *programáticamente*. Cada aplicación auxiliar está almacenada como un archivo DLL (es una *biblioteca*) dentro del subdirectorio `PROGRAM/PLUGINS`, debajo del directorio donde esté instalado Netscape Navigator 3.0.

¿Cómo puede llamar a una aplicación *auxiliar*? Cada una está asociada a una gama de extensiones de archivo/MIME. MIME es un modo estándar que categoriza distintos formatos de archivo. Por ejemplo, una imagen GIF se representa mediante el nombre `image/gif`, mientras que un archivo de HTML se representa con el nombre `text/html` y así sucesivamente. La primera parte del tipo de MIME se denomina "tipo de archivo"; a la parte que viene después de "/" se le llama "subtipo". Dentro de Navigator, varias extensiones de nombre de archivo también están asociadas a cada tipo de MIME. Además, pueden existir varios subtipos de MIME para una *misma* extensión de nombre de archivo. Como muchos desarrolladores están escribiendo activamente aplicaciones auxiliares, algunas quizá para los mismos formatos de datos, múltiples extensiones de nombre de archivo y de subtipos de MIME está en uso continuo. Cada aplicación *auxiliar* que instale actualizará a Navigator para que reconozca al nuevo tipo de MIME. El menú Opciones / Preferencias generales de Navigator abre el cuadro de diálogo Preferences, que tiene una ficha llamada Auxiliares que especifica los tipos de MIME que se "disparan" cuando surge una extensión de nombre de archivo específica. En esa ficha también se especifican las aplicaciones auxiliares.

La figura 12-1 muestra este cuadro de diálogo. La entrada iluminada, `x-world/x-vrlm`, es un tipo MIME para una aplicación escrita en Virtual Reality Modeling Language (VRML, Lenguaje de modelado de realidad virtual). Observe que este tipo de MIME soporta las extensiones de nombre de archivo "`.wrl`", "`.wrz`" y "`.flr`". Algunos de los archivos a que hacen referencia los auxiliares pueden ser muy grandes, en especial los de naturaleza audiovisual. Por esta razón, algunos están comprimidos en el servidor origen; así, el auxiliar puede descomprimirlo posteriormente, una vez que se ha descargado por completo de la red. Un archivo "`.wrz`" es un ejemplo de esto; la `z` indica que el archivo está comprimido.

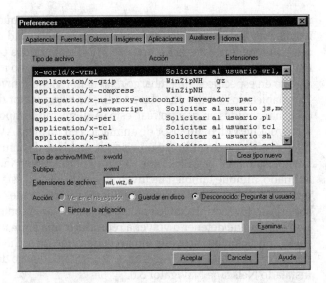

Cuadro de
diálogo
Preferences
(Opciones /
Preferencias
generales)
Figura 12-1.

La etiqueta de HTML <embed> sirve para hacer referencia al archivo que
quiere colocar dentro de su página —de hecho, la palabra "insertar", *embed* en inglés,
describe con exactitud el efecto que usted necesita—. Esta etiqueta llama al auxiliar
asociado con la extensión de nombre de archivo correspondiente al archivo
referenciado dentro de la misma etiqueta. Analizamos la etiqueta <embed>
más adelante en este capítulo, junto con descripciones de sintaxis y ejemplos.

La propiedad `navigator.plugins` de JavaScript es un reflejo de todas
las aplicaciones auxiliares que usted ha instalado. Es de una propiedad compleja que
contiene un arreglo multidimensional. Esta estructura de arreglo es necesaria, ya
que varios auxiliares y varios tipos y subtipos de MIME pueden estar asociados a cada
auxiliar específico. Recuerde, distintos sistemas operativos emplean extensiones de
nombre de archivos diferentes; un ejemplo clásico es "`.htm`" y "`.html`".
La propiedad `navigator.plugins` tiene las siguientes subpropiedades:

Descripción de la propiedad	Formato de la propiedad
Número de auxiliares instalados.	`navigator.plugins.length`
Nombre del auxiliar `i`.	`navigator.plugins[i].name`
Nombre del auxiliar `i`, según esté almacenada en el directorio `Program/Plugins` de Navigator.	`navigator.plugins[i].filename`
Una descripción de la aplicación auxiliar `i`.	`navigator.plugins[i].description`

Descripción de la propiedad	Formato de la propiedad
Número de subtipos de MIME que reconoce este auxiliar.	`navigator.plugins[i].length`
El elemento de arreglo j contiene una descripción de la extensión de nombre de archivo primaria que el auxiliar i contiene. El auxiliar i puede soportar varias extensiones de nombre de archivo.	`navigator.plugins[i][j].description`
El tipo de MIME asociado con la extensión de nombre de archivo actual. Éste se liga con la propiedad (arreglo) `navigator.mimeTypes`.	`navigator.plugins[i][j].type`
Similar a `description`, pero se trata de una lista separada mediante comas, con los pares de extensión de nombre de archivo para el auxiliar número i.	`navigator.plugins[i][j].suffixes`

Todas estas propiedades pueden parecer confusas, pero aprenderá su estructura después de ver algunos ejemplos y una aplicación ligeramente más larga. Como ya dijimos, Navigator puede soportar varias aplicaciones auxiliares. Por ejemplo, la expresión de JavaScript:

```
navigator.plungins[0]
```

hace referencia al primer auxiliar. Para acceder a algunas otras subpropiedades de este auxiliar, puede agregar las propiedades o subpropiedades específicas que necesite (nombre con el que se les conoce). Por ejemplo:

```
navigator.plugins[0].name
```

genera el nombre del primer auxiliar. De modo predefinido, este será el valor **"Navigator QuickTime Plug-in"**, dado que se instala automáticamente con Navigator 3.0 (se le conoce como auxiliar predeterminado). También podría encontrar una descripción del auxiliar y su ubicación en disco duro por medio de la expresión de JavaScript:

```
navigator.plugins[0].description
navigator.plugins[0].filename
```

Determinar los tipos de MIME y las extensiones de nombre de archivo es un poco más difícil, puesto que debe trabajar con dos arreglos: el primero indica al auxiliar, como ya vimos con el primer auxiliar (`plugins[0]`); el segundo indica los tipos de MIME y los sufijos de nombre de archivo. Los auxiliares pueden reconocer una gama de extensiones de nombre de archivo y de subtipos de MIME, por lo que es necesario emplear ambos arreglos. Puede determinar cuántos tipos de MIME soporta el primer auxiliar usando la siguiente expresión de JavaScript:

```
navigator.plugins[0].length
```

Cuando desarrolle programas de JavaScript que soliciten a los auxiliares, a menudo empleará esta expresión. El primer auxiliar, el reproductor QuickTime, sólo reconoce una extensión de nombre de archivo —digamos " `.mov`"—, por lo que el valor de `navigator.plugins[0].length` será 1. Para ver el tipo de MIME y el sufijo del nombre de archivo use las expresiones:

```
navigator.plugins[0][0].type
navigator.plugins[0][0].sufixxes
```

que generarían los valores "`video/quicktime`" y "`mov`", respectivamente, donde `video` es el tipo de archivo, `quicktime` el tipo de MIME (ambas partes componen el tipo de MIME de este auxiliar) y `mov` es la extensión de nombre de archivo que reconoce ese auxiliar. Por ejemplo, `jaws3.mov` sería una imagen recortada del tan conocido filme en que un gran pez se dedica a comer gente. La propiedad `suffixes` contiene la lista de extensiones de nombre de archivo, separadas por coma, que reconoce este auxiliar. Sin embargo, con el primer auxiliar sólo necesita una extensión de nombre de archivo en todas las instrumentaciones de la plataforma. Usted puede usar:

```
navigator.plugins[0][0].description
```

para acceder a extensiones de nombre de archivo, ya que las listas separadas por comas son difíciles de procesar (tiene que trabajar con rutinas de manipulación de cadena para obtener la información solicitada). La propiedad `description` contiene cada extensión de nombre de archivo en letras mayúsculas. En este ejemplo, el valor de la expresión de JavaScript `navigator.plugins[0][0].description` sería "`MOV`".

Si una aplicación auxiliar soporta varios nombres de archivo y varios tipos de MIME, debe especificar los índices de arreglo correctos para acceder a los detalles específico del auxiliar. Por ejemplo, `navigator.plugins[1]`, el segundo auxiliar de Navigator, es el reproductor de sonido LiveAudio de Netscape. El valor de la expresión de JavaScript `navigator.plugins[1].length` será 7, para dar a entender que ocho subtipos de MIME (los arreglos inician en la posición 0) están asociados con el *auxiliar* LiveAudio. Podría desplegarlos mediante un sencillo guión, por ejemplo:

```
<!--
  Programa 12-1
-->
<html>
<head>
<script language="JavaScript">
<!--
  var CadenaDelAux = "";
  for (var n=0; n < navigator.plugins[1].length; n++) {
      CadenaDelAux += navigator.plugins[1][n].type + " = " +
                  navigator.plugins[1][n].suffixes + "\n";
  }
  alert(navigator.plugins[1].name + ":\n" + CadenaDelAux);
//-->
</script>
</head>
</html>
```

El guión anterior itera por cada elemento del segundo arreglo, obtiene las propiedades `type` y `description` y las añade a una cadena (`CadenaDelAux`), la cual se despliega posteriormente en la pantalla por medio del método `alert()`. Los tipos de MIME soportados en este ejemplo son: "`audio/basic`", "`audio/x-aiff`", "`audio/aiff`", "`audio/x-wav`", "`audio/wav`", "`audio/mid`", "`audio/x-midi`" y "`audio/midi`". Las extensiones de nombre de archivo asociadas con estos tipos de MIME fueron "`au`", "`aiff`", "`aiff, aiff`", "`wav`", "`mid`" y "`midi, mid`", respectivamente.

Analice la siguiente aplicación, que es más larga y que muestra una lista con todos los auxiliares instalados, incluyendo una descripción del auxiliar, las extensiones de nombre de archivo que reconoce y los tipos de MIME asociados con cada extensión de nombre de archivo.

```
<!--
  Programa 12-2
-->
<html>
<head>
<script language="JavaScript">
<!--
document.write("Hay <b>" + navigator.plugins.length +
              "</b> auxiliares (plug-ins) instalados.<p>");
document.write("<table border=1 width='100%' cellpadding=5>" +
              "<tr valign='top'>" +
              "<td bgcolor='Aqua' width='25%'>Nombre</td>" +
              "<td bgcolor='Aqua' width='25%'>Descripción</td>" +
              "<td bgcolor='Aqua' width='25%'>Nombre de Archivo</td>" +
              "<td bgcolor='Aqua' width='15%'>Sufijos / MIME " +
```

```
                        "type</td>" +
                        "</tr>");
// Buscar en cada auxiliar (plug-in):
for (n=0; n < navigator.plugins.length; n++) {
    document.write("<tr valign='top'>" +
                    "<td><b>" + navigator.plugins[n].name +
                    "</b></td>" +
                    "<td>" + navigator.plugins[n].description +
                    "</td>" +
                    "<td>" + navigator.plugins[n].filename +
                    "</td><td>");
    // Buscar a través de este arreglo de sufijos de auxiliares:
    for (m=0; m < navigator.plugins[n].length; m++) {
        document.write(navigator.plugins[n][m].suffixes + " = " +
                        navigator.plugins[n][m].type +
                        "<br>");
    }
    document.write("</td></tr>");
}
document.write("</table>");
//-->
</script>
</head>
</html>
```

La propiedad navigator.mimeTypes es un arreglo de los tipos de MIME conocidos por Navigator, aunque esta lista no implica que exista un auxiliar para cada uno de tales tipos de MIME (solamente navigator.plugins contiene esa información). Para acceder a un tipo de MIME específico, use la sintaxis:

```
navigator.mimeTypes[n].type
```

donde *n* es el valor de índice del arreglo mimeTypes requerido, por ejemplo:

```
navigator.mimeTypes[0].type
```

generaría el valor:

```
audio/aiff
```

que indica un subtipo de audio para los archivos con formato AIFF (también se soportan otros formatos de audio). Navigator soporta alrededor de cien tipos de MIME, que abarcan una gran variedad de tipos de contenido. El arreglo mimeTypes tiene usos limitados, principalmente debido a que sólo es una lista de tipos de MIME que pueden reconocerse pero que en realidad Navigator no puede soportar.

Observe que la propiedad `navigator.plugins` se enlaza con la propiedad `navigator.mimeTypes` para obtener los tipos de MIME soportados por cada auxiliar. El siguiente guión le muestra cada tipo de MIME dentro de una lista de selección para verlos mejor:

```
<!--
   Programa 12-3
   Nota del autor:
   Si este programa colapsa al navegador, quite la marca de comentario
   de las instrucciones open () y close() para escribir un flujo de
   texto hacia el navegador, haciendo al programa más robusto
   No hay problemas con Windows 95 (Navigator 3.0) :-)
-->
<html>
<head>
<script language="JavaScript">
<!--
   var CadenaHTML= "Tipos de MIME <form><select size=25>";
   function MostrarTipos() {
      // document.open();
      for (var i=0; i < navigator.mimeTypes.length; i++)
         CadenaHTML += "<option>" +
                          navigator.mimeTypes[i].type;
      CadenaHTML += "</select></form>";
      document.write(CadenaHTML);
      // document.close();
   }
//-->
</script>
</head>
<body onLoad="MostrarTipos()">
</body>
</html>
```

Cómo usar la etiqueta <embed>

Para insertar un archivo dentro de un documento use la etiqueta <embed>, la cual hace que un auxiliar llame al archivo referenciado en caso de que se encuentre en su computadora. La sintaxis general de la etiqueta <embed> es:

```
<embed src="ArchOurl"
       name="NombreDeArchivoInsertado"
       [ border=n ]
       [ align=[left|middle|right] ]
       width=w
       height=a
       vspace=v
       hspace=h>
```

donde `ArchOURL` es el nombre del archivo al cual está asociado un auxiliar y que usted quiere "insertar" dentro de la página actual. Puede especificar un URL para el archivo o poner el nombre del archivo. Si pone el nombre del archivo, se da por hecho que reside dentro del mismo directorio que el archivo de HTML en uso, el cual contiene a la etiqueta `<embed>`.

Los auxiliares se instalan de manera separada, pero no son aplicaciones "autónomas"; en vez de eso, emplean una API dedicada que se enlaza perfectamente a Navigator. El atributo `name` permite dar nombre al archivo insertado y que después se haga referencia a él en una etapa posterior.

NOTA: es importante dar nombre a los auxiliares, ya que JavaScript proporciona una colección de funciones estándar (que describiremos posteriormente) que pueden controlar cada auxiliar programáticamente y no a través de la etiqueta `<embed>`.

La propiedad `document.plugin` contiene una lista de archivos insertados; `document.plugins.length` le dirá cuántos. La etiqueta `<embed>` ha tenido muchas extensiones, principalmente debido a los nuevos auxiliares que soporta Navigator de modo predeterminado, por ejemplo, LiveAudio, LiveVideo y el reproductor de animación QuickTime. Usted controla la apariencia del archivo insertado mediante los atributos `border`, `align` y `width`. Los atributos `vspace` y `hspace` aceptan valores en pixeles que controlen el espaciado vertical y horizontal del área de desplegado del auxiliar y de los demás objetos de HTML que estén alrededor, por ejemplo, texto o imágenes.

Puede crear dinámicamente una etiqueta `<embed>` por medio del método `document.write()`, quizá después de haber detectado qué auxiliares se han instalado realmente, como explicamos en la siguiente sección. Por ejemplo, puede insertar un archivo tipo PDF (Portable Document Format) de Adobe en una página de HTML mediante el auxiliar Amber, también de Adobe, con la línea siguiente:

```
<embed src="jsess.pdf" border=0 align="left" width=500>
```

En la etiqueta `<embed>`, el archivo `jsess.pdf` tiene la extensión de nombre de archivo `".pdf"`. Navigator la confrontará contra la lista de extensiones de nombre de archivo que puede soportar para saber si existe el auxiliar. El auxiliar Amber de Adobe permite que los archivos PDF se inserten con Navigator; de estar instalado en la computadora, el archivo se cargará y desplegará. La etiqueta `<embed>` ignora todo archivo cuya aplicación auxiliar no esté instalada. Si existe el *auxiliar* pero el archivo al que se hace referencia no puede encontrarse, se emitirá un mensaje de advertencia. Navigator también avisa cuando un archivo insertado esté a punto de descargarse (se le da la oportunidad de desactivar este mensaje una vez que se haya desplegado la primera advertencia).

CONSEJO: el apéndice F tiene una lista de aplicaciones auxiliares de Navigator, además de descripciones y direcciones en Internet. Los auxiliares, al igual que Navigator, están a su disposición para que los descargue y evalúe gratuitamente, a manera de prueba. Algunos, al final, se volverán productos comerciales una vez que abandonen esta etapa de prueba, aunque se espera que muchos perduren sin cargo alguno para el usuario final.

La nueva sintaxis `<embed>` y las funciones auxiliares de JavaScript

La sintaxis de `<embed>` se han extendido significativamente para trabajar con los auxiliares predefinidos de Navigator, de modo específico con LiveAudio y LiveVideo. Ahora, por ejemplo, usted puede controlar animaciones de QuickTime directamente por medio de la etiqueta `<embed>`. Una aplicación de JavaScript también puede controlar un auxiliar utilizando algunos métodos estándares de JavaScript. Asimismo, muchos auxiliares tienen *métodos de llamada automática (call-back)* específicos.
Un método de llamada automática es una función de JavaScript que el auxiliar llama si el usuario lo define. Por ejemplo, una animación llamaría a esta función de manera automática cada vez que se despliegue un nuevo cuadro de esa misma animación.

CONSEJO: los atributos empleados dentro de la etiqueta `<embed>` dependen de la aplicación auxiliar. No todos funcionan en cada auxiliar; de hecho, algunos son irrelevantes, por ejemplo, un factor de amplificación para un archivo de audio, etcétera. En general, los atributos estándar son `name`, `src`, `width`, `height`, `vspace` y `hspace`. Algunos, como `pluginspace`, `autostart` y `loop` son de uso específico para algunos auxiliares. La documentación que acompaña al auxiliar debe tener algún ejemplo ilustrativo con la sintaxis de la etiqueta `<embed>` que debe ocupar.

LiveAudio

El auxiliar LiveAudio reproduce archivos de audio en los formatos AIFF, AU, MIDI y WAV, que son los más empleados. LiveAudio también proporciona una serie de controles de botón, pero sólo si el área de desplegado del auxiliar es lo bastante grande; por ejemplo, usted puede omitir los controles si especifica un ancho de cero. La sintaxis de la etiqueta `<embed>` se ha modificado para permitir que LiveAudio controle la reproducción en curso del archivo de audio insertado. Se parece a esto:

```
<embed src=ArchOURL
       name=NombreDeAuxiliar
       width=w
       heigth=a
       [ autostart = [true|false] ]
       [ loop = [true|false] ]
       [ vspace= v ]
       [ hspace=h ]>
```

El atributo `autostart` controla que el archivo se reproduzca o no automáticamente al momento de cargarse por primera vez; el atributo `loop` permite que el archivo de audio se reproduzca repetidamente. También se soportan varios métodos de JavaScript para los archivos de LiveAudio, a saber: `play()`, que inicia el archivo de video en la posición actual; `stop()`, que detiene el video que esté reproduciéndose; `rewind()`, que rebobina el video y lo deja en el marco de inicio; y `seek(segs)`, que avanza `segs` segundos dentro del archivo, para después iniciar su reproducción. El auxiliar LiveAudio ofrece controles para iniciar, detener y realizar movimientos dentro del archivo, aunque sólo aparezcan si el atributo `width` es lo bastante grande (es decir, si los valores de atributo `width` y `heigth` son de cero, los controles no aparecen). Usted debe usar las funciones de JavaScript para controlar la reproducción del archivo. Por ejemplo, una etiqueta `<embed>` estructurada así:

```
<embed name="saludos"
       width=0
       heigth=0
       autostart=false
       src="hola.wav">
```

cargaría el archivo `hola.wav`. No se desplegarán controles, ya que los atributos `width` y `height` están establecidos en 0 y a que el archivo no se reproduce cuando se referencia por primera vez. Para iniciar la reproducción debe usar la instrucción de JavaScript:

```
document.saludos.play();
```

donde, en este caso, `"saludos"` es el nombre del archivo insertado. Entonces, usted puede reproducir el archivo cada vez que llame a una acción o evento específicos, por ejemplo, cuando haga clic en un botón o cuando un campo deje de ser el foco de atención, etcétera.

LiveVideo

El auxiliar LiveVideo reproduce archivos de video almacenados en el formato Audio Visual Interleave (AVI). Observe que este auxiliar no es igual al auxiliar QuickTime (que describimos posteriormente en este capítulo). La sintaxis extendida de la etiqueta `<embed>` para el contenido de LiveVideo es similar a la de LiveAudio:

```
<embed src=ArchOURL
       name=NombreDeAuxiliar
       width=w
       heigth=a
       [ autostart= [true|false] ]
       [ loop= [true|false] ]
       [ align= [left|middle|right] ]
       [ border=n ]
       [ controls=[true|false] ]
       [ vspace=v ]
       [ hspace=h ]>
```

El atributo `controls` acepta un valor `true` o `false`, que determina si
se despliegan o no controles para el auxiliar. Usted puede desactivar los controles
y usar, en su lugar, estos métodos de JavaScript para el auxiliar. `play()` inicia
el archivo de video en la posición actual; `stop()` detiene el video que esté
reproduciéndose; `rewind()` rebobina el video y lo deja en el marco inicial; y
`seek(NumDeCuadros)` lo desplaza hacia el número de cuadro `NumDeCuadros`
dentro del archivo de video. `autostart` controla la reproducción automática del
archivo cuando el auxiliar está cargado (acepta un valor booleano; es decir, `true` para
iniciar la reproducción del sonido automáticamente, y `false` para no reproducir el
sonido); donde `loop` controla el ciclo, esto es, la repetición del archivo (si se establece
en `true`, el archivo de audio se reproduce continuamente de principio a fin).
También se encuentran disponibles algunas funciones de JavaScript: `play()` inicia
la reproducción del archivo de audio desde la posición actual; `stop()` la detiene;
`rewind()` establece la posición actual en el comienzo del archivo de audio;
y `seek(segs)` establece la posición actual en un número determinado de segundos
(segs) dentro del archivo de audio. Por ejemplo, `seek(10)` lo desplazaría 10
segundos hacia adelante en el archivo. Una vez que el auxiliar se ha nombrado
mediante el atributo `name`, puede hacer referencia a él con el objeto `document`.
Por ejemplo, con un auxiliar definido con una etiqueta `<embed>` como esta:

```
<embed name="filme1"
       src="alien.avi"
       width=400
       height=300>
```

podría iniciar la película denominada `"filme1"` por medio de la instrucción:

```
document.filme1.play();
```

Usted podría haber hecho que la película comenzara por sí misma empleando la
etiqueta `<embed>` con el atributo `autostart` establecido en `true`. Por ejemplo:

```
<embed name="filme1"
       src="alien.avi"
```

```
width=400
height=300
autostart=true>
```

Sin embargo, con los métodos de JavaScript dedicados a los auxiliares puede iniciar y detener la animación donde y cuando quiera. Puede hacerlo, incluso, de acuerdo con otros eventos basados en JavaScript.

CONSEJO: LiveVideo (reproductor AVI) tiene una función de llamada automática `AviFrameCallback()`, la cual es llamada cada vez que el video se hace avanzar. Esta función se llama con un solo argumento numérico que representa al número del marco actual. Por ejemplo, si tuviera un auxiliar definido con la etiqueta `<embed width=400 height=300 src="alien.avi">`, una función definida como:

```
Function AviFrameCallback(f) {
    ...
}
```

se llamaría automáticamente mediante el auxiliar LiveVideo y pasaría el número de marco actual como el parámetro `f`. Con base en este valor, usted puede actualizar un campo de texto o llamar otra condición; esto es, cuando el video llegue a un marco específico, usted actualizaría un campo de texto u otro objeto de HTML.

QuickTime

QuickTime es un popular formato de video que incorpora contenido de audio y/o imagen. La etiqueta `<embed>` de este formato de archivo en particular es extensa, y toma en cuenta todas las características del formato QuickTime. Por ejemplo, ángulos inclinados y panorámicos:

```
<embed src=[ArchOURL]
       name=NombreDeAuxiliar
       width=w
       heigth=a
       [ autoplay=[true|false] ]
       [ controller=[true|false] ]
       [ loop=[true|false|palindrome] ]
       [ playeveryframe=[true|false] ]
       [ href=[ArchOURL] ]
       [ target=[NombreDeMarco|_self|_top] ]
       [ hidden=[true|false] ]
       [ pluginspace=[ArchOURL] ]
       [ pan=[integer] ]
       [ tilt=[integer]
```

```
[ fov=[integer] ]
[ node=[integer] ]
[ vspace=v ]
[ hspace=v ]>
```

Los atributos `width` y `height` controlan el tamaño del área de desplegado para
la película; `autoplay`, de estar establecido en `true`, proyecta la película tan pronto
como el auxiliar se carga. El atributo `controller` controla si se despliegan o
no controles de película dentro del área de desplegado del auxiliar. `loop` controla la
repetición de la película, mientras `playeveryframe` sirve para controlar la calidad
del video (en conexiones muy lentas, usted establecerá este atributo en `false`, de
manera que se proyecten menos cuadros). El atributo `href` permite que un URL se
asocie con un auxiliar; después, cuando haga clic en el auxiliar, el URL especificado
se carga. Use el atributo `target` para especificar un marco donde se cargue el URL
después de hacer clic en la película; puede usar sinónimos de marco, por ejemplo,
`_self` y `_top`, o un nombre de marco específico, nombrado con la etiqueta
`<frame>` (consulte el capítulo 9 para leer más detalles acerca de los documentos con
marcos). El atributo booleano `hidden`, cuando se establece en `true`, le indica a
Navigator que no despliegue la película cuando sólo haya una pista de audio
contenida en el video; esto invalida las configuraciones de `width` y `height`, de
estar especificadas (los archivos de QuickTime no siempre contienen audio y video
simultáneamente). El atributo `pluginspace` es el nombre de un URL que se enlaza
al software del auxiliar, en caso de que no haya instalado un auxiliar de QuickTime
(puede ser un documento de HTML normal con ligas hacia el software necesario).

Pueden retirar los auxiliares predefinidos de Navigator. Para hacerlo, elimine el
auxiliar desde el subdirectorio `PLUGINS`. En caso de no encontrarlo, este atributo
permite visitar el sitio donde está almacenado el auxiliar de QuickTime para
descargarlo y ejecutarlo. Se trata del URL `http://quicktime.applet.com`.
Finalmente, los atributos `pan`, `tilt`, `fov` y `node` especifican un ángulo panorámico,
un ángulo de inclinación, un valor de vista de archivo y número de nodo,
respectivamente (las películas de QuickTime pueden tener valores de *nodo*, que
indican partes específicas de una película). La especificación de QuickTime están
actualizándose en ese instante; ya soporta más características y ofrece audio/video
enriquecido. Visite el sitio de Apple en el Web en `http://www.apple.com` para
más información al respecto.

Cómo detectar la capacidad de un usuario (cliente) para usar un auxiliar

El uso de archivos insertados de manera informal constituye un signo de una
pobre aplicación de JavaScript. Una solución más adecuada consiste en detectar
qué auxiliares son necesarios *antes* de hacer referencia al archivo con una etiqueta
`<embed>`. Saber de antemano qué auxiliares se soportan permite que se prepare para
el entorno del cliente en uso y ver su aplicación de JavaScript/HTML. Por otra parte,

el propósito principal de tener una propiedad `navigator.plugins` es permitir que JavaScript investigue qué auxiliares están instalados realmente en la computadora. Una aplicación de JavaScript puede advertirle que no está instalado el auxiliar requerido. O, todavía más sensato, usted podría modificar la página de acuerdo con las capacidades existentes; es decir, si no tiene instalado un auxiliar específico, busque una alternativa y después referencie un archivo distinto. Para interrogar al sistema y ver qué los auxiliares tiene, observe los sufijos de nombre de archivo soportados por los auxiliares instalados actualmente.

Vea la siguiente aplicación, que usa una función `EncuentraAux()` para analizar las extensiones de nombre de archivo de la propiedad `navigator.plugins`. La finalidad es verificar si se puede encontrar un aplicación auxiliar para un archivo específico. Posteriormente, la extensión de nombre de archivo puede pasarse a `EncuentraAux()` como una cadena. Por ejemplo, la instrucción:

```
EncuentraAux("midi")
```

trata de encontrar un auxiliar que soporte los archivos "`.midi`" (el auxiliar LiveAudio de Netscape soporta este formato de archivo). La función `EncuentraAux()` podría devolver un valor booleano, esto es, `true` o `false`, si existe o no el auxiliar para ese tipo de archivo. Observe la siguiente aplicación, que hace esto:

```
<!--
    Programa 12-4
-->
<html>
<head>
<script language="JavaScript">
<!--
var AuxNecesitado, NombreDelAux;
function EncuentraAux(Extension) {
   var EstaExt, EncuentraExterno;
   AuxNecesitado = Extension;
   for (var n=0; n < navigator.plugins.length; n++) {
      for (var m=0; m < navigator.plugins[n].length; m++) {
         EstaExt =
navigator.plugins[n][m].description.toLowerCase();
         EncuentraExterno = EstaExt.substring(0, EstaExt.indexOf("
"));
         if (EncuentraExterno == Extension) {
            NombreDelAux = navigator.plugins[n].name;
            return(true);
         }
      }
   }
   return(false);
}
```

```
// Busca un auxiliar que pueda manejar archivos de formato midi:
if (EncuentraAux("midi")) {
   alert("El auxiliar (plug-in) " + NombreDelAux +
         " está instalado.");
   // etc...
}
else {
      alert("¡Una  aplicación auxiliar para manejar archivos " +
            AuxNecesitado +
            " no está instalada!");
}
//-->
</script>
</head>
</html>
```

`EncuentraAux()` usa un ciclo para buscar cada auxiliar y otro para cada una de las extensiones de nombre de archivo soportadas (es un ciclo *anidado*). Al extraer la subpropiedad `description`, puede obtener la extensión de nombre de archivo soportada por ese auxiliar. Posteriormente, podrá compararla con el argumento `Extension`, el cual se pasa a la función `EncuentraAux()`. Este argumento contiene un valor de cadena que representa a la extensión de nombre de archivo requerida aquí. Observe que en esta ocasión no utilizamos puntos antes de la extensión. Este ejemplo es más largo, ya que las advertencias se han direccionado hacia el usuario. En el apéndice D proporcionamos una versión más breve, que solamente devuelve un valor `true` o `false`, dependiendo de si el auxiliar está o no disponible. Al usar el ejemplo del apéndice D, se crea una aplicación de JavaScript que coloca un archivo insertado dentro del documento actual con base en la disponibilidad de un *auxiliar*:

```
<!--
  Programa 12-5
  Nota del autor:
  El archivo 'jsess.pdf' no existe, es puramente hipotético; se usa
  particularmente en este programa para ponerlo de ejemplo de un
  archivo de una aplicación auxiliar.
-->
<html>
<head>
<script language="JavaScript">
<!--
function EncuentraAux(Extension) {
  var EstaExt, EncuentraExterno;
  for (var n=0; n < navigator.plugins.length; n++) {
       for (var m=0; m < navigator.plugins[n].length; m++) {
          EstaExt =
navigator.plugins[n][m].description.toLowerCase();
          EncuentraExterno = EstaExt.substring(0, EstaExt.indexOf(" "));
```

```
            if (EncuentraExterno == Extension)
    return(true);
        }
  }
  return(false);
}
// Ver si el usuario tiene un auxiliar compatible con PDF, por
// ejemplo, Amber; si existe, crear dinámicamente el código de HTML
// para invocar a la aplicación:

if (EncuentraAux("pdf")) {
    // El usuario puede ver el archivo PDF. Se incluye con la página
    // actual.
    document.open();
    document.write("<embed src='jsess.pdf' width='100%'>");
    document.close();
}
else {
    // El usuario no puede ver el archivo PDF. Se le muestra una
    // versión con sólo el código de HTML:
    location = "essjava.htm";
}
//-->
</script>
</head>
</html>
```

En esta aplicación, la función `EncuentraAux()` busca un auxiliar que pueda ver
archivos PDF. Si se localiza, se crea dinámicamente una etiqueta `<embed>` para llamar
al auxiliar en el archivo `jsess.pdf`. De no hallarse, se despliega una versión HTML
del archivo, la cual se lee en la ventana actual del navegador asignándose el URL del
archivo a la propiedad `location` del objeto `document`.

Resumen

Los auxiliares son aplicaciones que permiten que Navigator pueda manejar distintos
formatos de archivo. No son aplicaciones autónomas, como las antiguas "ayudantes"
(*helpers*). En vez de eso, permiten insertar contenido *dentro* de una página web; en otras
palabras, contenido ejecutable. Hoy día, están disponibles una gran variedad de
aplicaciones auxiliares, como se indica en el apéndice F.

♦   Use la etiqueta `<embed>` de HTML para colocar un archivo insertado dentro
    de la página web actual. Así llama a una aplicación auxiliar para el archivo, con
    base en la extensión de nombre que tenga éste. Por ejemplo, una etiqueta `<embed
    width=400 src="ding.aiff">` llama a un reproductor de audio como
    LiveAudio (predeterminado), ya que la extensión "`.aiff`" indica un archivo de

audio. Navigator está equipado con un *auxiliar* predefinido para esta extensión de nombre de archivo, el cual tiene el tipo de MIME `audio/aiff`.

♦ La etiqueta `<embed>` se ha enriquecido considerablemente para permitir nuevos formatos de archivo. El auxiliar QuickTime, instalado por omisión en Navigator 3.0, puede configurarse detalladamente por medio de varios atributos de etiqueta enriquecidos. Navigator también ha definido una serie de funciones de llamada automática *(call-back)*, que son esencialmente funciones de JavaScript llamadas por un auxiliar. Si una función está definida con el mismo nombre en su aplicación, será llamada de modo automático. Esto permitirá que haya una interacción más plena entre el auxiliar y el programa de JavaScript.

♦ JavaScript proporciona dos propiedades útiles para el programador que diseñe aplicaciones "reconocedoras de auxiliares"; se trata de `navigator.plugins` y `navigator.mimeTypes`. Estas dos propiedades pertenecen al objeto `navigator` y están estructuradas como arreglos. De ambas, `plugins` es la más útil, ya que le indica qué auxiliares están instalados y, por lo tanto, qué formatos de archivo se pueden ver. La propiedad `mimeTypes` es un reflejo de los tipos de MIME que soporta Navigator y *no* una lista de las aplicaciones auxiliares que se pueden soportar realmente (es decir, que están instaladas).

♦ Al observar el arreglo `navigator.plugins` antes de llamar a un auxiliar, sabe si el usuario que ve la página puede o no observar algunos de los archivos que usted tenga insertados en el documento de hipertexto. Cabe señalar que no es buena idea la colocación informal de etiquetas `<embed>` en un documento. Mejor cree las etiquetas `<embed>` dinámicamente después de detectar qué auxiliares están instalados. Los auxiliares, a diferencia de los applets de Java, no viajan por Internet, así que el cliente debe tener instalada de antemano su aplicación, antes de que pueda reproducir o ver un formato de archivo específico.

♦ Navigator 3.0 ha introducido una serie de aplicaciones auxiliares "prestablecidas" para este propósito, que permiten que los formatos de archivo de audio y video (los tipos de contenido más comunes) se inserten sin necesidad de instalar software adicional.

CAPÍTULO 13

Cómo usar el mecanismo de galleta de JavaScript

Una *galleta* (*cookie*) es un pequeño elemento de información almacenado en una computadora cliente que puede usted recuperar por medio de un programa de JavaScript mediante la propiedad `document.cookie`. Las galletas son una característica de gran utilidad, ya que permiten almacenar y acceder a información del estado de la aplicación; por ejemplo, puede registrar el número de visitas a un documento de HTML específico, así como las preferencias de usuario para una interfaz en particular. Los objetos persistentes son difíciles de instrumentar en JavaScript, aunque las galletas constituyen una buena solución a este delicado problema.

Al usar galletas, usted puede descartar las soluciones desde el servidor, como la necesidad de guiones de CGI que interactúen con bases de datos. También son útiles como depósitos temporales para valores de variable que se encuentren durante el tiempo de vida de un programa de JavaScript. A fin de cuentas, una galleta no remplaza a una base de datos estructurada que resida en un servidor, pero sirve para guardar información en el cliente que empleará dentro de aplicaciones de JavaScript. En este capítulo aprenderá:

♦   Qué son las galletas y cómo ayudan a quien desarrolla en JavaScript

♦   Cómo crear, leer y eliminar galletas del archivo `cookies.txt` de Netscape

♦   Qué son las galletas "temporales" y "persistentes"

♦   Cómo usar las galletas para crear contadores de accesos a una página y almacenar entradas de datos del usuario

Navigator introdujo primero el concepto de una *galleta-estado-del-cliente*. Hasta ese entonces, las galletas solamente podían asignarse desde el servidor utilizando un guión de CGI. Ahora, JavaScript permite acciones de lectura-escritura en las galletas, por lo que los programadores pueden almacenar información sobre el estado de las sesiones anteriores con aplicaciones de JavaScript. Posteriormente, en este capítulo presentamos un ejemplo de aplicación que usa galletas junto con otros ejemplos de código.
El navegador puede trabajar con un máximo de 300 galletas, cada una de las cuales puede tener hasta 4 kilobytes. El navegador purga *inteligentemente*, es decir, borra las galletas que caigan fuera de estos límites. Por ejemplo, purga la galleta menos usada cuando los recursos estén agotándose. La especificación completa de las galletas puede encontrarse en el servidor de Netscape, ubicado en el URL:

`http://home.netscape.com/newsref/std/cookie_spec.html`.

Sintaxis de las galletas

Para crear una galleta, primero debe decidir su nombre. Las galletas deben adherirse a esta sintaxis general:

```
nombre=valor; [expires=fecha;]
```

donde `nombre` le da nombre a la galleta y `expires` establece una fecha en que la galleta debe *expirar*; esto último es opcional. Al asignarle un valor más allá del día en curso, se dice que la galleta *persiste* en el futuro. *Las galletas persistentes*, o galletas que se guardan después de la sesión actual con el navegador, están almacenadas en el archivo `cookies.txt` instalado con Navigator. Cuando abandona el navegador, las galletas permanecen intactas; así, la próxima vez que visite una página de JavaScript donde haya creado originalmente la galleta, esa página volverá a leer la galleta y se efectuará la acción necesaria, es decir, se usará el valor con una función de JavaScript, etcétera. Como veremos, las galletas son muy útiles para personalizar las páginas web, ya que pueden almacenar información proveniente de sesiones anteriores con el navegador y, de hecho, le proporcionan a éste una *memoria*.

Cómo dar nombre a una galleta

El argumento `nombre` es una cadena que no puede contener signos de punto y coma (`;`), comas (`,`) ni espacios. Si necesita colocar tales caracteres dentro de la galleta, use el código hexadecimal de la forma `%nn` para el carácter, donde `nn` es la representación hexadecimal del valor ASCII del carácter; por ejemplo, un punto y coma tiene el valor ASCII (decimal) de `59`, que es `%3b` en hexadecimal. Use el convertidor de decimal a hexadecimal contenido en el apéndice D si no tiene acceso a una calculadora con esta capacidad. Entre los nombres válidos de galleta tenemos: `_contador`, `ContadorDeConsultas` y `Nombre_De_Usuario`; aunque `Nombre;De;Usuario` no es válido, use `Nombre%3bDe%3bUsuario` en este caso, pues debe emplear un signo de punto y coma. Observe que los signos de punto y coma sirven para separar los argumentos de la galleta.

Cómo dar a una galleta una fecha de expiración

Es ligeramente más complejo asignar las *fechas de expiración*, ya que se basan en un objeto `Date` de JavaScript. Si no está presente el atributo `expires`, la galleta expira al final de la sesión actual con el navegador. Esas galletas son útiles como variables temporales dentro de los programas de JavaScript. Usarlas de esta manera ayuda a trabajar con documentos con marcos (consulte el capítulo 9), cuyos valores podrían perderse cuando el usuario o un guión vacíen o vuelvan a cargar el documento. Debe adherirse una fecha de expiración para la galleta en una sintaxis particular, es decir:

```
Día_De_La_Semana, Mes hh:mm:ss Año GMT
```

por ejemplo, una fecha válida podría ser:

```
Fri, Apr 19:13:06 1997 GMT
```

El método `toGMTString()` de Javascript crea una fecha en este formato, como veremos más adelante. Para establecer la fecha de expiración de una galleta persistente, siga estos pasos:

♦ Establezca el número de días en los que quiere conservar la galleta, por ejemplo, siete (7) para una semana, etcétera, y después almacene el valor en una variable, por ejemplo, `Dias`

♦ Cree un nuevo objeto `Date` de JavaScript y almacénelo en una variable, por ejemplo, `DiaDeHoy`

♦ Use el método `setDate()` para alterar la variable de fecha previamente creada; use el método `addDate()` para agregar el número de días requeridos para la fecha de expiración

♦ Convierta la fecha al formato de hora del meridiano de Greenwich (GMT) o al formato de hora universalmente coordinada (UTC)

Cierto código de JavaScript para hacer esto puede parecerse a

```
var DiaDeHoy = new Date();
DiaDeHoy.setDate(DiaDeHoy.getDate() + days).toGMTString();
```

donde `DiaDeHoy` almacena la fecha actual y `setDate()` actualiza al objeto `Date`. El método `getDate()` proporciona el día en curso del mes; puede usarlo cuando agregue días a las fechas. Pueden actualizar de esta manera los objetos de fecha, con lo cual se simplifican muchas de las funciones de manipulación de fecha. Mejor aún, puede colocarse en una función de JavaScript para hacer el código accesible cada vez que sea necesario crear una fecha de expiración. Analice la siguiente función, `DevuelveExpiracion()`:

```
function DevuelveExpiracion(days) {
  var DiaDeHoy = new Date();
  DiaDeHoy.setDate(DiaDeHoy.getDate() + days);
  return(DiaDeHoy.toGMTString());
```

Ahora puede llamar a la función `DevuelveExpiracion()` por medio de una instrucción como esta:

```
DaysToExpire = DevuelveExpiracion(7);
```

que devuelve un objeto `Date` para representar la fecha de la semana próxima, esto es, siete días en el futuro.

Cómo generar la galleta

Llegó el momento de crear la galleta por medio de la propiedad `document.cookie`. Una vez que encuentre un nombre y quiera asignar una fecha de expiración a la galleta, debe decidir *qué* quiere almacenar en ella. Suponga que tiene una variable denominada `VersionDeNavegador`, la cual almacena el nombre y la versión del navegador con la que se esté viendo la página actual. El valor de `VersionDeNavegador` podría ser una expresión de JavaScript, por ejemplo:

```
apliVers = navigator.NombreDeAplicacion + "" +
           navigator.VersionDeNavegador.substring(0,3);
```

que devolvería "`Netscape 3.0`" si estuviese viendo la página actual con el navegador versión 3.0 de Netscape. Aquí, puede asignar un valor a la galleta tomando en cuenta la sintaxis que vimos con anterioridad de la siguiente manera:

```
document.cookie = "VersionDeNavegador=" +
                  apliVers +
                  "; expires=" +
DevuelveExpiracion(7) + ";";
```

la cual, suponiendo que la fecha fuese julio 10, 1997 a las 8:00 P.M., crearía una galleta de la forma:

```
VersionDeNavegador=Netscape 3.0; expires=Fri Jul 10 20:00:00 GMT 1997;
```

Entonces, esta galleta se almacena en el archivo `cookies.txt`. La próxima vez que vuelva a cargar la página de JavaScript que creó esta galleta, podrá comprobar si ésta existe; de ser así, se llevará a cabo la acción correspondiente. En este caso, sabría que el navegador fue empleado previamente. Ahora que también habría podido almacenar cualquier otro valor en la galleta. Puede usar la función `ExtraeValorDeGalleta()`, que describimos más adelante en este capítulo, para obtener el valor almacenado en esta o cualquier otra galleta. Para automatizar el procedimiento de creación de galleta puede escribir algunas pequeñas funciones de JavaScript, por ejemplo:

```
function CrearGalleta(nombre, valor, DiasDeExpiracion) {
  var DiaDeHoy = new Date();
  DiaDeHoy.setDate(DiaDeHoy.getDate() +
                   DiasDeExpiracion);
document.cookie = name +
                  "=" +
                  value +
                  "; expires=" +
                  DiaDeHoy.toGMTString() +
                  ";"
}
```

A la función `CrearGalleta()` se le asigna un nombre de galleta, un valor y el número de días en los que expirará; se podría haber llamado mediante una instrucción de la forma:

```
CrearGalleta("Jason",
             "wombat@spuddy.mew.co.uk",
             30);
```

que crea una galleta denominada `Jason`, que expira en 30 días y contiene una de las direcciones de correo electrónico del autor. Consulte el apéndice D si desea conocer la función `CrearGalletaTemporal()`, la cual crea una galleta sin fecha de expiración.

Las galletas no se escriben en disco, es decir, en el archivo `cookies.txt`, *sino hasta que* finaliza la sesión actual con el navegador. Sin embargo, una vez que la galleta ha sido creada, puede acceder a ella de inmediato. Cuando se escribe en el disco, el nombre, valor y URL (o documento) asociados con ella también se escriben en disco. A la información de URL que se escribe en el archivo de la galleta se le conoce como _información de estado_, ya que especifica el rango de estados bajo los cuales esta galleta es válida, es decir, el URL del o los documentos para los que esa galleta es válida.

CONSEJO: las galletas pueden contener datos valiosos, por lo que es conveniente hacer una copia de respaldo del archivo `cookies.txt` periódicamente.
El navegador tiene un mecanismo de protección de galleta que puede usar para alertarse cuando una galleta esté a punto de ser aceptada. El mecanismo se halla en el menú Opciones / Preferencias de red / Protocolos. Un programa "malicioso" de JavaScript podría analizar rápidamente las galletas en su sistema por medio de la propiedad `document.cookie`, para después hacer que éstas expiren o se corrompan; se trata de un verdadero _"come galletas"_, literalmente. ;–)

Cómo crear una galleta temporal

Al asignar un valor a la propiedad `document.cookie` puede crear una galleta temporal para emplearla durante toda la sesión actual con el navegador, por ejemplo:

```
document.cookie.MiGalleta = NombreCompleto;
```

donde `NombreCompleto` es una variable que usted quiere almacenar en la galleta denominada `MiGalleta`. Para acceder al valor de la galleta `MiGalleta` simplemente use la expresión:

```
document.cookie.MiGalleta
```

Esta característica no documentada, en la que se asigna una nueva propiedad a `document.cookie`, puede ser útil, ya que no se necesita ningún código adicional de JavaScript para crear la galleta.

Cómo leer una galleta existente

Todas las galletas están contenidas dentro de la propiedad `document.cookie` como una cadena de texto continuo. Leer el valor de una sola galleta implica hacer una búsqueda por la propiedad `cookie` para obtener cada entrada de galleta y después compararla con el nombre de la que usted necesita. Si el nombre coincide, puede extraer la parte `valor`, que aparece después del carácter =.
Desafortunadamente, la propiedad `cookie` no es un arreglo, por lo que no podrá acceder a las entradas individuales de la galleta como valores separados. En vez de eso, debe escribir algunas funciones que procesen cadenas para extraer la parte _valor_ de la galleta.

Los siguientes ejemplos de las funciones `LeerGalleta()` y
`ExtraeValorDeGalleta()` obtienen un valor de galleta. La función principal,
`LeerGalleta()`, toma un nombre de galleta como argumento y después analiza
la propiedad `cookie` mediante el método `substring()` de Java. Si el nombre de
una galleta concuerda con el que se pasó a la función, el valor de la galleta se extrae
por medio de la función `ExtraeValorDeGalleta()`. Si ningún nombre de galleta
coincide con el que especifique, se devuelve el valor `null`:

```
function LeerGalleta(NombreDeGalleta) {
  var NumDeGalletas = document.cookie.length;
  var NomDeGalletas = NombreDeGalleta + "=";
  var LongDeGalleta = NombreDeGalleta.length;
  var x = 0;
  while (x <= NumDeGalletas) {
        var y = (x + LongDeGalleta);
        if (document.cookie.substring(x, y) == NomDeGalleta)
            return(ExtraeValorDeGalleta(y));
        x = document.cookie.indexOf(" ", x) + 1;
        if (x == 0)
            break;
  }
  return null;
}
function ExtraeValorDeGalleta(val) {
  if ((FinDeGalleta =
    document.cookie.indexOf(";", val)) == -1) {
    FinDeGalleta = document.cookie.length;
  }
   return unescape(document.cookie.substring(val,FinDeGalleta));
}
```

Cómo expirar (retirar) una galleta

El borrado de una galleta es sinónimo de su expiración. Puede hacer expirar una
galleta simplemente rescribiéndola con una fecha de expiración ya registrada en el
pasado. La eliminación de una galleta es una tarea importante, pues los recursos de
galleta son finitos, al igual que todos los que están basados en disco. Analice la
siguiente función de JavaScript, `BorrarGalleta()`:

```
function BorrarGalleta(nombre)
  var DiaDeHoy = new Date();
  DiaDeHoy.setDate(DiaDeHoy.getDate() - 1);
  Document.cookie = nombre +
              "=" +
```

```
                    valor +
                    "; expires=" +
                    DiaDeHoy.toGMTString() +
                    ";"
        }
```

En esta función, el valor de `DiaDeHoy` se *regresa* un día; entonces, la galleta se rescribe y expira. Esta galleta ya no podrá devolver un valor mediante la propiedad `document.cookie`.

Ejemplo de aplicación que usa galletas

Muchos de los mejores programas basados en galletas se emplean para almacenar información del estado de una aplicación, la cual quizá cambie cuando vuelva a visitar una o varias páginas de JavaScript. Observe la siguiente aplicación, que instrumenta una aplicación de número de accesos de página. Las *aplicaciones de número de accesos a página* o *contadores de accesos* son muy populares en el Web; se usan para contar el número de visitas a una página específica. La gran mayoría de estas aplicaciones, si no es que todas, requieren de soluciones que se encuentren en el servidor, por ejemplo, guiones de programa escritos en Perl que corran una interfaz CGI. Puede usar el equivalente de JavaScript para registrar las visitas de un usuario (cliente) a una página *específica* por medio de una galleta que almacene el número de visitas. Recuerde que como JavaScript está insertado dentro del cliente, es decir, dentro del navegador, contar las consultas puede confinarse sólo al usuario que visita la página actual, y no a los otros usuarios (a menos que se usen características adicionales, como applets de Java o CGI, etcétera). El siguiente guión emplea las funciones de manipulación de galletas explicadas con anterioridad en este capítulo.

```
<!--
   Programa 13-1

-->
<html>
<script language="JavaScript">
<!--
// Número de la variable visitas:
var visitas = 0;
// Galleta. Funciones estándar:
function ExtraeValorDeGalleta(val) {
   if ((FinalDeGalleta = document.cookie.indexOf(";", val)) == -1) {
      FinalDeGalleta = document.cookie.length;
   }
   return unescape(document.cookie.substring(val,FinalDeGalleta));

}
function LeerGalleta(NombreDeGalleta) {
```

```
                var NumDeGalletas = document.cookie.length;
                var NombreParaGalleta = NombreDeGalleta + "=";
                var LongDeGalleta = NombreParaGalleta.length;
                var x = 0;
                while (x <= NumDeGalletas) {
                        var y = (x + LongDeGalleta);
                        if (document.cookie.substring(x, y) == NombreParaGalleta)
                            return (ExtraeValorDeGalleta(y));
                            x = document.cookie.indexOf(" ", x) + 1;
                            if (x == 0)
                                break;
                }
                return (null);
        }

        function CrearGalleta(Nombre, Valor, Expirar) {
                var DiaDeHoy = new Date();
                DiaDeHoy.setDate(DiaDeHoy.getDate() + Expirar);
                document.cookie = Nombre +
                                  "=" +
                                  Valor +
                                  "; expires=" +
                                  DiaDeHoy.toGMTString() +
                                  ";"
        }

        function MostrarConsultas() {
            // Primero averiguaremos si el usuario ha visitado esta
            // página antes de examinar la galleta _PagVisitada:
            GalletaUsuario = LeerGalleta("_PagVisitada");
            if (GalletaUsuario == null)
                visitas = 1;  // Esta es la primer visita
            else
                visitas = parseInt(GalletaUsuario) + 1;
                // Crea o actualiza la galleta existente:
                CrearGalleta("_PagVisitada", visitas, 30);
                document.write("Usted ha visitado esta página en <b>" +
                            visitas +
                            "</b> ocasiones<hr>");
        }
        //-->
        </script>
        </head>
        <body>
        <script>
        <!--
        Llama al contador
```

```
-->
MostrarConsultas();
</script>
Aquí es donde aparece el cuerpo del documento actual
.<p>
</body>
</html>
```

Este programa de *número de accesos de página* es directo. Una vez cargado, una etiqueta
`<script>` llama a la función `MostrarConsultas()`, que verifica si existe una
galleta persistente con el nombre de `"_PagVisitada"`. Si existe, quiere decir que
el usuario ha visitado esta página antes, por lo que usted obtiene el valor de la galleta
y le agrega un uno (el valor adicional es la visita del día de hoy). A continuación,
la galleta se actualiza rescribiéndose en disco, con una fecha de expiración de 30 días
en el futuro. Luego usamos una instrucción `document.write` para imprimir la
información de la galleta e indicar al usuario cuántas veces ha visitado (cargado) esta
página en Navigator.

CONSEJO: al hacer clic en el botón *Volver a cargar* de Navigator, también se
actualiza la galleta, pues vuelve a llamar al guión (otra razón del porqué las cuentas
de acceso no se consideran tan fidedignas). Usted puede actualizar la galleta
asignándole un valor literal en cualquier momento. Para lograr que la galleta sólo
tome un valor, basta con ver si está vacía (o es nula). Las galletas persistentes pueden
sobrescribirse si vuelve a cargar el guión que establece la galleta, por lo que siempre es
buena idea verificar si ésta existe antes de sobrescribirla (suponiendo que usted no
quiere hacerlo). Así, tiene acceso a un "objeto persistente" verdadero, ya que su valor
se mantendrá estático durante todo el periodo de vida de una aplicación de JavaScript.

Al crear una galleta temporal, es decir, que no tenga fecha de expiración, usted también
podría contar el número de accesos hechos a la página actual dentro de la sesión en
curso con el navegador.

Resumen

Las galletas son depósitos para datos alfanuméricos simples; están almacenadas de
manera persistente o temporal. Las galletas temporales no tienen fecha de expiración y
se purgan al final de la sesión actual con el navegador. Las persistentes tienen asociada
una fecha de expiración en el futuro, después de la cual dejan de ser válidas; esto es, el
navegador ya no las proporciona cuando una aplicación de JavaScript las solicite.

◆ Puede usar galletas persistentes para almacenar información localmente en el disco duro del cliente. La propiedad `document.cookie` genera una cadena que contiene a cada galleta. Usted puede acceder a cada una de ellas por medio de las rutinas de manipulación mostradas con anterioridad en el capítulo, así como en el apéndice D.

◆ Use las galletas para guardar información de estado, por ejemplo, detalles de las visitas de un usuario a una página específica o las opciones seleccionadas en una forma, etcétera. También puede almacenar preferencias de usuario, como tamaños de ventana y colores de pantalla, de manera que puedan restaurarse y estén listas para la próxima visita del usuario a la página. El código requerido es pequeño, pero las posibilidades para las aplicaciones son infinitas.

APÉNDICE A

Preguntas y respuestas

Este apéndice contiene una serie de preguntas y respuestas relacionadas con todos los aspectos del lenguaje JavaScript.

Preguntas generales de JavaScript

Esta sección contiene preguntas y respuestas que se relacionan de manera general con los lenguajes JavaScript y HTML.

P: ¿Qué es JavaScript?

R: JavaScript (previamente conocido como *LiveScript*) es un lenguaje de programación parecido a Java, que permite plena interacción con el navegador. Con JavaScript, las etiquetas que componen un documento de HTML se "reflejan" en una serie de objetos cuyas propiedades pueden, entonces, cambiarse o manipularse. JavaScript es especialmente eficaz para generar HTML dinámico basado en eventos externos y valores, por ejemplo, fechas y horas. También sirve para automatizar muchas tareas repetitivas. Con JavaScript puede hacer que una página web cambie de apariencia de modo automático a lapsos determinados, o incluso programar una base de datos o un juego que se vea dentro del navegador. Asimismo, puede establecer una interfaz con los applets de Java y aplicaciones auxiliares *(plug-ins)*, por medio del nuevo sistema LiveConnect de Netscape Navigator 3.0 (véase el capítulo 11 para más información sobre LiveConnect).

P: ¿Cómo se integran HTML y JavaScript?

R: El HTML enriquecido de Netscape se ha modificado significativamente para incluir nuevos atributos que se integran con JavaScript. La mayoría de las etiquetas se tratan hoy día como *objetos* dentro de Navigator, así que, por ejemplo, un ancla creada con `<a name>...</a>` se denomina ahora como objeto de tipo *ancla*, etcétera. A tales etiquetas también se les ha dado un atributo `name` para que puedan nombrarse como objetos de JavaScript. Las formas de HTML ahora "detectan JavaScript", ya que objetos como campos y áreas de texto, casillas de verificación, botones de radio y listas de selección *desencadenan* eventos de JavaScript. Por ejemplo, un campo de texto que use el atributo `onChange` acciona un evento cuando el usuario cambie ese campo.

P: ¿Qué es un cuadro de alerta de JavaScript?

R: Un "cuadro de alerta" es una ventana que aparece cuando se detecta un error en el programa de JavaScript en uso. Haga clic en el botón ACEPTAR para continuar y anote el número de línea del error para que pueda localizarlo y corregirlo. Si se detecta más de un error pueden aparecer varias ventanas en sucesión. El apéndice I contiene una lista con los mensajes de error de JavaScript y descripciones de algunas de sus causas comunes.

Audio y sonido

Esta sección abarca la integración de contenido de audio en las aplicaciones de JavaScript/HTML.

P: ¿Cómo se pueden insertar sonidos dentro de las aplicaciones?

R: Hay dos maneras de insertar sonido dentro de una página de hipertexto que use JavaScript. El primer método implica la inserción de un archivo de sonido dentro de la página por medio de la etiqueta <embed> de HTML, y requiere que el usuario tenga un reproductor de sonido configurado como aplicación auxiliar. Este método es adecuado para Navigator 3.0 de Nestcape. Por ejemplo:

```
<embed src="aullido.au" width=25 height=25>
```

El segundo método implica usar la propiedad location para cargar un archivo de sonido. Con ello se lanza el reproductor de sonido predefinido, NAPLAYER.EXE, que se incluye en Navigator 3.0 de Nestcape, por ejemplo:

```
<script language="JavaScript">
location = "aullido.au";
</script>
```

Al colocar este guión en un punto estratégico dentro de su aplicación, el navegador reproduce el archivo de sonido. Para que esto funcione, es necesario instalar la aplicación auxiliar adecuada. También debe contar con hardware capaz de reproducir sonidos, es decir, una tarjeta de audio y altavoces. Internet Explorer de Microsoft también soporta "reproducción de sonido de fondo" por medio de varias etiquetas de HTML dedicadas, pero no lo describimos aquí, ya que esta obra se basa en Netscape (consulte en http://www.microsoft.com para ver más detalles acerca de Internet Explorer).

Variables de JavaScript

Esta sección contiene preguntas y respuestas relacionadas con las variables de JavaScript.

P: ¿Qué "alcance" tiene una variable creada recientemente?

R: En JavaScript, una variable está asociada con un documento cargado en la ventana actual; por lo tanto, si se carga un nuevo documento, todas las variables previamente creadas se perderán. Para resolver este problema, puede usar marcos y definir las variables dentro del documento de nivel superior (*padre*). De esta manera, la ventana de nivel superior siempre permanece en memoria, mientras las otras (marcos) sirven para cargar los documentos, etcétera.

Use las propiedades `top` y `parent` del objeto de tipo ventana para habilitar esta función. Alternativamente, puede usar el mecanismo de "galleta" de JavaScript, que permite almacenar información en disco de manera temporal y permanente. Describimos las galletas en el capítulo 13; los marcos en el 9. Las variables definidas en distintos documentos no son "globales"; para acceder a una variable (o incluso a una función) definida en otra ventana o marco, debe usar la expresión adecuada que acceda a esa variable, por ejemplo, `parent.frames[i].document.NombreDeVariable` para un documento con marcos, o `NombreDeVentana.document.NombreDeVariable` para una ventana autónoma que se haya abierto mediante el método `open()` de JavaScript.

P: ¿Se tiene que usar la instrucción **var** para crear una variable?

R: No. La instrucción `var` es opcional, pero si quiere crear una variable nueva y no desea asignarle un valor, la instrucción `var` es la adecuada. De no ser el caso, asigne el valor según se requiera; por ejemplo:

```
var MiVariable = 68;
```

y

```
MiVariable = 68;
```

son equivalentes.

Documentos con marcos

Esta sección contiene preguntas y respuestas relacionadas con los documentos con marcos.

P: No se puede localizar ninguno de los archivos (por ejemplo, imágenes) a los que se hace referencia desde un marco. ¿Qué está mal?

R: Si usted está escribiendo HTML en una ventana recientemente creada con el método `window.open()`, debe hacer referencia al archivo mediante el URL "completamente especificado" de este último, por ejemplo, `http://servidor/ruta` para documentos en red, o mediante el URL `file:///Unidad_De_Disco|Ruta` para archivos locales. Como alternativa, puede usar la etiqueta `<base href=URL>`. Cuando escriba dinámicamente esta etiqueta en la ventana por medio de una instrucción como:

```
MiVentana.document.write("<base href=" + location + ">");
```

el navegador podrá localizar los archivos solicitados.

P: ¿Cómo se puede cargar un marco sin usar un archivo separado?

R: Para cargar el marco puede usar el URL `javascript:` definiendo una variable que contenga texto formateado con HTML y después refiriéndose a ella en el atributo `src` de la etiqueta `<frame>`. Por ejemplo:

```
var MarcoSup = "<body>Aquí va texto formateado con <b>HTML</b>
<body>;
...
<frame src="javescript:parent.MarcoSup">
```

Consulte el capítulo 9 si desea más información sobre cómo usar el URL `javascript:` con documentos con marcos.

P: ¿Cómo se puede cargar un documento vacío?

R: Use el URL `javascript:` para cargar un cuerpo de HTML vacío, por ejemplo:

```
var MarcoVacio = "</body></body>";
...
<frame src="javescript:parent.MarcoVacio">
```

También puede usar una marca de número (#) como valor para el atributo `src`, como en el ejemplo siguiente:

```
<frame src="#">
```

Esta sintaxis debe proporcionar un marco vacío. Sin embargo, se sabe que este método causa algunos problemas, por ejemplo, la réplica del marco. Para evitarlo, tome en cuenta la siguiente sintaxis:

```
<frame src="javascript:">
```

que emplea el URL `javascript:` para proporcionar una página en blanco, aunque se sabe que esto ha ocasionado algunas detenciones totales en los sistemas. El URL `javascript:` evalúa una expresión de JavaScript y proporciona un documento. La solución más recomendable es utilizar `parent:variable`.

P: ¿Qué es el error "anónimo" que sigue surgiendo cuando se hace referencia a un campo dentro de una ventana?

R: Si hace referencia a un campo de una forma dentro de una ventana o marco y recibe un error con el mensaje "anónimo", puede ser que esté haciendo referencia a un campo de una forma *antes* de que se haya cargado todo el documento. El problema podría ser que se llama a una función que intenta acceder a ese campo dentro del contenedor `<script>`. Para evitar este error, simplemente use un atributo de evento `onLoad` en la etiqueta `<body>` y llame a la función desde ahí. Con ello se asegura que todos los campos (y etiquetas) dentro del documento actual se reflejen efectivamente dentro de los objetos necesarios de JavaScript, antes de que la función intente hacer referencia a ellos prematuramente.

P: ¿Cómo se puede acceder a funciones definidas en marcos diferentes?

R: Use la sintaxis estándar:

```
parent.NombreDeMarco.NombreDeFuncion()
```

Sería mejor definir las funciones dentro de un *solo* documento, el marco padre (el archivo con el contenedor `<frameset>`) en este caso, y después usar `parent.NombreDeFuncion()`, donde `parent` hace referencia a la ventana padre, un sinónimo del objeto de tipo ventana, pero que aquí hace referencia a la ventana del navegador que contiene la etiqueta `<frameset>`. También podría usar el sinónimo "`top`" y sería equivalente a `parent` en este ejemplo. Sin embargo, debe usar `top` cuando trabaje con documentos con marcos creados dinámicamente que estén anidados uno dentro del otro. Véase el capítulo 9 para más detalles al respecto.

P: ¿Se puede detectar cuál marco está "activo", es decir, tiene el foco de atención?

R: Todavía no. No hay una propiedad booleana de objeto de tipo marco que le permita al usuario detectar qué marco tiene el foco, aunque se proporcionará en versiones posteriores de Navigator. El método `focus()` permite que una ventana autónoma sea el foco de atención; sin embargo, un marco no puede emplear este método para convertirse en el foco. La selección programática de elementos de HTML en otros marcos, esto es, al asignarse valores a campos en otros marcos, etcétera, tampoco proporciona el foco al marco en cuestión.

P: Cuando se regresa a un documento con marcos por medio de una liga, los marcos se duplican. ¿Por qué?

R: Use un atributo `target` en la etiqueta `<a href>` que esté empleando para regresar el documento de nivel superior (marco). Con esto, asegurará que se cargue el documento de marco principal en una ventana "entera", no sólo en un marco, que es lo que sucede en este caso. Consulte el capítulo 9 si desea más detalles acerca del uso del atributo `target` de la etiqueta `<a href>`. En esta área se ha presentado un defecto persistente, por lo que el problema reside aquí.

Las etiquetas de contenedor `<script>` y `<noscript>`

Esta sección contiene información acerca de las nuevas etiquetas `<script>` y `<noscript>`.

P: ¿Por qué el contenedor `<script>`.. `</script>` debe ir entre comentarios?

R: En pocas palabras: por razones de *compatibilidad con versiones anteriores* de otros navegadores. Si no emplea comentarios, su código de JavaScript se escribirá palabra por palabra en la pantalla. Los navegadores que detectan JavaScript pueden analizar el código de programa contenido dentro de un comentario, pero los navegadores que no reconocen JavaScript ignorarán la etiqueta `<script>` y el contenido del guión. Por ejemplo, si tuviera:

```
<!--
  Programa A-1
-->
<script language="JavaScript">
<!--
alert("¡Hola, mundo!");
//-->
</script>
```

y se omitieran "`<!--`" y "`//-->`", la instrucción "`alert("¡Hola, mundo!")`" aparecería dentro del navegador. Observe que el comentario final es "`//-->`" y no sólo "`-->`". ¿Por qué? Pues bien, como el comentario final existe dentro del cuerpo del guión, "`-->`" no tiene significado, ya que el HTML normal no se reconoce en este punto. En vez de eso, tiene que ocupar un comentario de JavaScript ("`//`") y después anexar un comentario de HTML.

P: ¿Es obligatorio el atributo `language`?

R: El atributo `language` es obligatorio, a menos que haya especificado el atributo `src`. El uso de este atributo permite que el código de JavaScript se referencie desde un servidor remoto del Web en Internet.

P: ¿Dónde se pueden colocar los contenedores `<script>` dentro de un documento de HTML?

R: Puede colocar un guión en cualquier parte dentro de un documento de HTML. Muchos guiones se colocan en el contenedor `<head>` porque aparece cerca de la parte superior del documento de HTML y se lee en memoria tan pronto como se cargue el documento. Esto es útil si debe cargar definiciones de función o variables, etcétera. También puede usar el contenedor `<script>` dentro de la parte `<body>` de un documento. Así, puede incorporar texto de HTML *dinámicamente* en la aplicación "sobre la marcha", según se requiera; por ejemplo:

```
<!--
   Programa A-2
-->
<html>
<body text="White">
<table bgcolor="Blue" width="100%">
<tr>
<td>
<script language="JavaScript">
<!--
 document.write.(Date().substring(0, 10));
//-->
</script>
</td>
</tr>
</table>
</body>
</html>
```

desplegaría la fecha actual dentro de una fila en una tabla. El color del fondo de la tabla se ha establecido con el nuevo atributo `bgcolor`, que es novedad en Navigator 3.0 de Nestcape, y que constituye una buena técnica para emplearla cuando deba desplegar una barra de encabezado dentro de un documento.

P: ¿Para qué sirve el contenedor `<noscript>`?

R: El contenedor `<noscript>..</noscript>` se desplegará cuando el soporte de JavaScript se haya deshabilitado desde el navegador. Los navegadores que no reconocen JavaScript tampoco reconocen a `<noscript>`, por lo que ésta sigue siendo una etiqueta sólo de Netscape, a menos que los fabricantes de otros navegadores incorporen este soporte. Al colocar algo de texto formateado con HTML en el contenedor `<noscript>..</noscript>` usted puede proporcionar algo de texto y/o gráficos opcionales. El contenedor `<noscript>` funciona de manera similar que `<noframes>` (consulte el capítulo 9).

P: ¿Para qué sirve el atributo `src`?

R: El atributo `src` de la etiqueta `<script>` especifica la ubicación fuente de un programa de JavaScript que está almacenado de manera separada del documento de HTML en uso. Navigator 3.0 de Nestcape permite que los programas de JavaScript se almacenen en archivos separados, muy al estilo en que funciona la etiqueta `<applet>` de Java. Asegúrese de nombrar sus archivos con la extensión `.js`, por ejemplo, `galleta.js`, para que el navegador importe los archivos adecuadamente.

Instrucciones de JavaScript

Las instrucciones de JavaScript son el tema de esta sesión de preguntas y respuestas.

P: ¿Al final de todas las instrucciones de JavaScript se requieren signos de punto y coma (`;`)?

R: Esta es una respuesta de sí y no. Los puntos y coma son opcionales en las instrucciones de JavaScript que se encuentren en líneas separadas. Sin embargo, si usa instrucciones dentro de atributos para manejo de evento (como parte de una cadena) debe terminar cada una con un signo de punto y coma (excepto la instrucción final). Por ejemplo, el código:

```
<a href="http://www.anfitrion.com/dir/pag1.html"
    onClick="window.status='Haga clic para ver la página 1';
            return true">
¡Hazme clic!
</a>
```

requiere de un signo de punto y coma para separar las dos instrucciones de JavaScript dentro de un atributo de evento `onClick`; sin embargo, las dos instrucciones:

```
EdadDeTortuga = 102
NombreDeMascota = "Tortuga"
```

no necesitan signos de punto y coma. En este caso son opcionales, pues ambas ocupan líneas individuales. Sin embargo, si introduce un signo de punto y coma, también puede utilizar:

```
EdadDeTortuga = 102; NombreDeMascota = "Tortuga"
```

ya que ahora el intérprete de JavaScript conoce dónde termina una instrucción y dónde comienza otra, no obstante que en este caso ambas ocupen la misma línea.

P: ¿Cómo se puede repetir el signo de comillas dentro de una misma instrucción?

R: Anteponga a las comillas una diagonal invertida ("\"), por ejemplo:

```
<a href="http://www.anfitrion.com/dir/pag1.html"
        onClick="window.status=\"Haga clic para ver la página 1\";
                return true
¡Hazme clic!
</a>
```

En un momento dado ¡usted se quedará sin comillas! En ese caso, busque una alternativa, por ejemplo, llame a una función separada para efectuar la operación que requiere.

Cómo obtener entrada con JavaScript

Esta sección estudia el tema de cómo obtener entrada del usuario por medio de JavaScript.

P: ¿Cómo puede obtener entrada del usuario en su aplicación de JavaScript?

R: El primer método implica utilizar el método prompt() de JavaScript, por ejemplo:

```
var name = prompt("Escriba su dirección de correo",
"usuario@anfitrión");
```

donde, en este caso, "usuario@anfitrión" es el valor por omisión que se coloca en el marco del indicador.

El método opcional (el único existente) requiere del uso de una forma de HTML y de la definición de los campos necesarios para la entrada del usuario. JavaScript puede acceder a, e incluso modificar, los campos de forma dinámicamente, por asignación directa al campo. Para más información sobre las formas de HTML consulte el capítulo 7.

Eventos de JavaScript

Esta sección estudia el tema de los eventos de JavaScript.

P: ¿Se puede llamar a una función de JavaScript *después* de que se ha cargado una página?

R: Sí, puede hacerlo empleando el nuevo atributo `onLoad` dentro de una etiqueta `<body>` de HTML. Por ejemplo:

```
<html>
<body onLoad="ActualizaMarco()">
...
</body>
</html>
```

llamará a la función `ActualizaMarco()` cuando el documento actual se haya cargado. En este caso, "cargado" significa cuando todos los elementos de HTML se hayan analizado, es decir, se hayan leído en navegador (la definición de *documento cargado* ha generado gran discusión, pues el evento `onLoad` algunas veces se accionaba aunque las imágenes dentro del documento aún no terminaban de cargarse). El significado de `onLoad` puede causar confusión, ya que el evento no se acciona cuando el documento se carga *inicialmente* sino cuando termina de cargarse (consulte la siguiente sección de preguntas y respuestas). `onLoad` es útil para llamar a funciones desde un guión después de que el documento se ha cargado por completo.

P: El atributo de manejador de evento `onLoad` no hace lo que el usuario desea, es decir, no crea documentos de HTML *dinámicamente* cuando un documento está cargado. ¿Cómo se logra esto en JavaScript?

R: Si debe crear una función que escriba datos en un documento de HTML al momento de cargarse por primera vez, comience por crear una función sencilla que escriba una etiqueta `<body>` (así como todo el texto formateado con HTML y los atributos de HTML necesarios); luego, llame a la función inmediatamente después de haberla definido (una llamada obligatoria). Luego ponga una etiqueta literal `</body>` en su texto, al final del documento, eso es todo. Por ejemplo:

```
<!--
 Programa A-3
-->
<html>
<head>
<script language="JavaScript">
<!--
 function IniciarCuerpo() {
   document.writeln("<html><body " +
                     "background=negro1.gif text=#0000ff>");
 }
//Llamar a la función para iniciar el cuerpo
IniciarCuerpo();
//-->
</script>
</head>
Aquí es donde va el cuerpo de texto de HTML realmente...
</body>
</html>
```

define una función, `IniciarCuerpo()`, que crea dinámicamente la primera parte de un contenedor `<body>...</body>`.

P: ¿Cómo se puede llamar a una función de JavaScript mediante un evento?

R: Definir un botón dentro de una forma de HTML es una solución, en la cual usted usa el atributo de manejador de evento `onClick` para hacer referencia a la función de JavaScript. Por ejemplo:

```
<form name="MiForma">
<input type="button"
       value="Oprímeme"
       onclick=MiFuncion()">
</form>
```

crea un botón en la página; al hacer clic en él, se activa la función de JavaScript denominada `MiFuncion()`. Por otra parte, también puede llamar a una función de JavaScript automáticamente, sin que el usuario se vea involucrado. Esto se logra definiendo una función para llamarla de inmediato después; por ejemplo, el código:

```
<script language="JavaScript">
<!--
 function MiFuncion() {
   ...
 }
```

```
    MiFuncion();
    //-->
    </script>
```

llama a la función definida por el usuario denominada `MiFuncion()`. Es necesario tener cuidado al emplear este método, ya que si intenta hacer referencia a un objeto de tipo JavaScript, por ejemplo, un campo de texto definido con una etiqueta `<input type>`, puede obtener un mensaje de error que afirma que el objeto es "anónimo". Esto sucede porque el reflejo del objeto se realiza *después* de que un documento está cargado por completo. Si una etiqueta `<body>` aloja a todos los campos a que usted haga referencia, llamar a una función para acceder a tales campos *antes* de que el navegador los haya analizado ocasionará un error del tipo "property not found" (no se encontró la propiedad). Otra solución para este problema puede ser llamar a la función desde una etiqueta `<body>` vía el atributo `onLoad`; por ejemplo:

```
<body onLoad="Mifuncion()">
...
</body>
```

asegura que se llame a la función `MiFuncion()` cuando el documento que contenga a esta función se haya cargado por completo.

JavaScript y las formas

Esta sección se centra en las interacciones de JavaScript con las formas de HTML.

P: ¿Cómo se puede hacer referencia a una forma dentro de un documento?

R: Usted accede a las formas mediante el arreglo `forms`, el cual pertenece al objeto `document`, así que

```
document.forms[0]
```

es la primera forma dentro del documento *actual*. Para hacer referencia a una forma dentro de un marco, coloque el nombre de éste antes del objeto `document`. Por ejemplo:

```
parent.frames[0].document.forms[0]
```

es la primera forma dentro del primer marco de un documento con marcos. Al hacer referencia a marcos individuales es necesario especificar el objeto `parent` (consulte el capítulo 9). Sin embargo, hacer referencia a una forma sólo por su nombre no es suficiente en este caso, pues para acceder a la información literal *dentro* de una forma (los datos dentro de los campos de una forma, por ejemplo) es necesario agregar el nombre del campo solicitado, seguido de la propiedad `value`. Por ejemplo:

```
document.forms[0].MiCampo.value
```

extraería el valor del campo "MiCampo" desde la primera forma dentro del documento actual.

Si se da nombre a una etiqueta <form> mediante un atributo name, como en <form name="MiForma">, entonces no tendrá que usar el arreglo forms para especificar una forma. Simplemente remplácelo por el valor del atributo name, por ejemplo:

```
document.MiForma.MiCampo.value
```

P: Se recibe un mensaje de error que indica que un campo de forma no existe. ¿Qué está mal?

R: Primero, verifique la ortografía y el orden de los objetos. Si está llamando a una función dentro del contenedor <script> que haga referencia a un campo definido dentro del cuerpo (<body>) del documento, esto puede ser lo que cause el problema, ya que todo el documento no se ha cargado todavía en el navegador. Coloque la llamada de función dentro de una etiqueta <body onLoad=...>, en este caso. Un signo inequívoco es el mensaje de error del navegador "anonymous field has no properties" (el campo anónimo no tiene propiedades, o palabras para dar a entender esto). También debe verificar el atributo name del campo, para comprobar que esté bien escrito, etcétera. No olvide que JavaScript toma en cuenta el uso de letras mayúsculas y minúsculas, así que revise el uso de éstas en el campo y compruebe que concuerden. Si el campo no tiene un atributo name puede usar el arreglo elements para referirse a él (consulte el capítulo 7).

Por otra parte, cuando se usen los métodos open() y close() para crear documentos dinámicamente, verifique que no se sobrescriba el documento que contenga a la variable con problemas para referenciarse. Al actualizar un documento, se retiran todas las variables y funciones definidas previamente, a menos que use un documento con marcos y mantenga a todas las variables y funciones en el documento padre de nivel superior. Consulte el capítulo 9 si desea más información acerca de los documentos con marcos y los objetos "persistentes".

P: Cuando se hacen cálculos numéricos mediante campos de forma, se reciben números muy largos. ¿Cómo se puede redondear sensiblemente estos números?

R: Use la función roundValue() que se muestra en el apéndice D. Esta función le permite convertir un número como 14.9999995 a 15.0, etcétera.

Generación dinámica de HTML

En esta sección abordamos el tema de la generación dinámica de HTML.

P: ¿Cómo se puede enviar texto formateado con HTML desde JavaScript hacia Navigator?

R: Utilizando las funciones `document.write()` y `document.writeln()`. Esta última envía un código de retorno de carro al final de la cadena que se esté escribiendo. Por ejemplo:

```
document.writeln("<table><tr><td>Este es algo formateado con " +
"HTML dentro de una tabla</td></tr></table>");
```

envía una cadena formateada con HTML (que crea una estructura de tabla sencilla) hacia el navegador. Como usted puede controlar el HTML exacto que se envía al navegador, es posible modificar la apariencia de los documentos de acuerdo con reglas especificadas previamente. Esto es, podría retornar documentos de HTML con formatos diferentes, dependiendo de la salida de una función de JavaScript. También sería buena idea usar `document.open()` y `document.close()` alrededor de los métodos `write()`, en especial si quiere volver a generar un documento completo o actualizar el contenido de un marco completo.

Cuando genere documentos de modo dinámico, asegúrese de no escribir datos *indiscriminadamente* en el documento, de otra manera puede ocasionar la detención del navegador. Trate siempre de usar un flujo de documento; es decir, use los métodos `document.open()` y `document.close()` para escribir un texto formateado con HTML en el navegador a un marco específico [por ejemplo, utilizando una expresión como `parent.frames[0].document.open()` para abrir un flujo hacia el primer marco en un documento con marcos]. No olvide cerrar el flujo después.

P: ¿Qué es la evaluación en línea de JavaScript?

R: Navigator 3.0 de Nestcape introdujo un concepto muy importante, conocido como "evaluación en línea de JavaScript". Básicamente, se trata de una manera para permitir que el HTML evalúe las expresiones de JavaScript al momento de asignarle valores a los atributos de HTML. La sintaxis `&{ expresion }` sirve para esto, donde `expresion` es una expresión de JavaScript, por ejemplo, una referencia a una variable, objeto o una expresión matemática. En este caso, en vez de usar:

```
<body bgcolor="Blue">
```

que codifica inalterablemente el valor "Blue" (azul) de la etiqueta, ahora usted puede "codificar suavemente" tales etiquetas; por ejemplo, empleando:

```
<!--
  Programa A-4
-->
<html>
<script language="JavaScript">
<!--
  function ObtenerDia() {
    var FechaHoy = new Date();
    var DiaDeHoy = FechaHoy.getDay(); // Número de día del 0 al 6
    if (DiaDeHoy >= 3)
        backcolor = "Black";
  }
  ObtenerDia();
//-->
</script>
<body bgcolor="&{ backcolor };">
Este es el cuerpo del documento.<p>
</body>
</html>
```

que, en este caso, asigna un color de fondo a la página actual, con base en el día en curso. El día se determina con el método `getDay()` de JavaScript, así que si es miércoles *(wednesday)* o un día posterior a éste, el color del fondo será azul *(blue)*; de otra manera, será negro *(black)*. Observe cómo la evaluación en línea usa la variable `backcolor` para sustituir una cadena de verbo de color en el atributo `bgcolor` de las etiquetas `<body>`. Los usos de la evaluación en línea son ilimitados. Por ejemplo, al autor le gusta asignar fuentes distintas a los documentos con base en una expresión `<font face="&{ parent.globalFont }">`, donde `parent.globalFont` es una variable que contiene el nombre de una fuente, por ejemplo "Helvetica", que, en este caso, está definida dentro de un documento de marco padre.

No olvide que la evaluación de expresiones solamente puede realizarse cuando se asignan valores a atributos de HTML. Asimismo, observe que no se pueden colocar instrucciones de programa de JavaScript dentro de `&{}`, ya que esto no es "evaluación" como tal sino "ejecución".

P: ¿Se pueden crear guiones de programa y applets dinámicamente?

R: Sí. Simplemente coloque como salida un contenedor `<script>` o `<applet>` mediante el método `document.write()`. El navegador debe interpretarlos según corresponda, justo como si hubieran sido tecleados literalmente en un documento y después leídos en el navegador.

P: ¿Es posible anexar documentos, aun cuando ya han sido desplegados por completo?

R: No se recomienda emplear los métodos `document.write()` y `document.writeln()` para agregar texto a un documento que ya se desplegó por completo. Idealmente, todo el documento debe actualizarse o volverse a generar de principio a fin, para después desplegarse. Los métodos `document.open()` y `document.close()` pueden servir para escribir *flujos* de texto formateado con HTML hacia el navegador, en forma de un fragmento continuo. También puede anexar datos a un documento ocupando métodos `document.writeln()` sucesivos, siempre y cuando no se haya emitido `open()`, esto es, siempre y cuando el documento no esté a la espera de que llegue un "flujo" de datos.

Anclas e hiperligas

Esta sección de preguntas y respuestas estudia la habilidad de JavaScript para trabajar con anclas y ligas.

P: ¿Existe un equivalente para la etiqueta `<a href="#anchor">`?

R: Sí. Debe usar la propiedad `hash` del objeto `location`; por ejemplo, la instrucción de JavaScript:

```
location.hash = "seccion1";
```

colocaría el documento actual en la etiqueta `<a name="seccion1">` (suponiendo que existe). Esta técnica requiere que se vuelva a cargar el documento, por lo que el autor no la recomienda en documentos muy largos.

P: ¿Se pueden crear anclas y ligas dinámicamente?

R: Sí. Para este propósito se proporcionan los métodos `anchor()` y `link()`. Favor de consultar el capítulo 2 si desea más información y ejemplos.

Propiedades

Esta sección estudia las propiedades de objeto de tipo JavaScript.

P: ¿Cómo se pueden cambiar las propiedades basadas en documento dentro de JavaScript, en vez de usar HTML?

R: Algunas de las propiedades de *lectura-escritura* (*read-write*) de JavaScript permiten la modificación directa; por ejemplo, si colocara esta instrucción de JavaScript:

```
document.bgColor="Black";
```

en su aplicación, el color del fondo se establecería en negro. Esto evita tener que usar la etiqueta <body bgColor=...>, además de cargar un documento nuevo sólo para cambiar los colores. Las propiedades de *lectura-escritura* son propiedades a las que puede asignar valores. Sin embargo, no todas las propiedades de JavaScript tienen esta capacidad. El apéndice B le brinda una lista y descripción de cada propiedad de JavaScript.

Manipulación de ventanas

La manipulación de ventanas es el tema de esta sección.

P: ¿Cómo se puede abrir una ventana nueva?

R: Debe usar el método window.open(), como se describe en el capítulo 8.

P: ¿Cómo se logra acceder a las variables y funciones en la ventana "padre"?

R: Debe abrir una nueva ventana de navegador por medio del método window.open() de JavaScript. Sin embargo, en este caso, el concepto de ventana "padre" no es el mismo que cuando se trabaja con documentos con marcos creados con el contenedor <frameset>. Debe utilizar la propiedad opener a fin de hacer referencia a la ventana padre que *haya creado* a la ventana actual, es decir, a la ventana que realizó la llamada open(). Usar parent o top *no* funciona con ventanas autónomas. Si la ventana padre es un documento con marcos, es necesario verificar que se mencione el nombre de la variable o función dentro del marco que usted necesita. Por ejemplo, opener.frames[0].document.MiFuncion(), cuando se emplea *dentro* de una ventana creada con una llamada window.open(), hace referencia a la función MiFuncion() definida dentro del primer marco del documento con marcos padre. Si ha definido funciones y variables en otros marcos, use el ejemplo del capítulo 8, el cual *itera* por cada ventana para encontrar la función y/o variable que requiera. Es conveniente definir funciones y variables dentro de un solo marco, como un documento de marco padre, para después tener que hacer referencia sólo a este marco (usar varias funciones en marcos diferentes puede hacer que las aplicaciones de JavaScript se vuelvan muy complicadas).

P: ¿Cómo se puede cargar un URL en una ventana?

R: Transfiera el URL al primer argumento en `open()`. De modo alternativo, actualice dinámicamente el URL de la ventana asignando un valor a la propiedad `location` de la misma, por ejemplo:

```
v1 = open("", "MiVentana", "height=300,width=500"););
v1.location = "Archivo.htm";
```

que es lo mismo que:

```
v1 = open("Archivo.htm", "MiVentana","height=300,width=500");
```

En cualquier momento, puede usar la propiedad `location` de una ventana para leer un nuevo archivo (o URL) en esa ventana, quizá por medio de un elemento de forma, por ejemplo, una casilla que el usuario pueda seleccionar.

Acceso a archivos

En esta sección tratamos el tema del acceso a archivos.

P: ¿Cómo se puede acceder a archivos localmente desde JavaScript?

R: Por razones de seguridad en Navigator 2.0 y 3.0, JavaScript no cuenta con métodos estándar para permitir el acceso a un sistema de archivos local. Se han escrito programas de Java que permiten el acceso a archivo local, aunque no se recomiendan, ya que podrían ser disfuncionales en versiones futuras Navigator. El nuevo proyecto Galileo, de Netscape, que representa una moderna versión del cliente Navigator, tendrá un esquema de "applet de confianza" mediante el cual los applets de Java podrán transferir lo escrito a una máquina servidor o hacia un disco local. Para más información diríjase al URL:

```
http://home.netscape.com/comprod/at_work/white_paper/intranet/
vision.html
```

APÉNDICE B

Métodos y propiedades de JavaScript de la A a la Z

Puede usar este apéndice para hacer referencia a los métodos y propiedades que utilizamos en este libro.

♦ La **parte 1** de este apéndice es una guía de los métodos y propiedades estándares de objetos de JavaScript, de la A a la Z.

♦ La **parte 2** es una guía de cada una de las propiedades de objetos de JavaScript (los objetos se describen en los capítulos 4 y 6).

Parte 1: métodos de JavaScript de la A a la Z

Este apéndice detalla cada uno de los métodos de JavaScript, de la A a la Z. Cada entrada tiene una descripción de sintaxis, un valor de retorno (de ser el caso) y la familia de objeto a que pertenece el método.

abs()

Sintaxis:

```
Math.abs(val)
```

Devuelve: el valor absoluto del argumento numérico `val`.

Familia de objeto: `Math`.

El valor absoluto de un número es ese mismo número sin los signos que le precedan; por ejemplo, el valor `-36` tiene un valor absoluto de `36`, el cual puede verse empleando este sencillo guión:

```
<!--
  Programa B-1
-->
<html>
<script language="JavaScript">
<!--
var valor = -36;                    // Valor negativo
var NuevoValor = Math.abs(val);     // Valor positivo
//-->
</script>
</html>
```

acos()

Sintaxis:

```
Math.acos(val)
```

Devuelve: el valor del arco coseno del argumento `val`.

Familia de objeto: `Math`.

El método `acos()` devuelve el arco coseno (en radianes) del argumento numérico `val`.

`alert()`

Sintaxis:

```
alert (cadena | expresion);
```

Devuelve: nada.

Familia de objeto: `window`.

El método `alert()` le permite desplegar una cadena de texto dentro de un cuadro de diálogo en la ventana del navegador. El cuadro es autónomo de la ventana principal de Navigator, aunque cuando está activo usted no puede seleccionar nada en el navegador. Asimismo, aparece un icono con un signo de admiración a un costado del mensaje, además del botón ACEPTAR para cerrar el cuadro. Por lo tanto, el usuario debe reconocerlo. El texto formateado con HTML se muestra literalmente dentro de la `cadena` y no debe utilizarse. Como `window` es un objeto de jerarquía superior, no es necesario que usted anteceda el método `alert()` con "`window`". Para fragmentar las líneas en el cuadro de alerta, emplee el código `\n` *(nueva línea)*; por ejemplo:

```
alert("¡Bienvenido a mi dominio!\n\nEsta página necesita " +
      "Navigator 3.0.");
```

Navigator coloca el texto "`JavaScript Alert:`" en la parte superior del cuadro de diálogo para distinguir entre este mensaje y un cuadro de diálogo estándar de Windows 95 (este texto no puede quitarse y el navegador lo devuelve automáticamente). `alert()` es útil, principalmente, como mecanismo de advertencia; por ejemplo, al definir una función que valida un campo de una forma de entrada:

```
function ValidarCampo(nombre)
  if (nombre.longituf > 30) {
    alert("El nombre debe tener menos de 30 letras.")
 }
}
```

usted puede advertir al usuario que hay problemas con el nombre que tecleó:

```
<form>
<input type="text"
       name="nombreA"
       onBlur="ValidarCampo(this.form.nombreA)">
...
</form>
```

anchor()

Sintaxis:

```
String.anchor(NombreDeAncla)
```

Devuelve: nada.

Familia de objeto: String.

Las anclas son los destinos de las etiquetas de hiperliga
`<a href="#NombreDeAncla">..</a>`. Son puntos dentro de un documento
de hipertexto a los que puede moverse mediante una liga que lo dirija a esa ancla.
Son útiles para crear índices y dar al usuario una manera de desplazarse a partes
específicas de un documento. Las anclas pueden existir localmente, dentro del mismo
archivo, o externamente, dentro de otros archivos. El objetivo de un ancla también
puede ser un URL, por ejemplo, otro servidor del Web en Internet.

El método `anchor()` sirve para transformar un objeto de tipo cadena (`String`) en
un ancla con nombre, donde `NombreDeAncla` es el nombre del ancla. Observe el
siguiente ejemplo:

```
<!--
  Programa B-2
-->
<html>
<head>
<script>
<!--
anchorName = "Sección1";
anc        = NombreDeAncla.anchor(NombreDeAncla);
document.writeln("Haga clic <a href=#Sección1>aquí</a> " +
            "para ir a la sección 1.");
/*
** Más del documento actual aparece
** en esta parte...
*
// Sección 1:
document.writeln("<a name=" + NombreDeAncla + ">" +
            "<h1>Sección 1<hr></h1></a>");
document.writeln("Este es el texto de la sección 1.");
//-->
</script>
</head>
<body>
</body>
</html>
```

el cual instrumenta un ancla con nombre por medio del método `anchor()` a fin de crear el ancla "Sección1" (observe que no se permiten espacios en los nombres de ancla). La variable `NombreDeAncla` es un objeto de tipo cadena que contiene el nombre del ancla, y `anc` es un *objeto de tipo* ancla que crea al ancla. Al hacer clic en la liga con el nombre aquí, el usuario pasa al ancla denominada "Sección1", por lo que se desplaza efectivamente a esa parte del documento, justo como si hubiera navegado manualmente ahí utilizando las teclas de flechas, etcétera. Si debe especificar un ancla en otro archivo de HTML, use la sintaxis:

```
<a href="NombreDeArchivo.html#NombreDeAncla">Oprímeme</a>
```

También puede remplazar el código `<a href>` mediante un equivalente de JavaScript, a saber, el método `link()`, que sirve para crear una liga. Consulte la sección posterior acerca de `link()` para obtener más información.

asin()

Sintaxis:

```
asin(val)
```

Devuelve: el arco seno del argumento pasado como `val`.

Familia de objeto: `Math`.

A la función `asin()` se le pasa un valor numérico (especificado en radianes) y produce el arco seno de tal valor.

atan()

Sintaxis:

```
atan(val)
```

Devuelve: el arco tangente del argumento `val`.

Familia de objeto: `Math`.

back()

Sintaxis:

```
history.back()
```

Devuelve: nada.

Familia de objeto: `history`.

El método `history.back()` simula la opresión del botón *Volver a cargar* en Navigator, por lo que permite que se cargue el documento de hipertexto anterior. En el caso de un documento con marcos, el marco anterior será el que se cargue. Este método realiza la misma acción que el método `go(-1)`. Si usa el botón *Regresar* de Navigator con un documento que contenga una instrucción `back()`, el navegador procederá a cargar el URL anterior desde el búfer de historia; esto es, usted recuperará un documento único con cada acción de recargado. Usted puede instrumentar un sencillo botón Regresar y/o Avanzar de su propia invención en JavaScript, de la siguiente manera:

```
<!--
   Programa B-3
-->
<html>
<body>
<form>
<input type="button"
       value="Atrás"
       onClick="history.back()">
<input type="button"
       value="Avanzar"
       onClick="history.forward()">
</form>
</body>
</html>
```

donde el método `forward()` ejecuta la acción opuesta a `back()`. Emular los botones Regresar y Adelantar de Navigator puede servir para que el usuario cuente con controles básicos de navegación en la página, en caso de que desactive una barra de herramientas. Desactivar la barra de herramientas principal de Navigator permite utilizar un área mayor de desplegado, en especial si los botones de directorio de Navigator y el campo de dirección están deshabilitados. Las barras de herramientas de Navigator pueden desactivarse al abrir una nueva ventana, por medio de un método `open()` con el atributo `toolbar=no`. Consulte `open()` para ver más detalles.

big()

Sintaxis:

```
String.big()
```

Devuelve: nada.

Familia de objeto: `String`.

Use `big()` con una cadena para hacer que ésta aparezca en una fuente más grande. Esto hace uso de la etiqueta `<big>..</big>` de Netscape; por ejemplo:

```
document.writeln("Esto es " + "grande".big() + "en serio.");
```

coloca la palabra "`grande`" en un contenedor `<big>..</big>`, por lo que aparecerá en una fuente más grande que el resto de la oración. Observe cómo el *objeto de tipo* cadena "`grande`" se ha colocado literalmente en el texto; en caso de ser necesario, ciertamente lo podría remplazar por una variable de tipo cadena.

El tamaño real de la fuente generada por una etiqueta `<big>` depende de las especificaciones en la pantalla de configuración Opciones / Preferencias generales / Fuentes, de Navigator, y será proporcional a la fuente base establecida dentro de las preferencias del navegador.

`blink()`

Sintaxis:

```
String.blink()
```

Devuelve: nada.

Familia de objeto: `String`.

Use `blink()` con un *objeto de tipo* cadena para hacer que ésta parpadee. Esto hace uso del contenedor de HTML `<blink>..</blink>` de Netscape.

```
document.writeln("¡Este es un" + "parpadeo".blink() +
            "magnífico!");
```

`blur()`

Sintaxis:

```
NombreObj.blur()
```

Devuelve: nada.

Familia de objeto: `password, text, textArea`.

`blur()` retira el foco de atención de un objeto específico (`NombreObj`). *Foco* es el término aplicado al objeto que está seleccionado actualmente, por ejemplo, un campo de texto dentro de una forma de HTML. `NombreObj` puede ser un campo de contraseña, una casilla de verificación, un campo o un área de texto.

bold()

Sintaxis:

```
string.bold
```

Devuelve: nada.

Familia de objeto: `String`.

Este método hace que el objeto de tipo cadena especificado se ponga en **negritas** encapsulando la cadena en etiquetas de HTML `<b>..</b>` (negritas). Asegúrese de escribir la función exactamente con el mismo uso de mayúsculas/minúsculas, como se muestra aquí. Por ejemplo, podría tener el código siguiente:

```
MiVar= "negras";
document.writeln("Esto va en " + MiVar.bold() + "en serio");
```

el cual escribiría la cadena 'Esto va en **negras** en serio' dentro del navegador.

ceil()

Sintaxis:

```
Math.ceil(val)
```

Devuelve: el entero siguiente más grande (número entero) que sea mayor que `val`. Si `val` ya es un entero, devuelve el mismo valor.

Familia de objeto: `Math`. Por ejemplo:

```
alert(Math.ceil(45.67)); //Devuelve 46
alert(Math.ceil(45.0));  //Devuelve 45
```

charAt()

Sintaxis:

```
string.charAt(indice);
```

Devuelve: un carácter en el índice de la cadena indicado por el valor numérico de `indice`.

Familia de objeto: `string.charAt()` sirve para devolver el carácter en una posición dada dentro de una cadena; por ejemplo:

```
MiCadena ="Wombat";
m_En = MiCadena.charAt(2);
```

establecería la variable m_En en el valor "m".

NOTA: en JavaScript, las cadenas inicia en la posición 0.

clear()

Sintaxis:

```
document.clear()
```

Devuelve: nada.

Familia de objeto: `document`.

El método `clear()` limpia un documento que se haya cargado en un marco o ventana. Navigator puede mostrarse renuente a limpiar el documento en la mayoría de las plataformas, por lo que recomendamos emplear `document.open()` y `document.close()` sucesivamente, lo que tendrá el mismo efecto. `clear()` no funciona en Navigator 3.0.

clearTimeout()

Sintaxis:

```
ClearTimeout(ID_Expiracion)
```

Devuelve: nada.

Familia de objeto: `window`.

El método `clearTimeout()` limpia un evento de tiempo terminado creado con `setTimeout()`, donde `ID_Expiracion` es el valor devuelto desde una llamada anterior de `setTimeout()`. Por ejemplo:

```
var id = setTimeout("alert('¡Hola!')", 6000);
clearTimeout(id);
```

crearía el evento de tiempo terminado denominado `id` antes de que fuese llamado en un tiempo de 60 segundos (6000 milisegundos).

click()

Sintaxis:

```
ObjetoForma.click()
```

Devuelve: nada.

Familia de objeto: casilla de verificación, botón de radio, de envío y restablecimiento.

Los "clics" con el ratón en un objeto específico dentro de una forma de HTML pueden simularse con el método `click()`, a fin de permitir que los objetos sobre los que se pueda hacer clic se activen desde un programa de JavaScript. El efecto de una acción `click()` se modifica de acuerdo con el `ObjetoForma` (*objeto de tipo* forma) especificado. Entre los objetos actualmente soportados figuran los que se muestran en la descripción de familia de objeto anterior. En el caso de los botones de radio y casillas de verificación, los elementos se seleccionan/activan. Los botones incluyen objetos `submit` (botón de envío) y `reset` (botón de restablecimiento).

El método `click()` de Navigator no funcionaba al momento de escribir este libro (Navigator 3.0), lo cual se espera que sea resuelto en versiones posteriores. Usted puede seleccionar botones de radio y casillas de verificación asignando un valor `true` o `false` (verdadero o falso) a la propiedad `checked` del objeto. Bajo Navigator 3.0, puede usar el método `clear()` para iluminar un botón, pero con esto no se llamará al botón (puede considerarse lo anterior una medida de seguridad, de manera que los programas no puedan llamar ciertas acciones sin la participación del usuario).

close()

Sintaxis:

```
document.close()
window.close()
```

Devuelve: en caso de un objeto de tipo ventana, el valor de identificación de la ventana.

Familia de objeto: `window` y `document` (ventana y documento).

Cuando se usa con un objeto `window`, la ventana se cierra y el foco de atención pasa a la ventana padre. En los objetos de tipo documento, el método `document.close()` cierra un flujo de texto que se abre con el método `document.open()`. Si usa `close()` por sí solo, se da por hecho que se trata de `window.close()`. Por ejemplo:

```
var Ventana1 = window.open("", "Ventana1", "width=300,height=100")
Ventana1.document.open();
Ventana1.document.write("<form>" +
                "<input type='button' value='Cerrar' " +
                "onClick='self.close()'>" +
                "</form>";
Ventana1.document.close();
```

crea una ventana mediante `window.open()` y después escribe algo de HTML en ella para crear un botón de forma que permita cerrarla (mediante el sinónimo de objeto de tipo ventana `self`).

confirm()

Sintaxis:

```
confirm(cadena);
```

Devuelve: `true` (para el botón ACEPTAR) y `false` (para el botón CANCELAR).

Familia de objeto: `window`.

La función `confirm()` muestra un mensaje definido por el usuario dentro de una ventana y presenta botones ACEPTAR y CANCELAR en los cuales el usuario puede hacer clic. La función devuelve un valor booleano (lógico) dependiendo del botón que oprima el usuario, el cual puede usarse como condición de prueba para una tarea o acción. Por ejemplo, podría tener el siguiente código:

```
var resultado = confirm("¿Está seguro?");
if (resultado) {
    alert("Usted oprimió el botón aceptar");
}
else {
    alert("Usted oprimió el botón cancelar");
}
```

En este pequeño ejemplo de JavaScript, a la variable `resultado` se le asigna el valor proporcionado por la función `confirm()`. Al hacer clic en el botón adecuado, una instrucción `if` muestra un mensaje sencillo para indicar cuál botón se oprimió (aunque, claro, en estos bloques de código podría colocar cualquier instrucción válida de JavaScript). Debajo del ejemplo anterior se halla la ventana `confirm()`. Observe cómo el texto "JavaScript Confirm:" (Confirmación de JavaScript) aparece dentro de la ventana, para que usted sepa que este cuadro de diálogo se origina a partir del intérprete de JavaScript de Netscape.

Puede acortar un tanto su código cuando emplee las instrucciones `if` con la función `confirm()`. Analice el siguiente código, donde hemos integrado la función `confirm()` a una instrucción `if` en la misma línea:

```
var resultado;
if ((resultado=confirm("¿Está seguro?")) == true) {
    //El usuario hizo clic en el botón aceptar
    alert("Usted hizo clic en el botón aceptar");
}
```

Sin embargo, si deseara ser aún más conciso, podría omitir por completo el criterio de prueba de igualdad:

```
if (confirm("¿Está seguro?")) {
    //El usuario hizo clic en el botón aceptar
    alert("Usted hizo clic en el botón aceptar");
}
```

dado que `confirm()` es un método booleano y las variables específicas (booleanas) no necesitan configurarse para probar el valor que realmente devuelvan.

cos()

Sintaxis:

```
Math.cos(val)
```

Devuelve: el coseno del argumento `val`.

Familia de objeto: `Math`.

escape()

Sintaxis:

```
escape("Cadena")
```

Devuelve: el código ASCII para el argumento, que es de tipo `cadena`, de la forma "%nn".

Familia de objeto: internal (método interno).

El método `escape()` devuelve el código ASCII del carácter que se haya pasado como parámetro al método; por ejemplo

```
var CaracASCII = escape("%")
```

coloca el valor "%25" en la variable `CaracASCII`. Los caracteres alfanuméricos que se pasan a `escape()` se devuelven sin cambio.

eval()

Sintaxis:

```
eval(Cadena)
```

Devuelve: el valor de la expresión evaluada.

Familia de objeto: internal (método interno).

eval() evalúa las expresiones que puedan incluir variables y propiedades de objeto. No sirve para evaluar expresiones aritméticas, pues son manejadas por JavaScript automáticamente (esta característica ha cambiado desde Navigator 2.0). El método eval() es altamente útil en las aplicaciones de JavaScript que necesiten llamadas a función que se construyan dinámicamente; por ejemplo:

```
var val = "0-07-709292-9";
var LlamaAFunc = "BuscaISBN('" + val + "')";
eval (LlamaAFunc);
```

llamaría a la función BuscaISBN() con el argumento 'val'.

exp()

Sintaxis:

```
exp(val)
```

Devuelve: el exponente del argumento numérico val.

Familia de objeto: Math.

Este método matemático devuelve la constante de Euler (*e*) elevado a la potencia indicada por el argumento val.

```
e = exp(1);   //Devuelve 2.71828...
```

La propiedad Math.E también devuelve el mismo valor que exp(1).

fixed()

Sintaxis:

```
cadena.fixed()
```

Devuelve: nada.

Familia de objeto: String.

El método `fixed()` hace que una cadena de texto, `Cadena`, se despliegue en una fuente con un número fijo de caracteres por pulgada (monoespaciada), al encapsular el argumento en un contenedor `<tt>..<./tt>` (texto de teletipo monoespaciado). `<tt>`, a diferencia de `<pre>`, no emite un cambio de párrafo después de la etiqueta de cierre.

`floor()`

Sintaxis:

```
Math.floor(val)
```

Devuelve: el número entero más grande (entero) que sea menor que o igual a `val`.

Familia de objeto: `Math`. Por ejemplo:

```
alert(Math.floor(43.4));   //Despliega 43
```

`focus()`

Sintaxis:

```
objeto.focus
```

Devuelve: nada.

Familia de objeto: ventana, contraseña, texto, área de texto y verificación.

Este método mueve el foco de atención hacia el objeto `objeto`, lo que significa que `objeto` se convierte en el objeto seleccionado actual dentro del navegador. Por ejemplo, a un campo de área de texto creado y nombrado mediante la etiqueta de HTML `<textarea>..>/textarea>` se le podría pasar el foco, de tal manera que el cursor aparezca dentro de él, listo para que el usuario introduzca o cambie un valor. Ahora, a las ventanas se les puede dar el foco (se trata de una característica nueva en *Navigator* 3.0).

`fontcolor()`

Sintaxis:

```
cadena.fontcolor(ColorRGB | verbo_de_color)
```

Devuelve: nada.

Familia de objeto: String.

Este método establece el color de una cadena mediante el contenedor `<font color="#rrggbb">..</fontcolor>`. El argumento `ColorRGB` puede ser una tripleta rojo-verde-azul, especificada en notación hexadecimal, "`#FFFF00`" para el amarillo y "`#0000ff`" para el azul, por ejemplo, u opcionalmente puede ser el nombre de un color (en inglés), como "Yellow". Consulte el apéndice G si desea una lista de los códigos de color soportados por Navigator 3.0.

fontsize()

Sintaxis:

```
fontsize(tamanio)
```

Devuelve: nada.

Familia de objeto: String.

El método `fontsize()` le permite cambiar el tamaño de un texto. Esto se logra encapsulando una cadena en las etiquetas `<font size=size>..</font>` de Netscape; por ejemplo, para imprimir una cadena de texto con un tamaño de fuente de 14 puntos, podría usar la siguiente instrucción:

```
var MiCadena = "Ejemplo con texto";
document.writeln(MiCadena.fontsize(14));
```

También podría incrementar o disminuir el tamaño de la fuente empleando los valores +tamaño y -tamaño. Por ejemplo, +1 incrementa el tamaño de la fuente en un nivel. La etiqueta `<basefont size=n>` especifica un tamaño de fuente predefinido en HTML, al cual se proporcionan todas las otras especificaciones de +/-.

forward()

Sintaxis:

```
forward()
```

Devuelve: nada.

Familia de objeto: history.

Use el método `forward()` para simular la opresión del botón *Adelantar* de Navigator. Este botón de navegación está en la barra de herramientas del navegador de Netscape, y permite que el usuario se traslade entre los documentos cargados previamente. Este método equivale a emitir una instrucción `go(1)`. Consulte también el método `back()`.

getDate()

Sintaxis:

```
ObjetoFecha.getDate()
```

Devuelve: el día del mes (un número entre 1 y 31) para el objeto llamado `ObjetoFecha`.

Familia de objeto: `Date`.

Este método sirve usar para obtener el número del día en curso, del mes en curso. Asegúrese de aplicar la función a un objeto de tipo `Date`, como el que proporciona el método `Date()` de JavaScript; por ejemplo

```
ElDia = new Date("Agosto 8, 1997 08:08:08");
ElDia = ElDia.getDate();
```

almacenaría el valor 8 en la variable `ElDia`.

getDay()

Sintaxis:

```
ObjetoFecha.getDay()
```

Devuelve: el día de la semana para el objeto de tipo fecha nombrado como `ObjetoFecha`. Los siguientes valores de entero se devuelven desde `getDay()`: **0** para domingo, **1** para lunes, **2** para martes, **3** para miércoles, **4** para jueves, **5** para viernes y **6** para sábado.

Familia de objeto: `Date`. Por ejemplo:

```
ElDia = new Date("Diciembre 28, 1995 11:00:00");
NumDia = ElDia.getDay();
```

almacenaría el valor 4 en la variable `NumDia`, dado que el 28 de diciembre de 1995 fue jueves.

getMinutes()

Sintaxis:

```
ObjetoFecha.getMinutes()
```

Devuelve: los minutos en el objeto de tipo fecha nombrado como `ObjetoFecha`.

Familia de objeto: `Date`.

Por ejemplo, si tuviera:

```
ElDia = new Date("Diciembre 28, 1995 11:33:00");
Minutos = ElDia.getMinutes();
```

El valor 33 se almacenaría en la variable Minutos.

getMonth()

Sintaxis:

```
ObjetoFecha.getMonth()
```

Devuelve: el mes en el *objeto de tipo* fecha nombrado como ObjetoFecha. Los meses se representan mediante los números **0** a **11** (enero a diciembre, respectivamente).

Familia de objeto: Date.

getSeconds()

Sintaxis:

```
ObjetoFecha.getSeconds()
```

Devuelve: los segundos **(0-59)** en el *objeto de tipo* fecha nombrado como ObjetoFecha.

Familia de objeto: Date.

getTime()

Sintaxis:

```
ObjetoFecha.getTime()
```

Devuelve: el número de milisegundos desde *epoch date* (fecha de época) de JavaScript (1 de enero, 1970 00:00:00).

Familia de objeto: Date.

getTimezoneOffset()

Sintaxis:

```
ObjetoFecha.getTimezoneOffset()
```

Devuelve: la diferencia de hora por zona (en minutos), por ejemplo, la diferencia entre la hora local (en la máquina del cliente) y la hora del meridiano de Greenwich (GMT).

Familia de objeto: Date.

Por ejemplo, podría tener:

```
ElDia = Date();
HoraLocal = ElDia.getTimezoneOffset();
```

El valor devuelto por `getTimezoneOffset()` no puede ser constante debido al cambio del horario de verano en distintos países.

getYear()

Sintaxis:

```
ObjetoFecha.getYear()
```

Devuelve: el valor de año del objeto de tipo fecha `ObjetoFecha`.

Familia de objeto: `Date`.

go()

Sintaxis:

```
Objeto.go (valor | "Cadena")
```

Devuelve: Nada.

Familia de objeto: `history`.

`go()` es un método que pertenece al objeto `history` y que traslada al usuario hacia un documento de hipertexto diferente, basado en la historia de la sesión actual de Navigator. Al método `go()` le puede pasar uno de dos argumentos: 1) un valor de entero `val` que representa el número de entradas de historia a retroceder o avanzar (use enteros con signo negativo, por ejemplo, `-3`, para el movimiento hacia atrás); o 2) una `cadena` *(String)* que represente al URL hacia el que se transladaría, con base en la concordancia de esa cadena con una subcadena del argumento de `cadena`. Por ejemplo, puede encontrar un URL en la lista de historia mediante una búsqueda de subcadena, a partir de la cual Navigator cargará posteriormente el URL para esa entrada de historia específica (las cadenas no toman en cuenta el uso de letras mayúsculas/minúsculas). Por ejemplo:

```
history.go(-3)
```

retrocedería tres entradas de historia, de acuerdo con la historia de sesión actual de Navigator, mientras:

```
history.go("usuarios/de17");
```

buscaría la historia actual de Navigator para una cadena que contenga `"usuarios/de17"` y después cargaría ese URL, por ejemplo, `http://www.oro.net/usuarios/de17/indice.htm`. Si varios de ellos concuerdan, solamente se devuelve el primero.

Si usa un valor cero para el argumento `val`, por ejemplo, `history.go(0)`, el documento actual vuelve a cargarse, como si se hubiese oprimido el botón *Volver a cargar* de Navigator. Esto puede ser útil para actualizar un documento, por ejemplo, después de cambiar un tipo de fuente o su tamaño, etcétera.

indexOf()

Sintaxis:

```
Cadena.indexOf(caracter, [indice])
```

Devuelve: el índice (un entero) que representa la posición del primer carácter, comenzando opcionalmente desde la posición de `indice` (índice).

Familia de objeto: String.

`indexOf()` es un método para manipular cadenas que sirve para buscar apariciones de un carácter específico dentro de un objeto de tipo cadena; por ejemplo

```
UnaCadena = "wombat@marsupial.unanfitrion.au";
PosicionEn = UnaCadena.indexOf("@");
```

coloca el valor 6 en la variable nombrada `PosicionEn`, ya que el carácter @ está en la posición seis dentro de la cadena almacenada en la variable `UnaCadena`. No olvide que en JavaScript, las posiciones de índice comienzan en cero (0). Por ello, por ejemplo, podría extraer el nombre del servidor a partir de la cadena anterior con:

```
nombreAnfitrion = UnaCadena.substring(PosicionEn,UnaCadena.lenght);
```

que usa el método `substring()` de JavaScript para obtener la parte necesaria de la cadena. El argumento `indice` se emplea cuando se desea iniciar la búsqueda desde un carácter específico dentro de una cadena. Podría usar `indexOf()` para determinar este valor.

isNaN()

Sintaxis:

```
IsNaN(ValorAPrueba)
```

Devuelve: `true` o `false`.

Familia de objeto: Internal.

La función `isNaN()` es una función específica para una plataforma (Unix, al momento de escribir este libro) que sirve para determinar si un valor "no es numérico". Los métodos `parseInt()` y `parseFloat()` que se instrumentan en todas las otras plataformas, además de Windows 95, devuelven el valor "NaN" cuando encuentran un valor que no es numérico. Bajo la versión Unix de Navigator, `isNaN()` devuelve `true` si el resultado no es un número, y `false` en caso contrario.

isNan() puede ser útil en la validación de rutinas que deban probar resultados numéricos.

italics()

Sintaxis:

```
Cadena.italics()
```

Devuelve: nada.

Familia de objeto: String.

italics() cambia la apariencia del objeto de tipo cadena llamado Cadena para que se ponga en *cursivas*. El efecto se logra utilizando el contenedor de HTML `<i>..</i>` (cursivas) que encapsule al objeto Cadena. Por ejemplo, podría tener:

```
document.write("Este texto está en cursivas".italics());
```

que mostraría *"Este texto está en cursivas"* dentro del área de documento de Navigator.

lastIndexOf()

Sintaxis:

```
Cadena.lastindexOf(carac | [,indice]
```

Devuelve: el índice dentro de la cadena de la *última* aparición del carácter especificado, o -1 si el carácter no existe.

Familia de objeto: String.

La cadena llamada Cadena se busca a la inversa y opcionalmente inicia en la posición de indice (índice), que puede ir desde 0 hasta Cadena.length-1. Por ejemplo:

```
var MiURL="ftp://www.wombat.com/wombats/";
var UltimaPosDeCarac =MiURL.lastIndexOf("/");
```

almacenaría el valor 28 en la variable UltimaPosDeCarac, dado que ésta es la posición donde aparece la última diagonal (/).

link()

Sintaxis:

```
Cadena.link(CadenaURL)
```

Devuelve: nada.

Familia de objeto: String.

El método `link()` transforma el objeto de tipo `cadena` (*string*) en una liga de HTML encapsulando toda la cadena dentro de un contenedor `<a href>..` `</a>` de HTML. Este método sirve para crear ligas dinámicamente desde los programas de JavaScript, en vez de tener que usar HTML solo. Por lo tanto, el objeto `CadenaURL` debe ser un URL válido, y `Cadena` es el texto para la liga, el cual el usuario puede observar dentro de Navigator. Por ejemplo, podría usar el siguiente código para crear una liga hacia el URL `http://www.oro.net/usuarios/de17/indice.htm`.

```
<!--
  Programa B-4
-->
<html>
<head>
<script language="JavaScript">
<!--
  MiUrl = "http://www.gold.net/usuarios/de17/indice.htm";
  ref   = "Aquí";
  document.open();
  document.writeln("Clic " + ref.link(MiUrl) +
                    " para ir a mi dominio.");
  document.close();
//-->
</script>
</head>
<body><hr></body>
</html>
```

En este caso, la variable `ref` es un objeto de tipo cadena que contiene solamente la palabra `Aquí` y que representa el texto de la liga en la que el usuario hará clic. El URL actual se encuentra almacenado en el objeto de tipo cadena denominado `MiUrl`; por lo tanto, la expresión `ref.link(MiUrl)` crea la liga requerida. Para desplegarla dentro del documento de HTML actual, usamos el método `document.writeln()`.

Con el fin de proporcionar un ancla para una liga *local* (hacia otra parte del documento), por ejemplo, use un URL de la forma `NombreDeArchivo #NombreAncla` (o simplemente `#NombreAncla` para el documento actual) con el método `anchor()` de JavaScript.

log()

Sintaxis:

```
log(val)
```

Devuelve: el logaritmo natural (base *e*) del argumento numérico `val`.

Familia de objeto: `Math`.

max()

Sintaxis:

```
max(val1, val2)
```

Devuelve: el argumento numérico más grande, comparando `val1` o `val2`.

Familia de objeto: `Math`.

Debe usar el método `max()` para obtener el mayor de dos argumentos; por ejemplo

```
numero1 = 100;
numero2 = 101;
Mayor = max(numero1, numero2);
```

coloca el valor `101` en la variable numérica `Mayor`.

min()

Sintaxis:

```
min(val1, val2)
```

Devuelve: el argumento numérico más pequeño, comparando `val1` con `val2`.

Familia de objeto: `Math`. El método `min()` opera de la manera opuesta al método `max()` descrito con anterioridad.

open()

Sintaxis:

```
document.open.(DocumentoOURL);
window.open("URL", "NombreDeVentana",["CaracteristicasDeVentana,...]);
```

Devuelve: el identificador (ID) de la ventana.

Familia de objeto: `window` y `document`.

El método `open()` en JavaScript funciona de dos maneras: la primera es para objetos-documento y la segunda para objetos-ventana (URL´s que se carguen en una nueva ventana del navegador).

Objetos-ventana

En el caso de un *objeto-ventana*, `open()` abre una nueva ventana, como si se seleccionase la opción Archivo / Nuevo navegador del Web en Navigator.
El argumento "`URL`" es el URL que usted quiera cargar, algo así como la dirección de otro sitio del Web o servicio alternativo. Si la deja en blanco, `open()` abre una ventana en blanco sin un URL cargado inicialmente. El argumento "`NombreDeVentana`" nombra a la ventana nueva, aunque puede hacer referencia a ella asignando la llamada `window.open()` a una variable de JavaScript.

El argumento opcional `CaracteristicasDeVentana` es una lista separada mediante comas, que muestra los valores *opcionales* que controlan la apariencia de la nueva ventana y que están documentados por completo en el capítulo 8. Por ejemplo:

```
var Ventana1 = window.open("http://www.osborne.com",
                           "Ventana1",
                           "height=500,width=800,toolbar=no");
```

crea una ventana que mide 500 x 800 pixeles y deshabilita la barra de herramientas de Navigator. El URL "`http://www.osborne.com`" se carga en la ventana cuando ésta se abre.

El prefijo del objeto `window` es opcional, ya que siempre se piensa que se está haciendo referencia al objeto `window`, pues es el de nivel superior en JavaScript; observe que todas las llamadas a `open()` hacen referencia a `window.open()` por omisión, y *no* a `document.open()`.

Si necesita determinar el tamaño de la pantalla de los usuarios (en pixeles) con el fin de calcular el tamaño de las ventanas creadas recientemente, por favor consulte el capítulo 11 sobre LiveConnect, donde se proporciona un applet de Java para este propósito.

Objetos-documento

En un *objeto-documento*, el método `document.open()` sirve para abrir un flujo de texto. Asimismo, el método `document().close()` sirve para cerrar ese flujo. Los flujos se emplean principalmente para enviar texto formateado con HTML hacia el navegador en una parte grande, de manera que se actualice *todo* el documento en el proceso. Por ejemplo:

```
document.write("<hr><center>Este es texto de HTML" +
               "</center></hr>");
document.close();
```

refresca el documento actual con el texto de HTML encerrado en el método `write()` para que efectivamente se coloque en un documento nuevo.

Si usted necesita escribir texto en una ventana o marco específico, use el prefijo de objeto adecuado; por ejemplo:

```
ventana1.document.write("...");
```

escribiría algo de texto de HTML en otra ventana del navegador (consulte el capítulo 8), llamada `ventana1`, donde `ventana1` se asigna a una llamada a `window.open()`, mientras:

```
parent.frames[1].document.write("...");
```

escribiría texto en el segundo marco de un documento con marcos (véase el capítulo 9).

parse()

Sintaxis:

```
Date.parse(CadenaDeFecha)
```

Devuelve: el número de milisegundos en una cadena de tipo fecha, desde la fecha de época (enero 1o., 1970 00:00:00 de la hora local).

Familia de objeto: `Date`.

parseFloat()

Sintaxis:

```
parseFloat(Cadena)
```

Devuelve: un número de punto flotante.

Familia de objeto: Internal.

El método `parseFloat` analiza un argumento de cadena y proporciona un número de punto flotante con base en dicho valor de cadena. Por lo tanto, este método transforma un tipo de datos, una cadena, en un número. Por ejemplo:

```
var MiNum = "8.68";
car ValorNumerico = parseFloat(MiNum);
```

almacena el valor numérico `8.68` en la variable denominada `ValorNumerico`.

parseInt()

Sintaxis:

```
ParseInt(Cadena [,raiz])
```

Devuelve: un entero de la raíz especificada (o *base*).

Familia de objeto: Internal.

El método `parseInt()` analiza una cadena e intenta devolver un número completo (un entero) de la base especificada (`raiz`). Entre los ejemplos de bases se incluyen la base 10 para los decimales y la base 16 para los hexadecimales; esta última usa los números 0-9 y las letras A-F para representar un valor numérico, por ejemplo, `FF` (base 16, hexadecimal) es el valor 255 (base 10, decimal). Por ejemplo

```
ParseInt("A", 16)
```

devuelve 10, ya que `A` es el valor 10 en hexadecimal. El apéndice D contiene varios programas de conversión hexadecimal escritos en JavaScript.

pow(val1, val2)

Sintaxis:

```
pow(val1, val2)
```

Devuelve: `val1` a la potencia `val2`.

Familia de objeto: `Math`.

La función de potencia se representa en JavaScript mediante el método `pow()`. Por ejemplo:

```
DiezVecesDiez = pow(10, 10);   // Lo mismo que 10 * 10
```

prompt()

Sintaxis:

```
prompt("mensaje", ValorPorOmision)
```

Devuelve: una cadena introducida por el usuario.

Familia de objeto: `window`.

`prompt()` es el método principal de entrada de datos en JavaScript, y permite que la entrada del usuario, por medio del teclado, se almacene en una variable. El método `prompt()` proporciona automáticamente una ventana y un campo de entrada cuando se le llama. El argumento `"mensaje"` representa una cadena que debe desplegarse cuando se muestre el indicador de entrada inicial, y `"ValorPorOmision"` es un valor predeterminado que se coloca dentro del campo de entrada. Por ejemplo, podría definir y llamar una función sencilla de JavaScript de la siguiente manera:

```
function Vagabundea() {
   // Pide al usuario que teclee un URL y le sugiere uno:
   VeAqui = prompt("¿A dónde quieres ir?",
              "http://wombat.doc.ic.ac.uk"); // predefinida
```

```
// Carga el URL en una ventana nueva de Navigator:
   MiVentana = window.open(VeAqui, "", "width=600");
}
```

También podría hacer el código más compacto omitiendo completamente la asignación de una variable al método `prompt()`, por ejemplo, utilizando una instrucción de la forma:

```
window.open(prompt("¿A dónde quieres ir?",
                   "http://wombat.doc.ic.ac.uk"), "",
                   "width=600");
```

que integra el método `prompt()` directamente en la llamada de función `window.open()`. Las ventanas se describen con mayor detalle en el capítulo 8. Para más información sobre el método `open()`, consulte las páginas anteriores de este apéndice.

random()

Sintaxis:

```
Math.random();
```

Devuelve: un número seudoaleatorio entre cero y uno.

Familia de objeto: `Math`.

La función `random()` funciona en todas las plataformas de Navigator. Los números se extraen a partir de la hora actual. Por ejemplo, la instrucción:

```
var NumAleatorio = random()
```

podría devolver un valor entre 0 y 1, como `0.759796175311911153`.

round()

Sintaxis:

```
Math.round(val)
```

Devuelve: el argumento `val`, redondeado hasta el entero más cercano.

Familia de objeto: `Math`.

El método `round()` sirve para redondear un número al número entero más cercano. Las reglas para el redondeo son las siguientes: si el argumento `val` tiene una parte fraccionaria mayor que o igual a 0.5 el número se redondea a val+1, de otro modo, val pierde la parte fraccionaria, aunque también como un entero. Por ejemplo:

```
MiValor1 = 68.5;
MiValor2 = 68.3;
redondeado1 = Math.round(MiValor1);  // Resultado: 69
redondeado2 = Math.round(MiValor2);  // Resultado: 68
```

select()

Sintaxis:

```
object.select();
```

Devuelve: nada.

Familia de objeto: texto, área de texto, contraseña.

Ilumina el área de entrada de una forma de HTML (un campo de texto, campo de contraseña o área de texto).

CONSEJO: la selección y el foco de atención no son lo mismo en JavaScript. Use select() y focus() para seleccionar y después permita entrada del usuario dentro de un campo de forma. El método select() destaca el texto dentro de un campo.

setDate()

Sintaxis:

```
ObjetoFecha.setDate(dia)
```

Devuelve: nada.

Familia de objeto: Date.

El método setDate() sirve para poner el día del mes para el objeto de tipo fecha setDate(); por ejemplo:

```
MiFecha = new Date("7 de agosto, 1996 12:00:00");
MiFecha.setDate(8);
```

cambia el día, del 7 al 8 de agosto (actualiza la variable MiFecha en el proceso), donde dia es un valor que va de 1 a 31.

setHours()

Sintaxis:

```
ObjetoFecha.sethours(horas)
```

Devuelve: nada.

Familia de objeto: Date.

Establece las horas en el objeto de tipo fecha ObjetoFecha, muy a la manera del ejemplo anterior, en que se establece el número del día en un mes (horas=0-23).

setMinutes()

Sintaxis:

```
ObjetoFecha.setMinutes(minutos)
```

Devuelve: nada.

Familia de objeto: Date.

Establece los minutos en el objeto de tipo fecha ObjetoFecha (donde minutos es un valor que va de 0 a 59).

setMonth()

Sintaxis:

```
ObjetoFecha.setMonth(mes)
```

Devuelve: nada.

Familia de objeto: Date.

Establece los meses en el objeto de tipo fecha ObjetoFecha, donde mes es un valor que va de 1 a 12.

setSeconds()

Sintaxis:

```
ObjetoFecha.setSeconds(segundos)
```

Devuelve: nada.

Familia de objeto: Date.

Establece los segundos en el objeto de tipo fecha `ObjetoFecha`, donde `segundos` es un número que va de 0 a 59.

setTime()

Sintaxis:

```
ObjetoFecha.setTime(CadenaDeFecha)
```

Devuelve: nada.

Familia de objeto: `Date`.

Establece el valor de la hora dentro del objeto de tipo fecha denominado `ObjetoFecha`.

setTimeout()

Sintaxis:

```
SetTimeout(expresion, milisegundos)
```

Devuelve: un código identificador de tiempo terminado.

Familia de objeto: `window`.

El método `setTimeout()` establece un evento con base en el tiempo (`expresion`) que se accionará en un número dado de milisegundos, especificados como `milisegundos`. Puede usar el método `clearTimeout()` para cancelar un evento de tiempo terminado. Por ejemplo:

```
var t = setTimeout("alert('¡Hola, mundo!')", 30000)
```

despliega el texto "¡Hola, mundo!" en un tiempo de 30 segundos. El número de identificación interno de los eventos de tiempo terminado está almacenado en la variable 't', por lo que el evento puede limpiarse mediante `clearTimeout(t)`. Consulte el capítulo 10 si desea más información acerca de los eventos de tiempo terminado.

setYear()

Sintaxis:

```
ObjetoFecha.setYear(Anio)
```

Devuelve: nada.

Familia de objeto: `Date`.

Establece el valor de año en el objeto de tipo fecha `ObjetoFecha`. El valor `Anio` debe ser mayor que `1900`.

sin()

Sintaxis:

```
sin(val)
```

Devuelve: el seno del argumento `val`.

Familia de objeto: `Math`.

small()

Sintaxis:

```
Cadena.small()
```

Devuelve: nada.

Familia de objeto: String.

Establece la cadena identificada mediante `Cadena` en una fuente pequeña, por medio de un contenedor de HTML `<small>..</small>` para encapsular el objeto de tipo cadena. Cuando genere HTML dinámico, debe usar esto con un método como `document.write()`.

sqrt()

Sintaxis:

```
sqrt(val)
```

Devuelve: la raíz cuadrada del argumento `val`.

Familia de objeto: `Math`.

strike()

Sintaxis:

```
Cadena.strike()
```

Devuelve: nada.

Familia de objeto: String.

Hace que se despliegue en Navigator una cadena como si estuviera tachada.
El contenedor `<strike>` sirve para crear este efecto. Al generarse HTML dinámico,
úselo con un método como `document.write()`.

sub()

Sintaxis:

```
Cadena.sub()
```

Devuelve: nada.

Familia de objeto: String.

Hace que un objeto de tipo cadena, denominado `Cadena`, se establezca en una fuente
de subíndice por medio de un contenedor de HTML `<sub>..</sub>` de Netscape
encapsulando la cadena. Esto se emplea al generarse HTML dinámico con un método
como `document.write()`.

submit()

Sintaxis:

```
submit()
```

Devuelve: nada.

Familia de objeto: `form`.

Simula la opresión de un botón en un contenedor de HTML `<form>..</form>`.
La etiqueta de HTML `<input type="submit">` se proporciona
invariablemente de modo que envíe la entrada del usuario hacia un servidor
del Web para ser procesada. JavaScript puede simular la opresión de este botón
utilizando `submit()`.

substring()

Sintaxis:

```
Cadena.substring(inicio,longitud)
```

Devuelve: la subcadena del objeto de tipo cadena `Cadena`.

Familia de objeto: String.

El método `substring()` sirve para extraer subcadenas de un objeto de tipo
cadena. El argumento `inicio` especifica la posición de índice de la cadena (no olvide
que comienza en 0 para el principio de la cadena), mientras `longitud` especifica el

número de caracteres que van a extraerse después de la posición de `inicio`. Por ejemplo, si tuviera la instrucción:

```
UnaCadena = "http://www.oro.net/usuarios/de17/indice.htm"
```

la instrucción de JavaScript:

```
ElAnfitrion = UnaCadena.substring(7, UnaCadena.lenght);
```

devolvería los caracteres desde la séptima posición en adelante (la cadena de texto "`www.oro.net/usuarios/de17/indice.thm`"). Si el argumento `inicio` es mayor que el argumento `length`, JavaScript devuelve la misma subcadena; por ejemplo, las expresiones `UnaCadena.substring(0,4)` y `UnaCadena.substring(4,0)` devuelven la cadena "`http`".

sup()

Sintaxis:

```
Cadena.sup()
```

Devuelve: nada.

Familia de objeto: String.

Ocasiona que el objeto de tipo cadena llamado `Cadena` se establezca en una fuente de superíndice, por medio del contenedor de HTML `<sup>..</sup>` de Netscape, para encapsular la cadena. Cuando se genera HTML dinámico, úselo con un método como `document.write()`.

tan()

Sintaxis:

```
tan(val)
```

Devuelve: la tangente del argumento `val` (donde `val` se especifica en radianes).

Familia de objeto: `Math`.

toGMTstring()

Sintaxis:

```
ObjetoFecha.toGMTstring()
```

Devuelve: nada.

Familia de objeto: `Date`.

Convierte una fecha en una cadena por medio de las convenciones de formato de datos del GMT.

toLowerCase()

Sintaxis:

```
Cadena.toLowerCase()
```

Devuelve: nada.

Familia de objeto: String.

Convierte el objeto de tipo cadena denominado `Cadena` a letras minúsculas.

toLocaleString()

Sintaxis:

```
CadenaObjetoFecha.toLocaleString()
```

Devuelve: nada.

Familia de objeto: `Date`.

Convierte un objeto `Date` en una cadena por medio de convenciones de hora local.

toString()

Sintaxis:

```
ObjetoFecha.toString()
```

Devuelve: nada.

Familia de objeto: `Date`.

Convierte el objeto de tipo fecha `ObjetoFecha` en un objeto de tipo cadena.

toUpperCase()

Sintaxis:

```
Cadena.toUpperCase()
```

Devuelve: nada.

Familia de objeto: String.

Convierte el objeto de tipo cadena denominado `Cadena` a letras mayúsculas.

typeof()

Sintaxis:

```
typeof(val)
```

Devuelve: un objeto de tipo cadena que indica el tipo de objeto referenciado en el argumento `val`. El operando `val` no se evalúa, como en el método `eval()`.

Familia de objeto: Internal.

El operador `typeof()` es un elemento nuevo en Navigator 3.0 y permite que obtenga el "tipo" de un objeto. Los valores devueltos desde `typeof()` incluyen: `undefined` (el objeto no existe), `function` (el objeto es una función de JavaScript), `object` (el objeto es un objeto de JavaScript), `number` (el objeto es numérico), `booleano` (el objeto tiene un valor `true` o `false`) y `string` (el objeto es una cadena). En el capítulo 6 encuentra más información acerca del nuevo operador `typeof()`.

unescape()

Sintaxis:

```
unescape("Cadena")
```

Devuelve: la cadena ASCII del argumento que haya proporcionado.

Familia de objeto: Internal.

El método `unescape()` acepta una cadena de la forma "`%c`", donde `c` es un entero entre 0 y 255 (hexadecimal 0 - FF). Por ejemplo:

```
unescape("%25")
```

devuelve el valor "`%`". Los valores sin un `%` que les preceda se da por hecho que están en notación hexadecimal, `0x00` hasta `0xff` (decimales 0 - 255).

UTC()

Sintaxis:

```
Date.UTC(anio, mes, dia [, horas] [,minutos] [,segundos])
```

Devuelve: el número de milisegundos en un objeto de tipo fecha desde la fecha de época (enero 1o., 1970 00:00:00 GMT).

Familia de objeto: String.

write()

Sintaxis:

```
document.write(Cadena);
```

Devuelve: nada.

Familia de objeto: String.

La función `document.write()` escribe una `cadena` de texto en el navegador, sin enviar un código de alimentación de línea. Idealmente, la cadena de texto debe estar formateada con HTML y contener sus etiquetas correspondientes.

También puede enlazar las variables para formar una sola cadena, por ejemplo:

```
document.write("El código del producto " + NombreDeProducto +
                "es " + CodigoDeProducto);
```

Asimismo, los valores numéricos pueden concatenarse para ser tratados en principio como cadenas; no olvide que JavaScript puede hacer cálculos numéricos en las cadenas, así que realmente no se necesita un tipo de prueba de carácter específica (es decir, cambiar el tipo de datos de la variable). Si necesita unir una cadena y un valor numérico, puede cambiar los signos "+" por comas (,), como en el siguiente ejemplo:

```
var HorasAlAnio = 365 * 24;
    document.write("Horas al año= ", HorasAlAnio, ".");
```

 CONSEJO: puede acortar el código usando la instrucción `with`, de tal manera que pueda omitir el prefijo "`document.`", como en el ejemplo:

```
with (document) {
open();
writeln("Esto es un poco de <b>HTML</b>.");
writeln("Esta es otra oración.");
close();
}
```

writeln()

Sintaxis:

```
document.writeln(cadena);
```

Devuelve: nada.

Familia de objeto: String.

Opera de la misma forma que `document.write()`, excepto que automáticamente se genera un código de alimentación de línea después de la `Cadena`. Una vez más, el argumento cadena debe estar formateado con HTML.

CONSEJO: si necesita escribir texto en una ventana creada mediante el método `open()` de JavaScript, ponga el nombre de la ventana como prefijo de la función `document.write()`. Por ejemplo:

```
MiVentana.document.write("Texto-HTML...") ;
```

donde `MiVentana` es el nombre de su variable de ventana, asignada al método `open()`, como en `MiVentana = open(...)`.

Parte 2: propiedades de JavaScript de la A a la Z

JavaScript cuenta aproximadamente con 60 propiedades estándar (valores que pertenecen a objetos varios y que sirven para determinar su comportamiento). Todos los objetos tienen propiedades; en esta sección documentamos cada una de ellas y los objetos sobre los que tienen efecto. Vale la pena recordar que puede cambiar dinámicamente algunas de las propiedades estándar de Netscape con sólo asignar un nuevo valor a la propiedad. Por ejemplo:

```
document.bgColor="Blue";
```

cambiaría a azul el color del fondo del documento actual (véase la propiedad `bgColor` para más detalles al respecto). Esto le evita usar etiquetas de HTML específicas para lograr el mismo efecto. Busque las propiedades que puedan configurarse de esta manera (se les conoce como *propiedades de lectura-escritura*). Las propiedades de sólo lectura no se pueden modificar de esta manera. Los nombres de las propiedades no toman en cuenta el uso de letras mayúsculas/minúsculas, ya que son parte del HTML. Por ejemplo, `bgColor` es lo mismo que `bgcolor`; pero en este apéndice la primera se ha empleado por motivos de legibilidad y comprensión.

Propiedad Action

Descripción: reflejo del atributo `action` en un objeto `<form>`.

Aplica al o los objetos: `form` (forma).

Tipo: de sólo lectura.

Propiedad alinkColor

Descripción: color de liga activa.

Se aplica al o los objetos: `document`.

Tipo: lectura-escritura.

Esta propiedad representa el color de una liga activa dentro del documento de hipertexto actual, según se configure en la etiqueta `<body alink="#RRGGBB">..</body>`, donde "`#RRGGBB`" es una tripleta rojo-verde-azul con codificación hexadecimal, que representa la combinación de color de la liga activa. "`#0000BB`" (azul) es la opción predeterminada. Por ejemplo:

```
document.alinkcolor="#ff0000"; //Las ligas activas serán rojas
```

Propiedad arreglo Anchors

Descripción: arreglo de ligas que se encuentra dentro del documento de hipertexto actual.

Se aplica al o los objetos: `document`.

Tipo: de sólo lectura

Propiedad Applets

Descripción: referencia a un applet de Java, conforme sea definida con una etiqueta de contenedor `<applet>`.

Se aplica al o los objetos: `document`.

Tipo: sólo lectura.

Use el atributo `name` de la etiqueta `<applet>` para dar nombre a un applet, para después hacer referencia a él desde JavaScript como `document.applets.NombreDeApplet`, o incluso para correr un método público dentro del applet como:

```
document.applets.NombreDeApplet.NombreDeFuncion
```

Consulte el capítulo 11 para más información acerca de esta propiedad que debe usar en aplicaciones que requieran de interacción entre Java y JavaScript.

Propiedad appName

Descripción: nombre código del navegador actual.

Se aplica al o los objetos: `navigator`.

Tipo: sólo lectura.

Propiedad appVersion

Descripción: número de versión del navegador actual en el formato:

```
NumeroDeVersion (plataforma, pais)
```

Se aplica al o los objetos: `navigator`.

Tipo: sólo lectura.

Propiedad bgColor

Descripción: color del fondo del documento de hipertexto actual.

Se aplica al o los objetos: `document`.

Tipo: lectura-escritura.

Esta propiedad representa el color de fondo del documento de hipertexto actual según lo configure la etiqueta `<body bgcolor="#RRGGBB">..</body>`, donde "#RRGGBB" es una tripleta rojo-verde-azul codificada de manera hexadecimal que representa el color del plano principal, por ejemplo:

```
document.bgColor="#0000ff"; //Pone el fondo en azul
```

Usted puede desarrollar una serie de colores mediante un sencillo ciclo `for`, como en el ejemplo:

```
<!--
  Programa B-5
-->
<html>
<script language="Javascript">
<!--
var hex = new HacerArreglo(17);
for (var i = 0; i < 10; i++) {
    hex[i] = i;
    hex[10]="a"; hex[11]="b"; hex[12]="c";
    hex[13]="d"; hex[14]="e"; hex[15]="f";
}

function Hacerarreglo(n) {
  this.length = n;
  for (var i = 1; i <= n; i++)
```

```
            this[i] = 0;
        return(this);
}

    function AHex(i) {
      if (i < 0)
        return("00");
      else
      if (i > 255)
        return("ff");
      else
        return "" + hex[Math.floor(i / 16)] +
                    hex[i % 16];
    }

    function setbgColor(r, g, b) {
      var hr = AHex(r); var hg = AHex(g); var hb = AHex(b);
      document.bgColor = hr+hg+hb;
    }

    function fade(r1, g1, b1, r2, g2, b2, n) {
      for (var i = 0; i <= n; i++) {
        setbgColor(Math.floor(r1 * ((n-i)/n) + r2 * (i/n)),
                   Math.floor(g1 * ((n-i)/n) + g2 * (i/n)),
                   Math.floor(b1 * ((n-i)/n) + b2 * (i/n)));
      }
    }

    // Desvanece de negro a blanco (00,00,00 to FF,FF,FF);
    fade(0, 0, 0, 255, 255, 255, 50);
    //-->
</script>
<body>
Mire con atención...<p>
</body>
</html>
```

Propiedad checked

Descripción: valor booleano que indica si está activado un *objeto de tipo* casilla de verificación o de botón de radio.

Se aplica al o los objetos: casilla de verificación y botón de radio.

Tipo: lectura-escritura.

La propiedad checked proporciona un valor booleano que indica si el usuario ha seleccionado un *objeto de tipo* botón de radio o casilla de verificación.

Propiedad cookie

Descripción: una galleta es un pequeño elemento de información que puede almacenarse localmente en la computadora del usuario para ser referenciada posteriormente. El archivo `cookies.txt` almacena todas las galletas.

Se aplica al o los objetos: `document`.

Tipo: lectura-escritura.

Consulte el capítulo 13 para obtener más información acerca de las galletas en Navigator.

Propiedad defaultChecked

Descripción: valor booleano que indica si el *objeto de tipo* casilla de verificación/botón de radio está seleccionado de modo predefinido.

Se aplica al o los objetos: casilla de verificación y botón de radio.

Tipo: lectura-escritura.

La propiedad `defaultChecked` devuelve `true` si la casilla de verificación o el botón de radio que analice es el botón predefinido, según lo especifique el atributo `checked` (consulte la sintaxis `<input type="radio/checkbox">`).

Propiedad defaultSelected

Descripción: un valor booleano que indica si la opción predeterminada está seleccionada en una etiqueta `<select>`.

Se aplica al o los objetos: `select`.

Tipo: lectura-escritura.

`defaultSelected` es una propiedad booleana que devuelve verdadero (`true`) si el usuario actualmente ha seleccionado una etiqueta `<option selected>` dentro de un contenedor `<select>..</select>` de HTML, lo cual significa que la selección se ha realizado de modo predeterminado. Cuando asigna un valor a este atributo, el objeto seleccionado no se actualiza a sí mismo de forma visible.

Propiedad defaultStatus

Descripción: mensaje predefinido de la barra de estado.

Se aplica al o los objetos: `window`.

Tipo: lectura-escritura.

La propiedad `defaultStatus` contiene el mensaje predefinido de la barra de estado que aparece en Navigator (no confundir con la propiedad `status`; vea más adelante).

El valor `defaultStatus` aparece cuando no se despliegan otros mensajes en la barra de estado.

Propiedad defaultValue

Descripción: valor predeterminado del campo de texto.

Se aplica al o los objetos: texto, área de texto y cadena.

Tipo: lectura-escritura.

Aloja el contenido predefinido de un campo de texto, de acuerdo con el valor proporcionado por el atributo `value`. El contenido del campo no cambia sino hasta que usted asigna realmente una cadena al atributo `value`.

Propiedad encoding

Descripción: tipo de codificación de una forma (un reflejo del atributo `<form enctype>`).

Se aplica al o los objetos: `form`.

Tipo: lectura-escritura.

Propiedad E

Descripción: constante de Euler.

Se aplica al o los objetos: `Math`.

Contiene el valor de la constante matemática e de Euler, base del logaritmo natural (2.718...), por ejemplo:

```
exp = Math.E; //Almacena e en la variable exp
```

Propiedad arreglo elements

Descripción: arreglo de elementos de una forma.

Se aplica al o los objetos: `form`.

Tipo: sólo lectura.

La propiedad `elements` es un arreglo de objetos que contiene a cada elemento de una forma de HTML (en el orden en que sean definidos dentro del archivo de HTML), por ejemplo, los campos de texto y áreas de texto, botones de radio y/o casillas de verificación de que se componga la forma. Por ejemplo:

```
document.forms[0].elements[0]
```

hace referencia al primer elemento en la primera forma del documento actual.

Propiedad fgColor

Descripción: color de plano principal del documento de hipertexto cargado actualmente.

Se aplica al o los objetos: `document`.

Tipo: lectura-escritura.

Esta propiedad representa el color del plano principal del documento de hipertexto actual, según lo especifique la etiqueta `<body fgcolor="#RRGGBB">..`
`</body>`, donde `"#RRGGBB"` es una tripleta de rojo-verde-azul codificada de manera hexadecimal, que representa el color actual del plano principal. Por ejemplo:

```
document.fgColor="#FFFF00";
```

establece en amarillo el color de plano principal del documento actual.

Propiedad arreglo frames

Descripción: arreglo de marcos.

Se aplica al o los objetos: `window`.

Tipo: lectura-escritura.

La propiedad `frames` es un arreglo de cada marco en la ventana actual. Los marcos son regiones de una ventana que pueden contener documentos separados de HTML (y, por lo tanto, URLs separados). Para hacer referencia al primer marco de un documento con marcos puede emplear la expresión:

```
parent.frames[0]
```

El número de marcos en el documento de HTML actual puede ser proporcionado mediante la expresión `parent.frames.length`.

Consulte el capítulo 9 si desea más información acerca de los documentos con marcos y las técnicas para direccionamiento de marcos.

Propiedad hash

Descripción: nombre del ancla, seguido del signo `#`.

Se aplica al o los objetos: `location`.

Tipo: lectura-escritura.

La propiedad hash sirve para extraer una liga local de una etiqueta
`<a href>` de HTML.

Propiedad host

Descripción: nombre del servidor y el puerto.

Se aplica al o los objetos: `location`.

Tipo: lectura-escritura.

Contiene el nombre del servidor y el puerto del URL actual, en el formato
servidor:puerto (`host:port`).

Propiedad hostname

Descripción: nombre del servidor del URL.

Se aplica al o los objetos: `location`.

Tipo: lectura-escritura.

Contiene el nombre del anfitrión del URL cargado actualmente. Por ejemplo, si
`http://www.wombat.com` está cargado en Navigator, la instrucción de
JavaScript:

```
NombreServ = location.hostname;
```

almacena el valor de la cadena "`www.wombat.com`" en la variable
"`NombreServ`".

Propiedad href

Descripción: propiedad del URL actual.

Se aplica al o los objetos: `location`.

Tipo: lectura-escritura.

El valor de `location.href` contiene el URL actual, que está cargado en Navigator.

Arreglo images

Descripción: arreglo de las imágenes que se encuentran dentro del documento actual
(Navigator 3.0).

Se aplica al o los objetos: `document`.

Tipo: lectura-escritura.

Cada etiqueta `<img src>` dentro de un documento se refleja en el arreglo `images`. El número total de imágenes se refleja en `document.images.length`. Puede usar el atributo `src` de un objeto de tipo imagen para cargar una nueva imagen; por ejemplo:

```
document.images[0].src = "imagen.gif"
```

coloca una nueva imagen, `imagen.gif`, sobre la primera imagen en el documento actual.

Propiedad index

Descripción: valor que representa una posición en un objeto `<select>`, por ejemplo, una opción (`<option>`) que haya sido seleccionada por el usuario.

Se aplica al o los objetos: `select`.

Tipo: sólo lectura.

Propiedad lastModified

Descripción: fecha de modificación del documento.

Se aplica al o los objetos: `document`.

Tipo: sólo lectura.

Esta propiedad contiene la fecha en que se modificó por última vez el documento de hipertexto actual.

Propiedad length

Descripción: longitud de objeto.

Se aplica al o los objetos: `history`, `button`, `string`, `anchors`, `forms`, `frames`, `links` y `options`.

Tipo: sólo lectura.

En el caso de un objeto `history`, se devuelve la longitud de la lista de historia; si se trata de un objeto `string`, se devuelve la longitud de la cadena (en caracteres) (las cadenas `null`, nulas, devuelven una longitud de cero); si se trata de un objeto de tipo botón de radio, se devuelve el número de botones de radio. En el caso de los objetos `frames`, `forms`, `option` y `link` se devuelve el número de elementos en cada estructura.

Propiead linkColor

Descripción: color de la liga.

Se aplica al o los objetos: `document`.

Tipo: lectura-escritura.

La propiedad `linkColor` contiene el color de la liga del documento de hipertexto actual, expresado como una tripleta rojo-verde-azul con codificación hexadecimal de la forma "`#RRGGBB`", según lo establezca el contenedor `<body link="#RRGGBB">..</body>` de HTML. También puede asignarse directamente un valor a esta propiedad para cambiar su color. Y usar los nombres del color, por ejemplo, "`Yellow`" (amarillo) en vez de "`#ffff00`", etcétera.

Propiedad LN2

Descripción: valor del logaritmo natural.

Se aplica al o los objetos: `Math`.

Tipo: de sólo lectura.

Una constante matemática; en este caso, el logaritmo natural (~`0.693`).

Propiedad LN10

Descripción: logaritmo natural de 10.

Se aplica al o los objetos: `Math`.

Tipo: de sólo lectura.

Propiedad location

Descripción: el URL completo del documento actual.

Se aplica a los objetos: `document`.

Tipo: sólo lectura

La propiedad `document.location` contiene todo el URL del documento de hipertexto actual. No confundir con `window.location` (o `location` en sí), ni con `frames[n].location` (esta última *puede* tener variaciones en sus propiedades `location`, por lo que vuelve a cargar un nuevo documento).

Propiedad log2_E

Descripción: logaritmo en base 2 de *e*.

Se aplica al o los objetos: `Math`.

Tipo: sólo lectura.

Una constante matemática con el valor ~1.442.

Propiedad Log10_E

Descripción: logaritmo en base 10 de *e*.

Se aplica al o los objetos: Math.

Tipo: sólo lectura.

Una constante matemática con el valor ~0.434.

Propiedad method

Descripción: propiedad del método para información de forma.

Se aplica al o los objetos: form.

Tipo: lectura-escritura.

Contiene el método de transmisión (hacia el servidor) de una forma "post" o "get", según lo configure el atributo method de la etiqueta <form>.

Propiedad name

Descripción: propiedad de nombre de objeto.

Se aplica al o los objetos: para todos los objetos.

Tipo: de sólo lectura.

La propiedad name es un reflejo del atributo name de una etiqueta de HTML. Los objetos-ventana y marcos son tratados de manera ligeramente diferente. Un método open() al que se le asigna una variable toma su nombre de dicha variable, y esto se refleja en la propiedad name de la ventana. Un marco que es parte de un documento con marcos se denomina por medio del atributo name en la etiqueta <frame>; por ejemplo, parent.frames[0].name devuelve el nombre del primer marco.

Propiedad arreglo options

Descripción: lista de opciones en una etiqueta <select>.

Se aplica al o los objetos: select.

Tipo: de sólo lectura.

La propiedad options contiene detalles de los elementos dentro de una etiqueta <option>, de un contenedor de HTML <select>..</select>. Es un arreglo de tales objetos, por lo que para un objeto de tipo selección denominado `navegador`, por ejemplo, `<select name="navegador">`, la expresión:

```
navegador.options [0]
```

almacenaría el primer valor de selección de `<option>`. El número de objetos de selección puede devolverse utilizando la propiedad `length` (`navegador.options.length`). Para mayor información, véase también las propiedades `selected` y `text`.

Propiedad parent

Descripción: propiedad de ventana de marco padre.

Se aplica al o los objetos: `window`.

Tipo: sólo lectura.

En un documento con *marcos* (por ejemplo, que define una ventana con marcos mediante el contenedor `<frameset>..</frameset>`), la propiedad `parent` devuelve el nombre de la ventana padre. También puede usar la propiedad `top` (un sinónimo)

Propiedad pathname

Descripción: propiedad de información de nombre de trayectoria/URL.

Se aplica al o los objetos: `location`.

Tipo: lectura-escritura.

La propiedad pathname devuelve el archivo o trayectoria después de la tercera diagonal (`'/'` o `'\'`) en el URL actual; por ejemplo, si el URL actual fuera `http://www.oro.net/usuarios/de17/indice.htm`, la expresión:

```
location.pathname
```

devolvería "`usuarios/de17/indice.htm`".

Propiedad PI

Descripción: constante matemática *pi*.

Se aplica al o los objetos: `Math`.

Tipo: sólo lectura.

La constante matemática *pi* (3.1415).

Propiedad port

Descripción: número de puerto del URL actual.

Se aplica al o los objetos: `location`.

Tipo: lectura-escritura.

La propiedad `port` devuelve el número de puerto actual desde el URL (de estar especificado). Por ejemplo, si el URL actual fuese `http://www.unservidor.com:8080/indice.html`, entonces el valor de `location.port` sería `8080`.

Propiedad protocol

Descripción: especifica el protocolo de acceso.

Se aplica al o los objetos: `location`.

Tipo: lectura-escritura.

Devuelve el protocolo de acceso, con base en el URL actual (incluido el signo de dos puntos), como en `http:`, `gopher:`, `news:`, etcétera. El apéndice E contiene una lista de los tipos de servicio de protocolo que pueden utilizar con Navigator 3.0.

Propiedad referrer

Descripción: el URL de referencia.

Se aplica al o los objetos: `document`.

Tipo: sólo lectura.

La propiedad `referrer` contiene el URL del documento que realiza la llamada una vez que el usuario ha hecho clic sobre una liga, por ejemplo, el documento que contenía la liga y que hace referencia al nuevo documento mencionado ella.

Propiedad selected

Descripción: valor booleano de una opción dentro de un contenedor `<select>`.

Se aplica al o los objetos: `select`.

Tipo: sólo lectura.

La propiedad `selected` devuelve un valor `true` si la opción (`<option>`) actual dentro de un contenedor `<select>` ha sido seleccionada por el usuario, o `false` en caso contrario.

Propiedad selectedIndex

Descripción: valor de índice de la opción actual en un contenedor `<select>`.

Se aplica al o los objetos: `select`.

Tipo: lectura-escritura.

La propiedad `selectedIndex` devuelve un entero que representa la opción (`<option>`) actual que haya seleccionado el usuario en un contenedor `<select>`. Cuando se asigna un valor a esta propiedad, el *objeto de tipo* selección se actualiza de inmediato. Nota: los valores comienzan desde cero (0) y no desde 1. Consulte el capítulo 7 si desea más información acerca de las listas de selección.

Propiedad self

Descripción: propiedad de la ventana (o marco) actual.

Se aplica al o los objetos: `window`.

Tipo: sólo lectura.

La propiedad `self` es un sinónimo que hace referencia al objeto `window` o `frame` actual.

Propiedad status

Descripción: mensaje temporal de la barra de estado.

Se aplica al o los objetos: `window`.

Tipo: lectura-escritura.

La propiedad `status` representa un mensaje temporal en la barra de estado de Navigator, en la parte inferior de la ventana actual (no confundirla con la propiedad `defaultStatus`, que almacena el mensaje predefinido de la barra de estado).

Por ejemplo, podríamos tener el siguiente documento de JavaScript/HTML:

```
<!--
  Programa B-6
-->
<html>
<body>
<a href="http://www.gold.net/usuarios/de17/indice.htm"
   onMouseOver="self.status='¡Oprímeme!'; return true">
<img src="imagen1.gif" border=0>
</a>
</body>
</html>
```

El guión anterior define una imagen (`imagen1.gif`) como una liga y después lanza el URL especificado dentro de la etiqueta `<a href>` cuando el usuario hace clic en ella. Conforme el usuario se desplaza encima de la liga, se despliega el mensaje *"¡Oprímeme"* (este mensaje no desaparece de la barra de estado sino hasta que uno nuevo lo remplaza).

Propiedad target

Descripción: ventana objetivo de una respuesta de forma.

Se aplica al o los objetos: `form` y `link` (forma y liga).

Tipo: lectura-escritura.

La propiedad `target` devuelve el valor colocado en la palabra clave `target` de la etiqueta `<form>` de HTML. Esto especifica una ventana que habrá de usarse para cualquier retroalimentación después de que la forma se haya enviado al servidor, y funciona junto con una etiqueta `<frameset>`.

Propiedad text

Descripción: texto después de una etiqueta `<option>`.

Se aplica al o los objetos: `select`.

Tipo: lectura-escritura.

La propiedad `text` contiene el texto que se coloca después de una etiqueta `<option>` dentro de un contenedor `<select>..</select>`, y puede usarla para extraer la opción que el usuario haya seleccionado. Por ejemplo, puede tener:

```
<!--
    Programa B-7
-->
<html>
<script language="JavaScript">
<!--
function VerSelect(f) {
  alert("Usted seleccionó: " + f.text);
}
//-->
</script>
</head>
<body>
<form name="miForma" method="POST"
action="http://un.anfitrion.com/guiones/miguion.cgi"
onSubmit="CheckSelect(miForma.sel)">
¿Ha usada JavaScript antes?
```

```
<select name="sel">
<option>Sí
<option>No
</select>
<hr>
<input type="submit" value="Forma de envío">
</form>
</body>
</html>
```

que usa la propiedad `text` para determinar qué opción ha seleccionado el usuario; en este caso, el valor "sí" o "no". Esta forma cuenta con un botón `submit` y se enviará a un guión en el servidor para ser procesada posteriormente. Como la propiedad `text` es de lectura-escritura, puede sobrescribir una opción existente con una nueva descripción. Por ejemplo, en el caso anterior, la instrucción:

```
document.forms[0].sel[0].text = "Quizá"
```

cambiaría el texto de opción de los primeros elementos, de "No" a "Quizá".

Propiedad title

Descripción: título del documento.

Se aplica al o los objetos: `document`.

Tipo: sólo lectura.

La propiedad `title` contiene el título del documento, tal como lo especifique el contenedor `<title>..</title>` dentro del archivo de HTML actual que esté cargado en Navigator.

Propiedad top

Descripción: sinónimo que hace referencia a la ventana superior en Navigator.

Se aplica al o los objetos: `window`.

Tipo: sólo lectura.

La propiedad `top` a menudo se confunde con `parent.top`, pero se puede usar en vez de `parent`, ya que ambos sinónimos hacen referencia a la ventana de nivel superior. Las ventanas autónomas creadas mediante `window.open()` no pueden utilizar `top` para hacer referencia a la ventana padre. En tales casos, debe emplear la propiedad `opener`. La propiedad `top`, cuando se usa con una ventana autónoma, simplemente hace referencia a la ventana de más arriba dentro de la ventana *actual*. Los capítulos 8 y 9 tienen bastantes ventanas y marcos autónomos.

Propiedad type

Descripción: el tipo de un elemento de forma.

Se aplica al o los objetos: `form`.

Tipo: sólo lectura.

La propiedad `type` es nueva en Navigator 3.0 y es un reflejo del tipo de un elemento de forma específico. Cada elemento de forma tiene una propiedad `type` exclusiva. Por ejemplo, un contenedor `<select multiple>` tiene el tipo `'select multiple'`. En el capítulo 7 estudiamos la propiedad `type` más detalladamente.

Propiedad userAgent

Descripción: nombre del agente del usuario (navegador), como se envía en un encabezado de HTTP.

Se aplica al o los objetos: `browser`.

Tipo: sólo lectura.

Propiedad value

Descripción: valor de un campo de forma.

Se aplica al o los objetos: `button`, `checkbox`, `reset`, `submit`, `radio` button, `password`, `selection`, `text` y `textarea`.

Tipo: lectura-escritura.

La propiedad `value` devuelve un valor de cadena con base en el atributo `value`, cuando se usa con objetos `button`, `reset` y `submit`. En caso de una casilla de verificación se devuelve el valor de cadena "`on`" (activado) si un elemento está seleccionado, y "`off`" (desactivado) en caso contrario. Los botones de radio y las listas de selección devuelven el valor literal del atributo `value` con el que sean creadas; los objetos `text` y `textArea` generan una copia por escrito de la cadena (o cadenas) que se hayan introducido dentro de ellos.

Propiedad vlinkColor

Descripción: color de una liga "visitada".

Se aplica al o los objetos: `document`.

Tipo: lectura-escritura.

La propiedad `vlinkColor` devuelve una tripleta de rojo-verde-azul codificada en hexadecimal, la cual representa el color de todas las ligas visitadas. Una *liga visitada* es aquella sobre la cual se ha hecho clic en el pasado y está almacenada en el archivo de historia de URLs de Netscape, `netscape.hst`. Los colores de las ligas visitadas se establecen inicialmente por medio de la etiqueta `<body vlink="#RRGGB">` de HTML. En caso de no estar especificado aquí, lo están internamente en el menú Opciones / Preferencias de Navigator.

Propiedad window

Descripción: un sinónimo de la ventana (o marco) actual.

Se aplica al o los objetos: `window`.

Tipo: lectura-escritura.

Hace referencia a la ventana o marco actual dentro de un documento `<frameset>`.

language=

APÉNDICE C

Recursos de JavaScript

La **parte 1** de este apéndice contiene los detalles de los recursos de JavaScript localizados en Internet, el World Wide Web y USENET. Todas las entradas en este apéndice se califican en una escala de una a cinco estrellas (✰ = pobre, ✰✰✰✰✰ = excelente).

La **parte 2** documenta los diversos recursos que serán de utilidad para los lectores que deseen incluir distintos elementos en las aplicaciones de JavaScript, por ejemplo, gráficos y otros archivos.

Parte 1 - Recursos de JavaScript

Los recursos de esta sección se dividen en distintas categorías, a saber: sitios del Web, Grupos de USENET y listas de correo.

Sitios del Web

Los siguientes sitios se cuentan entre los mejores recursos para los desarrolladores de JavaScript. Día con día aparecen varios sitios nuevos, así que sea precavido y use un mecanismo de búsqueda para localizar los más recientes.

GameLan ☆☆☆☆☆

Ahora, GameLan cuenta con una sección de JavaScript, con acceso a muchos cientos de programas de este lenguaje y de Java.

♦ `http://gamelan.com`

JavaScript Debugger (Depurador de JavaScript) ☆☆☆

Sistema de depuración para los programas de JavaScript.

♦ `http://www.media.com/users/public/jsdb.html`

JavaScript Resources Page (Página de recursos de JavaScript) ☆☆☆☆

En opinión del autor, uno de los mejores recursos de JavaScript en el Web. Contiene cientos de ligas hacia nuevos guiones, libros, servicios y *chismes* ligeros con sabor a chocolate.

♦ `http://www.c2.org/~andreww/javascript`

Documentación de Java vía Windows ☆☆

Serie de archivos de ayuda basados en Windows, con documentación sobre JavaScript (hay disponibles archivos descargables).

`http://www.jchelp.com/javahelp/javahelp.htm`

Páginas de JavaScript en Netscape ☆☆☆☆

Estas páginas contienen toda la documentación de JavaScript, así como ejemplos de este lenguaje que se ejecutan bajo Navigator 3.0.

♦ http://home.netscape.com/comprod/products/navigator/
version_3.0/script/index.html

♦ http://home.netscape.com/comprod/products/navigator/
version_3.0/script/script_infor/index.html

Recursos misceláneos en el Web

Actualmente, un gran número de sitios contiene información relacionada con JavaScript, incluidos programas de muestra y documentación. Estos sitios pueden verse mejor empleando Navigator 3.0, ya que muchos emplean marcos y comandos insertados en JavaScript.

♦ http://flamenco.icl.dk:8000/~smj/java/index.en.html

♦ http://www.cs.rit.edu/~atk/JavaSript/
javascriptinfo.html

♦ http://portos.phoenixat.com/~warreng/WWWBoard
wwwboard.html

♦ http://rummelplatz.uni-mannheim.de/~skoch/js/script.htm

♦ http://websys.com/javascript/

♦ http://ws2.scripting.com/playingwithjavascript.html

♦ http://www.c2.org/~andreww/javascript/docs.html

♦ http://www.center.nitech.ac.jp/ml/java-house/hypermail/
0000

♦ http://www.cris.com/~raydaly/javatell.html

♦ http://www.dannyg.com/

♦ http://www.freqgrafx.com/411/

♦ http://www.gatech.edu/amnesty/writingtest.html

♦ http://www.hotwired.com/davenet/95/47/index3a.html

♦ http://www.metrowerks.com/products/announce/java.html

♦ http://www.webacademy.com/jscourse

♦ http://www.wineasy.se/robban/jsindex.htm

♦ http://www.winternet.com/~sjwalter/javascript/

♦ http://www.zdnet.com/~pcmag/dvorak/jd1211.htm

♦ http://www.zeta.org.au/~rodos/JavaScript.html

Listas de correo (LISTSERV)

Esta lista reúne los mensajes de USENET provenientes del grupo `comp.lang.javascript` (véase más abajo). Consiste, principalmente, en preguntas de desarrolladores, aunque también puede encontrar soluciones a muchos problemas acerca de JavaScript, por lo que quizá sea el mejor recurso basado en correo electrónico actualmente disponible para los usuarios de JavaScript.

◆ `http://www.obscure.org` ✪✪✪✪

Enviar correo a: `javascript-list@inquiry.com`

Cuerpo del mensaje: `subscribe javascript`

Grupos de USENET

Los principales grupos de USENET al momento de escribirse este libro son:

◆ `news://comp.lang.javascript` ✪✪✪✪✪

◆ `news://secnews.netscape.com/netscape.devs-javascript` ✪✪✪

◆ `news://news.livesoftware.com/livesoftware.javascript.examples` ✪✪✪

◆ `news://news.livesoftware.com/livesoftware.javascript.developer` ✪✪✪

Parte 2 - Recursos misceláneos de programas

Algunas de las aplicaciones de JavaScript en este libro necesitan herramientas y/o archivos externos para funcionar adecuadamente. En esta sección listamos tales recursos y explicamos cómo pueden ser de utilidad.

Dígitos para aplicaciones de JavaScript basadas en reloj

Algunas de las aplicaciones de JavaScript que aparecen en este libro emplean dígitos gráficos para mostrar la hora y la fecha. Los URL que aparecen a continuación contienen una selección de dígitos gráficos de dominio público (archivos GIF) que puede emplear en sus aplicaciones de JavaScript.

◆ `http://cervantes.learningco.com/kevin/digits`

◆ `http://www-hppool.cs.uni-magdeburg.de/HTMLDevelopment/Counter.html`

◆ `http://www.datasync.com/waidsoft/wsnumbers.html`

- `http://www.digits.com/charsets.html`

- `http://www.ganesa.com/Ganesa/Museum/index.html`

- `http://www.issi.com/people/russ`

- `http://www.ugrad.cs.ubc.ca/spider/q6e192/cgi/COUNTER.HTM`

El programa `mapedit`

El programa `mapedit`, de Thomas Boutell, permite crear coordenadas de mapa de imágenes, y resulta útil en el diseño de imágenes-mapa en el cliente que van a usarse dentro de aplicaciones de HTML/JavaScript. `mapedit` es un paquete de shareware (para Windows 3.*x* hasta el momento) y puede evaluarlo antes de adquirirlo. Vaya a:

- `http://boutell.com`

Opcionalmente, visite el documento de FAQ (Frequently Asked Questions - Preguntas frecuentes) en:

- `http://sunsite.unc.edu/boutell/faq/www_faq.html`

También puede encontrar `mapedit` mediante un servicio de búsqueda en el Web o por medio de un servidor Archie.

Imágenes GIF animadas

El estándar de imagen GIF89 a., desarrollado por CompuServe, le permite desplegar varias imágenes GIF en sucesión, por lo que es posible hacer una sencilla animación. La herramienta "GIF Convertor" (GIFCON - Convertidor de GIF) facilita la creación de tales imágenes y puede encontrarla en Internet, en una gran variedad de servidores de FTP anónimo. El sitio primario para este software es:

- `http://www.mindworkshop.com/alchemy/gifcon.html`

La búsqueda de "`GIFCON`" o de "animated GIF" (GIF animado) por medio de un servicio como Alta Vista da por resultado la localización de otros servidores que también tienen acceso al software GIFCON. GIFCON está disponible para Windows 95 (`GIFCON32`, una aplicación de 32 bits) y para Windows 3.*x* (una aplicación de 16 bits).

`<html>`

`script`

`language=`

APÉNDICE D

Programas de JavaScript listos para usarse

Este apéndice contiene una selección de programas de JavaScript que efectúan un número de rutinas generales útiles para el desarrollador.

Funciones listas para ejecutarse

Las entradas en este apéndice se han proporcionado principalmente como funciones de JavaScript, a fin de permitir su integración directa en una aplicación del mismo lenguaje, además de que se categorizan de acuerdo con la tarea que desempeñan.

Creación de arreglo

```
<!--
  Función D-1
-->
<script>
Funcion HacerArreglo(n) {
    this.length = n;
    for (var x=0; x <= n; x++) {
        this[x] = 0;
    }
    return(this);
}
</script>
```

La función `HacerArreglo()` crea una estructura de arreglo unidimensional del tamaño especificado como argumento n. Por ejemplo, podría crear un arreglo denominado `Marsupiales` con dos elementos, `Marsupiales[0]` y `Marsupiales[1]`, respectivamente, por medio de la instrucción de JavaScript:

```
Marsupiales = HacerArreglo(2);
```

y después poblar el arreglo mediante las instrucciones de asignación de la forma:

```
Marsupiales[0] = "Wombat";
Marsupiales[1] = "Canguro";
```

Entonces, acceder al arreglo se convierte en un asunto de especificación del índice; por ejemplo, `alert(Marsupiales[0])` desplegaría el valor "Wombat". También puede construir un arreglo mediante el método `Object()`, el cual sirve para crear un objeto *genérico*; por ejemplo:

```
var MiArreglo = new Object();
MiArreglo[0] = "Valor 1";
MiArreglo[1] = "Valor 2";
...
```

Ahora, Navigator 3.0 soporta características adicionales para la creación de arreglos, incluyendo los constructores `Array()` y `Object()`. Con ambos puede crear arreglos que usen código más compacto y veloz. Consulte el capítulo 6 si desea más información.

Conversión base decimal a hexadecimal

En esta sección, las funciones convierten los números decimales (base 10) en el rango de 0-255, al valor equivalente en hexadecimal (base 16); por ejemplo, 255 en decimal equivale a FF en hexadecimal. Las dos funciones DecAHex() que se presentan en esta sección son útiles en los programas de manipulacion de código de color que tengan argumentos RGB (rojo-verde-azul) decimales. Aunque la primera versión de la función es más larga, sirve para mostrar cómo JavaScript trabaja con los arreglos y cadenas. La segunda versión es de tamaño mucho menor y corre un poco más rápido.

Conversión basada en una tabla hexadecimal

Esta función requiere de la función HacerArreglo(), previamente detallada. El proceso de conversión se basa en una tabla de conversión hexadecimal, la cual se encuentra en Internet, en sitios del Web relacionados con matemáticas. El arreglo TablaHexa[] representa las columnas y filas de la tabla, que muestra valores decimales que van del 0 al 255. Al transferírsele un valor decimal, el programa localiza la ubicación en fila y columna del número dentro de la tabla (las filas de la tabla se componen de 16 valores decimales, 0-15, 16-31, 32, 48, . . . 240-255) y después se obtienen las cabezas de fila y columna. Estas cabezas contienen valores hexadecimales para las partes de orden bajo y alto de un número; por ejemplo, las filas van de 00, 01, 02 . . . 0F, mientras las columnas van de 00, 10, 20, . . . F0. El valor decimal de 100, por lo tanto, consiste en los valores 60 y 04 en la tabla, columna y fila, respectivamente. Al retirar los ceros superfluos, surge el número 64, que es el valor hexadecimal resultante y requerido.

```
<!--
    Función D-2
-->
Function DecAHex(ValorDecimal) {
    var r=0, v=0, a=0, inc=0, cnt=0, cnt2=0;
    var Parte1 = "",
        Parte2 = "";
    var TablaHexa = HacerArreglo(16);
    TablaHexa[1]  = "00:00";
    TablaHexa[2]  = "10:01";
    TablaHexa[3]  = "20:02";
    TablaHexa[4]  = "30:03";
    TablaHexa[5]  = "40:04";
    TablaHexa[6]  = "50:05";
    TablaHexa[7]  = "60:06";
    TablaHexa[8]  = "70:07";
    TablaHexa[9]  = "80:08";
    TablaHexa[10] = "90:09";
    TablaHexa[11] = "A0:0A";
```

```
TablaHexa[12]  =  "B0:0B";
TablaHexa[13]  =  "C0:0C";
TablaHexa[14]  =  "D0:0D";
TablaHexa[15]  =  "E0:0E";
TablaHexa[16]  =  "F0:0F";
inc = 0;
cnt = 1;
while ((inc += 16) <= ValorDecimal) {
    cnt ++;
}
inc   = inc - 16;
cnt2  = Math.abs(ValorDecimal - inc) + 1;
Parte1 = TablaHexa[cnt].substring(0,2);
Parte2 = TablaHexa[cnt2].substring(3,5);
// Recorta cualquier cola y cabeza de ceros
if (Parte1.substring(2,1) == "0") {
    Parte1 = Parte1.substring(0,1);
}
if (Parte2.substring(0,1) == "0") {
    Parte2 = Parte2.substring(2,1);
}
return(Parte1+Parte2);
}
```

Programa de conversión hexadecimal de Navigator 3.0

Esta versión de DecAHex() es más compacta y veloz, características necesarias en Navigator 3.0. El programa funciona almacenando los dígitos del sistema de numeración hexadecimal (0 ...9, A-F) en un arreglo creado por un constructor Array(). Y usa el método Math.floor() para encontrar el número mayor, menor o igual que el valor decimal que se haya tecleado, dividiéndolo entre 16 (el valor base del sistema de numeración hexadecimal). Al emplear el operador de módulo de JavaScript con el valor proporcionado, podrá encontrar los valores alto y bajo del número hexadecimal resultante. Éstos se emplean para asignar el índice al arreglo DigitosHexadecimales y presentar el valor convertido. Por ejemplo, el número decimal 38, dividido entre 16 es 2.375, el cual, cuando se pasa a floor(), devuelve 2. Posteriormente, este valor sirve para asignar el índice al arreglo DigitosHexadecimales, que también genera el valor 2. El valor del módulo 38, 16, es 6, que cuando se usa para asignar el índice al arreglo DigitosHexadecimales genera el valor 6, así que 38 (decimal) es 26 en hexadecimal.

```
<!--
  Función D-3
-->
Function DecAHex(ValorDecimal) {
```

```
    var DigitosHexadecimales = new Array("0","1","2","3","4",
                                         "5","6","7","8","9",
                                         "A","B","C","D","E","F");
    if (ValorDecimal >= 255) { return "FF"; }
    if (ValorDecimal <= 0)   { return "00"; }
    return("" + DigitosHexadecimales[Math.floor(ValorDecimal / 16)] +
              DigitosHexadecimales[ValorDecimal % 16]);
}
```

Funciones de galleta

Las funciones de esta sección ejecutan rutinas simples de manipulación de galletas *(cookies)*. Las galletas son fragmentos de información almacenada localmente en el disco, a las que se tiene acceso por medio de la propiedad `document.cookie` de JavaScript.

`LeerGalleta()` lee un nombre de la galleta con base en una galleta que se da por hecho existe en el archivo `cookies.txt`, el cual requiere de la función `ExtraeValorDeGalleta()`. La función `CrearGalleta`, como indica su nombre, crea una galleta *persistente* y le permite asignar una fecha de expiración con base en un número específico de días en el futuro, que usted proporciona. `CrearGalletaTemporal()` es similar, aunque omite el atributo `expires=`, por lo que crea una *galleta temporal*, que solamente existe durante la duración de la sesión actual con Navigator. El borrado de la galleta, efectuado mediante la rutina `BorrarGalleta()`, puede emplearse para hacer expirar una galleta. Si necesita manipular fechas, la función `RegresarExpiracion()` sirve para devolver una fecha de expiración para una galleta en el futuro, con base en un número de días especificado previamente.

```
<!--
   Función D-4
-->
function LeerGalleta(NombreDeGalleta) {
   var NumDeGalletas = document.cookie.length;
   var NombreParaGalleta = NombreDeGalleta + "=";
   var LongDeGalleta = NombreParaGalleta.length;
   var x = 0;
   while (x <= NumDeGalletas) {
        var y = (x + LongDeGalleta);
        if (document.cookie.substring(x, y) == NombreParaGalleta)
            return(ExtraeValorDeGalleta(y));
        x = document.cookie.indexOf(" ", x) + 1;
        if (x == 0)
            break;
   }
   return null;
```

```
    }

function ExtraeValorDeGalleta(val) {
    if ((FinalDeGalleta=document.cookie.indexOf(";",val))==-1)
        FinalDeGalleta = document.cookie.length;
        return unescape(document.cookie.substring(val,
                FinalDeGalleta));
    }

function CrearGalleta(Nombre, Valor, Expirar) {
    var DiaDeHoy = new Date();
    DiaDeHoy.setDate(DiaDeHoy.getDate() + Expirar);
    document.cookie=Nombre + "=" + Valor + "; expires=" +
                DiaDeHoy.toGMTString() + ";";
}

function CrearGalletaTemporal(Nombre, Valor) {
    var DiaDeHoy = new Date();
    DiaDeHoy.setDate(DiaDeHoy.getDate() + Expirar);
    document.cookie=Nombre + "=" + Valor + ";";
}

function RegresaExpiracion(Dias) {
    var DiaDeHoy = new Date();
    DiaDeHoy.setDate(DiaDeHoy.getDate() + Dias);
    return(DiaDeHoy.toGMTString());
}

function BorrarGalleta(Nombre, Valor) {
    var DiaDeHoy = new Date();
    DiaDeHoy.setDate(DiaDeHoy.getDate() - 1);
    document.cookie=Nombre + "=" + Valor + "; expires=" +
                DiaDeHoy.toGMTString() + ";"
}
```

Relojes

Esta sección incluye varias aplicaciones que manipulan objetos de fecha y valores de tiempo.

Aplicación de hora de cargado de documento —desplegado gráfico

Esta aplicación muestra la hora en que se cargó el documento actual. Se usan dígitos gráficos para desplegar todos los valores de hora y se da por hecho que residen en los archivos dg0.gif a dg9.gif. Entre las otras imágenes se incluyen dgc.gif (un gráfico de separador de dos puntos) y los indicadores de A.M/P.M., dgam.gif y dgpm.gif. Estas imágenes pueden hallarse en diversos sitios, como se documenta en el apéndice C.

```
<!--
Función D-5
-->
<html>
<head>
<script language="JavaScript">
<!--
    var ImgInicio    = "<img height=20 width=15 src=dg";
    var punto        = "<img height=20 width=15 src=dgc.gif>";
    var amind        = "<img height=20 width=15 src=dgam.gif>";
    var pmind        = "<img height=20 width=15 src=dgpm.gif>";
    var ImgFinal     = ".gif>";
    var CadenaHora   = "";
    function MostrarHora() {
        document.bgColor = "Black";
        document.fgColor = "White";
        var Hoy          = new Date();
        var horas        = Hoy.getHours();
        var minutos      = Hoy.getMinutes();
        var Indicador    = parent.amind;
        if (horas >= 12) {
            horas = "" + (horas-12);
            Indicador = parent.pmind;
        }
        else
            horas == (""+horas);
        if (horas == 0)
            horas = "12";
        if (minutos < 10)
            minutos = ("0"+minutos);
        else
            minutos = (""+minutos);
        // Horas:
        for (var n=0; n < horas.length; n++) {
            CadenaHora += parent.ImgInicio +
                          horas.substring(n, n+1) +
                          parent.ImgFinal;
        }
        CadenaHora += parent.punto;
        // Minutos:
        for (var n=0; n < minutos.length; n++) {
            CadenaHora += parent.ImgInicio +
                          minutos.substring(n, n+1) +
                          parent.ImgFinal;
        }
        CadenaHora += (Indicador + "<p>");
        document.write("<body bgcolor=Black>" +
                       "<basefont size=4>" +
```

```
                              "Usted cargó este documento a las" +
                              CadenaHora +
                              "<hr></body>");
        }
      MostrarHora();
//-->
</script>
</head>
<body>
<basefont size=4>
Este es el cuerpo principal del documento.<p>
</body>
</html>
```

Reloj digital de tiempo real (basado en marcos)

El siguiente guión instrumenta un reloj digital de tiempo real que se actualiza cada minuto. Para usar esta función, incorpore el código en el marco superior del documento, esto es, el documento con el primer contenedor `<frameset>`. Posteriormente, coloque una llamada a la función `AjustaTiempo()` desde *dentro* del marco donde quiere que aparezca el reloj por medio de una etiqueta `<body onLoad="SuperiorMostrarTiempo()">`. En este ejemplo, se da por hecho que los dígitos para la imagen se encuentran en el directorio `c:\reloj`. Cambie la variable `PrefijoURL` por un URL que contenga las imágenes de dígitos; no olvide incluir el directorio y el carácter "/" final. Por ejemplo, si cargara las imágenes de dígito en el anfitrión www.unservidor.com/reloj, cambie la variable `PrefijoURL` por "http://www.unservidor.com/reloj/", según corresponda. Si las imágenes simplemente aparecen en el mismo directorio del guión, puede omitir por completo `PrefijoURL`. Es necesario colocar una etiqueta `<base href=URL>` en su archivo de HTML (en el encabezado) para que apunte al URL que contenga las imágenes, incluido el directorio, etcétera. Este programa también debe saber dentro de qué marco debe desplegarse el reloj. Puede modificar el valor del arreglo `frames[]` para cambiar esto (un comentario marca el nombre de marco que deberá modificar).

```
<!--
  Función D-6
-->
<html>
<head>
<script language="JavaScript">
<!--
  var Tiempo, CadenaCuerpo, CadenaHora, Resultado;
  var PrefijoURL = "file:///c%7c/reloj/";
  var ImgInicio = "<img height=20 width=15 src=" +
                  PrefijoURL +
                  "dg";
```

```javascript
var punto = "<img height=20 width=15 src=" +
                PrefijoURL + "dgc.gif>";
var amind = "<img height=20 width=15 src=" +
                PrefijoURL + "dgam.gif>";
var pmind = "<img height=20 width=15 src=" +
                PrefijoURL + "dgpm.gif>";
var ImgFinal = ".gif>";

function MostrarHora() {
  var Hoy              = new Date();
  var horas            = Hoy.getHours();
  var minutos          = Hoy.getMinutes();
  var Indicador        = amind;
  if (horas >= 12) {
     horas = (horas-12);
     Indicador = pmind;
  }
  if (horas == 0)
     horas = 12;
  horas = "" + horas;
  if (minutos < 10)
     minutos = ("0"+minutos);
  else
     minutos = (""+minutos);
  minutos = "" + minutos;
  var HorasLongitud = horas.length;
  var MinLongitud   = minutos.length;
  CadenaCuerpo      = "";
  CadenaHora        = "";
  // Horas:
  for (var n=0; n < HorasLongitud; n++) {
      CadenaHora += ImgInicio +
                    horas.substring(n, n+1) +
                    ImgFinal;
  }
  CadenaHora += punto;
  // Minutos:
  for (var n=0; n < MinLongitud; n++) {
      CadenaHora += ImgInicio +
                    minutos.substring(n, n+1) +
                    ImgFinal;
  }
  CadenaHora += Indicador;
  CadenaCuerpo = "<html><body bgcolor=Black><center>" +
                 CadenaHora +
```

```
                    "</center></body></html>";
      return(CadenaCuerpo);
   }

   function AjustaTiempo() {
      Resultado = MostrarHora();
      // Nota:
      // Supongo que frames[0]es el lugar donde los dígitos
      // serán desplegados. Por favor, cámbielo si es necesario:
      parent.frames[0].document.open();
      parent.frames[0].document.write(Resultado);
      parent.frames[0].document.close();
      // Actualiza el reloj cada minuto:
      Tiempo = setTimeout("AjustaTiempo()", 60000);
   }
   function RemoverTiempo() {
      clearTimeout(Tiempo);
   }
//-->
</script>
</head>
</html>
```

Juegos y pasatiempos

Como JavaScript es un lenguaje de guiones de propósito general, puede escribir casi cualquier cosa con él, incluyendo juegos; por ejemplo, el juego del Tic-Tac-Toe, que veremos abajo.

Tic-Tac-Toe ("gato")

El siguiente programa instrumenta el juego conocido como "gato". La mayor parte del trabajo se realiza al actualizar y modificar la cuadrícula, así como al detectar qué movimientos hace el jugador. Asegúrese de que la variable URLdeImagen apunte hacia un directorio donde se puedan localizar las imágenes equis.gif y paloma.gif. En este caso, las imágenes se cargan desde el disco, aunque pudieran arribar desde la red, por medio de un URL con el prefijo http://. El jugador 1 usa una marca de palomita; el 2 usa una cruz. Puede cambiar las imágenes según lo requiera, o usar incluso imágenes GIF internas (consulte en el apéndice H cómo dar mayor velocidad al proceso). También podría usar el método random() para agregar aleatoriedad al programa, quizá con el fin de permitir que el jugador tenga a Navigator como contrincante.

```
<!--
  Función D-7
-->
<html>
<script language="JavaScript">
```

```
<!--
// Nota:
// Imágenes GIF para ambos jugadores. Puede cambiarlas por
// imágenes internas para acelerar las cosas. Supongo que
// las imágenes están en C:\TTT\, así que por favor
// cámbielo si es necesario:
var URLdeImagen     = "file:///c%7c/jscript/disco/"; // URL de imágenes
var GIFdelJugador1 = "<img border=0 src='" +
                    URLdeImagen +
                    "paloma.gif'>";
var GIFdelJugador2 = "<img border=0 src='" +
                    URLdeImagen +
                    "equis.gif'>";
// Variables de estado del juego:
var FinDelJuego = false;
var NoMovimientos = 0;
// Elegir jugador (0 = Jugador1):
var EsteJuego = 0;
// Llenar los recuadros al momento de carga:
var Sup = "<body><basefont size=4>" +
         "<font size=+1>P</font>ALOMITAS & " +
         "<font size=+1>C</font>RUCES<p>" +
         "</body>";
// Asignar imágenes en blanco al tablero inicial:
var a1_val = a2_val = a3_val = b1_val = b2_val = b3_val =
    c1_val = c2_val = c3_val = ("<img border=0 src='" +
                    URLdeImagen + "blanco.gif'>");
// Marco inferior:
var Inferior = parent.Tablero(a1_val, a2_val, a3_val,
                    b1_val, b2_val, b3_val,
                    c1_val, c2_val, c3_val,
                    "<b>Jugador 1</b>: Por favor seleccione un " +
                    "Cuadro");
// Coordenadas:
var _a1, _a2, _a3, _b1, _b2, _b3, _c1, _c2, _c3;
var _a12, _a22, _a32, _b12, _b22, _b32, _c12, _c22, _c32;
function ActualizaTablero() {
  var Ventana1 = false;
  var Ventana2 = false;
  var _a1  = false;
  var _a2  = false;
  var _a3  = false;
  var _b1  = false;
  var _b2  = false;
  var _b3  = false;
  var _c1  = false;
  var _c2  = false;
  var _c3  = false;
  var _a12 = false;
```

```
        var _a22 = false;
        var _a32 = false;
        var _b12 = false;
        var _b22 = false;
        var _b32 = false;
        var _c12 = false;
        var _c22 = false;
        var _c32 = false;
    }
// Botón para reiniciar el juego (Cargar archivo nuevamente):
function BotonDeRecarga() {
    parent.frames[1].document.write("<center><form>" +
        "<input type='button' value='Juego nuevo' " +
        "onClick='parent.frames[1].location" +
        "=document.location;" +
        "parent.ActualizaTablero()'>" +
        "</form></center>");
}
function a1() {
    if (FinDelJuego) {
        alert("Este juego ha terminado " +
              "por favor, oprima el botón \n" +
              "'Juego nuevo'");
        return;
    }
    if ((!_a1) && (!_a12)) {
        // Este espacio no está ocupado...
        if (EsteJuego == 0) {
            a1_val = parent.GIFdelJugador1;
            _a1 = true;
        }
        else {
            a1_val = parent.GIFdelJugador2;
            _a12 = true;
        }
        NoMovimientos ++;
        parent.VerificaGanador();
    }
    else
        alert("¡Lo siento, este espacio está ocupado!");
}
function a2() {
    if (FinDelJuego) {
        alert("Este juego ha terminado, por favor  " +
              "oprima el botón \n 'Juego nuevo' ");
        return;
    }
    if ((!_a2) && (!_a22)) {
        // Este espacio no está ocupado...
```

```
        if (EsteJuego == 0) {
          a2_val = parent.GIFdelJugador1;
          _a2 = true;
        }
        else {
          a2_val = parent.GIFdelJugador2;
          _a22 = true;
        }
        NoMovimientos ++;
        parent.VerificaGanador();
      }
      else
        alert("¡Lo siento, este espacio está ocupado!");
    }
    function a3() {
      if (FinDelJuego) {
        alert("Este juego ha terminado, por favor " +
              "oprima el botón de 'Juego nuevo'..");
        return;
      }
      if ((!_a3) && (!_a32)) {
        // Este espacio no está ocupado...
        if (EsteJuego == 0) {
          a3_val = parent.GIFdelJugador1;
          _a3 = true;
        }
        else {
          a3_val = parent.GIFdelJugador2;
          _a32 = true;
        }
        NoMovimientos ++;
        parent.VerificaGanador();
      }
      else
        alert("¡Lo siento, este espacio está ocupado!");
    }
    function b1() {
      if (FinDelJuego) {
        alert("Este juego ha terminado, por favor " +
              "oprima el botón de 'Juego nuevo'.");
        return;
      }
      if ((!_b1) && (!_b12)) {
        // Este espacio no está ocupado...
        if (EsteJuego == 0) {
          b1_val = parent.GIFdelJugador1;
          _b1 = true;
        }
        else {
```

```
            b1_val = parent.GIFdelJugador2;
            _b12 = true;
         }
      NoMovimientos ++;
      parent.VerificaGanador();
   }
   else
      alert("¡Lo siento, este espacio está ocupado!");
}

function b2() {
   if (FinDelJuego) {
      alert("Este juego ha terminado, por favor " +
            "oprima el botón de 'Juego nuevo'.");
      return;
   }
   if ((!_b2) && (!_b22)) {
      // Este espacio no está ocupado...
      if (EsteJuego == 0) {
         b2_val = parent.GIFdelJugador1;
         _b2 = true;
      }
      else {
         b2_val = parent.GIFdelJugador2;
         _b22 = true;
      }
      NoMovimientos ++;
      parent.VerificaGanador();
   }
   else
      alert("¡Lo siento, este espacio está ocupado!");
}

function b3() {
   if (FinDelJuego) {
      alert("Este juego ha terminado, por favor " +
            "oprima el botón de 'Juego nuevo'.");
      return;
   }
   if ((!_b3) && (!_b32)) {
      // Este espacio no está ocupado...
      if (EsteJuego == 0) {
         b3_val = parent.GIFdelJugador1;
         _b3 = true;
      }
      else {
         b3_val = parent.GIFdelJugador2;
         _b32 = true;
      }
```

```
             NoMovimientos ++;
             parent.VerificaGanador();
        }
        else
           alert("¡Lo siento, este espacio está ocupado!");
   }

   function c1() {
      if (FinDelJuego) {
         alert("Este juego ha terminado, por favor " +
               "oprima el botón de 'Juego nuevo'.");
         return;
      }
      if ((!_c1) && (!_c12)) {
         // Este espacio no está ocupado...
         if (EsteJuego == 0) {
            c1_val = parent.GIFdelJugador1;
            _c1 = true;
         }
         else {
            c1_val = parent.GIFdelJugador2;
            _c12 = true;
         }
         NoMovimientos ++;
         parent.VerificaGanador();
      }
      else
         alert("¡Lo siento, este espacio está ocupado!");
   }

   function c2() {
      if (FinDelJuego) {
         alert("Este juego ha terminado, por favor " +
               "oprima el botón de 'Juego nuevo'.");
         return;
      }
      if ((!_c2) && (!_c2)) {
         // Este espacio no está ocupado...
         if (EsteJuego == 0) {
            c2_val = parent.GIFdelJugador1;
            _c2 = true;
         }
         else {
            c2_val = parent.GIFdelJugador2;
            _c22 = true;
         }
         NoMovimientos ++;
         parent.VerificaGanador();
      }
```

```
    else
        alert("¡Lo siento, este espacio está ocupado!");
}

function c3() {
    if (FinDelJuego) {
        alert("Este juego ha terminado, por favor " +
            "oprima el botón de 'Juego nuevo'.");
        return;
    }
    if ((!_c3) && (!_c32)) {
        // Este espacio no está ocupado...
        if (EsteJuego == 0) {
            c3_val = parent.GIFdelJugador1;
            _c3 = true;
        }
        else {
            c3_val = parent.GIFdelJugador2;
            _c32 = true;
        }
        NoMovimientos ++;
        parent.VerificaGanador();
    }
    else
        alert("¡Lo siento, este espacio está ocupado!");
}

function Tablero(arg1,arg2,arg3,arg4,arg5,arg6,arg7,
    arg8, arg9, Mensaje) {
    return("<body><center>" +
            "<table border=1>" +
            "<tr align='middle'>" +
            "<td width=75 height=75>" +
            "<a href='javascript:parent.a1()'>" +
            arg1 + "</a></td>" +
            "<td width=75 height=75>" +
            "<a href='javascript:parent.a2()'>" +
            arg2 + "</a></td>" +
            "<td width=75 height=75>" +
            "<a href='javascript:parent.a3()'>" +
            arg3 + "</a></td></tr>" +
            "<tr align='middle'>" +
            "<td width=75 height=75>" +
            "<a href='javascript:parent.b1()'>" +
            arg4 + "</a></td>" +
            "<td width=75 height=75>" +
            "<a href='javascript:parent.b2()'>" +
            arg5 + "</a></td>" +
```

```
                       "<td width=75 height=75>" +
                       "<a href='javascript:parent.b3()'>" +
                       arg6 + "</a></td></tr>" +
                       "<tr align='middle'>" +
                       "<td width=75 height=75>" +
                       "<a href='javascript:parent.c1()'>" +
                       arg7 + "</a></td>" +
                       "<td width=75 height=75>" +
                       "<a href='javascript:parent.c2()'>" +
                       arg8 + "</a></td>" +
                       "<td width=75 height=75>" +
                       "<a href='javascript:parent.c3()'>" +
                       arg9 + "</a></td></tr>" +
                       "</table>" +
                       Mensaje + "<br>" +
                       "<center></body>");
        }


        function VerificaGanador() {
           // Estas son las permutaciones ganadoras:
           Gana1a = _a1 && _a2 && _a3;
           Gana1b = _a1 && _b2 && _c3;
           Gana1c = _c1 && _b2 && _a3;
           Gana1d = _b1 && _b2 && _b3;
           Gana1e = _c1 && _c2 && _c3;
           Gana1f = _a1 && _b1 && _c1;
           Gana1g = _a2 && _b2 && _c2;
           Gana1h = _a3 && _b3 && _c3;
           Gana2a = _a12 && _a22 && _a32;
           Gana2b = _a12 && _b22 && _c32;
           Gana2c = _c12 && _b22 && _a32;
           Gana2d = _b12 && _b22 && _b32;
           Gana2e = _c12 && _c22 && _c32;
           Gana2f = _a12 && _b12 && _c12;
           Gana2g = _a22 && _b22 && _c22;
           Gana2h = _a32 && _b32 && _c32;


           // Actualiza el marco y dibuja la tabla nuevamente:
           var EsteMensaje = (EsteJuego == 0) ?
                  "<b>Jugador 2</b>: Por favor, seleccione un cuadro" :
                  "<b>Jugador 1</b>: Por favor, seleccione un cuadro";
           parent.frames[1].document.open();
           parent.frames[1].document.write(parent.Tablero(a1_val,
                  a2_val, a3_val, b1_val, b2_val,
                  b3_val, c1_val, c2_val, c3_val,
                  EsteMensaje));
           parent.frames[1].document.close();
```

```
   // ¿Se acabaron los cuadros?...
   if (NoMovimientos >= 9) {
      FinDelJuego = true;
      alert("Ningún jugador ganó.")
      parent.BotonDeRecarga();
   }

   // No, ¿así que alguien ganó el juego?...
   Ventana1 = (Gana1a || Gana1b || Gana1c || Gana1d ||
               Gana1e || Gana1f || Gana1g || Gana1h);
   Ventana2 = (Gana2a || Gana2b || Gana2c || Gana2d ||
               Gana2e || Gana2f || Gana2g || Gana2h);
   if (Ventana1) {
      FinDelJuego = true;
      alert("¡Jugador 1 ganó!");
      BotonDeRecarga();
      return;
   }
   if (Ventana2) {
      FinDelJuego = true;
      alert("¡Jugador 2 ganó!");
      BotonDeRecarga();
      return;
   }

   // ... todavía no, cambiar de jugadores:
   if (EsteJuego == 0)
      EsteJuego = 1;
   else
      EsteJuego = 0;
   }
   ActualizaTablero();
//-->
</script>
<frameset rows="10%,*">
<frame name="Sup"      src="javascript:parent.Sup" scrolling="no">
<frame name="Inferior" src="javascript:parent.Inferior"
scrolling="no">
</frameset>
</html>
```

Funciones matemáticas

Esta sección incluye algunas funciones matemáticas diversas.

Una función para redondear números

La siguiente función, `Redondear()`, redondea un número a dos lugares decimales. Los números cuya parte fraccionaria sea mayor que `.50` se redondean al número entero siguiente. Puede emplear esta función para hacer cálculos obtenidos en una forma, donde Navigator tiende a proporcionar números excesivamente exactos. Al usar `Redondear()`, un número como `14.9999995` será proporcionado como `15.0`. La precisión se cambia conforme modifique el programa.

```
<!--
  Función D-8
-->
function Redondear(val) {
  if (val == 0)
    return("0");
  var ValorEntrada = ("" + val);
  if (ValorEntrada.indexOf(".") == -1)
    ValorEntrada += ".0";
  var ParteDecimal = ValorEntrada.substring(0,
ValorEntrada.indexOf("."));
  var ParteFraccion =
parseInt(ValorEntrada.substring(ValorEntrada.indexOf(".")+1,
                 ValorEntrada.indexOf(".")+3));
  // Si Precision > 0.50 entonces el entero siguiente.
  if (parseInt(ParteFraccion) > 50) {
    return("" + (parseInt(ParteDecimal)+1) + ".00");
  }
  else {
    ParteFraccion = "" + Math.round(val * 100);
    NuevaParteFraccion =
ParteFraccion.substring(ParteFraccion.length-2,
                        ParteFraccion.length);
    return("" + ParteDecimal + "." + NuevaParteFraccion);
  }
}
```

Rutinas de validación

Estas rutinas pueden usarse para validar un rango de valores, por ejemplo, campos de forma o valores proporcionados mediante el método `prompt()` de JavaScript.

Cómo asegurar que un valor sea numérico

La función `EsNumero()` devuelve `true` si el argumento `data` es númerico, y `false` de no serlo.

```
<!--
  Función D-9
```

```
-->
function EsNumero(Dato) {
  var CadenaNumeros="0123456789";
  var EsteCaracter;
  var Contador = 0;
  for (var i=0; i < Dato.length; i++) {
      EsteCaracter = Dato.substring(i, i+1);
      if (CadenaNumeros.indexOf(EsteCaracter) != -1)
          Contador ++;
  }
  if (Contador == Dato.length)
      return(true);
  else
      return(false);
}
```

Cómo asegurar que un valor sea alfabético

La función EsAlfanum() devuelve true si un valor es alfabético, y false de no serlo.

```
<!--
  Función D-10
-->
Function EsAlfanum(Dato) {
  var CadenaNumeros="0123456789";
  var EsteCaracter;
  for (var i=0; i < Dato.length; i++) {
      EsteCaracter = Dato.substring(i, i+1);
      if (CadenaNumeros.indexOf(EsteCaracter, 0) != -1)
          return(false);
  }
  return(true);
}
```

Cómo asegurar que una cadena no esté vacía

La siguiente función, EstaVacio(), devuelve true cuando una cadena o campo de forma está vacío, incluso cuando los espacios se hayan sustituido por otros caracteres, y false en todos los demás casos. Por ejemplo, la cadena " " devolvería un valor true, mientras que " hola" devolvería false, ya que no todos los caracteres son espacios.

```
<!--
  Función D-11
-->
```

```
function EstaVacio(Dato) {
  for (var i=0; i < Dato.length; i++)  {
      if (Dato.substring(i, i+1) != " ")
          return(false);
      }
      return(true);
  }
}
```

Rutinas auxiliares (plug-ins)

Los auxiliares *(plug-ins)* son aplicaciones que permiten a Navigator trabajar con
diversos formatos de archivos externos. El apéndice F contiene una lista de
aplicaciones auxiliares *(plug-ins)* disponibles para utilizarlas junto con Navigator 3.0.

Cómo detectar si existe un programa auxiliar para un formato de archivo específico

La siguiente función, `EncuentraAux()`, acepta extensiones de nombre de archivo
como un argumento; devuelve `true` si está instalada una aplicación auxiliar que
pueda ver este formato de archivo, y `false` en caso contrario. Consulte el capítulo 12
si desea más información acerca de las aplicaciones auxiliares.

```
<!--
  Función D-12
-->
function EncuentraAuxiliar(Extension) {
  var EstaExt, EncuentraExterno;
  for (var n=0; n < navigator.plugins.length; n++) {
      for (var m=0; m < navigator.plugins[n].length; m++) {
          EstaExt =
            navigator.plugins[n][m].description.toLowerCase();
          EncuentraExterno = EstaExt.substring(0, EstaExt.indexOf(" "));
          if (EncuentraExterno == Extension)
            return(true);
          }
      }
      return(false);
}
```

language=

APÉNDICE E

Formatos de URL de JavaScript/Navigator

El *URL* es la dirección de un recurso en Internet. Navigator de Netscape acepta varios prefijos de URL, o "tipos de servicio", los cuales puede utilizar dentro de las aplicaciones de JavaScript.

URLs, de la A a la Z, soportados por Navigator 3.0

Se han impuesto restricciones en algunos prefijos de URL, de tal manera que la información que produzcan no pueda ser interceptada para enviarse a otro usuario o algo similar. Marcamos tales restricciones con el símbolo ✗:

About: ✗

Sintaxis:

- ◆ `about:document`
- ◆ `about:cache`
- ◆ `about:global`
- ◆ `about:image-cache`
- ◆ `about:license`
- ◆ `about:authors`
- ◆ `about:securit`

Descripción

Cuando lo usa solo, el prefijo `about:` muestra información sobre la versión actual de Navigator, incluyendo los derechos de autor. `about:` soporta algunas extensiones, incluyendo `license`, que muestra información relativa a la licencia, y `security`, que despliega información acerca de la seguridad. No puede utilizar el prefijo de URL `about:` en aplicaciones de JavaScript por razones de seguridad. Si, por ejemplo, usted intentase asignar un URL `about:` al objeto `location` de JavaScript, obtendría un error.

file:

Sintaxis:

- ◆ `file:///Unidad_De_Disco|/Directorio/NombreDeArchivo`
- ◆ `file://NombreDelServidor/Directorio/NombreDeArchivo`

Descripción

Son dos las opciones de sintaxis para el prefijo `file:`, la primera sirve para cargar un archivo local desde el disco duro del usuario; la segunda para establecer conexión con un sitio de FTP (véase abajo). Los URL `ftp:` y `file:` funcionan de manera similar en este aspecto. Cuando cargue archivos locales, debe especificar la letra de la unidad, el directorio y/o los archivos. Por lo tanto, `file:///c||/` mostraría una lista de archivos que residan en el directorio raíz de la unicad C, mientras `file:///c||/temp/MiArchivo.htm` cargaría directamente en Navigator el archivo `MiArchivo.htm` que existe en el directorio `c:\tmp`.

ftp:

Sintaxis:

♦ `ftp://NombreDelServidor`

♦ `ftp://NombreDelServidor/NombreDeArchivo`

Descripción

El prefijo de URL `ftp:` permite que el usuario se conecte a una computadora en Internet por medio de FTP (File Transfer Protocol/Protocolo de transferencia de archivos). En Internet existen miles de servidores públicos de FTP, los cuales pueden ocupar para descargar archivos, digamos, documentos, imágenes y programas. Puede conectarse al directorio raíz de un servidor de FTP mediante un URL de la forma `ftp://NombreDelServidor`, como en el `ftp://ftp10.netscape.com`. En este caso, usted se registrará en la computadora `ftp10.netscape.com`, por lo que podrá analizar el sistema de archivos de esa computadora (todos los directorios y archivos aparecerán como ligas, etcétera). Opcionalmente, puede descargar inmediatamente un archivo de manera directa hacia su computadora especificando su nombre; por ejemplo, `ftp://unanfitrion.com/dir1/MiArchivo.zip` descargaría el archivo llamado `MiArchivo.zip` desde el directorio `dir1` que se encuentra en la computadora hipotética denominada como `unanfitrion.com`.

gopher:

Sintaxis:

♦ `gopher://NombreDelServidor`

♦ `gopher://NombreDelServidor/NombreDeArchivo`

Descripción

Gopher es una herramienta para obtener información que los usuarios emplean con el fin de entrar a un servidor de Gopher y analizar el sistema en busca de datos específicos. Toda la información en un servidor Gopher está almacenada de manera jerárquica, por lo que usted navega mediante ligas, etcétera. Un sistema denominado 'veronica' indiza a los servidores Gopher de todo el mundo, por lo que le permite hacer búsquedas globales por el sistema Gopher. Las búsquedas pueden realizarse localmente, en un servidor Gopher específico, o de manera global (puede seleccionar la opción veronica desde un menú). Si simplemente especifica el nombre del servidor, lo que se conoce en inglés como hostname (NombreDelServidor), entrará al directorio raíz (o menú principal) de ese servidor. Si conoce el nombre del archivo específico que desea obtener, use NombreDeArchivo para tomar una ruta más directa hacia el archivo deseado.

javascript:

Sintaxis:

♦ javascript:expression

Descripción

El prefijo de URL javascript: permite que una expresión de JavaScript se evalúe y despliegue según corresponda. Si la expresión es igual a un valor literal, el valor aparece dentro del navegador. Se genera un nuevo documento como resultado de la evaluación de la expresión. Puede analizar cualquier método, objeto o propiedad de JavaScript de esta forma; por ejemplo: javascript:10*10 mostrará el valor 100 en el navegador, pues es el resultado de multiplicar 10 por 10 ('*' es el operador de multiplicación en JavaScript); asimismo, javascript:alert("¡Hola, mundo!") desplegaría un cuadro de alerta con el valor "¡Hola, mundo!" El prefijo de URL javascript: es útil en las aplicaciones de JavaScript en que necesite crear marcos (consulte el capítulo 9 si desea más información al respecto).

mailbox:X

Sintaxis:

♦ mailbox:

♦ mailbox:NombreDeCarpeta

♦ mailbox:NombreDeCarpeta?compress-folder

♦ mailbox:NombreDeCarpeta?empty-trash

♦ mailbox:NombreDeCarpeta?deliver-queued

Descripción

El URL mailbox: llama al programa de lectura de correo de Navigator y permite que el usuario reciba y lea mensajes por correo electrónico. No puede emplear este prefijo en JavaScript por razones de seguridad del correo electrónico. Sin embargo, de ser necesario, puede leer el correo en una carpeta específica (NombreDeCarpeta), pero los mensajes se almacenan, de modo predeterminado, en la carpeta Inbox.

`mailto:`

Sintaxis:

♦ `mailto:`

♦ `mailto:NombreDeUsuario@NombreDelServidor`

♦ `mailto:NombreDeUsuario@NombreDelServidor?subject=Tema`

♦ `mailto:NombreDeUsuario@NombreDelServidor?cc=`
   `PersonaQueRecibiraCopia`

♦ `mailto:NombreDeUsuario@NombreDelServidor?bcc=`
   `PersonaQueRecibiraCopiaCiega`

Descripción

El prefijo de URL `mailto:` le permite escribir y enviar un mensaje de correo
electrónico hacia un servidor de correo (como se especifica en el menú *Opciones* de
Navigator) para que luego se envíe a un receptor localizado en Internet. La forma más
simple de la sintaxis es `mailto:NombreDeUsuario@NombreDelServidor`.
Por ejemplo, podría escribir: `mailto:wombat@spuddy.mew.co.uk`. Las
líneas especifican el asunto y los receptores de copias al carbón (o ciegas) también
pueden especificarse mediante las partes `cc` y `bcc` del URL [también pueden
enlazarse entre sí, siempre y cuando signos de ampersand (`&`) separen a cada parte].
Debe colocar un signo de interrogación (`?`) después de la parte
`NombreDeUsuario@NombreDelServidor` del URL. La parte `cc` especifica un
usuario con "copia al carbón"; es decir, este usuario también recibirá el mensaje. La
parte `bcc` especifica un usuario de "copia al carbón ciega" (uno que también recibirá
el mensaje, pero que no verá la lista de los otros receptores).

`news:`

Sintaxis:

♦ `news:`

♦ `news:NombreDeGrupo`

♦ `news://NombreDelServidor/NombreDeGrupo`

Descripción

El URL `news:` permite que los usuarios se conecten a un servidor de noticias de
USENET (USErs NETwork-Red de usuarios), de tal forma que puedan leer y participar
en los grupos de noticias. Hoy día, existen más de 15 mil grupos de noticias que
abordan casi todos los temas. Al usar `news:` solo, se carga un servidor de noticias
predeterminado, según se especifique en el menú *Opciones / Preferencias de correo y
noticias* de Navigator. Usted puede especificar otro servidor de noticias, si así lo desea,
pero debe contar con permiso para utilizarlo. Aunque los servidores de noticias

públicos son escasos, los hay. Puede buscar una lista de ellos mediante un servicio de búsqueda, como Alta Vista. Por ejemplo, `news:` carga un servidor de noticias predefinido según se haya especificado y muestra, además, una lista de los grupos a los que usted se ha suscrito, mientras `news:comp.lang.javascript` cargaría artículos del grupo de noticias `comp.lang.javascript` (el foro para los programadores de JavaScript en USENET).

pop3:✗

Sintaxis:

♦ `pop3:`

POP3 (Post Office Protocol version 3, Protocolo de oficina postal versión 3) lo usa Navigator para recolectar el correo electrónico de un servidor POP. Este prefijo de URL trabaja de la misma forma que `mailbox:`, del cual ya hablamos, y no puede emplearlo en aplicaciones de JavaScript por razones de seguridad.

snews:

Sintaxis:

♦ `snews:`

♦ `snews://NombreDelServidor/NombreDeGrupo`

♦ `snews:NombreDeGrupo`

Descripción

El prefijo de URL `snews:` funciona de manera muy parecida al prefijo de URL `news:`, excepto que establece un canal "seguro" para todas las comunicaciones. Usted debe conectarse a un servidor de noticias seguro cuando emplee este URL.

telnet:

Sintaxis:

♦ `telnet://NombreDelServidor`

El prefijo de URL `telnet:` llama a un cliente Telnet (protocolo de terminal virtual), permitiendo que el usuario entre a una computadora remota y se comunique y trabaje en ella, como si la usara localmente. El menú *Opciones /Preferencias generales / Auxiliares* permite que los usuarios especifiquen una aplicación telnet. En Internet están disponibles versiones de dominio público y shareware de tales aplicaciones.

tn3270:

Sintaxis:

♦   `tn3270://NombreDelServidor`

Descripción

El URL `tn3270:` funciona de la misma forma que `telnet:`, aunque puede especificar una herramienta distinta. Comúnmente, es una utilería de telnet para conectarse a mainframes 3270 de IBM, que usan una emulación de pantalla diferente. Si su aplicación telnet soporta dichas emulaciones, puede dejar de emplear este prefijo de URL para emplear en su lugar telnet.

APÉNDICE F

Auxiliares de Navigator

Las aplicaciones auxiliares (*plug-ins*) permiten que el navegador trabaje con una multitud de formatos de archivo, por ejemplo, hojas de cálculo, animación, video, audio, documentos de procesador de palabras, gráficos en tercera dimensión, VRML, imágenes de AutoCad, dibujos de vectores y un gran número de formatos de archivo propietarios.

Aplicaciones auxiliares de la A a la Z para Navigator de Netscape

Cada auxiliar viene con su propio programa de instalación. En las siguientes entradas, el primer URL corresponde a la página inicial principal de la compañía que haya desarrollado ese auxiliar. Observe que antes de descargar cualquier programa, es necesario visitar el sitio y leer la documentación a fin de determinar qué plataformas de hardware y entornos de software son los soportados y temas por el estilo. Los siguientes iconos indican cada categoría de auxiliar y sirven como referencia rápida.

Software gráfico, por ejemplo, visualizadores de archivos de gráficos, navegadores VRML, etcétera.

Auxiliares para documentos, por ejemplo, visualizadores de archivos de procesamiento de palabras.

Auxiliares relacionados con las comunicaciones, por ejemplo, conexión con foros electrónicos (BBS), etcétera.

Auxiliares para audio, por ejemplo, sonido en "tiempo real".

Acrobat Amber

Un auxiliar para visualizar, navegar e imprimir archivos en formato portátil, PDF (Portable Document Format, Formato de documento portátil):

- `http://www.adobe.com/Amber`

- `http://w1000.mv.us.adobe.com/Amber/amexamp.html` (archivos de muestra)

Action

Reproduce animaciones en formato MPEG (Motion Pictures Expert Group, Grupo experto de imágenes en movimiento) con sonido sincronizado:

- `http://www.open2u.com/action/action.html`

- `http://www.open2u.com/action/tg.html` (archivos de muestra)

Animated Widgets

Auxiliar de animación:

- `http://www.internetconsult.com`

- `http://www.progtools.com` (archivos de muestra)

Argus Map Viewer 🖥

Visualizador auxiliar geográfico que soporta los gráficos de vectores:

◆ `http://www.argusmap.com`

◆ `http://www.argusmap.com/vwintro.htm` (archivos de muestra)

ASAP WebShow 🖥 📖

Auxiliar que muestra los documentos creados mediante la herramienta de software para reporte y presentación WordPower de SPCs ASAP:

◆ `http://www.spco.com/asap/asapwebs.htm`

◆ `http://www.spco.com/asap/asapgall.htm` (archivos de muestra)

Astound Web Player 🔔 📖

Auxiliar que reproduce los archivos Astound y Studio-M Multimedia:

◆ `http://www.golddisk.com/awp.html`

◆ `http://www.golddisk.com/awp/demos.html` (archivos de muestra)

Carbon Copy/*Net* ☎

Un interesante auxiliar que permite controlar de manera remota otra PC, por medio del Web:

◆ `http://www.microcom.com/cc/ccdnload.htm`

◆ `http://www.microcom.com/cc/ccdnload.htm` (archivos de muestra)

Chemscape Chime 🖥

Auxiliar dirigido principalmente a los científicos; presenta información química, por ejemplo, modelos de proteínas en tercera dimensión y cosas por el estilo:

◆ `http://www.mdli.com/chemscape/chime/chime.html`

◆ `ttp://www.mdli.com/chemscape/chime/sample.html`
(archivos de muestra)

CMX Viewer 🖥

Auxiliar que permite ver archivos CDX de Corel (archivos de vectores) en una página web:

◆ `http://www.corel.com`

◆ `http://www.corel.com/corelcmx/realcmx.htm`
(archivos de muestra)

CoolFusion

Auxiliar muy completo para crear presentaciones multimedia, incorporando video, imágenes y sonido:

◆ `http://webber.iterated.com/coolfusn/download/`
`cf-loadp.htm`

Crescendo

Sound Crescendo reproduce los archivos de sonido con formato MIDI para escuchar el audio dentro de una página web:

◆ `http://www.liveupdate.com/crescendo.html`

CyberSpell

Auxiliar que verifica la ortografía de los mensajes de correo electrónico que se envíen por la interfaz de correo de Navigator:

◆ `http://www.inso.com/consumer/cyberspell/democybr.htm`

DWG/DFX Viewer

Auxiliar que permite que los archivos de DWG, DFX y SVF (vectores) de AutoCad puedan verse dentro de una página web:

◆ `http://www.softsource.com/softsource`

◆ `http://www.softsource.com/softsource/plugins/`
`plugins.html` (archivos de muestra)

EarthTime

Auxiliar que despliega las horas locales de ocho sitios alrededor del mundo, todas ellas actualizadas en tiempo real:

◆ `http://www.starfishsoftware.com/getearth.html`

EchoSpeed

Auxiliar para reproducir audio comprimido de alta calidad (especializado en voz):

◆ `http://www.echospeech.com/plugin.htm`

◆ `http://www.echospeech.com/speech.htm` (archivos de muestra)

Emblaze

Despliega archivos de animación en tiempo real (en flujo):

♦ `http://geo.inter.net/Geo/technology/emblaze/`
`downloads.html`

♦ `http://www.geo.Inter.net/technology/emblaze/`
`animations.html` (archivos de muestra)

Envoy 📖

Auxiliar para leer documentos con formato Envoy dentro de una página web:

♦ `http://www.twcorp.com/plugin.htm`

FIGleaf Inline 🖳

Auxiliar para ver archivos con varios formatos gráficos, por ejemplo, CGM. También está disponible una versión "dietética":

♦ `http://www.ct.ebt.com/figinline`

♦ `http://www.ct.ebt.com/figinline/demofrm.html`
(archivos de muestra)

Formula One/Net 🖳

Un importante auxiliar para ver documentos de hoja de cálculo:

♦ `http://www.visualcomp.com/f1net/download.htm`

Fractal Image 🖳

Auxiliar para ver archivos en formato FIF (Fractal Image Format, Formato de imagen fractal):

♦ `http://www.iterated.com/cnplugin.htm`

♦ `http://www.iterated.com/gonline.htm` (archivos de muestra)

FutureSplash 🖳

Auxiliar gráfico que sirve para ver animaciones y gráficos vectoriales:

♦ `http://www.futurewave.com`

Galacticomm Worldgroup

Un interesante auxiliar que permite que Navigator se comunique con un foro electrónico (BBS) que tenga Galacticomm:

◆ `http://www.gcomm.com`

Lotus Notes Inline 🖥️

Auxiliar que liga a Lotus Notes con el navegador. Para funcionar, necesita el programa Notes y de Openscape, ambos de Lotus:

◆ `http://www.braintech.com/grpdemo.htm` (archivos de muestra)

HistoryTree ☎️

Un innovador auxiliar que lleva el registro de sus travesías en el Web; registra todos los URLs visitados y le permite volver a ellos. Los viajes se registran en una estructura parecida a un árbol para facilitar la navegación:

◆ `http://www.smartbrowser.com`

IChat ☎️ 🖥️

Auxiliar para el IRC (Internet Relay Chat, Charla a través de Internet) que permite que las páginas web incluyan un cliente IRC para charla global:

◆ `http://www.ichat.com`

InterCAPInLine 🖥️

Auxiliar gráfico que permite ver, ampliar, ver en vista panorámica y animación archivos de vectores con el formato CGM (Computer Graphics Metafile, Metarchivo de gráficos por computadora):

◆ `http://www.intercap.com/about/DownloadNow.html`

◆ `http://www.intercap.com` (archivos de muestra)

ISYS Hindsite ☎️

Auxiliar de registro en el Web que guarda todos los URLs que haya visitado durante un lapso específico. La gran ventaja que ofrece es que también guarda el contenido de los sitios, como si fuera un sistema de memoria caché de archivo muy completo:

◆ `http://www.isysdev.com/hindsite.html`

Jet Form 🖥️

Jet Form es un auxiliar para llenar formas que agrega controles avanzados a los documentos de HTML:

◆ `http://www.jetform.com/product/web/jfwebov.html`

KEYview

Auxiliar muy completo que puede mostrar, imprimir y convertir alrededor de 200 formatos de archivo:

♦ `http://www.ftp.com/mkt_info/evals/kv_dl.html`

KM's Multimedia Plug

Visualizador de video. Se emplea principalmente para reproducir películas de QuickTime, aunque también soporta otros formatos:

♦ `http://ftp.wco.com/users/mcmurtri/MySoftware`

Koan

Auxiliar que reproduce archivos de audio insertados que estén almacenados en el formato creado por la herramienta de software "Koan Pro". También soporta la reproducción de sonido en tiempo real:

♦ `http://www.sseyo.com`

Lightning Strike

Auxiliar gráfico para reproducir archivos de imagen comprimidos (que estén almacenados en el formato de Lightning Strike):

♦ `http://www.infinop.com/html/infinop.html`

♦ `http://www.infinop.com/html/comptable.html`
(archivos de muestra)

Liquid Reality

Reproductor de VRML (Virtual Reality Modeling Language, Lenguaje de modelado de realidad virtual). Permite la exploración de los mundos de VRML dentro del entorno del navegador:

♦ `http://wwww.dimensionx.com/products/lr/index.html`

ListenUp

Reproductor de sonido para el formato PlainTalk (habla simple) de Apple:

♦ `http://snow.cit.cornell.edu/noon/ListenUp.html`

Live3D 🖥️ 📟

Visualizador de VRML para Netscape Navigator. Live3-D permite observar y explorar los mundos tridimensionales creados con el VRML, e incorpora efectos de animación, sonido y video:

♦ `home.netscape.com/comprod/products/navigator/live3d/`
  `download_live3d.html`

♦ `http://home.netscape.com/comprod/products/navigator/`
  `live3d/cool_worlds.html` (archivos de muestra)

Look@Me 🖥️ ☎️

Un interesante auxiliar que permite ver y compartir de manera remota el escritorio de la computadora de otra persona por medio de Internet:

♦ `http://collaborate.farallon.com/www/look/ldownload.html`

mBED 🖥️ 📟

Auxiliar multimedia de gran fama para Navigator:

♦ `http://www.mbed.com`

Splash 🖥️

Auxiliar multimedia que permite construir y ver páginas animadas e interactivas en el Web:

♦ `http://www.powersoft.com/media.splash/product/`
  `index.html`

♦ `http://www.powersoft.com/media.splash/action/index.html`

MIDIPlugin 📟

Auxiliar para reproducir archivos con formato MIDI:

♦ `http://www.planete.net/~amasson/midiplugin.html`

MovieStar 🖥️ 📟

Visualizador de archivos de QuickTime que permite descargar en flujo; esto es, que los datos se reproduzcan al tiempo que se leen desde la red:

♦ `http://www.beingthere.com`

◆ `http://130.91.39.113/product/mspi/mspi.htm`
(archivos de muestra)

NCompass

Auxiliar que permite que los controles OLE (Object Linking and Embedding) funcionen con Netscape Navigator:

◆ `http://www.excite.sfu.ca/NCompass`

◆ `http://www.excite.sfu.ca/NCompass/home.html`
(archivos de muestra)

NetSlide 95

Visualizador de archivos de AutoCad:

◆ `http://www.archserver.unige.it/caadge/ao/SOFT.HTM`

Play3D

Permite crear y ver gráficos y escenas en tercera dimensión dentro de una página web:

◆ `ftp://magna.com.au/pub/users/mark_carolan/HeadsOff.html`

PointPlus

Permite que los archivos de PowerPoint se inserten y vean dentro de las páginas web:

◆ `http://www.net-scene.com`

PreVU

Visualizador de movimiento MPEG (en flujo) para Navigator de Netscape:

◆ `http://www.intervu.com/prevu.html`

QuickSilver

Permite que los gráficos creados con ABC QuickSilver y ABC Graphics Suite puedan verse dentro de Navegador:

◆ `http://www.micrografx.com/quicksilver.html`

RapidTransit

Auxiliar para audio que descomprime y reproduce música a altas velocidades. Es capaz de ofrecer calidad de sonido de CD:

◆ `http://monsterbit.com/rapidtransit/download.html`

◆ `http://monsterbit.com/rapidtransit` (archivos de muestra)

RealAudio

Este auxiliar le permite escuchar audio de calidad al momento de estarse descargando:

◆ `http://www.realaudio.com/products/player2.0.html`

◆ `http://www.realaudio.com/products/ra2.0/plugin.html`

ShockTalk

Este auxiliar permite el reconocimiento de habla con una página web. Básicamente, es para quienes tengan el auxiliar ShockWave/Director (ver la siguiente entrada):

◆ `http://www.emf.net/~dreams/Hi-Res/index.html`

◆ `http://www.emf.net/~dreams/Hi-Res/shocktalk/index.html`

Shockwave/Director

Este auxiliar tan conocido permite que el contenido multimedia pueda verse en Navegador. Los archivos de Shockwave se crean mediante el programa Director de Macromedia:

◆ `http://www.macromedia.com/Tools/Shockwave/index.html`

◆ `http://www.macromedia.com/Tools/Shockwave/Gallery/index.html` (archivos de muestra)

Shockwave/Freehand

El auxiliar Shockwave/Freehand le permite ver archivos de Freehand dentro de una página web:

`http://www.macromedia.com/Tools/FHShockwave`

`http://www.macromedia.com/Tools/FHShockwave/Gallery/index.html` (archivos de muestra)

Sizzler

Auxiliar que permite ver archivos sizzler (multimedia) dentro de una página web:

◆ `http://www.totallyhip.com`

◆ `http://www.totallyhip.com/hipstuff/5_stuff.html` (archivos de muestra)

Speech Plug-In

Innovador auxiliar que permite que el contenido de una página web pueda ser leído en voz alta para usted; requiere del software "Text to Speech" (Texto a habla) de Apple:

♦ `http://www.albany.net/~wtudor`

Summus

Auxiliar multimedia que permite ver gráficos y datos de video comprimidos:

♦ `http://www.summus.com`

♦ `http://www.summus.com/i_demo.htm` (archivos de muestra)

Superscape

Visualizador de gráficos en tercera dimensión que permite interactuar con los mundos de VRML:

♦ `http://www.superscape.com`

♦ `http://www.us.superscape.com/supercity/3d.htm`
  (archivos de muestra)

SVF Viewer

Auxiliar para ver archivos SVF (Simple Vector Format):

♦ `http://www.softsource.com/softsource/svf/svftest.html`

"Table Of Contents"

Auxiliar que se emplea como glorioso sistema de marca de libro, por lo que permite "apuntar y hacer clic" para tener acceso a los URL:

♦ `http://www.InternetConsult.com`

TEC Player

Reproductor de archivos de QuickTime:

♦ `http://www.tecs.com/TECPlayer_docs`

TMS ViewDirector

Auxiliar que permite insertar imágenes TIFF dentro de una página web:

`http://www.voxware.com/download.htm`

`http://www.voxware.com/voxmstr.htm` (archivos de muestra)

ToolVox (Audio)

Auxiliar para reproducción del habla, el cual soporta varios formatos de audio y flujo de datos:

- `http://www.voxware.com/download.htm`

- `http://www.voxware.com/voxmstr.htm` (archivos de muestra)

TrueSpeech

Otro reproductor de audio con capacidades de direccionamiento del flujo:

- `http://www.dspg.com/plugin.htm`

VDOLive

Un auxiliar para videojuegos:

- `http://www.vdolive.com`

- `http://www.vdolive.com/newsite/watch` (archivos de muestra)

ViewDirector

Visualizador de imágenes en formato TIFF con características de visión panorámica, acercamiento, alejamiento y rotación, etcétera:

- `http://www.tmsinc.com/plugin/download.htm`

- `http://www.tmsinc.com/plugin/sample/sample/sample.htm` (archivos de muestra)

ViewMovie

Auxiliar para ver películas de QuickTime:

- `http://www.well.com/user/ivanski/download.html`

- `http://www.well.com/user/ivanski/viewmovie/viewmovie_sites.html` (archivos de muestra)

VR Scout

Auxiliar para ver VRML:

- `http://www.chaco.com/vrscout`

- `http://www.chaco.com/vrml` (archivos de muestra)

VRealm 💻

Otro visualizador de VRML:

♦ `http://www.ids-net.com`

♦ `http://www.ids-net.com/ids/explore.html` (archivos de muestra)

WebActive 💻

Visualizador de video en tercera dimensión y para insertarlo dentro de páginas web:

♦ `http://www.3d-active.com/pages/WebActive.html`

♦ `http://www.usit.net/hp/omniview/omniview.htm`
(archivos de muestra)

WIRL 💻

Auxiliar VRML para Navigator:

♦ `http://www.vream.com`

♦ `http://www.vream.com/2cool.html` (archivos de muestra)

Word Viewer 📖

Auxiliar que permite insertar documentos de Word de Microsoft (versiones 6.0 y 7.0) en una página web:

♦ `http://www.inso.com/plug.htm`

♦ `http://www.inso.com/plugsamp.htm` (archivos de muestra)

Wurlplug 💻

Auxiliar que permite que QD3D de Apple (imágenes en tercera dimensión) se inserten dentro de una página web:

♦ `ftp://ftp.info.apple.com/Apple.Support.Area/`
`QuickDraw3D/Test_Drive/Viewers`

APÉNDICE G

Códigos de color de HTML para Navigator

Este apéndice documenta los códigos de color de HTML para Navigator 3.0. Estos códigos pueden usar diversas etiquetas de ese lenguaje, así como las propiedades de color de JavaScript. Los códigos de color se representan de una de dos maneras:

◆ Empleando una tripleta de rojo-verde-azul (`#RGB`) codificada en el sistema de numeración hexadecimal, que va de `00` a `FF` (0 a 255), donde `00` es la intensidad mínima de color y `FF` la máxima.

◆ Utilizando el nombre del color en inglés, por ejemplo, "Yellow" (amarillo).

Por ejemplo, puede representar el color azul usando el código hexadecimal `0000FF` (esto es, sin rojo, sin verde y con la máxima intensidad de azul) o, simplemente, con la palabra "Blue". Cuando usa tripletas hexadecimales, el signo de número (`#`) es *opcional* en Netscape Navigator 2 y versiones posteriores (tanto dentro de JavaScript como de HTML).

Códigos de color de la A a la Z

En Navigator 3.0 puede ocupar diversas etiquetas estándar, pero enriquecidas, de HTML y JavaScript a fin de especificar códigos de color. El contenedor de fuente `<font color="#rrggbb">..</font>` es un ejemplo, donde `rrggbb` especifica el código de color (use la tabla G-1 para identificar cada valor de RGB). El contenedor de HTML `<body>..</body>` también usa un número de atributos relacionados con el color, incluido `bgcolor` (color de fondo), `fgcolor` (color del primer plano), `link` (color de liga), `alink` (color de liga activa), `vlink` (color de liga visitada) y `text` (color del texto).

Las propiedades de color de JavaScript, como `document.alinkColor`, `document.bgColor`, `document.fgColor`, `document.linkColor` y `document.vlinkColor`, también pueden usar los códigos de color documentados en la tabla G-1.

Además de los códigos de RGB, dentro de las etiquetas también puede emplear nombres de color específicos. Por ejemplo, en vez de especificar `<font color="#008000">..</font>` para el color verde, puede emplear `<font color="green">..</font>`. Los nombres de color se muestran en la primera columna de la tabla G-1, la cual tiene cuatro columnas. La primera muestra el nombre en inglés del color; las columnas dos a cuatro muestran la representación decimal y hexadecimal del color respectivo (en el formato: `dec/hex`). Es importante conocer los valores decimales, ya que pueden usarlos con funciones de JavaScript, por ejemplo, `parseInt()` para convertir entre decimales (base 10) y hexadecimales (base 16). Si utiliza códigos de color de la forma `#rrggbb`, asegúrese de usar la entrada de la derecha (hexadecimal). Así que, por ejemplo, si desease usar el color `aquamarine` (aguamarina), podría usar el código de RGB `#7FFFD4`.

Nombre del color	Rojo (dec/hex)	Verde (dec/hex)	Azul (dec/hex)
aliceblue (*azul alicia*)	240 / F0	248 / F8	255 / FF
antiquewhite (*blanco antiguo*)	250 / FA	235 / EB	215 / D7
aqua (*agua*)	0 / 00	255 / FF	255 / FF
aquamarine (*agua marina*)	127 / 7F	255 / FF	212 / D4
azure (*azul celeste*)	240 / F0	255 / FF	255 / FF
beige	245 / F5	245 / F5	220 / DC
bisque (*porcelana mate*)	255 / FF	228 / E4	196 / C4
black (*negro*)	0 / 00	0 / 00	0 / 00
blanchedalmond (*almendra pálido*)	255 / FF	235 / EB	205 / CD
blue (*azul*)	0 / 00	0 / 00	255 / FF
blueviolet (*azul violeta*)	138 / 8A	43 / 2B	226 / E2
brown (*café*)	165 / A5	42 / 2A	42 / 2A
burlywood (*madera nudosa*)	222 / DE	184 / B8	135 / 87
cadetblue (*azul militar*)	95 / 5F	158 / 9E	160 / A0
chartreuse (*verde pálido*)	127 / 7F	255 / FF	0 / 00
chocolate	210 / D2	105 / 69	30 / 1E
coral	255 / FF	127 / 7F	80 / 50
cornflowerblue (*azul flor de maíz*)	100 / 64	149 / 95	237 / ED
cornsilk (*seda maíz*)	255 / FF	248 / F8	220 / DC
crimson (*carmesí*)	220 / DC	20 / 14	60 / 3C
cyan (*azulado*)	0 / 00	255 / FF	255 / FF
darkblue (*azul oscuro*)	0 / 00	0 / 00	139 / 8B
darkcyan (*azulado oscuro*)	0 / 00	139 / 8B	139 / 8B
darkgoldenrod (*vara de oro oscura*)	184 / B8	134 / 86	11 / B
darkgray (*gris oscuro*)	169 / A9	169 / A9	169 / A9
darkgreen (*verde oscuro*)	0 / 00	100 / 64	0 / 00
darkkhaki (*caqui oscuro*)	189 / BD	183 / B7	107 / 6B

Representación de los códigos de color
Tabla G-1.

Nombre del color	Rojo (dec/hex)	Verde (dec/hex)	Azul (dec/hex)
darkmagenta (*magenta oscuro*)	139 / 8B	0 / 00	139 / 8B
darkolivegreen (*verde oliva oscuro*)	850 / 55	107 6B	47 / 2F
darkorange (*naranja oscuro*)	255 / FF	140 / 8C	0 / 00
darkorchid (*orquídea oscura*)	153 / 99	50 / 32	20 / 14
darkred (*rojo oscuro*)	139 / 8B	0 / 00	0 / 00
darksalmon (*salmón oscuro*)	233 /E9	150 / 96	122 / 7A
darkseagreen (*verde mar oscuro*)	143 / 2B	188 / BC	143 / 2B
darkslateblue (*azul pizarra oscuro*)	72 / 48	61 / 3D	139 / 8B
darkslategray (*gris pizarra oscuro*)	47 / 2F	79 / 4F	79 / 4F
darkturquoise (*turquesa oscuro*)	0 / 00	20 / 14	20 / 14
darkviolet (*violeta oscuro*)	148 / 94	0 / 00	211 / D3
deeppink (*rosa profundo*)	255 / FF	20 / 14	147 / 93
deepskyblue (*azul cielo profundo*)	0 / 00	191 / BF	255 / FF
dimgray (*gris claro*)	105 / 69	105 / 69	105 / 69
dodgerblue (*azul difuminado*)	30 / 1E	144 / 90	255 / FF
firebrick (*ladrillo refractario*)	178 / B2	34 / 22	34 / 22
floralwhite (*blanco floral*)	255 / FF	250 / FA	240 / F0
forestgreen (*verde bosque*)	34 /22	139 / 8B	34 / 22
fuchsia (*fucsia*)	255 / FF	0 / 00	255 / FF
gainsboro	220 / DC	220 / DC	220 /DC
ghostwhite (*blanco fantasmal*)	248 / F8	248 / F8	255 / FF
gold (*oro*)	255 / FF	215 / D7	0 / 00
goldenrod (*vara dorada*)	218 / DA	165 /A5	32 / 20
gray (*gris*)	128 / 80	128 / 80	128 / 80
green (*verde*)	0 / 00	128 / 80	0 / 00
greenyellow (*amarillo verdoso*)	173 / AD	255 / FF	47 / 00
honeydew (*ambrosía*)	240 /F0	255 / FF	240 / F0

Representación de los códigos de color *(continuación)*
Tabla G-1.

Nombre del color	Rojo (dec/hex)	Verde (dec/hex)	Azul (dec/hex)
hotpink (*rosa caliente*)	255 / FF	105 / 69	180 / 50
indianred (*rojo indio*)	20 / 14	92 / 5C	92 / 5C
indigo (*índigo*)	75 / 4B	0 / 00	130 / 1E
ivory (*marfil*)	255 / FF	255 / FF	240 / F0
khaki (*caqui*)	240 / F0	230 / 1E	140 / 8C
lavander (*lavanda*)	230 / 1E	230 / 1E	250 / FA
lavanderblush (*lavanda rosada*)	255 /FF	240 / F0	245 / F5
lawngreen (*verde pasto*)	124 / 7C	252 / FC	0 / 00
lemonchiffon (*chifón limón*)	255 / FF	250 / FA	20 / 14
lightblue (*azul claro*)	173 / AD	216 / D8	230 / 1E
lightcoral (*coral claro*)	240 / F0	128 / 80	128 / 80
lightcyan (*azulado claro*)	224 / E0	255 / FF	255 / FF
lightgoldenrodyellow (*amarillo vara dorada claro*)	250 / FA	250 /FA	210 / D2
lightgreen (*verde claro*)	144 / 90	238 / EE	144 / 90
lightgrey (*gris claro*)	211 / D3	211 / D3	211 / D3
lightpink (*rosa claro*)	255 / FF	182 / B6	193 / C1
lightsalmon (*salmón claro*)	255 / FF	160 /A0	122 / 7A
lightseagreen (*verde mar claro*)	32 / 20	178 / B2	170 / AA
lightskyblue (*azul cielo claro*)	135 / 87	20 / 14	250 / FA
lightslategray (*gris pizarra claro*)	119 / 77	136 / 88	153 / 99
lightsteelblue (*azul acero claro*)	176 / B0	196 / C4	222 / DE
lightyellow (*amarillo claro*)	255 / FF	255 / FF	224 / E0
lime (*lima*)	0 / 00	255 / FF	0 / 00
limegreen (*verde lima*)	50 / 32	20 / 14	50 / 32
linen (*lino*)	250 / FA	240 /F0	230 / 1E
magenta	255 / FF	0 / 00	255 / FF
maroon (*rojo oscuro*)	128 / 80	0 / 00	0 / 00

Representación de los códigos de color *(continuación)* **Tabla G-1.**

Nombre del color	Rojo (dec/hex)	Verde (dec/hex)	Azul (dec/hex)
mediumaquamarine (*agua marina medio*)	102 / 66	20 / 14	170 / AA
mediumblue (*azul medio*)	0 / 00	0 / 00	20 / 14
mediumorchid (*orquídea medio*)	186 / BA	85 / 55	211 / D3
mediumpurple (*púrpura medio*)	147 / 93	112 / 70	219 / DB
mediumseagreen (*verde mar medio*)	60 / 3C	179 / B3	113 / 71
mediumslateblue (*azul pizarra medio*)	123 / 7B	104 / 68	238 / EE
mediumspringreen (*verde primavera medio*)	0 / 00	250 / FA	154 / 9A
mediumturquoise (*turquesa medio*)	72 / 48	20 / 14	20 / 14
mediumvioletred (*violeta medio*)	199 / C7	21 / 15	133 / 85
midnightblue (*azul medianoche oscuro*)	25 / 19	25 / 19	112 / 70
mintcream (*crema de menta*)	245 / F5	255 / FF	250 / FA
mistyrose (*rosa místico*)	255 / FF	228 / E4	225 / E1
moccasin (*mocasín*)	255 / FF	228 / E4	181 / B5
navajowhite (*blanco navajo*)	255 / FF	222 / DE	173 / AD
navy (*marina*)	0 / 00	0 / 00	128 / 80
oldlace (*encaje antiguo*)	253 / FD	245 / F5	230 / 1E
olive (*oliva*)	128 / 80	128 / 80	0 / 00
olivedrab (*amarillo verdoso*)	107 / 6B	142 / 2A	35 / 23
orange (*naranja*)	255 / FF	165 / A5	0 / 00
orangered (*anaranjado*)	255 / FF	69 / 45	0 / 00
orchid (*orquídea*)	218 / DA	112 / 70	214 / D6
palegoldenrod (*vara dorada pálida*)	238 / EE	232 / E8	170 / AA
palegreen (*verde pálido*)	152 / 98	251 / FB	152 / 98
paleturquoise (*turquesa pálido*)	175 / AF	238 / EE	238 / EE
palevioletred (*violeta pálido*)	219 / DB	112 / 70	147 / 93
papayawhip (*papaya batida*)	255 / FF	239 / EF	213 / D5

Representación de los códigos de color *(continuación)* **Tabla G-1.**

Nombre del color	Rojo (dec/hex)	Verde (dec/hex)	Azul (dec/hex)
peachpuff (*bocanada de durazno*)	255 / FF	218 / DA	185 / B9
peru (*perú*)	20 / 14	133 / 85	63 / 3F
pink (*rosa*)	255 / FF	192 / CO	20 / 14
plum (*ciruela*)	221 / DD	160 / A0	221 / DD
powderblue (*verde azulado*)	176 / BO	224 / E0	230 / 1E
purple (*púrpura*)	128 / 80	0 / 00	128 / 80
red (*rojo*)	255 / FF	0 / 00	0 / 00
rosybrown (*cafe rosado*)	188 / BC	143 / 2B	143 / 2B
royalblue (*azul real*)	65 / 41	105 / 69	225 / E1
saddlebrown (*café silla de montar*)	139 / 8B	69 / 45	19 / 13
salmon (*salmón*)	250 /FA	128 / 80	114 / 72
sandybrown (*café arena*)	244 / F4	164 / A4	96 / 60
seagreen (*verde mar*)	46 / 2E	139 / 8B	87 / 57
seashell (*concha marina*)	255 / FF	245 / F5	238 /EE
sienna (*tierra de siena*)	160 / A0	82 / 52	45 / 2D
silver (*plata (por omisión)*)	192 / C0	192 / C0	192 /CO
skyblue (*azul cielo*)	135 / 87	20 / 14	235 / EB
slateblue (*azul pizarra*)	106 / 6A	90 / 5A	20 / 14
slategray (*gris pizarra*)	112 /70	128 / 80	144 / 90
snow (*nieve*)	255 / FF	250 / FA	250 / FA
springgreen (*verde primavera*)	0 / 00	255 / FF	127 / 7F
steelblue (*azul acero*)	70 / 46	130 / 1E	180 / 50
tan (*tostado*)	210 / D2	180 / 50	140 / 8C
teal (*cerceta*)	0 / 00	128 / 80	128 / 80
thistle (*cardo*)	216 / D8	191 / BF	216 / D8
tomato (*tomate*)	255 / FF	99 / 63	71 / 47
turquoise (*turquesa*)	64 / 40	224 /E0	20 / 14
violet (*violeta*)	238 / EE	130 / 1E	238 / EE

Representación de los códigos de color *(continuación)*
Tabla G-1.

Representación
de los
códigos de
color
(continuación)
Tabla G-1.

Nombre del color	Rojo (dec/hex)	Verde (dec/hex)	Azul (dec/hex)
wheat(*trigo*)	245 / F5	222 / DE	179 / B3
white (*blanco*)	255 / FF	255 / FF	255 / FF
whitesmoke (*humo blanco*)	245 / F5	245 / F5	245 / F5
yellow (*amarillo*)	255 / FF	255 / FF	0 / 00
yellowgreen (*verde amarillo*)	154 / 9A	20 / 14	50 / 32

APÉNDICE H

Imágenes GIF internas de Navigator

Este apéndice documenta las imágenes GIF internas de Navigator. Como son internas, no se puede modificar su escala por medio de los atributos `width` o `height` de la etiqueta `<img src>`. Las GIF internas se cargan más rápido, pues no hay retraso por cargarlas desde la red. Puede usarlas como viñetas, etcétera, dentro de las aplicaciones, o utilizarlas dinámicamente mediante una aplicación de JavaScript.

Iconos de gopher

Los iconos de gopher que se muestran a continuación los emplea Navigator de Netscape cuando se visita un recurso de `gopher://`. Algunos de los más eficaces iconos internos se encuentran aquí, y van precedidos con las palabras "internal-gopher-".

`<img src="internal-gopher-menu">` (menú)

`<img src="internal-gopher-unknown">` (desconocido)

`<img src="internal-gopher-binary">` (binario)

`<img src="internal-gopher-text">` (texto)

`<img src="internal-gopher-sound">` (sonido)

`<img src="internal-gopher-image">` (imagen)

`<img src="internal-gopher-movie">` (película)

`<img src="internal-gopher-telnet">` (telnet)

`<img src="internal-gopher-index">` (índice)

Iconos y botones de noticias

Los iconos internos de noticias de Navigator se usan con el módulo de lectura de noticias. Estos iconos se han empleado ya en las versiones anteriores de Navigator. Se muestran a continuación:

`<img src="internal-news-catchup-thread">` (atrapado en el hilo)

`<img src="internal-news-rtn-to-group">` (retorno a grupo)

`<img src="internal-news-go-to-newsrc">` (ir a newsrc)

`<img src="internal-news-followup">` (seguimiento)

`<img src="internal-news-followup-and-reply">` (seguimiento y respuesta)

`<img src="internal-news-post">` (colgar)

`<img src="internal-news-catchup-group">` (atrapar-grupo)

`<img src="internal-news-subscribe">` (suscribir)

`<img src="internal-news-unsubscribe">` (cancelar suscripción)

`<img src="internal-news-reply">` (respuesta)

`<img src="internal-news-show-unread-articles">` (mostrar artículos no leídos)

`<img src="internal-news-newsgroup">` (grupo de noticias)

`<img src="internal-news-newsgroups">` (grupos de noticias)

Iconos misceláneos

Son otros iconos e imágenes que Navigator soporta, algunas de las cuales se muestran aquí:

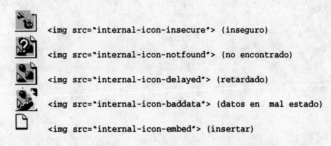

`<img src="internal-icon-insecure">` (inseguro)

`<img src="internal-icon-notfound">` (no encontrado)

`<img src="internal-icon-delayed">` (retardado)

`<img src="internal-icon-baddata">` (datos en mal estado)

`<img src="internal-icon-embed">` (insertar)

APÉNDICE I

Mensajes de error de JavaScript

Este apéndice lista cada uno de los mensajes de error de JavaScript y describe las probables causas del error. Cada vez que aparezca un error, Navigator mostrará estos mensajes dentro de un cuadro de alerta. Debe tener presente que en ocasiones pueden presentarse varios errores, en cuyo caso se mostrarán varios cuadros de alerta. Es conveniente hacer clic en el primer cuadro de alerta para darle atención y observar el primer error (luego debe avanzar por cada uno de los mensajes).

Mensajes de error comunes

A continuación proporcionamos una lista de los mensajes de error más comunes de JavaScript, junto con una explicación sobre la causa y posibles remedios.

◆ **`break used outside a loop` (instrucción `break` usada fuera de un ciclo)**

Un ciclo for, for...in o while puede contener una sola instrucción break. Al parecer, usted ha usado esa instrucción *fuera* del cuerpo de un ciclo. Revise si ha colocado la instrucción break en la posición correcta. Tal vez también sea necesario revisar el uso de las llaves " { " y " } " en el cuerpo del ciclo.

◆ **`continue used outside a loop` (instrucción `continue` usada fuera de un ciclo)**

Una instrucción continue sólo puede encontrarse dentro del alcance de un ciclo for, for...in, o while. Al parecer, ha usado esa instrucción *fuera* del cuerpo (alcance) de un ciclo. Revise si ha colocado la instrucción continue en la posición correcta. Quizá también sea necesario revisar el uso de las llaves " { " y " } " en el cuerpo del ciclo.

◆ **`function defined inside a function` (función definida dentro de una función)**

En JavaScript no se permiten las definiciones de función anidadas; por ejemplo, no puede tener:

```
function MiFuncion () {
...
function OtraFuncion() {
  ...
  }
}
```

◆ **`function does not always return a value` (la función no siempre devuelve un valor)**

Cuando una función devuelve un valor, debe hacerlo en *todas* las condiciones de salida. Asegúrese de tener una instrucción return para todos los puntos de salida en la función; por ejemplo:

```
function MiFuncion(val) {
  if (val > 10) {
    ObDiez = val;
    Return(true);
  }
  else
```

```
            DeDiez = val;
    }
```

sólo devuelve un valor cuando el argumento `val` es mayor que `10`. Agregue una instrucción `return` para la condición `else` en estos casos, ya que, como dice el mensaje, la función no *siempre* devuelve un valor ("siempre" es el término clave aquí).

◆ **identifier is a reserved word (el identificador es una palabra reservada)**

Ha usado un nombre de variable que es palabra reservada en el lenguaje JavaScript; por ejemplo:

```
var null = 10;
```

no está permitido, ya que `'null'` es una palabra reservada en JavaScript. Todos los verbos del lenguaje JavaScript son palabras reservadas y no puede usarlas como variables o nombres de función, etcétera.

◆ **illegal character (carácter ilegal)**

Ha introducido un carácter espurio en su aplicación. Revise la línea cuestionable para ver si sólo está usando caracteres normales de ASCII, y no caracteres de control, etcétera.

◆ **illegal variable initialization (inicialización ilegal de variable)**

Está tratando de inicializar una variable con un valor que no es válido, quizá con una llamada de función o nombre de método mal escritos, etcétera.

◆ **integer literal too large (entero muy largo)**

El valor numérico especificado dentro de la instrucción es muy largo. Quizás está tratando de pasar un valor muy largo a un método estándar de JavaScript. Revise y modifique, según corresponda.

◆ **? is not defined   (? no está definido)**

Este es un error común que ocurre cuando se intenta hacer referencia a una variable que no existe todavía, por ejemplo:

```
var MiVariable = 100;
alert(SuValor);
```

El error también ocurrirá con valores numéricos mal formados, por ejemplo, con esta instrucción de JavaScript:

```
var MiVariable = 10.94544Z6554;
```

ya que ha colocado el carácter `Z` dentro de un valor numérico. Navigator da por sentado que `Z` es una variable, de ahí el error. Tenga cuidado al emplear los métodos `open()` y `close()` después de definir las variables, pues si se actualiza el documento *actual*, se perderán todas las referencias a la variable. En vez de eso, use documentos con marcos (consulte el capítulo 9) y actualice solamente marcos específicos; mantenga definidas como persistentes en el documento padre sólo las variables que así lo requieran.

◆ **malformed floating point literal (literal de punto flotante mal formada)**
Un número con punto flotante es el que contiene una parte fraccionaria. El valor de punto flotante al que se hace referencia está mal formado (revise el valor para saber si se han insertado caracteres espurios).

◆ **missing (after for (falta un "(" después de for)**
Una instrucción `for` de JavaScript debe especificar una lista de argumentos contenidos dentro de un formato de paréntesis; por ejemplo:

```
for var i=0; i < 100; i++) }
    ...
}
```

Al parecer, se ha omitido accidentalmente el primer " (".

◆ **missing (before condition (falta "(" antes de la condición)**
Revise los paréntesis de la instrucción `if`, para saber si la expresión comienza con un paréntesis " (".

◆ **missing (before formal parameters (falta "(" antes de los parámetros formales)**
Revise los paréntesis de las llamadas de función y los que rodean a los grupos de parámetros de función. Probablemente falta un paréntesis " (".

◆ **missing) after formal parameters (falta ")" después de los parámetros formales)**
Revise los paréntesis de las llamadas de función y los que rodean a los grupos de parámetros de función. Probablemente falta un paréntesis ") ".

◆ **missing) after argument list (falta ")" después de la lista de argumentos)**
Revise los paréntesis de las llamadas de función y los que rodean a los grupos de parámetros de función. Probablemente falta un paréntesis ") ".

◆ **missing) after condition (falta ")" después de la condición)**
Revise los paréntesis de la instrucción if para saber si la expresión finaliza con un paréntesis ") ".

◆ **missing) after constructor argument list (falta ")" después de la lista de argumentos del constructor)**
Revise los constructores de objeto y prototipos de objeto (consulte el capítulo 6), por ejemplo, Array ( ), para asegurar que todos tengan números de paréntesis de concordancia iguales.

◆ **missing) after for-loop control (falta ")" después de la instrucción for)**
Revise la sintaxis de todas las instrucciones for. Falta un paréntesis, probablemente después de la parte de la expresión que actualiza el ciclo.

◆ **missing : in conditional expression (falta ":" en la expresión condicional)**
JavaScript soporta una instrucción condicional de la forma:

```
(condición) ? true : false
```

Asegúrese que exista " : " y que la instrucción se mencione después de ese signo. Las instrucciones ? anidadas a menudo ocasionan este error. Revise toda la instrucción para saber si está especificada una parte verdadera y otra falsa.

◆ **missing ; after for-loop condition (falta ";" después de un ciclo for)**
Una instrucción for debe tener dos caracteres " ; ". La variable de asignación de ciclo desde la condición de ciclo, y la condición de ciclo desde la expresión de actualización de ciclo, por ejemplo:

```
for (var val=0; val < 10; val++) {
  ..
}
```

Al parecer, en este ejemplo falta el carácter "; " después de "val < 10"
(la condición de ciclo). Revise la sintaxis otra vez y asegúrese que estén presentes
todos los signos de punto y coma.

◆ **missing ; after for-loop initializer (falta ";"
después del inicializador de ciclo for)**
Una instrucción `for` debe tener dos caracteres "; ". La variable de asignación
de ciclo desde la condición de ciclo, y la condición de ciclo desde la expresión de
actualización de ciclo, por ejemplo:

```
for (var val=0 val < 10; val++) {
    ...
}
```

Al parecer, en este ejemplo falta el carácter "; " después de "var val = 0"
(el inicializador del ciclo). Revise la sintaxis otra vez y asegúrese que estén
presentes todos los signos de punto y coma.

◆ **missing] in index expression (falta] en la
expresión índice)**
Los objetos de arreglo usan una variable de índice para hacer referencia a un
elemento específico de un arreglo; por ejemplo, `parent.frames[0]` es el
primer marco dentro de un documento con marcos. Si omite el carácter "] ",
o está mal formado, ocurrirá este error, por ejemplo, " [0" o " [0[".

◆ **missing { before function body (falta "{" antes
del cuerpo de la función)**
El cuerpo de una función debe comenzar con un carácter " { " y un carácter " } "
debe indicar su fin (o el *alcance* de la función). Probablemente, usted ha omitido
el carácter " { " por accidente. Revise todas las llaves para saber si hay cantidades
iguales de cada una de ellas.

◆ **missing } after function body (falta "}" después
del cuerpo de la función)**
El cuerpo de una función debe comenzar con un carácter " } " y un carácter " } "
debe indicar su fin (o el *alcance* de la función). Probablemente, ha omitido el
carácter " } " por accidente. Revise todas las llaves, para saber si hay cantidades
iguales de cada una de ellas.

◆ **missing } in compound statement (falta "}" en la
instrucción compuesta)**
Este mensaje de error se presenta con frecuencia cuando una instrucción `if` llama
a más de una instrucción y éstas no están encerradas entre llaves correctamente.

Asegúrese de que las instrucciones comiencen con una llave " { " y finalicen con " } ".

◆ **missing formal parameter (falta parámetro formal)**
Revise todas las funciones y vea si los parámetros que aceptan concuerdan con los de la llamada de función. Se ha omitido un parámetro cuando la función espera justamente ese valor.

◆ **missing function name (falta nombre de función)**
Al parecer, ha omitido el nombre de una función después de usar la instrucción `function`, por ejemplo, al usar una instrucción errónea como:

```
function {
   // instrucciones...
}
```

donde se ha omitido el nombre de la función.

◆ **missing operand in expression (falta operando en la expresión)**
Un *operando* es un valor, por ejemplo, una variable de JavaScript o el resultado de una expresión. A la expresión que ha formado le hace falta un operando. Revise cuidadosamente la sintaxis para saber si su expresión especificada produce un solo valor.

◆ **missing operator in expression (falta operador en la expresión)**
Este error ocurre cuando omite las comillas en una cadena (al asignar la cadena a una variable, por ejemplo) o cuando ha omitido un operador de JavaScript (+, +=, etcétera) accidentalmente dentro de una instrucción, por ejemplo:

```
var MiCadena = Hola" // Debe ser "Hola"
```

ocasionaría este error (aunque quizás éste debiera ser un error de sintaxis), al igual que el siguiente programa:

```
var x = y = 10;
alert(x _ y);
```

dado que ha colocado un carácter de subrayado ("_") en la segunda instrucción, en vez de un signo de menos (resta) "-". El usuario probablemente oprimió la tecla MAYÚSCULAS al escribir este carácter, de ahí el error. Como el signo de subrayado no es un operador válido de JavaScript, se generó el error.

◆ missing ; before statement (falta ";" antes de la instrucción)

Las instrucciones individuales de JavaScript pueden terminar opcionalmente con un signo de punto y coma, pero sólo en el caso de que ocupen solamente una línea. Algunas funciones manipuladoras de eventos requieren de signos de punto y coma para funcionar, por ejemplo:

```
<a href="#"
   onclick="Marcador()"
   onMouseOver="window.status='Marcadores'; return true">
<img src="boton1.gif">
</a>
```

convierte la imagen `boton1.gif` en una liga en la que se puede hacer clic, la cual, entonces, llama a la función definida por el usuario denominada `Marcador()`. El atributo `onMouseOver` también se ha especificado; en este caso, cambia la barra de estado de Navigator por la cadena "Marcadores" cada vez que el usuario coloca el cursor del ratón encima de la liga. Como hay dos instrucciones en el atributo `onMouseOver`, un signo de punto y coma debe separar las dos partes de la instrucción. También puede enlazar dos líneas de instrucción individuales empleando signos de punto y coma, por ejemplo:

```
var x=100; var y=300
```

aunque la omisión del signo de punto y coma en la línea anterior ocasionaría un error, ya que se estarían especificando dos instrucciones var individuales.

◆ nested comment (comentario anidado)

Los comentarios de programa no pueden anidarse en los programas de JavaScript. Un comentario que pueda abarcar varias líneas comienza con "`/*`" y termina con "`*/`".

◆ return used otuside a function (instrucción return empleada fuera de una función)

La instrucción `return` sirve para devolver un valor desde una función de JavaScript, pero no puede usarla fuera del alcance de esa función, que es lo que se ha hecho en este caso y de ahí el error.

◆ syntax error (error de sintaxis)

Los errores de sintaxis son casi todos los otros errores que no hemos mencionado en este apéndice. Un error típico de sintaxis puede ocurrir cuando se omite un operando en la instrucción, por ejemplo:

```
var resultado = 45 *; //Debe ser 45 * 10 o algo así
```

◆ **test for equality (==) mistyped as assignment (=)? [igualdad (==) mal escrita como asignación (=)?]**

Este es un error común que ocurre cuando usa `=` como operador de igualdad, en vez de `==`. Por ejemplo:

```
function MiFuncion(val) {
   if (val = 100)
     alert("El valor es igual a 100");
}
```

ocasionaría este error, pues a `val` se le asigna el valor de `100`, en vez de probarse para equivalencia. El carácter `=` es el operador de asignación en JavaScript.

◆ **unterminated comment (comentario no terminado)**

Los comentarios que abarquen varias líneas deben tener un punto inicial y final. Este error se despliega cuando un comentario como `<!--` no concuerda con una terminación `-->`, o viceversa. Simplemente agregue una etiqueta de comentario adecuada para resolver el error, y asegúrese de que concuerden. Los comentarios de programa de JavaScript tienen la forma `/* comentario*/`. Los primeros son comentarios de HTML; sin embargo, ambos se pueden analizar para comprobar su validez, dado que los dos pueden ser parte del guión.

◆ **unterminated string literal (cadena no terminada)**

Una *literal de cadena* es un valor de cadena, por ejemplo, `"hola"`, donde 'hola' es el valor literal de dicho objeto de tipo cadena. Si se transfiere un objeto de tipo cadena a una función de JavaScript y se omite una comilla, se desplegará este mensaje de error; por ejemplo:

```
alert("Hola");
```

ocasionará este error. De hecho, en este caso se generarán *dos* errores. También aparecerá un mensaje de error *"missing) after argument list"* [falta) después de la lista de argumento], ya que el argumento `"hola` mal formado ha hecho que Navigator dé por hecho que la instrucción no tiene paréntesis final. Para solucionar el error en esta instrucción, simplemente coloque comillas antes del paréntesis final. La no concordancia de comillas también ocasiona los errores anteriores, por ejemplo, como lo muestra esta instrucción errónea de JavaScript:

```
alert("Hola');
```

<html>

script

language=

APÉNDICE J

Acerca del disco que acompaña al libro

El disco que viene con este obra contiene los 171
programas de JavaScript mostrados a lo largo de los
capítulos y apéndices. Cada uno de los programas, descritos
en la siguiente tabla, está numerado mediante un código
con la forma CAP-X.htm, donde C es el número del
capítulo y X es el número del ejemplo. De esta manera,
el archivo 05-01.htm es el programa 1 del capítulo 5.
El disco también incluye imágenes GIF y archivos de
soporte.

Para identificar cada programa de entre los ejemplos del libro, le pusimos un
número que concuerda con el número explicado anteriormente. Éste tiene la forma:

```
<!--
   Programa 7-6
-->
```

que, en este caso, hace referencia al sexto programa del capítulo 7. Usted puede
usar este número como referencia a los archivos del disco para ver el o los que
necesite; en este caso, 07-06.htm. Todos los archivos están almacenados como
texto ASCII y puede editarlos mediante el programa Bloc de notas de Windows
u otro editor de texto. Los ejemplos de código del apéndice D (programas listos
para usarse) viene en los archivos que comienzan con el prefijo "D-" (D-06.htm
es el ejemplo 6 del apéndice D).

Muchos de los ejemplos de código fuente son aplicaciones completas y puede
cargarlas en Navigator 3.0 de inmediato. Algunos ejemplos, particularmente
los del apéndice D, están estructurados como funciones de JavaScript y debe
integrarlos a una aplicación antes de poder usarlos; por ejemplo, D-01.htm
(del apéndice D) contiene la función HacerArreglo(), la cual crea una
estructura de arreglo unidimensional parecida a lo siguiente:

```
<!--
   Función D-1
-->
<script>
function HacerArreglo(n) {
    this.length = n;
    for (var x=0; x <= n; x++) {
        this[x] = 0;
    }
    return(this);
}
</script>
```

Para usar esta función debe cortar y pegar el ejemplo de D-01.htm dentro de
su aplicación de JavaScript. No es necesario decir que hay muchos, pero muchos
ejemplos de JavaScript con que aprenderá a usar los arreglos, además de que en el
apéndice D explicamos cada función con mayor detalle. De hecho, casi cada
ejemplo de código fuente tiene una explicación línea por línea.

Muchos de los ejemplos del apéndice D son funciones "genéricas" que se han
extraído de otras partes del libro, por lo que puede usarlas como están, ya que no
dependen de una aplicación independiente. Intégrelas a otros programas

de JavaScript. No olvide que las funciones, al ser leídas en Navigator, no hacen operación visible alguna de no haber código que realmente use a la función en cuestión. Es decir, la función en el ejemplo D-01 (anterior) solamente la lee Navigator en la memoria, pero "en realidad" no la llama.

Índice de código fuente

Capítulo 1	
1-1.htm	Demostración de los comentarios de JavaScript y del método `alert()`
1-2.htm	El atributo `src` de la etiqueta `<script>` mostrada
1-3.htm	Ejemplo de cómo insertar guiones dentro de los comentarios
1-4.htm	Demostración de evaluación en línea mediante `&{};`
1-5.htm	Uso del contenedor `<noframes>` para usuarios que no empleen Navigator 2.0/3.0
1-6.htm	Ejemplo de error de JavaScript y cuadro de alerta
Capítulo 2	
2-1.htm	Ejemplo que muestra todas las ligas dentro del documento actual
2-2.htm	Validación de un ancla `<a name>` por medio de JavaScript
2-3.htm	Creación dinámica de una liga mediante `link()`
2-4.htm	Creación dinámica de una liga, de acuerdo con el día de la semana
2-5.htm	Cómo llamar una función de JavaScript por medio del URL `javascript:` y la etiqueta `<a href>`
2-6.htm	Cómo cargar un documento con marcos mediante un URL y una variable de JavaScript

`2-7.htm`	Cómo cargar un documento con marcos mediante una variable de JavaScript y el URL `javascript:` con el sinónimo de ventana parent (padre)
`2-8.htm`	Cómo cambiar los colores de liga mediante la propiedad `linkColor`
`2-9.htm`	Uso de una imagen-mapa en el cliente, con el URL `javascript:` para llamar una función adecuada de JavaScript
Capítulo 3	
`3-1.htm`	Generación dinámica de una etiqueta `<hr>` de ancho en incremento
`3-2.htm`	Cómo desplegar objetos y sus propiedades por medio de una estructura `<table>` creada dinámicamente
`3-3.htm`	Cómo desplegar una tabla de tiempos simples mediante JavaScript
`3-4.htm`	Demostración de la instrucción break para abandonar un ciclo `while()`
`3-5.htm`	Cómo definir una función de JavaScript para dibujar una línea horizontal
`3-6.htm`	Cómo cambiar dinámicamente los colores por medio de instrucciones `if()`
`3-7.htm`	Uso del arreglo `arguments` para desplegar argumentos de función
`3-8.htm`	Modificación dinámica de los colores de un documento
`3-9.htm`	Modificación dinámica de los colores de un documento
`3-10.htm`	Cómo cambiar los colores del fondo de acuerdo con el número de segundos
`3-11.htm`	Uso de la instrucción ? para cambiar dinámicamente los colores del fondo
`3-12.htm`	Demostración del alcance de la variable mediante la instrucción `this`

`3-13.htm`	Demostración del alcance de una variable local dentro de una función de JavaScript
`3-14.htm`	Uso de `onChange` para detectar cuando haya cambiado un campo de texto
`3-15.htm`	Cómo desplegar todos los elementos dentro de un forma mediante el arreglo `elements` de JavaScript
Capítulo 4	
`4-1.htm`	Cómo desplegar la fecha y hora dinámicamente en una tabla
`4-2.htm`	Cómo modificar dinámicamente los mapas de bits del fondo
`4-3.htm`	Ejemplo de casilla de verificación
`4-4.htm`	Cómo desplegar elementos de una forma mediante una función de JavaScript
`4-5.htm`	Cómo cambiar la ubicación de imágenes mediante la propiedad `src` de una imagen, por medio del arreglo `images`
`4-6.htm`	Animación de dos imágenes mediante el arreglo `images`
`4-7.htm`	Cómo extraer opciones de una lista `<select>`
`4-8.htm`	Cómo detectar cuando haya cambiado un campo `textarea`
Capítulo 5	
`5-1.htm`	Validación de un campo numérico (verificación de rango)
`5-2.htm`	Ejemplo para permitir el movimiento de campo después de ser introducida una cadena específica
`5-3.htm`	Lista de selección y manejador de evento `onChange`
`5-4.htm`	Eventos y botones `onClick`
`5-5.htm`	Eventos y casillas de verificación `onClick`
`5-6.htm`	Cómo determinar cuándo se ha marcado una casilla de verificación (es decir, ha sido seleccionada)

`5-7.htm`	Cómo actualizar un campo de área de texto cuando hay desplazamiento sobre una liga
`5-8.htm`	Ejemplo de animación de imagen
`5-9.htm`	Validar una forma y permitir o no permitir su envío
`5-10.htm`	Interfaz basada en correo electrónico/forma de JavaScript (con validación)
`5-11.htm`	Cómo detectar cuadros de imagen dentro de un archivo GIF89a animado
`5-12.htm`	Ejemplo que asigna dinámicamente un evento `onClick` a un botón
Capítulo 6	
`6-1.htm`	Cómo agregar nuevos elementos a arreglos creados con `Array()`
`6-2.htm`	Cómo usar arreglos para desplegar información de objeto y propiedad
`6-3.htm`	Cómo usar arreglos para diseñar una aplicación de tabla de conversión de hexadecimal a decimal
`6-4.htm`	Base de datos del lado del cliente, instrumentada mediante arreglos de JavaScript
`6-5.htm`	Programa de tabla de tiempos
`6-6.htm`	Cómo manipular objetos de JavaScript por medio de estructuras de arreglo
`6-7.htm`	Cómo probar valores de objeto nulo mediante el operador `typeof()`
`6-8.htm`	Cómo crear prototipos de objeto (un programa para conteo de caracteres en la cadena)
Capítulo 7	
`7-1.htm`	Ejemplo de forma de HTML
`7-2.htm`	Aplicación para desplegar el valor de un campo de texto
`7-3.htm`	Ejemplo de la instrucción `this` para pasar valores a una función

7-4.htm	Cómo desplegar valores de casilla de verificación, v1
7-5.htm	Cómo desplegar valores de casilla de verificación, v2
7-6.htm	Cómo desplegar valores de botón de radio
7-7.htm	Cómo cargar un URL en un marco de un documento con marcos por medio de HTML dinámico
7-8.htm	Ejemplo de lista de selección (sencilla)
7-9.htm	Una muestra de lista de selección con opción predefinida
7-10.htm	Cómo ver los elementos de una lista de selección (lista sencilla)
7-11.htm	Cómo ver los elementos de una lista de selección (lista múltiple)
7-12.htm	Ejemplo de una lista de selección múltiple
7-13.htm	Cómo ver qué elementos están seleccionados en una lista múltiple
7-14.htm	Movimiento dinámico en una selección
7-15.htm	Cómo actualizar dinámicamente una lista de selección, de acuerdo con el día, v1
7-16.htm	Cómo actualizar dinámicamente una lista de selección, de acuerdo con el día, v2
7-17.htm	Cómo actualizar dinámicamente el texto de una opción de lista de selección
7-18.htm	Ejemplo de campo de área de texto
7-19.htm	Ejemplo de botón y evento onClick para mostrar la fecha/hora actuales
7-20.htm	Cómo llamar una función de JavaScript desde un botón
7-21.htm	Cómo validar un campo de texto para saber si toda la entrada es numérica
7-22.htm	Cómo validar un campo de texto para saber que no hay números
7-23.htm	Cómo validar un campo de texto para saber que no está vacío

7-24.htm	Cómo permitir la introducción de un segundo campo, únicamente después de que el primero haya sido poblado con datos del usuario
7-25.htm	Cómo validar un campo de texto para saber que no está vacío y que no contiene solamente espacios
7-26.htm	Cómo convertir un campo de texto a letras mayúsculas
7-27.htm	Cómo validar un campo de texto para ver si está todo en mayúsculas
Capítulo 8	
8-1.htm	Abrir una ventana y cargar un URL desde una variable de JavaScript
8-2.htm	Cómo crear una ventana al hacer clic en un botón de forma
8-3.htm	Manipulación de valores de forma en ventanas diferentes
8-4.htm	Uso de varias ventanas para mostrar información de producto
8-5.htm	Cómo hacer que las ventanas hijas y padre sean el foco de atención
8-6.htm	Cómo alternar entre la función dar foco de atención/abrir en una ventana
8-7.htm	Cómo cerrar una ventana
8-8.htm	Ejemplo de función para abrir ventana, para utilizarlo en ejemplos posteriores
8-9.htm	Función abrir/cerrar n una ventana mediante un solo botón
8-10.htm	Cómo crear y validar una ventana (y ver si existe)
Capítulo 9	
9-1.htm	Ejemplo de documento con marcos
9-2.htm	Ejemplo de marco anidado basado en fila y columna
9-3.htm	Ejemplo de marco de dos columnas

`9-4.htm`	Cómo mantener una función persistente dentro de un documento de marco padre
`9-5.htm`	Cargado de marco con datos desde variables de JavaScript, por medio del URL `javascript:`
`9-6.htm`	Cómo generar un documento con marcos a partir de un documento de HTML sin ellos
`9-7.htm`	Uso de la etiqueta de contenedor `<noframes>` para advertir al usuario que es necesario un navegador compatible con los marcos para leer páginas basadas en ellos
`9-8.htm`	Cómo verificar las versiones del navegador mediante el objeto navigator
`9-9.htm`	Cómo llamar un servicio de búsqueda mediante JavaScript y los documentos con marcos
`9-10.htm`	Cómo crear un marco dentro de otro (marcos anidados)
`9-11.htm`	Ejemplo de marcos anidados y cargado de URL
`9-12.htm`	Ejemplo de marco de dos filas
`9-13.htm`	Ejemplo de marco de dos filas
`9-14.htm`	Un ejemplo de interfaz de grupo de USENET mediante marcos
`9-15.htm`	Navegación en página mediante marcos
Capítulo 10	
`10-1.htm`	Ejemplo de programa de cronometraje para llamada de alarma
`10-2.htm`	Desplegado de un reloj de tiempo real dentro de un campo de texto
`10-3.htm`	Desplegado de un reloj de tiempo real con dígitos GIF (marco)
`10-4.htm`	Cómo actualizar periódicamente los mensajes dentro de un documento con marcos
`10-5.htm`	Ejemplo de mensajes con desplazamiento en la barra de estado, mediante un cronometraje
`10-6.htm`	Ejemplo de mensaje con desplazamiento en la barra de estado, dentro de un campo de texto

10-7.htm	Animación de un gráfico GIF mediante un evento de cronometraje
10-8.htm	Animación durante el cargado de un documento
Capítulo 11	
JavaToJs2.htm	Cómo enviar variables de Java a JavaScript
JsToJava.htm	Cómo enviar variables de JavaScript a Java
Capítulo 12	
12-1.htm	Cómo desplegar nombres de auxiliares (plug-ins)
12-2.htm	Desplegar nombres de auxiliares (plug-ins), sufijos y detalles de MIME en una tabla
12-3.htm	Cómo mostrar detalles de MIME de Navigator por medio de la propiedad mimeTypes
12-4.htm	Cómo detectar un auxiliar específico mediante JavaScript
12-5.htm	Detectar un auxiliar y generar una etiqueta \<embed>
Capítulo 13	
13-1.htm	Programa de conteo basado en galletas, instrumentado en JavaScript

Indice

F

G

S

T

Código fuente de *Fundamentos de JavaScript*

El código fuente de los ejemplos de esta obra se encuentra en el disco adjunto. Cada ejemplo está numerado siguiendo esta sintaxis:

```
C-X.htm
```

donde C es el número del capítulo y X es el número del ejemplo. Por ejemplo, `05-01.htm` es el primer ejemplo del capítulo 5. La mayoría de las imágenes GIF y otros archivos de ejemplos también vienen en el disco. Cada programa del libro tiene un número único, el cual puede comparar con el nombre de los archivos del disco a fin de probar el programa correspondiente. Todos los archivos pueden editarse con un editor de texto ASCII, aunque vienen guardados como htm.

◆ Puede encontrar los ejemplos de código del apéndice D (programas listos para usarse) buscando la letra "D" al inicio del nombre del archivo (`D-6.htm` es, en este caso, el ejemplo 6 de dicho apéndice). Debe insertar estos programas en archivos de htm para que trabajen.

◆ En el apéndice J encontrará más información acerca del contenido del disco incluido con esta obra, así como una síntesis y un índice del código fuente.

Soporte técnico

Si tiene una pregunta relacionada con JavaScript, por favor envíela por correo a

```
question@spuddy.mew.co.uk
```

Para obtener más información sobre JavaScript y HTML, busque en "The Essential Internet Home Page", ubicada en los siguientes URL's:

```
http://www.mcgraw-hill.com.uk/JJM/index.html
http://www.gold.net/users/ag17/index.html
```

Que tenga un buen día haciendo guiones

Jason Manger

OFICINAS DEL GRUPO IBEROAMERICANO

USA
McGRAW-HILL IBEROAMERICAN GROUP
28th. floor 1221 Avenue of the Americas
New York, N.Y. 10020
Tel.: (212) 512 34 24, 512 30 48
Fax.: (212) 512 48 78

BRASIL
MAKRON BOOKS EDITORA, LTDA.
Rua Tabapua 1105, Sao Paulo, S.P.
Te.: (5511) 820 66 22
Fax.: (5511) 829 49 70

ESPAÑA
McGRAW-HILL/INTERAMERICANA DE ESPAÑA, S.A.
Apartado Postal 786 F.D.
Edificio Valrealty, 1a. planta - c/Basauri, 17
28023 Aravaca (Madrid)
Tel.: (341) 372 81 93 Fax.: (341) 372 84 67

CHILE
McGRAW-HILL/INTERAMERICANA DE CHILE, LTDA.
Seminario 541, Casilla 150, Correo 29
Santiago, Chile
Tel.: 222 94 05 Fax.: 562 635 44 67

ARGENTINA, PARAGUAY Y URUGUAY
McGRAW-HILL EXPORT ESPAÑA
Apartado Postal 786 F.D.
Edificio Valrealty, 1a. planta - c/Basauri, 17
28023 Aravaca (Madrid)
Tel.: (341) 372 81 93 Fax.: (341) 372 84 67

PORTUGAL
EDITORA McGRAW-HILL DE PORTUGAL, LDA.
Av. Almirante Reis 59, 6º, 1100 Lisboa
Tel.: (3511) 315 49 84 Fax.: (3511) 352 19 75

COLOMBIA
McGRAW-HILL/INTERAMERICANA DE COLOMBIA, S.A.
Avenida de las Américas No. 46-41
Santafé de Bogotá, Colombia
Tel.: (571) 337 78 00 Fax.: (571) 368 74 84

ECUADOR, BOLIVIA Y PERÚ
McGRAW-HILL EXPORT COLOMBIA
Avenida de las Américas No. 46-41
Santafé de Bogotá, Colombia
Tel.: (571) 337 78 00 Fax.: (571) 368 74 84

VENEZUELA
McGRAW-HILL/INTERAMERICANA DE VENEZUELA, S.A.
Apartado Postal 50785, Caracas 1050-A
Calle Vargas Edificio Centro Berimer
P.B. Boleita Norte, Caracas
Tel.: (582) 238 24 97, 238 34 94,
Fax.: (582) 238 23 74, 238 34 94

MÉXICO
McGRAW-HILL/INTERAMERICANA EDITORES, S.A. DE C.V.
Cedro No. 512, Col. Atlampa, 06450 México, D.F.
Tels.: 541 31 55 al 59; 541 67 89 al 95
Fax: 541 16 03
Apartado Postal No. 4-140
Col. Sta. Ma. la Ribera, 06400 México, D.F.

CENTRAL AMERICA AND CARIBBEAN
McGRAW-HILL EXPORT MEXICO
OFICINA MATRIZ
Cedro No. 512, Col. Atlampa, 06450 México, D.F.
Tels.: 541 31 55 al 59; 541 67 89 al 95
Fax: 541 16 03
Apartado Postal No. 4-140
Col. Sta. Ma. la Ribera, 06400 México, D.F.

Envíe esta tarjeta por correo a la dirección apropiada

CORRESPONDENCIA DE DERECHOS POR COBRAR SOLAMENTE SERVICIO NACIONAL

CORRESPONDENCIA
PERMISO POSTAL
NÚM. 3722
MÉXICO, D.F.

McGraw-Hill/Interamericana Editores, S.A. de C.V.

Cedro No. 512, Col. Atlampa
06450 México, D.F.

**Con cargo a Administración de Correos No. 5
06500 México, D.F.**